文化遗产保护与研究

第2辑

陕西省文物保护研究院　编

文物出版社

图书在版编目（CIP）数据

文化遗产保护与研究. 第 2 辑 / 陕西省文物保护研究院编. —— 北京：文物出版社，2024. 12. —— ISBN 978 −7−5010−8650−4

Ⅰ. K203−53

中国国家版本馆CIP数据核字第 202478HZ37 号

文化遗产保护与研究（第 2 辑）
WENHUA YICHAN BAOHU YU YANJIU（DI 2 JI）

编　　者：陕西省文物保护研究院

责任编辑：窦旭耀　张君秀

责任印制：王　芳

出版发行：文物出版社

社　　址：北京市东城区东直门内北小街 2 号楼

邮　　编：100007

网　　址：http://www.wenwu.com

邮　　箱：wenwu1957@126.com

印　　刷：北京荣宝艺品印刷有限公司

经　　销：新华书店

开　　本：889mm × 1194mm　1/16

印　　张：17.75

版　　次：2024 年 12 月第 1 版

印　　次：2024 年 12 月第 1 次印刷

书　　号：ISBN 978 −7−5010−8650−4

定　　价：280.00 元

《文化遗产保护与研究》编委会

目　录

CONTENTS

Investigation and Research of Grotto Temples (Stone Carvings)

International Cooperation and Exchange

海昏侯墓金币研究二题

徐涛[1] 尹夏清[2]

1. 陕西师范大学历史文化学院，陕西西安 710119
2. 西北大学文化遗产学院，陕西西安 710069

Research on Gold Coins from the Tomb of Marquis Haihun

Xu Tao[1], Yin Xiaqing[2]

1. School of History and Civilization, Shaanxi Normal University, Xi'an 710119, China
2. School of Cultural Heritage, Northwestrn University, Xi'an 710069, China

摘　要： 海昏侯墓发掘出土包括金饼、马蹄金、麟趾金、金板等各类金币 478 件，为汉代黄金发现之最。本文对出土的金板、马蹄金及麟趾金展开研究，认为金板是受到楚地黄金货币制度影响的一种特殊金币。本文梳理了汉武帝太始二年（前 95 年）颁赐诸侯王马蹄金、麟趾金的情况，认为金币上的"上""中""下"铭文与金币成色、重量无关，应是表达"金三品"意义的文字。

关键词： 海昏侯墓　金板　马蹄金　麟趾金

Abstract: A total of 478 gold items were unearthed from the tomb of Marquis Haihun, which included gold coins, hoof-shaped gold ingots, kylin's-toe-shaped gold ingots and gold plates. This discovery represents the most significant find of gold in the Han Dynasty to date. In this paper, research on the gold plates, hoof-shaped gold ingots and kylin's-toe-shaped gold ingots was conducted, the results showed that the gold plates were a special gold coin under the influence of the gold monetary system of the Chu Kingdom. The historical records of gold-awarding events by Emperor Wudi to different dukes in 95 B. C. were reviewed, and concluded that the inscriptions of "upper, middle and lower" on the gold coins were irrelevant to the quality or weight of the gold coins and should have been used to express the meaning of the "Three gold grades".

Keywords: the Tomb of Marquis Haihun; Gold plates; Hoof-shaped gold ingots; Kylin's-toe-shaped gold ingots

海昏侯墓考古发掘出土了大量金币，目前出土各类金币 478 件，总重量约 115 公斤，为汉代黄金发现之最。其中包括金饼 385 枚、马蹄金 48 枚、麟趾金 25 枚、金板 20 块[1]。"五色炫曜——南昌汉代海昏侯国考古成果展"在北京首都博物馆开展并出版相应图录，考古简报也已发表，为进一步研究提供了条件[2]。我们对其中出土的金板、马蹄金及麟趾金有初步认识，特此求教于方家。

一　金板

海昏侯墓出土的金板，其形制为此前考古发掘所未见。本文认为此类金板应是一种特殊的金币，受到楚国黄金货币遗风的影响。金板出土于墓室棺椁内，呈长方形片状，每块金板规格不等，长约 23、宽约 10、厚约 0.3 厘米，重约 1 公斤[3]。无文字或纹饰，浇铸成型，其浇铸口在金板的窄边，并有合范痕迹可见，整体无其他修整痕（图一）。

海昏侯墓所处的江西省南昌市新建区，在汉代属豫章郡。《汉书·地理志》云"豫章郡，高帝置"，属县十八，海昏为其一[4]。战国时期则属楚国。豫章郡出产黄金，《史记·货殖列传》称"豫章出黄金"[5]，《汉书·地理志》记"鄱阳，武阳乡右十余里有黄金采"。

在战国时，楚国就盛产黄金，并广泛使用钤有"郢爰"字样的金币。据有关学者统计，在安徽、江苏、河南、陕西、山东、湖北及浙江等 7 个省 54 个县市的 93 处发现出土的各类楚金币，大小共有 956 块，总重量为 51973 克（含"陈爰"等其他文字的金币）[6]。虽然现今发现的郢爰金币多为零散小块，但也有少量完整者。较为完整的郢爰（陈爰）金币形态有三种，一为不规则方形，二为圆形，三为方形，以第一种为多见。与马蹄金立体形状不同，所有的郢爰都呈平板状（有的两侧卷起如瓦片），厚 0.3—0.5 厘米。

1982 年 2 月，在江苏省盱眙县南窑庄的一处窖藏中发现郢爰金币[7]，其中两块金板是迄今发现最大的郢爰金板。一块纵长 12.2、横宽 8 厘米，重 610 克，正面有郢爰印纵 6 行、横 9 行，共 54 个印记，另有半印 6 个。另一块纵长 10.4、横宽 7.9 厘米，重

466.3 克，正面郢爰印记纵 5 行、横 7 行，共 35 个印记，另有半印 11 个。该郢爰金板形状与海昏侯墓金板接近（图二）。

另一件与海昏侯墓金板相似的是河南扶沟发现的银空首布。1974 年 8 月，河南省扶沟古城村窖藏出土楚金币 190 块（其中包括郢爰 170 块、陈爰 17 块等），总重量约为 5500 克。同时出土了完整的银布币 18 块，总重 3072 克，为至今我国发现最早的银币实物[8]。扶沟历史上为楚地，发掘者推测此银布为楚币。银布币分为三型：短型布 6 件，中型布 10 件，长型布 2 件，通长 10—15.7、宽 5.8—6.4、厚 0.2 厘米（图三）。发掘者比照空首布，认为系春秋晚期至战国初期所铸。但这种平肩平足银布与铜质空首布有很大差异，春秋至战国时期的空首布，以青铜铸成，尖足，肩部多为斜肩或耸肩，首为方形。故有专家认为，扶沟银空首布"系模仿铜布币而作，可能较晚，时代应远落后于铲形布币"[9]。海昏侯墓金板形状（长宽比例及厚度）与此接近，所区别的是银空首布上方有圆形浇铸口，而金板浇铸口则为扁平方形，因此可以看作同属一类器物。

除了有金银货币实物传世，在楚国故地还有大量货币明器出土，直至汉初仍可见到。1933 年，安徽寿县李三孤堆楚墓出土的鎏金无字铜冥币 60 块[10]，铜板呈梯形，无文字，其上凿 9 个方格，应是模仿郢爰。1981 年，安徽长丰县杨公十号战国晚期楚墓出土陶金板冥币 3 块，其形制类似郢爰[11]。

图一　海昏侯墓金板

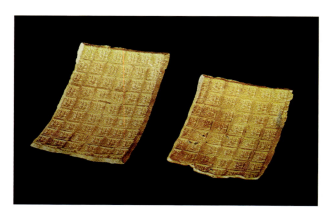

图二　盱眙郢爰金板

图三　扶沟银布币

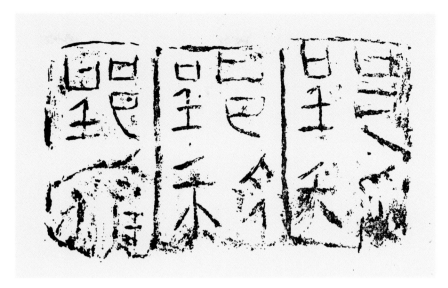

图四　马王堆泥"郢称"

西汉前期，如马王堆一号汉墓则出土大量泥质半两钱及泥"郢称"（图四），其中泥"郢称"长 6.2、宽 3.8、厚 0.4 厘米，出土超过三百块[12]。此外，在长沙西汉前期墓里仍有大量方形泥质冥币发现，除"郢称"外，还有"两""金""千金""赐上金称于郢"等不同文字[13]。

此外，西汉南越王墓也发现银板，与海昏侯墓金板相近。南越王墓西耳室出土银锭 4 件，均为平板状。其中 C201 有 3 件，最上面一件为长方形，底下一件有柄如铲形。长方形的一件长 14.1、宽 6.7、厚 0.3 厘米；铲形的一件长 18.7、宽 6.8、厚 0.2 厘米。3 块共重 491.5 克。C202 一件，为不规则长方形，体较扁，长 12.6、宽 3.5、厚 0.8 厘米，重 305.2 克（图五）[14]。其铲形部位应为银板的浇铸口，与扶沟银币、海昏侯墓金板位置、作用相同。发掘者认为此墓系南越国第二代王赵胡墓，时间约在元朔末至元狩初，距海昏侯下葬时间不远（神爵三年，前 59 年）。

通过上述资料可以看出，从战国时期始，在楚国疆域一直流行平板形金银币，从早期不规则方形逐渐演变成趋近方形，从铃盖"郢爰"字迹到"两"等吉语字再到平素无纹饰，其发展轨迹尚可追寻。海昏侯墓金板的发现，证实在汉代楚国故地，即使

经过了秦始皇统一货币，楚爰金一直有深远的影响。类似案例为 1965 年 2 月，江苏涟水三里墩西汉墓出土了五铢钱 22 枚、无铭文小刀币 300 枚，发掘者认为是西汉时齐国的自铸币[15]。六国货币在西汉的沿用值得重新认识。

海昏侯墓金板有可能是唐代银铤形制的起源。汉至南北朝时期，圆形金饼（包括银饼）是金银货币的主要形式，但自北魏以来，一种新型金银货币形制"铤"开始出现于史籍（亦有称"筵"的），是一种长条形金银币。如《北齐书·祖珽传》"得金二十五铤"[16]，《隋书·和洪传》"金银各百挺（铤）"等[17]。有唐代实物出土。1970 年在西安南郊何家村窖藏出土了长方（条）形银铤、银板 68 块，圆形银饼 22 枚[18]，如"拾两太北"银铤长 24.2、宽 7.3、

图五　南越王墓银锭

图六　何家村银铤

厚 0.3 厘米；素面银铤长 28.9、宽 4.5、厚 1.9 厘米[19]。特别是"拾两太北"银铤，在形制及规格上与海昏侯墓金板接近（图六）。

海昏侯墓金板除了作为货币的用途外，也可以用于祭祀荐享。《周礼·秋官·职金》曰："旅于上帝则共其金版。缟诸侯亦如之。"郑玄注"饼金谓之版"。现在学者多以考古中出土的圆形金饼为金板，

认为有祭祀功能（在本次海昏侯墓发掘中出土的 4 枚金饼，其上墨书"南海海昏侯臣贺元康三年酎金一斤"，可见其为酎金）。海昏侯墓金板的出土，对此又增添新的内容。

二　马蹄金与麟趾金

截至目前，海昏侯墓已经发现马蹄金 48 枚、麟趾金 25 枚。其中在主椁室出土马蹄金 15 枚、麟趾金 10 枚；在主棺柩出土马蹄金 33 枚、麟趾金 15 枚[20]。据介绍，大型马蹄金每枚重 230—260 克，小型马蹄金每枚重约 40 克，麟趾金每枚重约 60 克[21]。马蹄金内部中空，底面呈马蹄状，顶部嵌琉璃片为盖。麟趾金呈兽蹄状，底面椭圆，周壁前缘向后倾斜成坡状，类似长筒皮靴。两者均在周壁上部有一圈金丝掐花。大马蹄金掐花近似圆圈花形，小马蹄金和麟趾金掐花则呈麦穗及水波纹。马蹄金、麟趾金中空处分布有四个像挂钩一样的凸点，用以镶嵌琉璃片。在马蹄金、麟趾金底部，铸有凸起的"上""中""下"字样（图七）。

类似海昏侯墓的马蹄金、麟趾金并非首次发现。1973 年在河北定县（今定州市）城西八角廊发掘的 40 号汉墓（中山怀王刘修墓）即有出土。墓内出土大小马蹄金各 2 枚、麟趾金 1 枚，均出于内棺[22]。2 枚大马蹄金外壁下铸 3 道波状纹及金丝掐花，其中一件重 273 克，底面中心铸一"上"字；另一件顶

 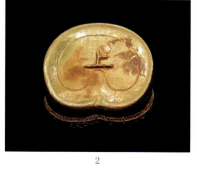

图七　海昏侯墓出土金器
1、2. 马蹄金　3. 麟趾金

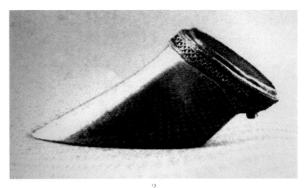

图八　定州市 40 号墓出土金器
1. 马蹄金　2. 麟趾金

部琉璃盖残碎，重 247.6 克，底面无字。2 枚小马蹄金重量分别为 32.1 克和 30.9 克，底面中心各铸一"中"字。麟趾金顶嵌绿琉璃为盖，亦有金丝掐花，重 65.5 克[23]（图八）。上述两墓出土的马蹄金、麟趾金，其形状、重量、制作工艺乃至铭文均一致，应是出自同一批制作。

马蹄金、麟趾金的制作，与汉武帝太始二年（前 95 年）诏令有关。诏曰："有司议曰，往者朕郊见上帝，西登陇首，获白麟以馈宗庙，渥洼水出天

马，泰山见黄金，宜改故名。今更黄金为麟趾、褭蹄以协瑞焉。"因以班赐诸侯王[24]。麟趾金源于武帝元狩元年（前 122 年）获白麟事[25]。马蹄金源于元鼎四年（前 113 年）渥洼水出天马[26]。

太始二年（前 95 年），造马蹄金、麟趾金时，有下列诸侯王见在[27]（表一）：

从表一可以看出，武帝太始二年造马蹄金、麟趾金时，被赏赐的诸侯王应当位于此列。海昏侯刘贺为昌邑哀王刘髆之子，中山怀王刘修为中山康王刘昆侈

表一　前 95 年见在诸侯王

序号	封国	封王名	始封	备注
1	楚	刘延寿	高祖弟楚元王刘交	天汉元年嗣，地节元年因谋反被诛
2	成阳	刘顺	高祖子齐悼惠王刘肥	天汉四年嗣，甘露二年卒
3	淄川	刘遗	高祖子齐悼惠王刘肥	元封二年嗣，元凤六年卒
4	济北	刘宽	高祖子淮南厉王刘长	天汉四年嗣，后元二年，因谋反获罪自杀
5	梁	刘毋伤	文帝子梁孝王刘武	太始元年嗣，始元元年卒
6	清河	刘义	文帝子代王刘参	元光三年嗣，元鼎三年徙清河，太始二年卒。子刘阳嗣
7	河间	刘庆	景帝子河间献王刘德	天汉四年嗣，五凤三年卒
8	鲁	刘光	景帝子鲁共王刘余	元朔元年嗣，征和四年卒
9	赵	刘彭祖	景帝子赵敬肃王	景帝二年立为广川王，四年徙赵，太始四年卒
10	长沙	刘附胊	景帝子长沙定王刘发	天汉元年嗣，始元三年卒
11	中山	刘昆侈	景帝子中山靖王刘胜	元封元年嗣，征和三年卒
12	广川	刘齐	景帝子广川惠王刘越	建元五年嗣，征和元年卒
13	胶东	刘通平	景帝子胶东康王刘寄	元封五年嗣，始元四年卒
14	六安	刘庆	景帝子胶东康王刘寄	元狩二年立，始元三年卒

序号	封国	封王名	始封	备注
15	真定	刘平	景帝子常山宪王刘舜	元鼎三年立，征和三年卒
16	泗水	刘贺	景帝子常山王刘舜	太初三年立，始元六年卒
17	燕	刘旦	武帝子燕剌王	元狩六年立，元凤元年因谋反获罪自杀
18	广陵	刘胥	武帝子广陵厉王	元狩六年立，五凤四年因诅咒宣帝获罪自杀
19	昌邑	刘髆	武帝子昌邑哀王	天汉四年立，后元二年卒

之后，因此两人墓葬中出土特制的金币，即应是太始诏书所称并赏赐诸王的马蹄金、麟趾金。

海昏侯墓马蹄金、麟趾金的发现，有助于解决对马蹄金、麟趾金的认定及断代问题。

对马蹄金、麟趾金实物的确认很早就有记载。唐颜师古在《汉书·武帝纪》太始二年诏书下注曰："今人往往于地中得马蹄金，金甚精好，而形制巧妙。"宋代则更为明确。沈括《梦溪笔谈》记载："麟趾中空，四傍皆有文，刻极工巧。裹蹄作团饼，四边无模范迹，似于平物上滴成，如今干柿，土人谓之'柿子金'。"[28]将中空的金币认作麟趾金，而今日所称的"金饼"定为马蹄金。

1949年后随着考古发掘的进展，学界对马蹄金、麟趾金的认识更加深入。现代学者多认为中空、立体形态的金饼是马蹄金、麟趾金，其中底面圆形的为麟趾金，椭圆形的为马蹄金（又称"裹蹄""袤蹄"）（图九）。如安志敏认为立体中空的金币为马蹄金，金饼为麟趾金；黄盛璋细分中空金币底面为圆形的是麟趾金，椭圆形的为马蹄金；张先得与黄盛璋观点相同。其他相似观点更多[29]。另外，在太原

图九　西安鱼化寨马蹄金

东太堡、杭州老和山出土的金饼、金饼泥质模型上刻有"令之""令之金一斤"等文字，因此有学者认为金饼其后也成为麟趾金的变种[30]。

海昏侯墓金币的出土，为判断马蹄金、麟趾金的性质提供了坚实基础。海昏侯墓出土的马蹄金，因其底部截面呈圆形马蹄状，与以往出土马蹄金形状相似，因此学者并无异议。而麟趾金则不然，与他处出土的相差较大，此前仅定县（今定州市）40号墓出土过一枚，研究者一般认为是一种具有礼仪形式的例外[31]。麟趾金名源于武帝元狩元年获白麟。《说文》曰："麟，大牝鹿也。从鹿粦声。""麒，仁兽也，麇身龙尾一角，从鹿。""麟，牝麒也。"[32]从文字中可以看出，汉代人眼中的麒麟本质上属于鹿的一种，鹿在生物学上属偶蹄目，海昏侯墓出土的截面呈椭圆形、靴状的金币，恰与鹿蹄的一瓣相似，在汉代金币中最接近"麟趾"的形状。因此，刘贺、刘修墓所出的靴状金币，应是武帝太始二年所颁发的麟趾金。

海昏侯墓马蹄金、麟趾金的发现及确认，有助于判断类似金币的出现年代。此前对于各地发现的那种中空、立体形态的金饼，学者因武帝诏书，将其命名为"马蹄金""麟趾金"，并形成"始铸""改名"二说。始铸说将这类金饼始铸年代定在太始二年之后；改名说认为马蹄金最早出现于战国，在汉代广泛使用，武帝只是改了旧名[33]。始铸说有文献作支撑，但对于一些地区出土的马蹄金、麟趾金，如江苏盱眙南窑庄、河南扶沟古城村发现的马蹄金，与战国时期楚国金币"郢爰"同出现象解释力不足。

从海昏侯墓出土情况看，武帝确实制造了马蹄

金、麟趾金，但在形态上又与各地发现的马蹄金不同，尤其罕见类似的麟趾金。因此我们提出一个新的思路，即官方确实新制了马蹄金、麟趾金，并"班赐诸侯王"。而民间流通的金币则更以新名，那种立体、中空的金币为马蹄金，金饼也可能易以麟趾金名。太原东太堡、杭州老和山出土的金饼、金饼泥质模型或是例证[34]。

关于海昏侯墓金币"上""中""下"铭文的含义，刘瑞认为马蹄金、麟趾金系汉武帝因应祥瑞而制造，可能与行用白金三品时将白金分三等的做法相似[35]，但未详述理由。

我们认为，马蹄金、麟趾金因武帝因应祥瑞而造，系礼仪性用途的金币，表示"金三品"的概念，泛指货币财富。"金三品"一词出现较早，并在战国秦汉间广泛流行。《禹贡》有扬州、荆州"厥贡惟金三品"；《管子·国蓄》："以珠玉为上币，以黄金为中币，以刀布为下币。"[36]《史记·越王勾践世家》记楚有"三钱之府"，王充《论衡·验符篇》："金有三品。"[37]因此，司马迁在《史记·平准书》中称："虞夏之币，金为三品，或黄，或白，或赤；或钱，或布，或刀，或龟贝。及至秦，中一国之币为二等，黄金以溢名，为上币；铜钱识曰半两，重如其文，为下币。而珠玉、龟贝、银锡之属为器饰宝藏，不为币。"可见，文献中"金三品"更多地是泛指各类货币，依其等次有上、中、下之分。

汉武帝在造"白金三品"时，"有司言曰：'古者皮币，诸侯以聘享。金有三等，黄金为上，白金为中，赤金为下。'……又造银锡为白金。以为天用莫如龙，地用莫如马，人用莫如龟，故白金三品：其一曰重八两，圜之，其文龙，名曰'白选'，直三千；二曰以重差小，方之，其文马，直五百；三曰复小，撱之，其文龟，直三百"[38]。由此可见，在汉代"金三品"的概念广泛流行，成为造"白金三品"的依据。在海昏侯墓中出土的马蹄金、麟趾金的"上""中""下"铭文，同样是出自祥瑞的需要，以象征各种不同类型的货币，与金币的重量、成色及形制并无直接关系。

附记：本文截稿后，得知陕西省考古研究院在咸阳市泾阳县小堡子村发掘大型汉墓5座，据研究应当是武帝朝最后一位丞相富民侯田千秋家族墓，墓中出土有麟趾金。可见太始二年（前95年）武帝在造马蹄金、麟趾金颁赐诸侯王的同时，对一些亲近大臣也有赏赐。

[1]a. 江西省文物考古研究所，南昌市博物馆，南昌市新建区博物馆. 南昌市西汉海昏侯墓[J]. 考古，2016（07）：45-62. b. 羽见. 海昏金器甲天下——追问"亮瞎眼"的西汉黄金之谜[J]. 中国国家地理，2016（03）：61-171.

[2]江西省文物考古研究所，首都博物馆. 五色炫曜——南昌汉代海昏侯国考古成果[M]. 南昌：江西人民出版社，2016.

[3]辛友. 海昏侯墓探秘[J]. 收藏界，2016（02）.

[4]班固. 汉书·地理志[M]. 北京：中华书局，1962：1593.

[5]司马迁. 史记·货殖列传[M]. 北京：中华书局，1959：3268.

[6]吴兴汉. 楚金币的发现与研究[J]. 故宫博物院院刊，2005（06）：116-140.

[7]姚迁. 江苏盱眙南窑庄楚汉金币窖藏[J]. 中国钱币，1983（02）：35-40.

[8]郝本性，郝万章. 河南扶沟古城村出土的楚金银币[J]. 文物，1980（10）：61-66.

[9]黄盛璋. 关于马蹄金、麟趾金的定名、时代与源流[J]. 中国钱币，1985（01）：11-17，38.

[10]安志敏. 金版与金饼——楚、汉金币及其有关问题[J]. 考古学报，1973（02）：61-90，167-171.

[11]a. 杨鸠霞. 安徽出土的陶冥币[J]. 中国钱币，1994（03）：4. b. 安徽省考古研究所. 安徽长丰战国晚期楚墓[J]. 考古，1994（02）：119-126，193-194.

[12]湖南省博物馆，中国科学院考古研究所. 长沙马王堆一号汉墓：上、下集[M]. 北京：文物出版社，1973：126.

[13]a. 中国科学院考古研究所. 长沙发掘报告[M]. 北京：科学出版社，1957：80-81. b. 周世荣. 西汉长沙国货币新探[G]//中国钱币学会. 中国钱币论文集：第3辑. 北

京：中国金融出版社，1998：185-192.

[14] 广州市文物管理委员会. 西汉南越王墓：上下册[M].
北京：文物出版社，1991. 发掘者认为此银板为制作银
器的原料，经与海昏侯金板比较应为银质货币。

[15] a. 南京博物院. 江苏涟水三里墩西汉墓[J]. 考古，1973
（02）：80-87，89，141-144. b. 王恩田. 对三里墩出土齐
小刀币铸行年代的讨论[J]. 中国钱币，1993（03）：4. 作
者认为三里墩墓为战国墓。

[16] 李百药. 北齐书·祖珽传[M]. 北京：中华书局，1972：
515.

[17] 魏征. 隋书·和洪传[M]. 北京：中华书局，1973：1380.

[18] a. 陕西省博物馆（文管会）革委会写作小组. 西安南郊
何家村发现唐代窖藏文物[J]. 文物，1972（01）：30-42.
b. 秦波. 西安近年来出土的唐代银铤、银板和银饼的初
步研究[J]. 文物，1972（07）：54-58.

[19] 陕西历史博物馆，北京大学考古文博学院. 花舞大唐
春——何家村遗宝精粹[M]. 北京：文物出版社，2003：
204.

[20] 杨军，管理. 海昏侯墓考古硕果累累[M]//江西省文物
考古研究所，首都博物馆. 五色炫曜——南昌汉代海昏
侯国考古成果. 南昌：江西人民出版社，2016：10.

[21] 萧易. 海昏侯墓[J]. 中国国家地理，2016（03）：51.

[22] 河北省文物研究所. 河北定县40号汉墓发掘简报[J].
文物，1981（08）：1-10，97-98.

[23] 信立祥. 汉中山王墓金器[M]//中国大百科全书编辑委
员会. 中国大百科全书：文物·博物馆卷. 北京：中国
大百科全书出版社，1993：225-226.

[24] 班固. 汉书·武帝纪[M]. 北京：中华书局，1962：206.

[25] 班固. 汉书·武帝纪[M]. 北京：中华书局，1962：174.“元
狩元年冬十月，……获白麟，作白麟之歌。”

[26] 班固. 汉书·武帝纪[M]. 北京：中华书局，1962：184.
元鼎四年“秋……马生渥洼水中，作宝鼎、天马之歌。”

[27] 班固. 汉书·诸侯王表[M]. 北京：中华书局，1962.

[28] 沈括撰，胡道静校证. 梦溪笔谈校证：卷21[M]. 上
海：上海古籍出版社，1987：680.

[29] a. 安志敏. 金版与金饼——楚、汉金币及其有关问题
[J]. 考古学报，1973（02）：61-90，167-171. b. 黄盛璋. 关

于马蹄金、麟趾金的定名、时代与源流[J]. 中国钱币，
1985（01）：11-17，38. c. 张先得. 记各地出土的圆形金
饼——兼论汉代麟趾金、马蹄金[J]. 文物，1985（12）：
39-49；d. 李正德，傅嘉仪，晁华山. 西安汉上林苑发现的
马蹄金和麟趾金[J]. 文物，1977（11）：74-76.

[30] a. 山西省文物管理工作委员会，山西省考古研究所. 太
原东太堡出土的汉代铜器[J]. 文物，1962（Z1）：66-72，
94，8-11，65；b. 赵人俊. 汉代随葬冥币陶麟趾金的文字
[J]. 文物，1960（07：52.

[31] 张先得认为，定县（今定州市）中山王墓所出马蹄金、
麟趾金，是象征祥瑞的工艺品。

[32] 许慎. 说文解字：卷10上[M]. 中华书局，1963：202.

[33] 学者如安志敏、张先得将马蹄金、麟趾金的铸造定在太
始二年之后，而黄盛璋则认为马蹄金最早出现于战国，
在汉代广泛使用。

[34] a. 班固. 汉书·武帝纪[M]. 北京：中华书局，1962：174.
可能自汉代以后，人们对“麟趾”概念就不清晰了。
在元狩元年获白麟条下，初唐颜师古注曰：“麟，麏
身，牛尾，马足，黄色，圜蹄，一角，角端有肉。”b. 刘
焯.“毛诗”义疏.“麟，马足，黄色园蹄。”见徐坚. 初
学记：卷29[M]. 北京：中华书局，1962：700.

[35] 刘瑞. 试释海昏侯墓大马蹄金上的“上”“中”“下”[N].
中国文物报，2016-02-26（6）.

[36] 黎翔凤撰，梁运华整理. 管子校注：卷22[M]. 北京：
中华书局，2004：1279.

[37] 黄晖. 论衡校释：卷19[M]. 北京：中华书局，1990：
839.

[38] a. 司马迁. 史记·平准书[M]. 北京：中华书局，1959：
1426-1427. b. 班固. 汉书·食货志[M]. 北京：中华书
局，1962.

邯郸一座金代墓葬壁画内容浅谈

李蔓

邯郸市文物保护中心，河北邯郸 056002

Brief Discussion on the Contents of Wall Paintings of a Jin Dynasty Tomb in Handan

Li Man

Conservation Institute of Cutural Relics in Handan, Handan 056002, China

摘　要： 2017 年 8 月在邯郸华耀城建筑工地发现一座金代墓葬，清理后发现该墓内存留有大量壁画。作为邯郸地区发现数量较少的文物类型，此壁画的发现对研究邯郸宋金时期文化、礼孝等有一定价值。

关键词： 金代墓葬　壁画　二十四孝

Abstract: In August 2017, a Jin Dynasty tomb was discovered at the construction site of Huayao City in Handan. A large number of wall paintings were found in the tomb after cleaning. As a type of cultural relics that is rarely found in Handan area, the discovery of these wall paintings is of certain value for the study of the culture, rituals, and filial piety during the Song and Jin Dynasties.

Key words: The Jin Dynasty tombs; Wall paintings; Twenty-Four Stories of Filial Piety

引　言

2017 年 8 月邯郸市文物保护中心考古人员进入华耀城DK-4建筑工地进行勘探发掘工作。该工地位于邯郸市中华南大街以东、新一中以北、南湖公园以南，共发掘四座宋金方砖木结构墓葬，见图一。其中在地块北部偏中的位置发现的仿木结构双墓室砖雕墓编号为M4，见图二。坐北朝南，开口距现地表 0.62 米，出土器物 2 件，包括景祐元宝铜钱 1 枚、白釉瓷碟 1 个，见图三。结合器物特征、墓葬形制和壁画绘制内容，初步判断该墓葬时代应为金代早期。

一　主墓室壁画

该墓葬为双墓室墓，西侧耳室平面呈不规则方形，无彩绘。主室平面呈圆形，经过清理，发现墓室内壁满绘壁画，但早期遭受破坏，壁画存留以主墓室中下部、甬道东西两侧、棺床外侧最为丰富。壁画内容有墓主夫妇对坐宴饮图、妇人启门图、送酒图、花卉、剪刀、熨斗和二十四孝故事图等题材，这些题材均是宋金时期墓葬常见的壁饰内容。另外墓室还垒筑有立体砖雕，包括一桌二椅、破子棂窗户、矮足柜、版门、灯擎等。图四为主墓室部分壁画照片，图五为部分壁画砖雕示意图。

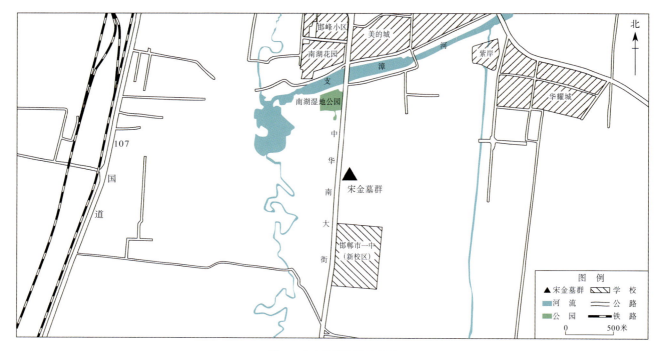

图一 宋金墓葬位置示意图

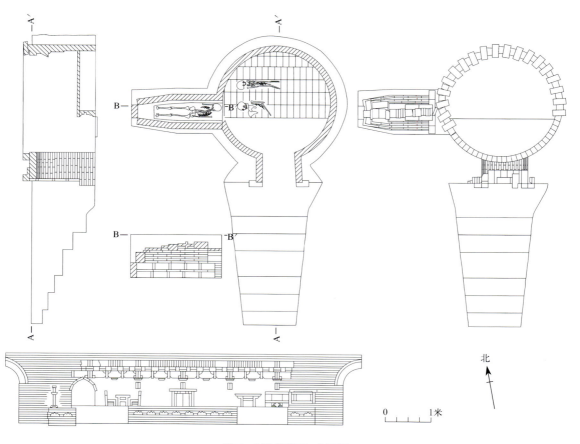

图二 M4 墓葬平、剖面图

图三　M4 出土器物

图四　主墓室壁画局部照片（自南向北摄）

0　　　　　50厘米

图五　主墓室壁画、砖雕示意图（自西至东南绘制）

　　图六内容为墓主夫妇对坐图像。墓主夫妇袖手对坐于椅上，分桌对坐交谈。桌为长方形直足方桌，椅为靠背椅，桌椅均为砖雕造型，纯侧面。桌面绘白色，侧面以双墨线勾勒，墨线之间及外侧以白色填充，内侧绘赭色；椅子是以单粗墨线勾勒，墨线内侧为窄白条，中间以赭色填充。桌子上绘有托盘，盘内绘多个酒瓶，其余器具因缺失严重辨识不清。

　　桌子左侧的靠背椅上端坐一年长妇人，为女墓主，抄手腹前，体态安详。女墓主面部缺损严重，身着黑色窄袖衫，外罩交领左衽窄袖短襦，衣襟为淡红色，下穿白色长裙。桌子右侧的靠背椅上端坐

图六　墓主夫妇对坐宴饮图

一老年模样的男子，亦抄手于腹前，神态安详。男墓主留小髭须，头戴黑色幞头，身着淡墨色盘领窄袖长衫，白色中单，腰系白带，墓主夫妇皆为约四分之三侧面照。

墓主中间、方桌之后绘四侍者，为三女一男，男侍者望向男墓主，三位女侍者望向女墓主。男侍者身着衣物残缺较为严重，无法辨清。三位女侍者中有两位位于男侍者左侧，一位位于右侧。按照从左至右的顺序，第一位侍者着白色抹胸和白色直领褙子，梳高髻。中间侍者亦梳高髻，髻上别有一簪，右侧女侍者着白色交领右衽衣物，白色内衬。弯眉、善目、圆鼻、小嘴、大耳，面部圆润，头束二鬟髻，左右分开，垂于耳畔，鬟髻根部系白带。

图七内容为送酒图。为四名侍者，两男两女。依次一排站立，均看向左侧对坐图男女墓主。两名男侍者均左手自然下垂，右手高举过头顶，手中托起酒具，两名女侍者中左侧这位双手托盘，盘中放置多个酒瓶，右侧那位则双手叠于衣袖中。左侧男侍者上身着窄袖襦袄衫，长及膝盖以上，下身着裤子，脚穿尖头靴；左侧女侍者着窄袖对襟褙子，梳高发髻；右侧男侍者上身着窄袖皂衫，皂衫前饰网格纹图案，长及膝下，腰间系革带，下身着裤子，脚部穿系带尖头靴；右侧女侍者梳高发髻，着窄袖衣物。

图八内容为妇人启门。砌假门，外砌上额、槫柱，内砌门额、立颊、地栿。门额面雕砖作门簪两枚，门簪上以黑色颜料绘制图案，地栿两端各砌出门砧一枚，门额、立颊内砌版门两扇，左扇向北微启。一名身着珍珠地纹袍服的妇人位于门正中，从门后自右向左探出左半个身子，露出头部、左上半身和腿部衣摆。

图九自西向东依次为一位衣着整齐的男人双手执铁锹，一位满脸愁容的妇人外衫褪至手肘处，身后跟着一个小孩，男孩蹲着抓住女人的衣摆，在后面有一棵高树，一个戴黑色幞头的男人半坐在一个山包上，眼睛微闭似在哭泣。

图七　送酒图

图八　妇人启门图

图九　左为郭巨埋儿图，右为元觉父在山图

图一〇内容为一梳着高髻、上身着窄袖交领短襦、下身着百褶长裙的妇人，怀中抱一个小童，身后还有一个小童拉着衣角跟着，妇人面带愁容，似在说话，对面坐着一位身着袍服、头戴幞头的男人，男人的穿着不似日常生活服饰。

图一一内容为王祥卧冰。一位男人双脚赤裸躺着，有两条鱼跳在男人身上，由于壁画出土时残缺严重，男人仅留脸部和脚部。

这座墓葬壁画内容的分布层次，自棺床以上可以分为三层。最下面一层为日常生活场景图、二十四孝图中部分故事，包括郭巨埋儿、元觉父在山、鲁义姑姊，其他壁画内容均是日常生活场景，如墓主夫妇对坐宴饮图、送酒图、剪刀、熨斗、破子棂窗户、矮足柜、版门、灯擎等，壁画保存较为完整。第二层图案残缺较为严重，隐约可见有二十四孝图中王祥卧冰的场景。第二层向上就是在转角之间砌小铺作，之后起券成穹隆顶。

图一〇　鲁义姑姊图

图一一　王祥卧冰细节图

二　壁画内容的解释

（一）妇人启门图

妇人启门图自汉代一直延续至元明时期，随时代不同表现出不同的具象。在汉代，更多偏重于死后升天生活场景的描绘，魏晋至唐开始逐渐由神仙体系向世俗场景过渡，进入宋元明以后更多偏重于世俗生活的描述。该墓葬的妇人启门就是世俗生活的场景。虽各有不同，但其共通点是都蕴含着空间暗示，即开启一扇门，走出半个人。这种动态效果直截了当地表明门后面还有一个更为隐秘的空间，使平面构图有了纵深感。

（二）图九壁画内容的解读

图九壁画内容究竟是日常生活画面还是二十四孝图中的故事，笔者查阅了相关文献，并和多个地区的宋金砖雕、壁画（图一二）比对。发现此画面左侧内容和二十四孝图中郭巨埋儿故事形象十分接近，比如甘肃清水箭峡墓中郭巨埋儿故事壁画内容是郭巨站立于画面左侧，左手持铁锹拄地，画面右侧一少妇牵拉一半身高的男童[1-2]（图一二，1）。山西沁县上庄金墓的砖面刻三人。左侧为一男子，头戴幞巾，面向右，左手抬起指向斜上方，右手执锹，右脚尖抬起，似在挖土，右侧妇人怀抱一婴孩，面向男子[3]（图一二，2）。山西沁县金墓砖雕中一男持锹掘地，一妇女抱子旁立，其间有一匣[4]（图一二，3）。山西潞城北关村宋墓画面上刻二人。左刻一戴幞头、着开襟袍服、手持铁锹的男子。右刻一梳盘髻、着罗裙、抱孩童的妇人[5]（图一二，4）。陕西甘泉金墓中绘制一头戴黑色无檐小帽，身穿蓝衫、红色紧脚裤，足蹬白靴的男子执铲掘地，破土处金光四射，男子身后一黄衣少妇抱婴而立，少妇身后绘山石树木[6]（图一二，5）。陕西甘泉柳河渠湾金墓一处画面左侧绘一男子倚铲而立，右手掩目下视，脚下金光四射，右侧一妇女抱婴而立[7]（图一二，6）。通过与甘肃、山西等地的宋金二十四孝图的壁画砖雕进行比对，判断此画面内容不是日常生活场景，

图一二　"郭巨埋儿"相关壁画和砖雕
1. 甘肃清水箭峡墓壁画　2. 山西沁县上庄金墓砖雕　3. 山西沁县金墓砖雕　4. 山西潞城北关村宋墓壁画　5. 陕西甘泉金墓壁画
6. 陕西甘泉柳河渠湾金墓壁画

而应是二十四孝故事，画面的内容应是左侧手持铁锹的男人与妇人、小童组成郭巨埋儿故事。

对于右侧的壁画内容，看法不一，有人认为是元觉谏父的故事，也有人认为是闻雷泣墓的故事。

元觉谏父的故事见图一三。甘肃清水白沙箭峡墓中相关的壁画有两幅，左侧第一幅画面描绘一男子站立，左臂前伸作训人状，一孩童手持簸笆，俯首拭泪，中上方有墨铭"元觉行孝"；右侧第二幅画面左侧为一参天大树，右侧石崖上蹲坐着一老人，向下俯视，墨铭"元觉父在山"[1]（图一三，1）。清水县贾川乡董湾村金墓的壁画中有三人，左上角的悬崖上坐一名瘦骨嶙峋的老者，向下俯视，崖边草木丛生。崖下站立两人，一中年一少年。中年人头戴黑色无脚幞头，身着红色宽袖长袍，脚蹬黑靴，右手指向老者。少年头扎小髻，身着右衽长袍，腰束红带，穿蓝色长裤，足蹬黑鞋，左手上指，右手提一肩舆[8]（图一三，2）。陕西甘泉金墓壁画画面左侧绘山崖、树木，崖上一老者盘腿而坐，山崖下，一头扎双髻的少年双手背在身后，抬

一肩舆躬身前行。少年对面立一身着袍服的中年男子，右手前伸，似与少年交谈[6]（图一三，3）。在甘肃临夏金代砖雕墓也出土有元觉谏父的彩绘砖雕[9]（图一三，4）。在山西沁县金墓中发现有一处题字"元觉[拖]搰床"的砖雕（图一三，5）。山西沁县上庄金墓面刻三人。右侧为一赤身老者蹲坐于石山之上。左下为一男子右手伸指，面向中间男孩。男孩右手拿一簸笆状物，榜题"元觉"二字[3]（图一三，6）。

"闻雷泣墓"的相关壁画和砖雕在很多墓葬中均有发现，见图一四。比如甘肃清水箭峡墓砖雕的内容是正中横置一彩绘棺，棺后站立一男子，男子身着孝服，头戴孝帽，俯首闭目作拭泪状[1]（图一四，1）。宁夏西吉1号墓砖雕内容为碑的右侧站立一人，头包巾，穿长袖衫，腰系带，双手抱墓碑[10]（图一四，2）。陕西甘泉柳1号金墓壁画为左侧绘山石和一棵大树，树下一龟趺圆首碑，碑前站立一男子，头戴尖顶披肩白色冠，身着白色长袍，掩面而泣（图一四，3）。陕西甘泉柳河渠湾金墓壁画绘一棵松树，

图一三 "元觉谏父"相关壁画和砖雕
1. 甘肃清水白沙箭峡墓壁画 2. 甘肃清水贾川乡董湾村金墓壁画 3. 陕西甘泉金墓 M3 壁画
4. 甘肃临夏金墓砖雕 5. 山西沁县金墓砖雕 6. 山西沁县上庄金墓砖雕

图一四 "闻雷泣墓"相关壁画和砖雕
1. 甘肃清水箭峡墓砖雕 2. 宁夏西吉 1 号墓砖雕 3. 陕西甘泉 1 号金墓壁画 4. 陕西甘泉柳河渠湾金墓壁画 5. 山西潞城县北关宋墓砖雕

树下有一座坟丘，一妇人立坟前祭拜，远处是山石、树木[7]（图一四，4）。山西潞城北关宋墓砖雕上刻一男子，头戴软角幞头，着红色圆领袍服，趴于一黄土坡上作哭喊状[5]（图一四，5）。

对于该墓葬的故事内容，可以和已发表壁画墓中的故事形象作对比。该故事的元素包括参天大树、哭泣的男性人物、山包。元觉谏父故事中元觉父在山的元素主要包括参天大树、蹲坐的男性人物、山崖，而闻雷泣墓的故事元素主要包括哭泣的男性人物、棺木。综合比对，笔者初步推断该壁画应该是表现元觉父在山的故事。

（三）图七壁画内容的解读

关于这个壁画，笔者认为应该还是二十四孝图的故事，其中有两个故事版本与其画面内容接近，一个是鲁义姑姊，另一个是闵子骞行孝。

鲁义姑姊的故事在很多壁画砖雕中都出现，见图一五。山西沁县金墓砖雕中的鲁义姑姊故事内容为一妇抱一大孩站立，一小儿坐于地上，一男骑马作询问状[4]（图一五，1）。甘肃清水白沙箭峡墓的画面左侧站立一妇人，怀中抱一婴孩，妇人身旁两侧各有一儿童，画面右侧绘一身材高大的男子，头戴兜鍪，左手持长杖，右手伸向妇人[1]（图一五，2）。而山西沁县上庄金墓砖面刻五人。左侧为一妇人，怀抱一婴孩，腿脚前跪趴一婴孩，婴孩双手紧抓妇人衣服。中间一人手持长棒，似要抽打妇人。右侧

似为一官人，骑马，戴官帽，左手执马缰绳，右手伸向持棒男子[3]（图一五，3）。

闵子骞行孝故事在很多壁画和砖雕中均有出现，见图一六。其中甘肃清水箭峡墓中西壁砖雕第二行北起第二块画面描绘闵子骞的故事，画面正中一少妇右臂抱一孩童，左手拉另一孩童在身侧，右上角墨铭"闵子骞行孝"[1]（图一六，1）。箭峡墓这个故事的版本和山西一些墓葬中的二十四孝砖雕略有差异，可参考山西沁县金墓出土闵子骞砖雕图像[4]（图一六，2）。

通过多方查证，关于这幅图的解读，笔者认为应该是鲁义姑姊故事。判断理由是闵子骞行孝图中只会出现一妇人、两小童的因素，而这幅图中还有一个成年男人，并且男人的穿着不是日常服饰，倒像是神仙的打扮。在我国的东北、西北、华中、华南、华东等多地，关于鲁义姑姊故事有不同的样本，其核心情节有几个要素：（1）有战事或灾难发生，村民躲避战祸或灾难；（2）村妇背大孩，牵小孩。大孩是别人的，小孩是自己的；（3）首领或神仙感动，授以标记，不杀[11]。这三个要素的组合和本次发掘的墓葬壁画故事完全吻合，因此判断应为鲁义姑姊的故事。

（四）小结

关于行孝图在墓葬壁画中的位置，文献中提到行孝故事绘于其间壁或铺作以上的梯形界面内，可

图一五　"鲁义姑姊"相关壁画和砖雕

1. 山西沁县金墓鲁义姑姊砖雕　2. 甘肃清水白沙箭峡墓砖雕中的鲁义姑姊形象　3. 山西上庄金墓鲁义姑姊砖雕

图一六　"闵子骞孝行"相关壁画和砖雕
1. 甘肃清水箭峡墓中的闵子骞孝行图　2. 山西沁县金代墓葬闵子骞孝行砖雕图像

以使人抬头仰止，起警示作用[12]。而部分文献认为孝子图像在墓葬中的位置往往位于仙、俗图像之间，并且孝子图像在墓葬中成为升仙的必经之途[13]。因此推测残缺较严重的第二层当时可能绘制有大量的二十四孝图，由于壁画保存情况不佳，丢失了很多故事内容，是遗憾之处。

孝子图像进入墓葬空间不是从宋金时期开始的，而是在汉魏时期就已经很盛行，系统的二十四孝故事，在唐代或之前已经初步形成，在宋、金、辽、元时的中原地区，特别是北方地区流传十分广泛[14-16]。

三　壁画价值分析

壁画作为墓葬建筑的一部分，其分布自然要适应墓葬的空间结构，同时，作为丧葬绘画，其布局安排必须体现一定的功能，反映特定的象征意义，壁画的制作也与当时社会的政治、经济、文化、技术发展水平相适应。

北宋中期以后兴起了理学思想，或许孝行图与约束人们举止和情感的义理有某些内在的联系，墓室中的孝子图像在墓葬中的功能是承担起与其内涵即"孝悌之至，通于神明"相应的墓葬功能，并与墓内其他图像一起共同实现着"妥死者之魂，慰生者之望"的美好祈愿[1]。

该墓葬壁画人物形象生动，具有重要且典型的考古研究意义，包括了反映世俗生活和孝子故事、宗教信仰题材，这些内容对于研究邯郸地区宋金时期墓葬的壁面装饰、丧葬习俗及其所反映的世俗生活等储备了基础资料。另外需要说明的是本次发现的孝子图像均为彩绘壁画类，不同于其他地区的砖雕孝行图，补充了彩绘壁画孝行图的素材资料。

[1]孙丹婕.甘肃清水箭峡墓孝子图像研究[D].北京：中央美术学院，2014.

[2]杨宁.甘肃境内宋金砖雕墓出土画像砖图像研究[D].兰州：西北师范大学，2020.

[3]山西省考古研究所、沁县文物馆.山西沁县上庄金墓发掘简报[J].文物，2016(08)：38-46，1.

[4]商彤流，郭海林.山西沁县发现金代砖雕墓[J].文物，2000(06)：60-73，1.

[5]长治市博物馆、晋东南文物工作站.山西潞城县北关宋代砖雕墓[J].考古，1999(05)：36-43，104.

[6]王勇刚.陕西甘泉金代壁画墓[J].文物，2009(07)：26-42，1.

[7]西北大学文化遗产学院、甘泉县博物馆.陕西甘泉柳河渠湾金代壁画墓发掘简报[J].文物，2016(11)：40-50，97.

[8]北京大学中国考古学研究中心、甘肃省文物考古研究所.甘肃省清水县贾川乡董湾村金墓[J].考古与文物，2008(04)：15-27.

[9] 临夏回族自治州博物馆. 甘肃临夏金代砖雕墓[J]. 文物, 1994(12): 46-53.

[10] 耿志强, 郭晓红, 杨明. 宁夏西吉县宋代砖雕墓发掘简报[J]. 考古与文物, 2009(01): 3-13.

[11] 王焰安. 对"鲁义姑姊"型传说的考察[J]. 河南教育学院学报(哲学社会科学版), 2008(03): 43-47.

[12] 郑州市文物考古研究所. 郑州宋金壁画墓[M]. 北京: 科学出版社, 2005.

[13] 易晴. 河南登封黑山沟北宋砖雕壁画墓图像构成研究[D]. 北京: 中央美术学院, 2007.

[14] 魏文斌, 师彦灵, 唐晓军. 甘肃宋金墓"二十四孝"图与敦煌遗书《孝子传》[J]. 敦煌研究, 1998(03): 75-90.

[15] 长治市博物馆、壶关县文物博物馆. 山西壶关南村宋代砖雕墓[J]. 文物, 1997(02): 44-54.

[16] 赵超. 山西壶关南村宋代砖雕墓砖雕题材试析[J]. 文物, 1998(05): 41-50.

科技检测分析技术在文物鉴定中的应用

权敏[1]　王娇娇[2]

1. 陕西省文物保护研究院，陕西西安 710075
2. 陕西科技大学材料科学与工程学院，陕西西安 710021

Application of Scientific Analysis Methods in the Cultural Relics Authentication

Quan Min[1], Wang Jiaojiao[2]

1. Shaanxi Institute for the Preservation of Cultural Heritage, Xi'an 710075, China
2. School of Materials Science & Engineering, Shaanxi University of Science and Technology, Xi'an 710021, China

摘　要： 文物鉴定是文物学的重要组成部分，在文物保护、收藏、陈列展示及社会教育等多个层面均发挥着重要的作用。随着现代科技的飞速发展，作伪手段亦同步升级，文物鉴定面临着前所未有的严峻挑战。因此，运用科学技术进行文物鉴定是尤为重要的。科学分析与传统鉴定的结合是实现文物鉴定精准化、科学化的关键。未来的文物鉴定工作应继续深入探索这两者的最佳融合方式，建立起科学完善的文物鉴定体系，从而为其保护、传承和展示提供坚实的支撑。

关键词： 文物鉴定　科技检测　相互融合　发展趋势

Abstract: Cultural relics authentication is an important part of cultural relic studies, and it plays an important role in many aspects such as protection, collection, exhibition, and social education. With the rapid development of modern science and technology, the means of forgery have also been upgraded simultaneously, and cultural relics authentication is facing unprecedented severe challenges. Therefore, it is particularly important to use technological methods to authenticate the cultural relics. The combination of scientific analysis and traditional methods is the key point to realize the precision and scientific authentication of cultural relics. In the future, the authentication of cultural relics should continue to explore the integration of these two parts and establish a scientific and comprehensive authentication system, so as to provide solid support for the protection, inheritance, and exhibition of cultural relics.

Key words: Authentication of Cultural relics; Scientific analysis; Integration; Development trend

引　言

文物是人在社会活动中留下来的遗迹和遗物，不仅体现国家和社会的历史进程，更反映了民族文化的深厚底蕴，它蕴含着特定的历史、艺术、科学及文化价值，是人类宝贵的文化遗产。近年来，随着文物市场的蓬勃发展，文物造假现象日益猖獗，作伪者不仅精通传统鉴定方法，而且善于利用已公开的文物信息，如成分、数字化三维影像及全高清照片等，仿制出高度逼真的赝品；更有些不法分子甚至用这些赝品冒充出土文物，混淆视听。这些层出不穷的文物造假行为给文物鉴定带来诸多挑战，增加了文物鉴定的难度和风险，严重影响文物市场的健康有序发展。

文物鉴定是判定文物真伪、年代及价值等属性的工作。因此，在守护中华文脉、传承中华文明的过程中，文物鉴定的重要性不言而喻。传统鉴定法，即"目鉴"，常用同类器物比较和综合因素分析两种方法[1]。但面对日益精进的伪造技术，传统鉴定的局限性使我们迫切需要借助现代科学检测分析手段实现对文物的多元化鉴定，以确保文物鉴定的准确性、科学性。正规的鉴定机构应该由传统鉴定专家与科技检测分析人员组成，以确保鉴定流程的完整性，最终提供全面而准确的鉴定结果。

本文系统梳理了文物鉴定领域广泛应用的科技检测分析方法及其原理。同时，结合具体应用案例，揭示科技检测分析技术在文物鉴定中的应用，以期为文物鉴定工作提供参考和借鉴，使之迈向更科学、精准的新阶段。

一 文物鉴定常用科学手段

文物鉴定，既涉及对出土文物的探源断代，又涵盖传世、涉案文物的真伪鉴别。随着科技的日新月异，先进的科技检测分析技术不仅提高了文物鉴定的科学性与准确性，更为文物的保护和传承提供了有力支持。现应用于文物鉴定的科技分析仪器种类丰富，常用的分析手段有便携式X射线荧光光谱仪（XRF）分析、傅里叶变换显微红外光谱仪（FT-IR）分析、热释光（TL）测年技术、X光探伤技术和应用超景深显微镜、扫描电子显微镜-X射线能谱仪（SEM-EDS）等[2]。

（一）便携式X射线荧光光谱仪分析

便携式X射线荧光光谱仪，是可以快速、无损、精确地测定样品主次元素含量的仪器。其原理是利用原级X射线光子或其他微观粒子激发待测物质中的原子，使之产生次级的特征X射线，从而进行物质定性和定量分析。XRF根据色散和探测方法的不同，分为波长色散X射线荧光光谱法（WD-XRF）和能量色散X射线荧光光谱法（ED-XRF）。XRF测试时被测样品不受形状、大小的限制，也无需烦琐的样品制备，因此XRF技术被广泛应用于文物鉴定、文物保护领域，可以对青铜器、陶瓷器、金银器、玉器及颜料等文物成分进行无损分析。

（二）显微红外光谱分析

分子中存在多种类型的振动，其中一些振动可以引起分子偶极距发生变化，当这类振动的频率和红外光频率相同时，分子能够吸收红外光的能量，形成红外吸收光谱。显微红外光谱分析将红外光谱仪与显微镜相结合，通过检测物质对红外光的吸收情况，结合红外光谱的特征频率、强度和形态等信息，对微小样品区域进行分子结构和官能团的定性与半定量分析。该方法对样品大小、形状要求不高，检测灵敏度高，使用极少量样品就可得到红外光谱图，不破坏样品。基于上述优势，该方法具有广泛的应用潜力，特别在鉴定假币、书画、青铜器等文物时，能提供准确的数据和分析结论，为相关部门提供重要的科学依据。

（三）热释光测年技术

当矿物晶体受到辐射作用后，俘获电子，积蓄能量，当再次被加热时，储存的俘获电子能量重新以光的形式释放出来。热释光测年技术是利用矿物晶体的热释光现象进行断代的技术。通过分析样本所释放光子的能量，可以估算出样品最近一次受热以来经历的时间。在实际应用中，可以把文物年限判断的误差缩小至 50 年以内。

（四）X光探伤技术

X光探伤技术是一种广泛应用于工业和科技领域的无损检测方法，用于检测物体内部的缺陷和结构信息。不同材质对X射线的吸收与透射程度各不相同，即便是同一物质，其厚薄不同也会导致对X射线的吸收与透射不同。基于这一原理，当X射线穿透被检测物体后，文物的厚薄、加工制作工艺、裂缝及孔洞等痕迹均会反应在X光片上。X光探伤技术目前已相当成熟，广泛应用于文物鉴定、修复等多个领域。

（五）应用超景深显微镜

光学显微镜利用透镜的曲率工作，通过物镜和目镜组合，可观察物体微观结构。超景深显微镜同样使用光学透镜，样品的图像用CCD相机俘获并在LCD显示器上观察，可以观察传统光学显微镜由于景深不够而不能看到的显微世界。如青铜器表面红斑绿锈、彩绘、壁画等文物的细节都可以从超景深显微镜观察到。

（六）应用扫描电子显微镜-X射线能谱仪

扫描电子显微镜是利用聚焦的高能电子束激发样品表面产生各种物理信号并成像的电子光学仪器。其工作原理是通过阴极电子枪发射电子，经电场作用加速、电磁透镜聚焦，作用于样品表面并产生各种物理信号（二次电子、背散射电子和特征X射线等），这些信号被相应的接收器接收并转换成电信号，经过放大和信号处理成像并照相记录。扫描电子显微镜应用于文物样品微观形貌和结构的观察，其搭载的能谱仪能进行微区化学成分及含量的测定，应用普遍。

二 科技检测分析技术在文物鉴定中的应用案例

（一）青铜器的科技鉴定

西周青铜器的器形、纹饰基本上继承了商代后期的青铜器风格，但也有所发展，最突出的特点是青铜器上出现了大量铭文。西周晚期，青铜器的形制和纹饰均无突出发展，器形粗犷，制作不精。在纹饰方面，西周早中期，纹饰以神话与幻想中的动物为主，多具神秘意味，西周晚期纹饰渐为简单几

1

2

3

4

图一　送鉴青铜器
1. 重环纹鼎　2. 重环纹带盖簋　3. 重环纹盆　4. 重环纹

何纹饰如环带纹、重环纹、瓦棱纹等所代替[3]。填漆是用黑漆或者红漆装饰青铜器表面的工艺，以凸显青铜器上的纹饰，该工艺出现于商代晚期。图一为重环纹鼎、重环纹带盖簋、重环纹盆五件青铜器，器形都较小，纹饰风格完全一致，从器形与纹饰方面来看，接近西周晚期的铜器风格。纹饰之间黑色的部分，与商周青铜器的填漆工艺一致。青铜器表面存在红斑绿锈、类似水银沁般的白色锈蚀等，器物底部还粘有坚硬的土块。

但通过目鉴，我们发现这组青铜器通体锈蚀，少有露胎的部位，且锈蚀异常坚硬；器物纹饰细节不够准确；铜胎表面有现代工艺打磨痕迹，对这组青铜器的真伪存在疑问。

每件青铜器因元素组成不同及埋藏环境不同，其锈蚀产物与锈蚀原因也不相同，因此在鉴定青铜器真伪中，器物锈蚀特征是非常重要的。为确定锈蚀的化学组成，采用傅里叶变换显微红外光谱仪（FT-IR）进行分析。图二为重环纹鼎绿色锈蚀的红外光谱图，从图中可以观察到聚氰基丙烯酸乙酯和石膏红外特征吸收峰。由图可以看出在 $3408cm^{-1}$、$2110cm^{-1}$、$1621cm^{-1}$ 出现了硫酸钙特征峰。在 $2989cm^{-1}$、$2943cm^{-1}$、$2908cm^{-1}$、$2878cm^{-1}$、$2248cm^{-1}$、$1751cm^{-1}$、$1472cm^{-1}$、$1442cm^{-1}$、$1390cm^{-1}$、$1250cm^{-1}$、$1164cm^{-1}$、$1017cm^{-1}$、$858cm^{-1}$、$750cm^{-1}$ 处出现了聚氰基丙烯酸乙酯的特征峰。因此，重环纹鼎绿色锈蚀的主要成分是聚氰基丙烯酸乙酯和石膏。

青铜器上常见的锈蚀产物有 $CuCO_3 \cdot Cu(OH)_2$、$2CuCO_3 \cdot Cu(OH)_2$、$Cu_2(OH)_3Cl$、Cu_2O、CuO、$PbCO_3$ 等[4]。经过检测对比发现，这五件青铜器锈蚀与常见锈蚀产物不符，并且在取锈蚀样品时，锈蚀会打卷。这是伪锈中的"胶着锈"，即使用胶水、松香等混合各种矿石粉末和颜料，将其涂抹在铜器上。

除此之外，我们采用便携式 X 射线荧光光谱仪（XRF）测试每件青铜器的合金成分，发现铅含量过高，最高可达到 76%。古代青铜器合金材质复杂多样，包括砷铜、锡青铜、铅锡青铜、铅青铜、铅砷青铜等。自商代以后的整个先秦时期，锡青铜与铅锡青铜为青铜器的主要材质，整体而言，铅锡青铜

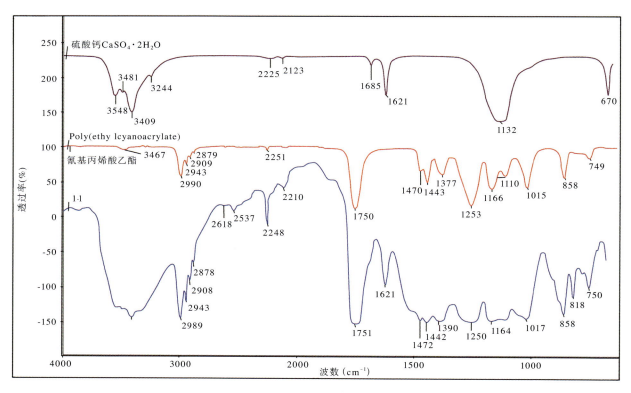

图二　重环纹鼎绿色锈蚀的红外光谱图

图三 汉文帝霸陵陪葬墓中黑色陶俑

占比越来越高[5]。这五件青铜器的合金比例明显与古代青铜器成分不同。经过目鉴及XRF、FT-IR检测，说明这五件青铜器均为赝品。

（二）陶器的科技鉴定

2002年，我们对汉文帝霸陵陪葬坑盗掘案件中相关的陶质文物进行了热释光年代测定、X光探伤分析、显微分析、X射线衍射分析、扫描电镜能谱分析及红外光谱分析[6]。经科学检测分析，热释光测定陶俑年代在400（±130）—800（±175）年之间；X光片显示陶俑的头部、躯干、下肢分别为模制制成，符合汉代陶俑的制作技术特征；陶俑的XRD结果显示，其主要为α-SiO_2和$CaAl_2Si_2O_8$，为土中含有的矿物成分；SEM-EDS检测出样品的元素主要为C、O、Si、Al、K、Fe等，均为黏土矿物的常见组成元素；经FT-IR检测，白色颜料为KAl_3（OH）$_2AlSi_3O_{10}$和SiO_2，红色颜料为KAl_3（OH）$_2AlSi_3O_{10}$和Pb_3O_4，均为古代常采用的白色与红色颜料。科学分析结果为陶俑的鉴别提供了详尽的资料和佐证，而且多种测试分析手段的综合论证，也印证了分析结果的可靠性。

图四为2020年送鉴的6件陶器，包括黑色俑头、铠甲武士俑、双大耳陶罐。我们对6件陶器进行传统目鉴后，又采用热释光辅助断代。根据热释光测年原理，样品年龄T=AD/D（AD表示样品最后一次受热以来所接收的总辐照剂量即累积剂量，单位Gy；D表示样品每年所接收的辐照剂量即年剂量率，单位Gy/a）。总辐照剂量AD由附加计量法测得，分别用不进行辐照、用β放射源分别辐照不同人工剂量N、N+β、N+2β，使用热释光仪测试样品加热过程中热释光强度，获得陶器的热释光曲线（图五），曲线线性函数的截距即为累积剂量AD，6件陶器的累积剂量分别为8.1 Gy、9.3 Gy、6.5 Gy、11.7 Gy、5.2 Gy、17.3 Gy。年剂量率根据样品本身及埋藏环境中^{238}U、^{232}Th、^{40}K等放射性辐射强度进行计算，本次测试中年剂量率的值取0.003—0.005 Gy/a。经过计算，6件陶俑的热释光年代与目鉴的年代基本一致。

图四　送鉴陶器

1. 黑色俑头　2. 铠甲武士俑　3. 双大耳陶罐

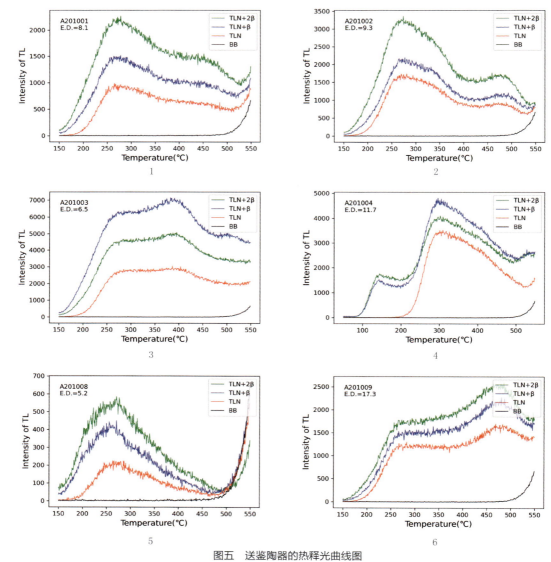

图五　送鉴陶器的热释光曲线图

1—4. 黑色俑头　5. 铠甲武士俑　6. 双大耳陶罐

（三）瓷器的科技鉴定

图六为送鉴瓷器，我们采用能量色散X射线荧光光谱仪（ED-XRF）对瓷器胎釉成分进行了检测，结果见表一所示。通过与前期建立的古陶瓷胎釉谱系数据库、纹饰数据库、器形数据库对比，经检测黄釉瓷碗与古陶瓷数据库中邢窑博物馆隋朝邢窑的元素含量一致，青花梅瓶与古陶瓷数据库中明代景德镇窑的元素含量一致，吻合度为99%，因此，所鉴瓷器均为真品。

图六　送鉴瓷器
1. 黄釉瓷碗　2. 青花梅瓶

表一　瓷器的 ED-XRF 检测结果

年代	窑口	釉色	主要成分 wt%					
			Si	Al	Ca	K	Fe	Mn
隋朝	邢窑	黄釉	66.4135	16.63	11.3341	1.50056	3.29408	0.09817
明代	景德镇窑	青花	76.8648	15.5004	4.51459	2.44533	0.5087	0.04345

（四）金银器的科技鉴定

图七为一枚送鉴金饼，直径 6.3 厘米，重量 249 克，正面有一处戳记，表面有线刻文字，背面有明显的嵌入、刮削痕迹。为确定金饼的含金量，我们用 SEM-EDS 对金饼成分进行了检测，表二为金饼的 EDS 检测结果，金含量高；用 XRF 对其成分进行了分析，显示金含量为 98%—99.7%。通过与西安博物馆所藏的谭家乡金饼对比后综合判断，两枚金饼工

艺特征一致，故该枚金饼为真品。

图八为一枚送鉴"西王赏功"银币，面径 4.9、厚 1.9 厘米，重量为 29.5 克。江口古战场遗址出水的"西王赏功"银币钱径约 5、厚 0.19—0.22 厘米，重 33.22—37.84 克，Ag 含量一般在 90% 以上，金、银币上清晰地保留着铸造完成之后进行加工的纵向锉痕[7]。

整体来看，该枚银币与目前江口古战场遗址出

图七 送鉴金饼
1. 正面　2. 正面局部放大　3. 背面

表二　金饼 EDS 检测结果

器物	主要成分 wt%				
	Au	Si	O	C	N
金币 1	74.53	1.13	6.87	12.27	5.20
金币 2	77.56		3.58	13.46	5.40

水的"西王赏功"金币、银币的相似度极高（图八、图九）。但通过目鉴我们发现，该枚银币重量与之相差较大；"西"字左下部分的一竖有一明显的内折，而江口古战场遗址出水的金银币均无或微有折；其次，"赏"字在上部的小撇与钱币方孔的距离极小；钱币本身缺少正常的银色光泽，反而有类似被化学药水蚀过之后留下的色彩；该枚银币的锉痕位于附着物上部，不同于铸后加工。为确定该银币的表面

形貌及成分，我们采用SEM对银币表面进行微区观察，发现银币表面局部覆盖一层颗粒状物质，如图九所示，不同于常见银器表面自然磨损的形貌。表三为EDS检测结果，送鉴银币的Ag含量为70.79%（wt%），还有少量Cu和Fe，与同仪器测试的江口沉银的组成相差甚远。综合目鉴及科技检测，可判断这枚"西王赏功"银币为现代新工艺品，是高仿的赝品。

图八　送鉴"西王赏功"银币
1. 正面　2. 背面

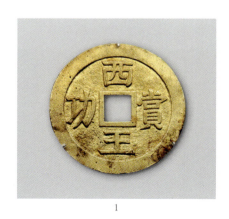

图九　江口古战场遗址出水的"西王赏功"金币、银币
1. 金币　2. 银币

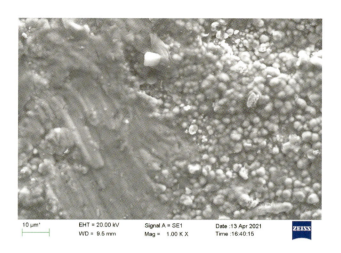

图一〇　银币表面形貌

表三　银币 EDS 检测结果

器物	主要成分 wt%					
	Ag	Cu	Zn	Fe	Mg	S
银币	70.79	7.42		1.62	0.46	19.71
江口沉银	95.50	2.48	2.02			

（五）木制品的科技鉴定

西安市荞麦园美术博物馆收藏了一件木船，如图一一所示，该木船总长 582、高 60、最宽处长 222 厘米，整体外形较为完整，多处木头存在风化、破损的现象。

从形制来看，该船是 20 世纪上半叶黄河上游地区常见的木船。为确定该木材的种属，我们对木

图一一　东渡木船

船取样进行了切片鉴别。该木材主要特征为：为散孔材；横切面管孔关系表现为单管孔、径列复管孔、单穿孔，管间纹孔互列，导管—射线间纹孔式大圆形；轴向薄壁组织为星散及轮界状；射线组织非叠生、异形单列。该船的木材鉴别为柳木，为当时黄河上游渡船常用的木材。通过查阅档案资料及走访当时的船工，最终确认该船为毛泽东东渡黄河时乘坐过的木船。

通过以上鉴定案例可以看出，目鉴多依赖于经验和知识的判断，现代分析仪器能够快速、精确地获取文物的材质、结构、制作工艺等信息，可极大地提升鉴定的工作效率与准确性，同时规避人为主观因素的干扰，往往能给予目鉴之外的科学支撑。在鉴定工作中，只有传统鉴定加科技鉴定才能等于科学鉴定。

三　科技检测分析技术辅助传统目鉴的发展前景

随着科学技术的发展，造假手段也逐渐更新，譬如早期作伪青铜器多采用失蜡法，用X光探伤技术来观察范线、垫片就可做出判断，现今的青铜器复制仿制也开始采用范铸法，同样能看到范线、垫片的痕迹。在锈蚀制作上，最早多用粘锈法，采用红外光谱分析会发现锈蚀中含有现代有机质成分，但现在许多锈蚀也开始采用埋锈、电解锈等方法，以致在成分上难以进行判断。又如陶瓷器的鉴定中，有些陶俑采用拼接的方法，即将部分真的残块修补与新仿品进行拼接，给热释光检测带来了影响。随着高仿技术的更新，文物鉴定工作不得不探索更多样、新兴的科技手段，并且建立起相应的标准[8]。

1.规范科技鉴定流程。首先，鉴定人员应以类型学为基础，进行传统目鉴；其次，在对目鉴结果存在较大分歧或某些疑问时，应根据经验及文物情况，采用一种或多种科学手段进行分析；最终，全面整合目鉴、科技检测的结果，进行综合分析，得出更为全面和准确的文物鉴定结论。

2.完善科技鉴定指标。首先，将传统目鉴所依据的器形、纹饰、制作工艺、使用痕迹、材质特点等信息指标化；其次，以大量的检测分析数据为基础，将这些指标进行量化并确定指标的范围，即什么样的指标代表真品，什么样的指标代表伪品，通过指标化过程，使我们能够更准确地鉴定文物。

3.探索利用无损化、小型化、自动化、便携化的科技检测技术。在文物鉴定中，为了不破坏文物的历史价值、艺术价值、科学价值，未来应重点探索无损化检测方法、小型化检测仪器的应用及建立量化指标体系，以更好地适应文物保护工作需求。

4.建立全国性的文物鉴定信息大数据库。建成标准化数据库，规范数据管理和共享机制，加强文物信息数据在文物鉴定中的应用，提高文物科技鉴定的科学性。

四　结论

"道高一尺，魔高一丈"，文物鉴定是一个不断与作伪者斗智斗勇的过程。现代科技检测分析方法为文物鉴定提供了新的方法和思路。传统鉴定依赖专家的丰富经验、深厚的专业知识以及对文物历史、艺术价值的深刻理解，而现代科技手段能够提供准确、快速、全面的数据支持，弥补传统鉴定的不足和局限。传统鉴定与科技鉴定两者相辅相成、互为补充、相互验证，使鉴定结果更全面、更科学，极大地提升鉴定的可靠性和公信力。在科技的辅助下，我们能够更加准确地鉴别文物的真伪、年代、价值等关键信息，有效遏制文物作伪现象的蔓延。因此，我们应当不断探索和创新文物鉴定的方法和技术，以更好地保护和传承珍贵的文化遗产。

[1]中国大百科全书总编辑委员会.中国大百科全书：文物·博物馆[M].北京：中国大百科全书出版社，1993.

[2]a.王文帅.现代科技在文物鉴定中的运用探讨[D].北京：中央民族大学，2016.b.张红霞.现代科技在文物鉴定中的应用研究[J].收藏，2023（01）：161-164.

[3]余奕.中原地区西周中晚期青铜器几何纹饰研究[D].西安：陕西师范大学，2013.

[4]a.刘瀚文，谢振斌，郭建波，等.四川三星堆遗址三号祭祀坑出土青铜器浅蓝色粉末状腐蚀产物的科学分析[J].腐蚀与防护，2024，45（04）：39-45.b.穆艺，罗武干，李玲，等.湖北随州叶家山西周墓地出土青铜器锈层结构的综合分析[J].文物保护与考古科学，2020，32（03）：8-16.

[5]邵安定，梅建军，杨军昌，等.秦始皇帝陵园出土彩绘青铜水禽基体材质分析及相关问题研究[J].考古与文物，2016（01）：121-128.

[6]a.齐洋."黑色"陶俑的科学分析与鉴别[J].文博，2003（04）：64-68.b.马宏林，齐扬，周萍，等.黑色陶俑的热释光年代测定[J].文物鉴定与鉴赏，2010（04）：40-44.

[7]霍宏伟.四川彭山江口遗址出水西王赏功金银币探讨[J].中国国家博物馆馆刊，2018（08）：31-46.

[8]赵强.文物科技鉴定方法优劣分析与前景展望[J].中国高新科技，2021（21）：101-103.

王守仁草书《君子亭记》卷浅论
——兼论王守仁书风的形成

祝一宁

天津博物馆，天津 300211

Discussion on Wang Shouren's Calligraphic Work "The Cursive Script of the Record of Junzi Pavilion"
Also about the Formation of Wang Shouren's Calligraphy Style

Zhu Yining

Tianjin Museum, Tianjin 300211, China

摘　要： 王守仁是明代书坛中"折中守正"的典型书家，他鲜明的书风不仅脱胎自明代书坛对革古和创新的大讨论中，还深受社会文化及自身哲学思想二者不断变化所带来的叠加影响。尤其在"龙场悟道"期间，王守仁不止完成了姚江之学—心学体系的初步构建，还创作了一系列行草长卷，标志着自己书风的大成，这一系列作品中就包括本文要讨论的草书《君子亭记》卷。本文以《君子亭记》文本生成的考订作为先引，结合时代背景，分析王守仁哲学思想、学书经历以及书风品评溯源王守仁书风形成的原因。草书《君子亭记》卷是王守仁一件不可多得的作品，它与草书《何陋轩记》和草书《象祠记》等是王守仁草书的典型作品。

关键词： 草书《君子亭记》　王守仁　书风溯源　明代书法　姚江之学

Abstract: Wang Shouren was a typical calligrapher who "took a compromising and upright stance" of the Ming Dynasty. His distinctive calligraphic style not only emerged from the great discussions on reforming the ancient and innovating in the Ming Dynasty calligraphy circle, but also deeply influenced by the superimposed effects brought about by the continuous changes in social culture and his own philosophical thoughts. Especially during the period of "enlightenment in Longchang", Wang Shouren not only completed the preliminary construction of Yao Jiang's theory of philosophy, but also created a series of long handscrolls running and cursive scripts, marking the great achievement of his own calligraphic style. This series of works includes the "Cursive Script of the Junzi Pavilion", which is to be discussed in this article. This paper begins with the textual research on the generation of text of "The record of the Junzi Pavilion", combining the historical background, it analyzes Wang Shouren's philosophical thoughts, his experience in learning calligraphy, and the evaluation of his calligraphic style to trace the origin of the formation of his the formation of Wang Shouren's calligraphic style. "The Cursive Script of the record of Junzi Pavilion" is a rare work of Wang Shouren. Together with works such as "The Cursive Script of the Record of Helou Pavilion" and "The Cursive Script of Record of the Xiangci Temple", they jointly constitute the typical examples of Wang Shouren's cursive calligraphy.

Key words: The Cursive Script of the record of Junzi Pavilion; Wang Shouren; Origination of calligraphic style ; The calligraphy in the Ming dynasty; Yao Jiang's theory (the theory of philosophy)

一　草书《君子亭记》卷简介

明王守仁草书《君子亭记》卷现藏于香港玉竹笋堂，大草长卷。画心行文共计 111 行，落款"年弟守仁"，后钤印有"王守仁印""阳明山人"两方。作品引首为当代书画鉴定家谢稚柳先生题写"君子亭记"，落款"明王阳明书。丙子（1996 年）立夏谢稚柳题"（图一）。画心正文后附有徐水燕所绘王守仁小像。小像素笔白描，王守仁头戴冠冕，身着朝服（图二）。尾跋有两则，均为当代书画鉴定家刘

九庵先生所作（图三、图四）。两段尾跋作于丙子（1996 年）仲春，刘九庵先生在文中就王守仁宦海沉浮和思想顿悟的经历展开讲述，为览卷者讲解了王守仁作《君子亭记》一文的来龙去脉，并于跋文最后给出了自己对于这篇作品创作时间和艺术风格的赏鉴意见。另一段跋文内容则是刘九庵先生以行草抄录的王守仁另一篇著作——《何陋轩记》，引首与跋文为谢、刘两位先生亲作无疑。作品前后两端有作者本人和题写者钤印，共计 10 方（图五）。

图一　谢稚柳题王守仁草书《君子亭记》卷引首

图二　王守仁草书《君子亭记》卷中徐水燕所绘王守仁小像

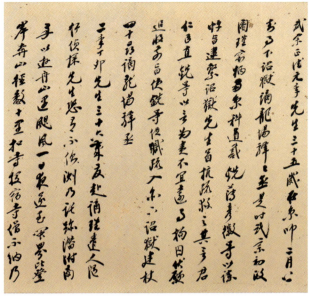
图三　王守仁草书《君子亭记》刘九庵题跋第一则局部

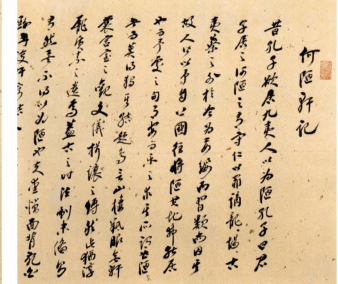
图四　王守仁草书《君子亭记》刘九庵跋文第二则局部

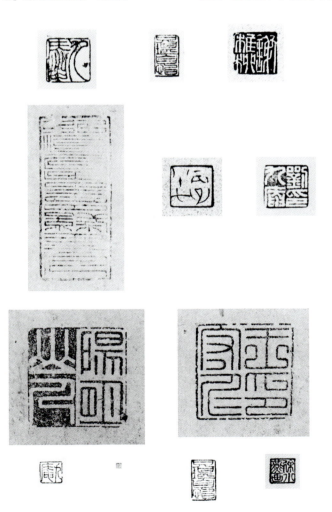
图五　王守仁草书《君子亭记》钤印汇总

二 《君子亭记》的文本生成

王守仁（1472 年 10 月 31 日—1529 年 1 月 9 日），本名王云，字伯安，号阳明，又号乐山居士，浙江余姚人，是明代心学体系的集大成者。王守仁不但深耕于哲学研究，在政治与军事层面亦有令人瞩目的表现。除此之外，王守仁还是风格独树一帜的书法家，在明中叶书法史中占有一席之地。王守仁在哲学和事功层面取得的成就与历史转折有脱不开的关系。明中叶恰逢历史变革之际，世风更易，人心躁动，这客观上加剧了程朱理学等传统经典哲学思想的式微。时代与个人风云际会，王守仁走出前代学者只顾修养自身和隐居乡野的"隐士"治学模式，以"世之不治在于学之不明"的态度推动社会思潮变迁。经过宦海磨砺和人生起伏，他的思想历经"前后三变"，集陈献章、湛若水等前辈学者心学思想之大成，以"姚江之学"上承南宋思想家陆九渊，完善了"陆王心学"，成为我国哲学史上的一座高峰。明万历年间沈德符评价当时王守仁心学对社会思想的影响说："姚江出以良知之说，变动宇内，士人靡然从之。其说非出于苏而血脉则苏也。程朱之学几于不振。"[1]

考及本文主题——《君子亭记》的文本生成时代背景，与王守仁哲学思想的三变中第一变的历史息息相关，其诱因则源于王守仁仕途中的一次变故。正德元年（1506 年），王守仁冲撞宦官刘瑾，被贬为贵州龙场驿驿丞，正德三年（1508 年）年春抵达谪所，第二年离开龙场，转任江西庐陵知县。在龙场驿期间，王守仁非但没有消沉，反而因遇而发，安守本心，并顿悟处世正本之道，完成了自己"心即是理""致良知""知行合一"等心学基本理论框架的构建，其理论成果体现在包括《君子亭记》在内的《教条示龙场诸生》《何陋轩记》《象祠记》等心学名篇的创作。学界认为这一事件促就了王守仁心学体系初成，史称"龙场悟道"。《君子亭记》作为王守仁"龙场悟道"期间的著述之一，对于研究王守仁该阶段哲学思想的重要性不言自明。该文最早收录在王守仁文集《阳明先生文录》[2]中，行文内容与本文所讨论的墨迹内容并无出入。

明代学者王世贞对《君子亭记》文本的出处与背景作过考订。《弇州四部稿》中记："王阳明先生谪龙场，用王献、张鹰例，为亭竹间，而手书记于壁，后人为摹刻之。其书与辞皆工。"[3]后世也多沿用王世贞之说。君子亭遗址位于今贵阳市，历经五百多年，虽略有损毁，但主体构件尚存，明清、民国及新中国成立后多次修缮。王世贞文中所提及王守仁所作题壁以及后人依此所刻原碑皆已不存。遗址前所立《君子亭记》石碑为道光丙午年（1846 年）云贵总督贺长龄重刻。今日石碑中所记文本内容，与墨迹内容也无差异。

《君子亭记》是以事实记述和虚拟问答的文体相结合而成的。文章开始，王守仁自述遭到贬谪，至龙场驿站后，自建该亭，位置就在其所建居所"何陋轩"门前空地前。亭子四周栽满翠竹，他以竹有四者喻君子之道即君子之德、君子之操、君子之时与君子之容，故以"君子亭"名之，以寄托身心。文章后半段以其与门人之间阐释一答问的叙述方式展开，借由"竹"这一物象，阐明自己对于君子如何自立的见解。既述圣人先贤之言，也发表其个人独到见解，中心思想是阐述"君子"究竟为何。《君子亭记》一文多引据《论语》《尚书》等儒家经典，但行文叙述流畅，无卖弄学问之嫌，亦无佶屈聱牙之言。《君子亭记》文题是君子亭，他以有形的竹子比喻无形的君子之道，不仅反映出他对一实一虚二者关系的精准把控，还在虚构的与门人的对话中体现出辩证法的高妙。

经过爬梳典籍与考证史实，再结合碑刻与墨迹的对比，可以推断《君子亭记》的文本是正德三年（1508 年）王守仁于龙场驿写就的。"龙场悟道"的人生际遇，"竹"与"君子"的概念构思以及心学辩证法的形成，共同构建了《君子亭记》的知识背景。"龙场悟道"不仅为王守仁哲学思想体系的初步形成奠定了基础，心外无物的感悟同样影响了王守仁的书法艺术，其书法面貌也在此时初步形成。

三　王守仁独特书风形成的原因

（一）取法与习书路径

元末明初，除少数书家求新求变，大部分书家在复古书风影响下不思创新、因循守旧。至明中叶，过分泥古的书风已不堪受用，许多书家试图摆脱复古书风的权威统治并推陈出新。所以他们的取法不再单纯以二王、唐法和以此为基础形成的赵氏书风作唯一路径，而是使涉猎范围多元化，其中宋人"尚意"的书学思想和书风尤受追捧。后来，形成了"尚势"的浪漫主义书风，而该书风的内在理论或者说是思想支撑与王守仁心学启发的背景息息相关。徐利明对此解释为："明代中期兴起的浪漫主义书风，在形式表现上以'尚势'为基本特征。这一风潮是在明中叶哲学和文学领域兴起的思想解放、倡扬性灵表现、反对摹拟复古的思潮影响下发生的。"[4]反之，也有许多学者认为王守仁哲学影响的扩大不是明中叶至晚明社会开放多样性的成因，而是结果。不可否认的是，这两种说法描述的客观现实都与王守仁心学思想启发和浪漫主义书风形成、晚明社会开放多样性有着密不可分的联系。

晚明社会的多样性是多个社会层面互动联通、交互影响所形成的。反映到书法的发展中，具体表现为社会层面上书风变化的延续性和反复性，以及个体书家们书风的多元化。剖析这一现象，可以把明中叶书法史、哲学史的交汇人物——王守仁作为研究对象和破题的关键。研究个体书家的思想与书风互相影响、交替发展的案例，较之研究群体书家或者社会层面受某哲学思想影响而催生书风转换的案例更具有说服性。

如前文所述，王守仁身处的明中叶，涌现了诸多面貌迥异的书家。值得注意的是，这些书家有着相似的取法和习书经历，最具代表性的就是祝允明与文徵明二人。祝允明的学书经历，历来以广博且专精而著称。史载："京兆（祝允明）少年楷法自元常、二王、永师、秘监、率更、河南、吴兴，行、草则大令、永师、河南、狂素、颠旭、北

海、眉山、豫章、襄阳。"[5]足见其涉猎之广，而论及专精，则是其学黄山谷精而内化，尤擅于长卷行草。文徵明同样是"仿欧阳率更、眉山、豫章、海岳，抵掌睥睨，而小楷尤精绝，在山阴父子间。八分入锺太傅室，韩、李而下，所不论也"[6]。明中叶的书家取法并不苛求"学尽"和形貌俱肖，而是博采之后择优而用，故而书风成型之后，势态各异。如祝允明讲求"真心实意"，晚年更不拘泥于传统，终成"风骨烂漫、天真纵逸"之形态。而文徵明则走上了古典主义的一座高峰，在充分拟古的基础上形成了自己的面貌。文徵明曾孙文震亨评价其曾祖："准绳之中，全露生动。"

王守仁没有文、祝二人书名之盛，但讨论总结明中叶书风类型，王守仁却以其独特面貌被称为"折中型"书家。后人评价："新建善行书，出自《圣教序》，得右军骨，第波竖微不脱张南安、李文正法耳，然清劲绝伦。"[7]由此看出，王守仁幼年学右军书风，颇下苦功，尤得《集王圣教序》之精髓，被王守仁视为其习书之不二法门。其中原因除了二王在经典中的地位，还因为王守仁尊王羲之为先祖，在心理上认同右军之法，由此奠定了其书风基调。除了临习王书打下的基础，明初的张弼、李东阳等人也对王守仁书法面貌的形成影响颇深，而张、李二人也恰是明初少数不落俗套的书家。后人形容张弼书风如"蛟龙盘空，腾挪夭矫；或如风入花丛，落英满地"。张弼的行草长卷章法对王守仁影响颇大，从其代表作之一的《杂书卷》就能够看出其与王守仁行草长卷作品章法的相近性（图六），而其高水平的草书则得益于学习宋人行草的自然风格。李东阳得后世盛赞，更多在于其自成一家。文徵明在李东阳《自书诗册》后跋文曰："西涯先生书早岁出入赵文敏、邓文肃，既而自成一家，遂为海内所宗。晚年纵笔任意，优入颠素之域，真一代之杰作也。"或许是受到明初张、李等人的启发，王守仁也在中年之后开始充分汲取米芾、黄庭坚等宋人书家的精髓，并最终形成了自己的风格。结合历史背景和多位书家的学书路径，王守仁所谓"折中"书风的形成，主要体现在其以王

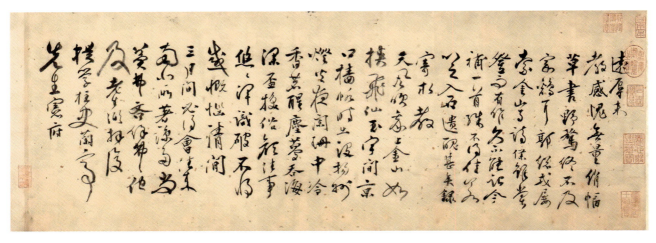

图六　张弼《杂书卷》，台北故宫博物院藏

图七　李东阳《自书诗帖》，台北故宫博物院藏，后附有文徵明跋文

书作基础，参习明初学古再变古的张、李等书家的习书路径，并在宋人尚意的影响下创出自身面貌。王守仁于书法并没有太过激烈的主张，也没有在复古的道路上走得太远，这与以文、祝二人为代表的浪漫和复古的两派书家群体相比，有明显的不同。

（二）哲学思想与习书态度

除了取法的独特性，王守仁的书学思想也深刻影响到了其本人的书法实践。王守仁描述自己的学书经历："吾始学书，对模古帖，止得字形。后举笔不轻落纸，凝思静虑，拟形于心，久之始通法……乃知古人随时随事只止心上学，此心精明，字好亦在其中矣。"[8] 王守仁的书学思想不只脱胎于自己的哲学思想，其中"拟形于心""随时随事"等观念更是宋人"尚意"观念的继承发展。王守仁中年之后的行草作品也因为用途不同，进而表现出两种不同的风格。其一种即信札一类有着二王骨法和明初影响的作品，代表如《上地方急缺官员疏》《寄父札册》

（图八）等。再就是包括本文要讨论的草书《君子亭记》在内的一系列长篇大行草，则在宋人的影响下形成个人鲜明的书风。

王守仁"拟形于心""随时随事"的书学思想能够和书法实践相融合，还得益于其对于书法一事的态度。与文、祝二人对比，此二人一生习书不辍，文徵明学书"书法无所不规"，祝允明则是"无不临写工绝"。而王守仁自幼时在书法下苦功之后，中年之后就对"艺事"秉持着不经意的态度，其书风相比之下就多了一份自然自在的面貌。相传他幼年在洪都外舅官署中时，得临古帖，署中存纸为之一空。后世朱长春见其墨迹，曾作跋语："（王守仁）法度不尽师古，而逋迈冲逸，韵气超然尘表，如宿世仙人，生具灵气，故其韵高冥合，非假学也。右军子孙在会稽，书法独不传，文成当其苗裔邪？观其骨气，雅有祖风，然功业昌厥祖多矣。其所未至有以也，不朽之三，艺能故不与焉。曰'游'可耳。"[9] 跋语中不难读出后世以朱长春为代表的学者对王守仁"临古而不泥

图八　王守仁《寄父札册》，中国国家博物馆藏

古"以及其书法水准的认同。同时也在客观上说明王守仁对于书法仅为"游艺"而已，其志仍在功业。王守仁的"不刻意""游于艺"的观念，使得他的作品没有露出强烈的破除经典、刻意求新的意愿。这与后世高举"尚奇"的董其昌等书家的专心立意相比，就多了一份自然。徐渭则从另一角度肯定了王守仁的书法："古人论右军以书掩其人，新建先生乃不然，以人掩其书。睹其墨迹，非不翩翩然风骞而龙蟠也，使其人少亚于书，则书且传矣。"[10]

王守仁中年书风大成之后，其作品所展现出来的艺术面貌，与"风骨烂漫，天真纵逸"的祝允明大相迥异，显得较为"克制"和"规矩"，更不用提及后世的徐渭、张瑞图、黄道周与王铎等人了。而与文徵明等传统书家相比，王守仁对"宋意"的追求重意趣而轻形式。王守仁的书法面貌就像他对君子品德的理解一样，令人产生不激不厉、翼翼雍雍的观感。明中叶浪漫主义与古典主义碰撞激荡之中，字势洪涛汹涌的祝允明和气息文雅圆和的文徵明各自占据了一座高峰，而王守仁则更像是执中而立的一位，对其"折中型的书家"的评判是再精确不过了。"游于艺"塑造了王守仁自然不修饰的书法风格，但在其书法艺术上也带来了一些技法问题。王守仁传世作品中也出现过下行长笔画比较单薄、时而使转不够连贯的问题。故有朱长春、徐渭等赞扬恭维者，亦有于总体称誉中有所保留者。王守仁对于书法的态度更多属于遣兴，他潜心著书立说与以事功救世，难有精力整日练习。正是因为如此，徐渭在论述王守仁书法与社会成就之间的关系时，才会有前述的

感慨。归庄文集中收录一篇《跋阳明先生书》，跋文如是说："传曰：'道成而上，艺成而下。'道艺之分若是，其径庭乎然？孔子曰：'游于艺'。书者，六艺之一；盖圣贤之所不废。顾亦有辨：溺于艺，则艺而已；深于道，则艺亦道也。曾子固作《墨池记》而更思深造道德之士，痛逸少之溺于艺也。阳明先生一代儒宗，而亦工于书法如此，岂非以艺即道耶？余学道无成，而缪以能书名，既耻为一艺之士，其敢不勉。"[11]

综上所述，王守仁幼年临王打下了坚实的基础，影响贯其终身。后又顺应时风，博采诸家。在"临古"与"追仿"过程中，王守仁适时将怀素大草的笔意融入自己的用笔中；在章法谋篇布局上，王守仁又明显地受到了明初宋克与张弼等人草书的影响，将明清人恣意而有的放矢的章法布局与魏晋雅致整饬的气息相融合，有不激不厉之感；同时，王守仁在作品的细节之处，还掺有宋人黄、米诸家的笔意。尤其是大字行草更是借鉴了宋人的体势。如此的习书经历使得其作品气象万千，而右军的基底又足以让他将涉猎诸家之优势融会贯通，做到"临古而不泥古"。王守仁一生意不在书法，习书态度上的不经意造就王守仁书风自然、不激不厉的优点，同时也造成其技法的欠缺。王守仁作为一名"非典型"的书家，纵观其四海奔忙的一生，在龙场驿的三年是其一生之中难得静心思悟，不为俗务扰心，既能潜心心学又得以"游于艺"的时光。这期间，他创作了一系列具有代表性的长文草书卷，草书《何陋轩记》卷、草书《象祠记》卷和本文所讨论的草书《君

子亭记》卷都是这一时间段的产物，在艺术上都达到了相当的高度。

四 草书《君子亭记》卷的风格与真赝

（一）风格解析

前文提及明代王世贞考《君子亭记》最早由王守仁手书题写，后人摹刻，但并未提及是否还有王守仁手书墨迹《君子亭记》传世。在清代的几例私人著录中，找到了有关《君子亭记》墨迹的记载。方浚颐《二知轩诗续钞》中记："王文成书《君子亭记》卷，为历伯符云官方伯题……此卷流传三百六十有二载，考记尾书'戊辰作'，盖正德三年。至今淡墨犹如新。"[12]清代周寿昌在《思益堂诗钞》中亦记此卷，同时并记该卷为历云官所题赞[13]。此外，清代钱载亦有一篇札记"观王文成公书所作《君子亭记》卷"[14]也提及观赏过该卷，应该和前二者属同卷。按上述记载，著录中王文成书《君子亭记》卷与本文草书《君子亭记》卷应不是一卷，且前者已佚失。原因在于，草书《君子亭记》卷题跋并无年款，其落款为"年弟守仁"，原作也并未见到有裁切和修改的痕迹。明代"年弟"多为同年中举者之间交往时的自称，王守仁于弘治十二年（1499 年）中举，如果此件确系真品，应为王守仁与同年中举好友应酬之作，其余不见受者上款和纪年。

据学者统计，如今可见王守仁传世真迹有一百余件[15]，其中很有可能还忽略了草书《君子亭记》卷这样的收藏于私人之手少现于世的作品。加之历来对王守仁书法研究的缺位、作品本身信息匮乏等问题，王守仁书法研究体系是不完整的。所以，还是应该回到作品本身，并探讨王守仁存世行草长卷作品之间的风格联系和变化。草书《君子亭记》卷全篇字势呈纵势，结体瘦长。用笔爽劲有力，笔力浑厚，不落俗套。刘九庵先生在卷后跋文中夸赞此卷"用笔清动，深得右军之骨"。除却右军骨法，王守仁的字势笔法中还能看到宋人的深刻影响。文章起始数十行书写尚属平静，字势也较为一致。字里行间书写断连自然，

当是自然书写，随文所至，因感而发。纵笔挥就，笔势极速且不失细腻，结字收紧，线条兼具骨力与张力，起收笔显得尖劲。当书至中段"吾见夫子之居是亭也"，之后，笔法愈加轻盈，书写节奏也随之加快，点画使转间抑扬顿挫感加强，其间的块面与点画之间灵活切换。览及"其交翼翼，其处雍雍""夫子之名其轩曰何陋"等数行，特征尤甚。行文结束之际，书写节奏再次归于平静。总览通篇，其章法布局自然而不失整饬，大致以五六字一行与一二字一行相间，轻重错落，行距、字距开合有度，体现了明人对于长卷书法成熟且富有时代特点的节奏韵律感，于有序中夹杂随性，变化自然。该卷也有未尽之处。若以篇中变化而论，其笔法、章法又显得略带安排与程式。例如些许纵势长笔或为出势或为谋篇，气势也见单薄乏力，笔势未能一以贯之，在通篇之中略显突兀。

（二）真赝分析

如前文所述，草书《君子亭记》卷虽与清代著录的不是一卷，但也不能草率地对其真伪和艺术水平的高低作出评判。还是从作品本身入手，首先分析草书《君子亭记》可能的创作时间。卷后刘九庵先生所作的第一段跋文说："此《君子亭记》卷应为其三十七岁、三十八岁两年所书，《何陋轩记》亦同时所书。"相同时期可以选取有明确纪年且被认为是真品的草书《何陋轩记》卷（作于正德三年，现藏于东京国立博物馆）和草书《象祠记》卷（作于正德四年，现藏于台北故宫博物院）作为参照。三卷不同位置的细节对比见下表（表一至表四）。

通过对比可以发现三卷在作品形制、笔法、字形结体乃至章法布局上都基本一致，应为作者王守仁在一段时期内同书风的产物。王守仁在这一时期的书风特点可以概括为：字形总体呈纵势；笔画多圆笔但藏势其中，柔中带刚，有右军之神貌。虽整体面貌相似，但三卷在细微处仍各有特点。例如在章法布局上，草书《君子亭记》卷与草书《何陋轩记》卷几乎一致，以五六字一行与一二字一行相间谋篇。草书《象祠记》则每行字数、大小相对平均。

三卷在笔法上，草书《何陋轩记》卷和草书《君子亭记》卷以圆笔居多，而草书《象祠记》卷方折用笔更多且落笔轻重对比强烈，书写间的笔画牵连也较多。三卷之间最为明显的差别在款印的对比上，草书《何陋轩记》卷与草书《君子亭记》卷的钤印属同一印章钤盖而来，而草书《象祠记》卷卷尾所钤盖的印迹则与二者有明显的不同（见表四）。可以明确的是，从风格与款印的角度对比分析，草书《君子亭记》至少与草书《何陋轩记》应为王守仁同时期的作品。

王守仁的书法风格一直存在反复变化的问题。例如，时隔三年后，王守仁作于1512年的行书《铜陵观铁船歌》卷的书风中就强化了宋人笔意，尤其深受米芾的影响（图九），与前草书《君子亭记》等三卷在整体面貌上有极大的差异。四年后，王守仁在1516年所作的行书《龙江留别诗》和其晚年嘉靖戊子（1528年）代表作行书《良知说四绝》又延续了草书《君子亭记》的风格。故而草书《君子亭记》卷也可能为龙场悟道之后若干年后再抄写的应酬之作，而清人著录里有明确纪年的《王文成书君子亭

表一　三卷卷首部分对比图

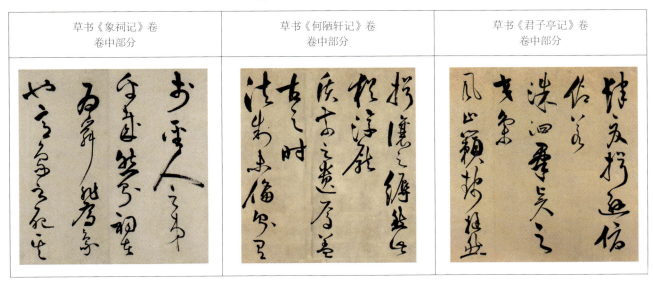

草书《象祠记》卷 卷首部分	草书《何陋轩记》卷 卷首部分	草书《君子亭记》卷 卷首部分

表二　三卷卷中部分对比图

草书《象祠记》卷 卷中部分	草书《何陋轩记》卷 卷中部分	草书《君子亭记》卷 卷中部分

表三　三卷卷尾部分对比图

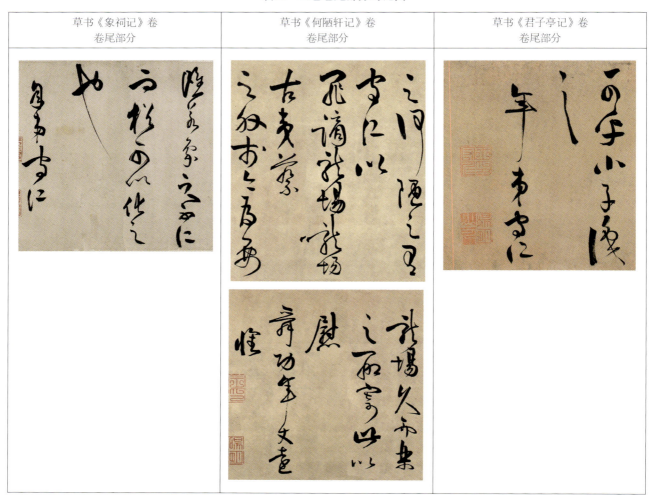

草书《象祠记》卷 卷尾部分	草书《何陋轩记》卷 卷尾部分	草书《君子亭记》卷 卷尾部分

表四　三卷款印对比图

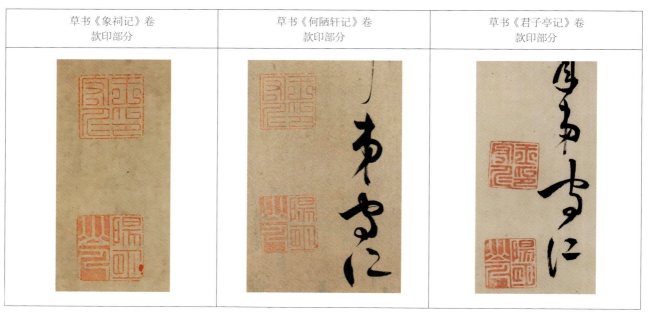

草书《象祠记》卷 款印部分	草书《何陋轩记》卷 款印部分	草书《君子亭记》卷 款印部分

图九　王守仁《铜陵观铁船歌》卷局部，故宫博物院藏

记》可能是最早的一卷墨迹，可惜该卷已佚，无法进一步验证这一推论。

四　结　语

现存于世的王守仁墨迹历久弥珍，个中缘由不只因为中国书法传统"书以人重"的观念，还在于王守仁在书法史中的地位被重新认识。王守仁书风面貌不同于明中叶书坛诸家，而是独树一帜，他的思想理论与实践同时为晚明多样化的书风和"尚奇"的美学思想奠定了坚实基础。草书《君子亭记》蕴含了翼翼雍雍的君子之风，更是一件代表了明代折中型书家秉持经典但又不拘泥于传统的典范之作，与草书《何陋轩记》一并成为王守仁书法的代表之作。

[1] 沈德符.万历野获编[M].元明史料笔记丛刊,北京:中华书局,1959:2003.

[2] 王守仁.阳明先生文录[M].刻本.余姚:闻人诠,1536（明嘉靖十五年）:986.

[3] 王世贞.弇州四部稿[M].刻本.太仓:王经堂,1577（明万历五年）:6250.

[4] 徐利明.中国书法风格史[M].北京:人民美术出版社,2009:335.

[5] 王世贞.弇州四部稿[M].刻本.经世堂,1577（明万历五年）:6993.

[6] 王世贞.弇州四部稿[M].刻本.经世堂,1577（明万历五年）:3897.

[7] 倪涛.六艺之一录[M].刻本.北京:文渊阁四库全书,1736-1795（清乾隆年间）:2159.原文辑录自《绍兴志》.

[8] 钱德洪.阳明先生年谱[M].刻本.吉安:毛汝麒,1564（明嘉靖四十三年）:21.

[9] 朱长春.朱太复文集[M].刻本,1595（明万历二十三年）:3244.

[10] 朱长春.朱太复文集[M].刻本,1595（明万历二十三年）:3244.

[11] 归庄.归玄恭遗著[M].上海:中华书局,1923（民国十二年）:103.

[12] 方浚颐.二知轩诗续钞[M].刻本.1862-1875（清同治年间）:493-494.

[13] 周寿昌.思益堂诗钞[M].刻本.长沙:王先谦.1888（清光绪十四年）:242.

[14] 钱载.箨石斋诗集[M].刻本.1711-1799（清乾隆年间）:380.

[15] 张炳志.心外无书-王守仁书法艺术蠡测[J].中国书法,2016(4):124-127.

青铜器补铸工艺的探析

——以汉代青铜钫修复为例

马悦[1]　赵绚[1]　张茗[2]

1. 上海工艺美术职业学院，上海 201808
2. 上海博物馆，上海 200003

Analysis of the Ancient Recast Technique of Bronze

Take the Restoration of Bronze *Fang* Vessel of the Han Dynasty as an Example

Ma Yue[1], Zhao Xuan[1], Zhang Ming[2]

1. Shanghai Art and Design Academy, Shanghai 201808, China
2. Shanghai Museum, Shanghai 200003, China

摘　要： 青铜器修复技术源于春秋，盛于北宋，至清代形成独立行业。在古代青铜器上所看到的修补痕迹，现在通常称为"老补"，本文主要分析青铜器传统补铸工艺的类别和现代修补技术手段，常见的传统补铸工艺有嵌入式补铸、单面突起式补铸及双面补铸三种。此次修复的汉代青铜钫主要使用单面突起式补铸工艺，由于其通体使用大量垫片，垫片脱落为青铜钫补铸的主要原因。由于青铜钫变形严重且缺失面积较大，选择用物理矫形加焊接的方法，补配材料为环氧树脂，经过着色封护后达到理想的修复效果。

关键词： 青铜器修复　补铸　青铜钫

Abstract: The restoration technology of bronze wares originated in the Spring and Autumn period, thrived during the Northern Song Dynasty, and formed an independent industry in the Qing Dynasty. The repair marks found on ancient bronze vessels are currently known as "old patching". This article mainly analyzes the types of both traditional and modern patching techniques for bronze wares. Common traditional patching techniques include inlay patching, single-sided protruding patching, and double-sided patching. For the restoration of the Han Dynasty bronze in this study, a single-sided protruding casting process was predominantly adopted. Multiple gaskets were used across the bronze body, which turned out to be the principal cause of the chaplets defection. Due to the severe deformation and large missing areas of the bronze, the methods of physical rectification and welding were selected, with epoxy resin as the supplementary material. After coloring and applying protective coating, the ideal restoration outcome was achieved.

Key words: Bronze restoration; Patching technique; Bronze *Fang*

引　言

青铜器的损坏一般分为铸造过程中发生的铸造缺陷和使用过程中造成的损坏。青铜器铸造缺陷种类繁多，如浇铸过程中金属液体流动性差、浇铸不到位等原因形成砂眼、缩孔等铸造缺陷，或因内模的问题形成密密麻麻、大小不一的孔洞等，又或因生产制作过程中工匠的制作水平低、熟练度不够等客观因素造成各种问题。这种铸造过程中所发生的缺陷，通常不会回炉重造，因为青铜器生产成本过高，回炉重造的代价太大，所以会进行补铸。而在青铜器日常使用过程中发生的损坏，如果不严重，通常会对其进行修补，以便再次使用。本次研究对象为一件汉代青铜钫，锈蚀严重，腹部大面积残缺，并有断裂、变形、裂隙等病害，通过前期的分析检测配合科学的修复方法，尝试对其进行修复保护。

一　青铜补铸工艺

青铜器修补现象在诸多青铜器上广泛存在，器物上所留存的铸造信息除了常见的垫片、浇口、范线、补缩外，多数青铜器还有大小不一的修补痕迹，称为"补铸"现象。传世或出土的许多青铜器都有过修补痕迹。无论这些修补过的痕迹是在铜器刚铸造出来时就因有铸造缺陷而补铸，还是在日常使用过程中由于损坏而修补，单就技术技巧上来说，都与铸造、仿制、修补有关。也就是说，早期铸造缺陷修补或对损坏器物的再利用都是传统青铜器修复技术的本源，或者可以说，早期青铜器的修复技术一直存在于以补铸为代表的修补体系中。

对于青铜器"补铸"工艺的研究，最早称为"补缀"，如苏荣誉[1]对新干大洋洲商代大墓出土青铜器的工艺进行考察时，发现了多件器物的铸造缺陷及芯撑孔均经补缀处理。1998年宋淑悌[2]对司母戊鼎进行X射线检测时发现其存在补铸痕迹，此后学者多以"补铸"称呼这种工艺方法。2017年叶琳等[3]在《青铜器补铸现象的初步研究——以三件重庆地区馆

藏青铜器为例》一文中介绍，所谓"补铸"应为在器物完成一次成型铸造之后，因组配件焊接、铸造缺陷、破损修补等原因，连接添补器物使之完整如一的技术手法。

故青铜补铸工艺主要指青铜本体铸造完成后，由于其本身的铸造缺陷或后期破损等原因，需再次或多次加工进行补全。从诸多考古发掘品看，补铸痕迹的特点多为不规则的状态，甚至在青铜器的表面可看到浇铸口的断茬，补铸部位的内壁也有一定对应特征。形成这些补铸的痕迹，是在青铜器的表面制作两个局部范，一个用于青铜器的表面，一个用于青铜器内壁。

2019年，董子俊等[4]在《初探青铜器的补铸和套铸工艺》一文中介绍，1955年河南郑州白家庄出土的夏代晚期斝（图一），其足部有明显的补铸痕迹。这是因为浇铸时出现问题，造成铸件两个足部缺陷，需要二次补铸，才达到器物的完整。文中介绍上海博物馆收藏的夏代晚期云纹鼎可看到有两处补铸痕迹，位于鼎口沿下方以及足体部位，痕迹上的浇口断茬未被打磨，所看到的视觉效果非常细窄，应是掰断了一截浇口杯，有浇注压力才能更好地补铸到位（图二）。同时介绍1974年湖北黄陂盘龙城

图一　夏代晚期斝

出土、现藏中国国家博物馆的商代早期兽面纹锥足鼎，内壁有两处明显的补铸痕迹（图三）。修补行为是因为器物本身有纪念意义、艺术价值、商品价值或者为了维持必要的生活条件而产生的[5]。中国青铜器的发展，从整体铸造到分体铸制有明确的规律。分铸工艺从简单到复杂，亦有许多实物例证。从考古发掘品看，夏代一些青铜器有明显的补铸痕迹。从补铸到分铸，是青铜范铸工艺发展的必然。纵观商周青铜器，从夏文化时期至战国时期的青铜器都存在各种各样的铸造缺陷。因此，补铸是不可缺少的技术。在诸多青铜器表面，补铸痕迹也是显而易见的。

二　检测分析

（一）便携式X射线荧光光谱分析（p-XRF）

本次分析检测所用设备为布鲁克便携式X荧光光谱分析仪（p-XRF），型号为TRACER 5i。光源为金属陶瓷光管，微焦斑，Be视窗 < 100 微米。测试环境为空气测试，持续时间 30 秒，测试模式为Ancient Copper，取样位置如图四和图五。

此次使用X荧光光谱对青铜钫钫身、补铸部分、铺首及衔环检测结果如表一。青铜钫所含主要元素有Cu、Sn、Pb、Fe、As、Ag、Ti、Sb等，其中Cu、Sn、Pb、Fe、As、Ag元素对于分析铸造工艺具有较大影响，故选此 6 种元素进行讨论。该青铜钫为

图二　夏代晚期云纹鼎

图三　商代早期兽面纹锥足鼎

图四　青铜钫补铸部分取点

图五　青铜钫铺首衔环（右、左）

铜锡铅三元合金，铜锡铅含量分别平均达到75.1%、10.9%、12.3%，两处补铸部分所含Cu、Sn、Pb含量和青铜钫本身差别较大，且两处补铸部位各元素含量也有较大的差距，较大补铸部分的Cu含量平均为67.4%，而小的补铸部分Cu元素平均含量仅为52.9%且具有高Sn特征，明显为两批青铜材料；左右衔环的主量元素Cu、Sn含量差异较大，Fe、As等微量元素也有明显差异，由此推断左右衔环在制作时并未使用同批青铜材料。根据表一可知，两处补铸部分与青铜钫身本体有明显的成分差异，且补铸部分二者之间亦有较大差别，推测分别进行过两次补铸过程，或同时补铸时未使用同一批铜料。青铜钫两边

的兽首铺首及衔环与钫身成分含量也有不同，左边铺首材质成分与对应衔环及右边铺首基本相同，但右边铺首与其衔环在Cu、Sn、Pb、Fe、As元素都表现出较大不同，且右衔环铸接工艺明显，左衔环并无明显铸接痕迹，推测左铺首衔环及右铺首为同时铸造，右衔环可能为后期单独制作并连接至青铜钫。整体而言，青铜钫与兽首铺首衔环为分别铸造，且右衔环可能使用过程中损坏或丢失后重新制作连接，工艺较为粗糙；两处补铸部分也并未使用同一批材料，推测为青铜钫使用过程中损坏后进行过两次补铸，补铸主要与垫片脱落有关。

表一　青铜钫 p-XRF 分析结果（wt%）

取点位置			元素					
			Cu	Sn	Pb	Fe	As	Ag
青铜钫	钫身	口沿	76.4287	10.1235	12.0062	0.1709	0.6217	0.1779
		底部	74.67	10.7668	12.8906	0.1516	0.8196	0.2159
		上腹部	77.5827	10.7928	10.1638	0.151	0.6406	0.1982
		下腹部	72.2718	11.7381	14.3203	0.1836	0.7686	0.2264
	补铸部分	大	69.4874	21.4292	5.734	0.0654	2.222	0.3404
			69.4003	20.0017	6.9949	0.0615	2.5172	0.3242
			69.44385	20.71545	6.36445	0.06345	2.3696	0.3323
		小	51.5492	36.8797	9.0537	0.1304	1.0778	0.3526
			51.533	34.8356	11.3875	0.1877	1.2973	0.4103
			55.7879	33.0469	8.7889	0.1966	1.1165	0.4036
	铺首衔环左	铺首	62.6218	14.216	21.0424	0.2104	1.1217	0.2143
			66.5254	15.7662	14.9331	0.2058	1.761	0.2065
			64.5736	14.9911	17.98775	0.2081	1.44135	0.2104
		衔环	65.7953	9.9456	23.4185	0	0.3951	0.2954
			67.2287	10.2659	24.40065	0.03055	1.0134	0.25915
			67.5692	7.9456	22.4198	0	1.3951	0.1884
	铺首衔环右	铺首	63.6158	10.5752	23.3637	0.2262	1.6232	0.1842
			62.2477	10.8409	24.8877	0.2049	1.1179	0.1737
			62.93175	10.70805	24.1257	0.21555	1.37055	0.17895
		衔环	71.8788	7.3436	19.2242	0	0.9721	0.1845
			71.1103	8.528	19.1993	0.0132	0.5856	0.1923
			71.49455	7.9358	19.21175	0.0066	0.77885	0.1884

（二）硝酸银滴定法检测氯离子

氯离子会对铜表面乃至基体形成侵蚀，并造成破裂及孔蚀现象，俗称"青铜病"。因此青铜钫中是否含有氯离子对后续修复及保护方法选择具有重要影响。首先在青铜钫不同部位采取锈蚀物样品，采用硝酸银滴定实验。将已提取的样品标号，逐一倒入对应的试管中，加入1:2硝酸溶液，振荡使其充分反应，静置2分钟，加入适量纯净水，观察溶解颜色与现象，待完全溶解，加入1%硝酸银溶液，再仔细观察。结果表明，所取样品经硝酸银滴定法检测均无氯离子成分，检测结果见表二。

表二 青铜钫锈蚀物氯离子检测

编号	检测部位	样品描述	检测方法	检测结果
1	口沿	浅绿色粉末	硝酸银滴定	溶液澄清
2	腹部	深绿色粉末	硝酸银滴定	溶液澄清
3	腹部内侧	浅绿色粉末	硝酸银滴定	溶液澄清

三 汉代青铜钫的保护修复

（一）基本信息

此件汉代青铜钫，通高37厘米，口沿直径10.8厘米，腹部直径20.7厘米，圈足直径13.4厘米。保护修复前保存环境较差，条件简陋，无温湿度的监控等设备；青铜钫通体存在泥土附着物，锈蚀严重，腹部大面积残缺，出现断裂、变形、裂隙等病害，青铜钫腹部有大小不一的两处补铸部位。钫，盛酒器。《说文·金部》说，"钫，方锺也"，即方壶，西汉时始名为"钫"，腹壁呈弧形，双兽面形铺首衔环，圈足。此类方壶约始见于战国中期，流行至西汉，汉代铜钫承战国晚期与秦制，唯圈足高且明显外撇成斜直状。战国时，钫是重要的礼器，政治和经济环境的转变为汉代器物从礼器到实用器的发展提供了空间。这使得钫自战国以来作为重要礼器的功能被弱化，实用性增强。作为两汉存储类酒器的典型代表，钫兼具实用性和审美性，由顶盖、钫身、圈足三部分组成[6]。

（二）修复过程

1. 前期信息采集

采集影像资料、文物基本信息和保存现状记录，绘制病害图并建立修复档案，如图六、七、八。

2. 清洗除锈

将青铜钫放入加有洗洁精的去离子水中，浸泡5分钟，洗去表面油污；再用笔刷轻扫掉表面易脱落

图六　侧视图1

图七　正视图

图八　侧视图2

图九　洗洁精水清洗

图一〇　柠檬酸浸泡

图一一　表面封护

的泥土附着物，取出放入干净的去离子水中浸泡 5 分钟（图九）；然后使用 2% 的柠檬酸溶液浸泡 15 分钟，除去部分锈蚀，取出后再次放入去离子水中浸泡 5 分钟后吹干（图一〇）；最后使用洁牙机清理掉泥土附着物和层状堆积，用去离子水冲洗干净，拍照记录。

3. 封护

使用 3% 的丙烯酸树脂（Paraloid B72）丙酮溶液，用笔刷蘸取，刷在青铜钫表面，过量的地方使用脱脂棉蘸取乙酸乙酯擦除（图一一）。

4. 矫形

对青铜钫封护后，开始进行矫形，将青铜钫原有的支撑条取出，取出时注意不能太过用力，容易发生开裂，导致变形更加严重。支撑条取出后，检查是否有开裂痕迹，如若没有，再开始矫形。

矫形过程中，为了防止发生开裂、断裂等问题，需要使用热风枪对钫变形部位进行加热，使用热风枪高温加热到 200℃ 左右。加热完成后，变形不严重的部位使用小号矫形夹矫正。为防止矫形夹对钫身造成损害，可以在矫形夹两端与钫身接触的部位夹上硬纸片，循序渐进地对矫形夹缓慢施加压力，避免突然加压，对钫身造成二次损害。重复多次矫形，直到矫形完毕。钫身变形较严重的部位，钫身上端的位置又向钫身下端变形，情况较严重。使用大号矫形夹，在青铜钫内壁，向钫身上下两端顶开，缓慢进行矫形。在矫形夹端点接触坊身的位置垫上对应内壁弧度的木块，防止木块过于尖锐，伤害到青

铜钫本身，同时可增大受力面积。用矫形夹固定青铜钫，三天后去除矫形工具（图一二）。

5. 拼接

青铜钫矫形完成后，对断裂的部位根据茬口进行拼接。拼接过程中发现断裂脱落的部位有轻微变形状况，导致拼接错位，使用中号矫形夹矫形。热风枪加热过程中，矫形夹缓慢施加压力，直至矫形完成，然后根据茬口拼接。

6. 焊接

拼接完成后，使用锡焊技术对青铜钫断裂部位进行焊接，起到固定作用。不需要将断裂脱落处茬口全部焊接，选取具有机械强度的焊点进行焊接。焊接前，使用小型打磨机对青铜钫需要焊接部位的茬口进行处理，清理掉表面的锈蚀、污渍，露出青铜基体的颜色，而后进行焊接。焊接完成后，清洗焊口（图一三）。

7. 补配

对所有容易发生二次变形的部位，受力点焊接完成之后，对残缺较多的钫身部位使用铜皮进行补配。根据残缺部位形状剪裁出相应大小的铜皮，铜皮选择有一定厚度和硬度的材质，加大强度，可以比残缺部位略小一点，方便后面焊接（图一四）。

裁剪完成后，选取铜皮两点，使用热熔胶临时固定在铜钫上（图一五）。而后使用锡焊技术，将铜皮焊接在铜钫残缺的部位。注意将铜皮两端，与残缺部位接触的受力点焊接，这样铜皮可以起到一定

图一二　矫形

图一三　焊接

图一四　剪裁铜皮

图一五　固定

图一六　使用材料

图一七　覆盖环氧树脂胶

的支撑作用，防止铜钫残缺变形部位发生二次损害。焊接完成后，仔细检查是否牢固，之后清洗焊口。铜皮补配完成后，青铜钫只剩下裂缝和小部位残缺等问题，可以直接使用环氧树脂补配。在青铜钫内部裂缝、残缺等处贴上宽一点的纸胶带，使用合众牌AAA胶、滑石粉、黑色矿物颜料调配树脂（图一六）补配。补配的铜皮以及残缺较小的部位使用浓稠一点的环氧树脂，多加滑石粉，调配的环氧树脂捏起来有一定硬度即可；裂缝处补配的环氧树脂少加点滑石粉，稀一点，滴在裂缝处。第一次补配完成后，等待固化（图一七）。观察第一次补配不完全的部位，需要多次补配，直到裂缝残缺等全部补配完成。

8. 打磨

待青铜钫补配树脂固化后，对多余的环氧树脂开始打磨，并对细节进行填补和修整，直至器物表面平整（图一八）。

9. 打底作色

用硝基漆加滑石粉调配矿物颜料作为底色，颜色尽量与原器物颜色保持统一（图一九）。蘸取少量漆料和适量绿色、蓝色矿物颜料及石膏粉进行混合，以涂、点、拨等方式对粘接、补配的区域进行反复着色，使其与器身颜色相协调。着色完成后，将其置于通风处晾干（图二〇）。

10. 表面封护

采用2%Paraloid B72丙酮溶液作为封护剂进行封护，用软羊毛刷蘸取封护剂做两三遍涂刷（图二一）。如果表面出现少量眩光现象，用无水乙醇擦拭，更换低浓度B72丙酮溶液再次涂刷。

（三）保存建议

青铜器的锈蚀原因复杂，除了制作工艺、合金组成及内部缺陷，外部环境也是非常重要的原因。即使经过人为干预性修复，保存环境中的温湿度、

图一八 打磨

图一九 打底

图二〇 着色

图二一 表面封护

有害成分等依然会对文物造成严重的影响，所以提供良好的保存环境是对后续的青铜钫保存十分重要的预防性保护措施。将修复后的青铜钫放置于室内，温度控制在 20±5℃，相对湿度为 45%±5%，日波动范围均小于 5% 的保存环境中，可使用空调控制温、湿度，并做好防尘除尘工作，减少保存环境中的空气污染，保证环境稳定。

四 汉代青铜钫补铸工艺讨论

此次青铜钫CT断层扫描是在器物基本修复完成后进行的，检测所采用的分析设备是德国产高分辨率计算机断层扫描系统（X-CT），型号为YXLON Y.CT Modular。通过对青铜钫进行CT断层扫描，可以直观地观察到器物的结构组成、材质分布和密度变化等内部信息。CT断层扫描技术最大的优点是可以进行无损检测分析，不会对器物造成任何损伤，是文物结构特征和材质分布无损分析的常用方法之一。

由图二二看到，大片白色区域的非金属材质为补配所用的环氧树脂。该青铜钫在铸造时器壁厚薄比较均匀，结构规整，无大的铸造缺陷。通体使用了大量的铜质芯撑，即"垫片"，均为四边形，呈不规则分布。垫片有时会因浇注时被铜水遮盖或器物

图二二　青铜钫 CT 成像

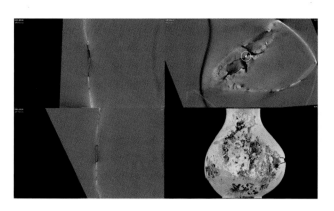

图二三　青铜钫焊接点位

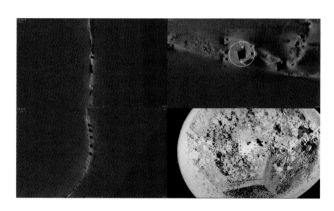

图二四　青铜钫垫片补铸部位

表面锈蚀等原因，肉眼难以识别，必须利用X射线成像技术，才能更加清楚地观察到其数目、位置、分布等信息。此件青铜钫基体与垫片成分有较大差异，应与垫片内的铅锡含量及腐蚀程度有关。垫片与青铜钫本体的材料质地不同，造成了X射线的吸收差异，故在X射线影像中表现出的密度不同。其次材质的不同也导致了相同埋藏环境中出现的腐蚀状况不同，腐蚀程度高且矿化严重的部分对X射线的吸收更小。此青铜钫的垫片呈现较本体材质更亮的现象，其铅锡含量应高于青铜钫的铸造材料，且垫片的铅锡含量高，在埋藏环境中不易受到腐蚀，对X射线的吸收更小。垫片成分也有差异，可能回收自不同的青铜器残片，也可能埋藏时局部腐蚀环境不同导致腐蚀程度不同，从而反映出不同的影像密度。从X光透射照片可见器体中部有大量裂隙及金属片铆接痕迹，应为后期矫形修补痕迹，裂痕处吸收差异为锈蚀造成。

由于此件青铜钫器壁较薄，且断裂口因长时间处于变形的状态，矫形之后也很难恢复到器物原状，普通粘结补配材料很难将断裂口的受力点进行固定，故选择使用锡焊技术进行电焊。从图二三可看到焊接处非常小的一个焊位，由于其高锡含量，在X射线影像中表现出非常明亮的点状。

从图二四中可以看出，前人对于垫片脱落做过相应的修复工作，主要使用单面凸起式补铸，补铸方法选用铆接法。这种补铸方法主要为了提高补铸

部位的连接强度，在待修补的孔洞周边打出若干小孔，方便铜水流入其中，从而提高补铸部位的连接可靠性。单面凸起式补铸要求补铸一面与原器物平齐，另一面与原器物有搭接，搭接面一般会在承重面且高于原器物表面，以便提供良好的受力能力，防止补铸部分脱落，多用于器壁较薄的青铜器缺损部位。补铸后部位厚度大于原器身厚度，故对X射线吸收相对较强，在影像中呈亮区。补铸是为了将孔洞填补，液态铜需要穿透青铜器的壁厚，并且需要紧密贴合内壁、面积大于孔洞才能牢牢卡死补铸材料，否则容易脱落。浇铸时，液态铜穿过器壁会形成凸起来的"补铸痕迹"，即内外壁所看到的堵实状态[7]。但是按图二三中所示，青铜钫垫片补铸部分存在大量小孔，且并不是所有孔中皆注入铜水，亮点为注入铜水的小孔，暗点表示孔内无铜水进入。

五 结 论

青铜钫作为两汉存储类酒器的典型代表，兼具实用性和审美性。通过硝酸银滴定法可知，该件汉代青铜钫不含氯离子。根据合金成分检测和CT断层扫描推测，本次研究的青铜钫为铜锡铅三元合金，钫身含铅量较高，符合汉代实用器的合金配比。两侧兽首铺首衔环与青铜钫为分铸制造，且右衔环可能为后期连接而成。浇铸时器壁厚薄比较均匀，无纹饰，器形普遍简单，通体大量垫片，垫片的铅锡含量明显高于青铜钫。钫身的裂隙大多由垫片脱落导致，且前人在修复时使用了单面凸起式补铸的方法，补铸部位各种元素成分差异明显，推测后期进行了两次补铸或一次补铸时使用不同材料，从侧面反映出汉代时期青铜器制造业已进入衰退期，但青铜依然是重要材料，所以在使用过程中发生损坏依然选择多次补铸的方式。

由于在地下埋藏时间过于久远，埋藏环境复杂，存在大量表面硬结物、裂隙、残缺、变形等病害。在现代文物保护原则指导下，此次修复过程主要有清理、封护、矫形、拼接、焊接、补配、打磨及着色，使用传统材料铜皮进行补配符合兼容性原则。对比前人的修复方法，此次修复运用了新技术、新材料，本次封护使用的丙烯酸树脂（Paraloid B72）具有可逆性与兼容性，补配材料选择的环氧树脂也具有可辨识性，更贴合当下文物保护修复的理念和原则。X荧光光谱分析及CT技术的应用证明多学科的合作与交流才能更好地促进文物保护修复行业的健康发展。

[1]苏荣誉.商周青铜器的铸接[C]//第四届中日机械技术史及机械设计国际学术会议论文集.北京：北京航空航天大学，2004：81-89.

[2]宋淑悌.司母戊鼎的X光检测及其铸造工艺[J].东南文化，1998（03）：126-131.

[3]叶琳，杨小刚，黄悦，等.青铜器补铸现象的初步研究——以三件重庆地区馆藏青铜器为例[J].南方民族考古，2017（01）：205-219.

[4]董子俊，翟慧萍，杨相宏，等.初探青铜器的补铸与套铸工艺[J].文物鉴定与鉴赏，2019（08）：32-35.

[5]陈馨.陶瓷修复技术之锯钉补瓷技术的起源发展及其相关[J].文博，2006（03）：49-58.

[6]吴小平.汉代铜壶的类型学研究[J].考古学报，2007（01）：29-60.

[7]张月玲.从《山东滕州市博物馆馆藏青铜器保护修复方案》的编制论青铜器保护技术的继承和发展[G]//中国国家博物馆文物保护修复论文集.北京：北京时代华文书局，2019：122-135.

故宫养心殿后檐窗罩明瓦材料缓蚀方法研究

张琼[1]　龚梓桑[2]　王恺[3]

1. 故宫博物院古建部，北京 100009
2. 北京大学考古文博学院，北京 100871
3. 北京联合大学考古研究院，北京 100191

Research on the Corrosion-inhibiting Method of Mingwa Materials on the Window Covers of Yangxin Hall in the Imperial Palace

Zhang Qiong[1], Gong Zisang[2], Wang Kai[2]

1. Department of Ancient Architecture, The Palace Museum, Beijing 100009, China
2. School of Archaeology and Museology, Peking University, Beijing 100871, China
3. Institute of Archaeology, Beijing Union University, Beijing 100191, China

摘　要： 针对故宫养心殿东暖阁后檐窗罩上铺装的白色半透明明瓦材料（实为海月贝，主要成分为方解石），以磷酸氢二铵为磷源，从溶剂筛选、表面改性预处理方法、磷酸盐浓度调控、处理时长等几个方面探究了其缓蚀处理方法，并对缓蚀效果进行了评估，最终给出的推荐方案为：对清洗后的干燥样品，先用3%的十六烷基三甲基溴化铵预处理半小时，再用含1%羟基磷灰石胶体的 0.1mol/L 磷酸氢二铵溶液（以10%乙醇为溶剂）处理17小时，最后置换出水再晾干。该方法通过引入含磷酸基团，提高了矿化层中钙离子的稳定性，在海月贝表面形成了完整连续的羟基磷灰石缓蚀层，从而有效提升了其耐酸性，并且对材料透光度和外观的影响较小，是一种比较理想的缓蚀处理方法。

关键词： 明瓦　海月贝　羟基磷灰石　磷酸盐　缓蚀方法

Abstract: Regarding the white translucent Mingwa materials, specifically the shells of *Placuna placenta* (with calcite as the main component), which are used for the window covers at the rear eaves of Yangxin Hall in the Imperial Palace, the corrosion-inhibition treatment methods were discussed in this paper. Using diammonium hydrogen phosphate as the phosphorus source, investigations were carried out from multiple aspects, including solvent selection, surface modification pretreatment methods, phosphate concentration control, and processing time. Subsequently, the corrosion-inhibiting effect was evaluated. The final recommended method is as follows: First, pretreat the cleaned dry samples with 3% cetyltrimethylammonium bromide for half an hour. Then, put the samples in 0.1mol/ L diammonium hydrogen phosphate (with 10% ethanol as solvent) containing 1% hydroxyapatite colloid for 17 hours. Finally, displace the water and dry the samples. By introducing phosphate groups, the stability of calcium ions within the mineralization layers is enhanced. This process enables the formation of a complete and continuous phosphate corrosion-inhibiting layer on the surface of *Placuna placenta* shells, thus effectively improving their acid resistance. Moreover, this method has minimal influence on the material's transparency and appearance, making it an optimal corrosion-inhibiting treatment method.

Key words: Mingwa; *Placuna placenta;* Hydroxyapatite; Phosphate; Corrosion-inhibiting method

引　言

在故宫养心殿正殿东暖阁后檐窗户上方，有两个窗罩，其上覆盖着白色半透明的明瓦片。据清宫档案记载，养心殿一区使用明瓦最晚开始于乾隆朝，最初用于梅坞西山抱厦，而东暖阁后檐窗罩使用明瓦的时间则不晚于道光十六年（1836年）。当时紫禁城内外用到明瓦的宫廷建筑不止养心殿，但如今仅存此一处，已为孤例。

此前，已通过观察养心殿明瓦片的生物学特征（生长线、放射肋、铰合齿及齿凹沟、闭壳肌痕等），采用XRD分析其物相（纯度极高的方解石，化学成分为$CaCO_3$），并结合历史文献，判断明瓦材料实为产于西印度洋—太平洋浅水海域的海月贝（*Placuna placenta*）[1]。海月贝贝壳薄而扁平，透光性佳，故被作为明瓦使用。又基于Li Ling等人针对海月贝微观结构、光学特性和抗性机制等方面的研究[2]，通过模拟老化试验，分别从机械损伤、酸腐蚀、热损伤、冻融损伤等几个方面探究了新鲜样品的腐蚀机理，并与旧明瓦片的宏观病害现象作对比分析，指出：酸雨或酸性气体主要破坏的是明瓦材料的方解石片层，高温带来的热冲击主要破坏的是连接片层的有机质，再加上偶发的冰雹、风沙等天气因素带来的机械冲击，共同导致明瓦出现了失透、分层、碎裂、残缺等现象；冻融虽不是主要破坏因素，但在明瓦层间结构遭到破坏之后，冻融过程会加剧其病害程度[3]。据此认为，在明瓦的保护过程中，除必要的遮蔽、控温等物理防护手段之外，最为重要的是提升明瓦对酸雨或空气中酸性气体的耐腐蚀能力。

在前述有关病害的研究过程中，发现酸腐蚀后的海月贝会残留透明且有一定韧性的膜状结构，能谱结果显示其主要化学成分为O、Ca和P，故推测这层膜应是连接海月贝各矿化层的有机质残留物，其中P来自蛋白质上的磷酸基团，Ca则是吸附在膜上的醋酸钙残余，这意味着含磷基团能起到稳定钙离子的作用，因此给明瓦缓蚀材料的选择提供了思路。同时，羟基磷灰石作为一种新兴无机材料，近年来在石灰岩、钙质砂岩和甲骨等文物的保护领域得到了广泛的研究和应用[4]，且耐候性优秀，故本研究尝试通过引入磷源，在海月贝表面生成能够提升其耐腐蚀能力的缓蚀层，以探索羟基磷灰石在海月贝这种特殊的高透光性材料的缓蚀方面的适用性及具体处理工艺。研究主要从溶剂筛选、表面改性预处理方法、磷酸盐浓度调控、处理时长等几个方面进行了试验，最终找到了一种适宜的缓蚀处理方法，并从形貌、透光性、抗酸性等方面对其效果进行了评价。

一　样品和方法

（一）样品

样品为采购所得之海月贝原片，与养心殿后檐窗罩所用明瓦为同种材质（图一）。反应体系所用样品有两种，一种为经过清洗的海月贝方形切片，面

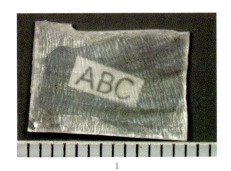  

图一　海月贝样品（图中直尺最小刻度为1mm）
1. 样品A粗糙面　2. 样品A光滑面　3. 样品B：左上部分为原表面，右下部分为新剥离的表面

积约 1cm²，简称样品 A；另一种为经过清洗的新鲜海月贝带孔圆片，面积约 1.76cm²，简称样品 B。反应条件试验期间，为便于对比反应前后表面变化，样品 B 观察的表面为用手术刀片新剥离出的片层。

（二）仪器及参数

观察及分析所用到的仪器主要有：光学显微镜（型号：Nikon LV100POL，反射偏光模式）、扫描电子显微镜（型号：Hitachi-TM3030 超景深背散射电子显微镜；参数：低真空模式，15kV 扫描电压，BSE-EDS 进行成分分析）。

（三）实验方法

1. 溶剂筛选

在石质文物表面磷酸氢二铵〔(NH₄)₂HPO₄，后文中简称为 DAP〕原位处理的相关文献中提到，体系中加入低级醇，尤其是异丙醇，可以大大提升羟基磷灰石（Hydroxyapatite，后文中简称为 HAP）缓蚀层的完整性和致密度[5]，故本研究试验的溶剂有水、10%乙醇和 10%异丙醇，其中前期试验所用溶剂为水和 10%乙醇，后期方案综合评估期间又加入了 10%异丙醇为溶剂的试验。

试验发现，溶剂为水的 DAP 反应体系，当浓度为 0.1mol/L 时，27℃反应 24 小时后，海月贝样品表面的磷元素沉积量低于检出限；当浓度为 1.0mol/L 时，27℃反应 24 小时后，样品表面出现较厚的 HAP 缓蚀层，且老化模拟样品表面 HAP 缓蚀层龟裂严重。

溶剂为 10%乙醇的 DAP 反应体系，当浓度为 0.1mol/L 时，27℃反应 24 小时后，标准样品 B 表面生成花团状 HAP 缓蚀层，覆盖完整、无裂缝。干燥 24 小时后，出现少许裂缝（图二）。

对比之下，溶剂加入醇类时，反应生成的 HAP 缓蚀层更为连续、致密，故在后续反应条件试验中主要使用 10%乙醇以及 10%异丙醇为溶剂。

2. 表面改性预处理方法

缓蚀试验涉及的表面主要有三种类型：（1）样品 A 原始表面；（2）样品 B 原始表面；（3）样品 B 新剥离表面（图三）。

三种表面在 DAP 体系中的反应性存在差异，其中原始表面（1）与（2）反应性较低，新剥离表面（3）反应性则较好。在 0.1mol/L 的以 10%乙醇为溶剂的 DAP 溶液（后文称为 EDAP）中，27℃反应 24 小时后，表面（1）几乎无磷元素沉积；（2）可形成 HAP 缓蚀层，但完整性较差；（3）可形成完整致密的花团状 HAP 缓蚀层，扫描电镜微区能谱分析（SEM-EDS）的结果显示，表面（1）、（2）与（3）在采用

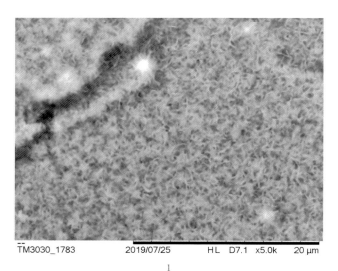
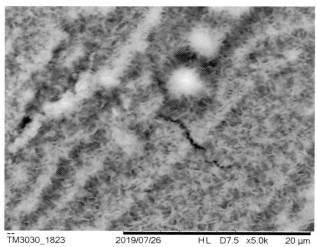

TM3030_1783　　2019/07/25　　HL　D7.1　x5.0k　20 μm

1

TM3030_1823　　2019/07/26　　HL　D7.5　x5.0k　20 μm

2

图二　0.1mol/L DAP（10% 乙醇）处理后标准样品 B
1. 反应后取出　2. 干燥 24 小时后

图三　样品表面（反射光显微镜 100×）
1. 样品 A 原始表面　2. 样品 B 原始表面　3. 样品 B 新剥离表面

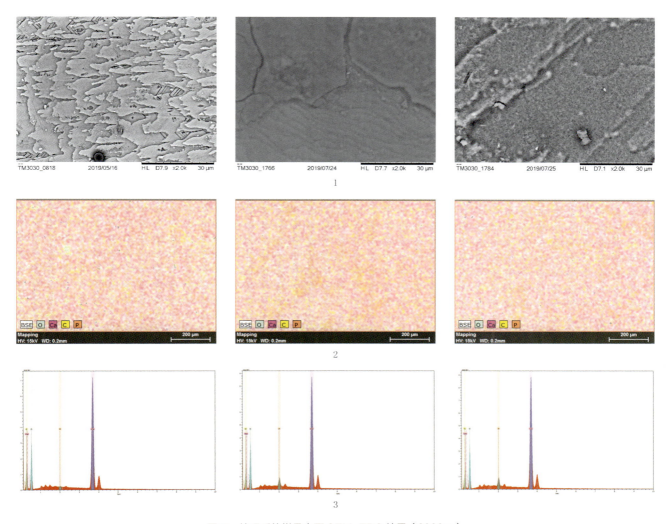

图四　处理后的样品表面 SEM-EDS 结果（2000×）
1. 样品 A 原始表面，0.1mol/L EDAP　2. 样品 B 原始表面，0.3mol/L EDAP（0.1mol/L EDAP 现象类似）　3. 样品 B 新剥离表面，0.1mol/L EDAP

不同方式处理后的磷元素质量百分比（wt%）分别为 0.13、1.45 和 1.56，结果见图四。

条件试验过程中可以使用表面类型（3），即样

品 B 新剥离表面，但在实际应用过程中，DAP 体系主要针对的表面类型应当是（1）或（2）这样的原始表面。微观形貌上，原始表面较为崎岖，晶体取

向相对混乱，不同部位的反应性存在差异，故处理后表面缓蚀层的完整性往往较差。因此，考虑试验胶原蛋白（Collagen Ⅰ）、阳离子表面活性剂十六烷基三甲基溴化铵（Cetyltrimethylammonium bromide，后文称为CTAB）使表面功能化，或使用HAP胶体提供成核中心，对表面进行改性预处理（表一）。

此外，当表面形成花团状的HAP缓蚀层时，表面对光散射增强，出现发白现象，故需要改变缓蚀层的表面形貌，使其平整度提高，以减小对样品外观的影响。

上述试验结果表明（表二、图五），针对新剥离的反应性较好的表面，H&E及H+E处理可形成较薄、连续、完整、较平整的HAP缓蚀层，HAP胶体在体系中可能起到提供成核中心、改变晶体形貌的作用；10%异丙醇为溶剂的体系处理后，样品发白较严重，样品表面的缓蚀层较厚且覆盖不完整，瘤状结晶较多；Collagen Ⅰ预处理的体系处理后，样品发白严重，表面缓蚀层覆盖不完整，瘤状结晶较多；针对反应性比较差的原始表面，CTAB能有效提升H&E处理形成的缓蚀层的覆盖率，形成薄而平整的表面，对样品外观几乎不造成肉眼可辨的影响。

3.磷酸盐浓度调控

因海月贝透光性较好的特性，本研究对HAP缓蚀层的厚度及表面形貌要求较高。预实验中，0.1mol/L EDAP处理的样品出现发白现象，故考虑降低磷酸盐浓度，欲确定形成完整HAP缓蚀层所需的

表一 处理条件及操作方法

处理方法	Collagen Ⅰ	CTAB	HAP	EDAP	PDAP
试剂及浓度	0.3% 醋酸 Collagen Ⅰ	混合处理：0.1mol/L CTAB 预处理：3%CTAB（溶剂 10% 乙醇）	混合处理：1%HAP 预处理：6%HAP（溶剂甲醇）	DAP（溶剂 10% 乙醇）	DAP（溶剂 10% 异丙醇）
操作	浸泡 1 小时	预处理：无水乙醇浸泡 1 小时，转移至 3%CTAB 浸泡 0.5 小时	预处理：浸泡 24 小时	浸泡	浸泡

表二 处理试验及结果

编号	处理[①]	表面类型[②]	DAP 处理时长（小时）	外观	沉积层	处理后缺陷[③] 漏洞	裂纹	结晶
816-1	CTAB+H&E	2	19	光泽好（搓过表面），透明度高	连续	+	+	+
816-2	CTAB&H&E	2	19	光泽好（搓过表面），透明度高	连续	+	-	-
816-5	H&E	2	24	光泽好（搓过表面），透明度高	连续	++	-	-
807-3	H+E	3	24	光泽好，透明度高	连续	-	++	++
805-1	H&P	3	24	严重发白	不完整	++	++	++
805-2	H&E	3	24	轻微发白	连续、平整	-	+	++
805-3	Col Ⅰ+H&P	3	24	严重发白	不完整	++	-	+++
805-4	Col Ⅰ+H&E	3	24	严重发白	不完整	++	++	+++

注：①处理条件简写："+"前为预处理；"&"为混合处理；Col Ⅰ代表Collagen Ⅰ；H代表HAP；EDAP代表DAP−水−10%乙醇；PDAP代表DAP−水−10%异丙醇（后文同）。
②表面类型：2代表圆形带孔样品原始表面；3代表圆形带孔样品新剥离表面。
③处理后缺陷："−"表示无此现象；"+"至"+++"表示该现象存在，程度依次显著（后文同）。

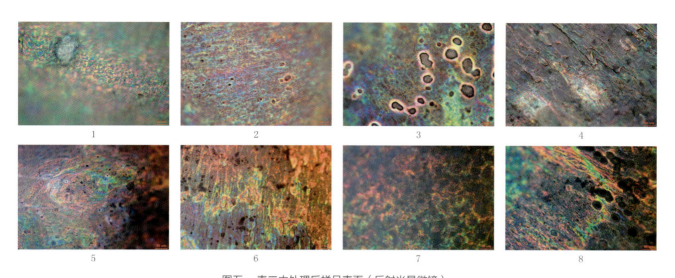

图五　表二中处理后样品表面（反射光显微镜）
1.816-1　2.816-2　3.816-5　4.807-3　5.805-1　6.805-2　7.805-3　8.805-4

磷酸盐浓度下限。

　　试验结果表明（表三）：DAP浓度为0.01mol/L时，几乎无HAP缓蚀层形成；DAP浓度为0.05mol/L时，HAP缓蚀层覆盖不完整，漏洞较多；DAP浓度为0.1mol/L时，HAP缓蚀层连续，但有少许裂缝和漏洞，并存在较多瘤状结晶，且样品会发白。总体而言，0.1mol/L是相对必要的浓度，若继续降低DAP浓度，可能影响HAP缓蚀层的连续性。

　　关于样品表面发白的现象，经观察及分析，认为其原因是DAP在与海月贝表面反应时，首先在贝壳表面形成一平整薄层，此时可能可见贝壳表面原片层的起伏；由于平整薄层上存在新的成核位点，于是形成瘤状或米粒状沉积（图六、图七），将该层暂称为"米粒层"；此"米粒层"颗粒尺度较大，对光线的散射作用强，因此样品表面会发白。不过，由于该"米粒层"与平整薄层的结合并不紧密，而平整薄层与贝壳本体的结合更为紧密，故可在处理后样品表面干燥前将其搓去，则干燥后表面与处理前无明显差别，平整而薄的HAP缓蚀层仍可发挥其缓蚀作用。

表三　浓度变量试验及结果

编号	处理①	表面类型②	处理时长（小时）	外观	沉积层	处理后缺陷		
						漏洞	裂纹	结晶
813-1	1%HAP、0.01mol/L EDAP	1	23	无明显变化	无	-	-	-
813-2	1%HAP、0.05mol/L EDAP	1	23	发白，有碎屑	不连续	++	+	-
813-3	1%HAP、0.1mol/L EDAP	1	23	发白	连续	+		+
813-7	1%HAP、0.01mol/L EDAP	3	23	无明显变化	无	-	-	-
813-8	1%HAP、0.05mol/L EDAP	3	23	发白，有碎屑	不连续	++	+	++
813-9	1%HAP、0.1mol/L EDAP	3	23	发白	连续	+	+	++

　　注：① 均为混合处理。
　　　　② 表面类型：1代表方形样品原始表面；3代表圆形带孔样品新剥离表面。

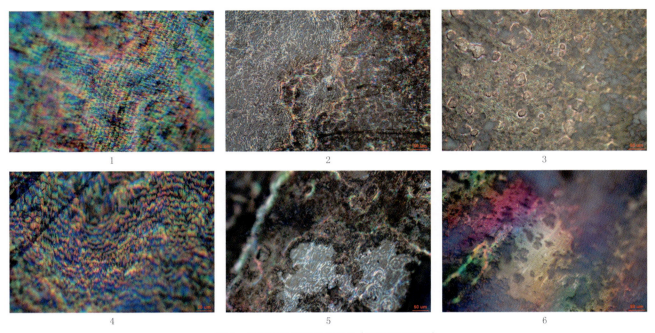

图六　表三中处理后样品表面（反射光显微镜）

1. 813-1　2. 813-2　3. 813-3　4. 813-7　5. 813-8　6. 813-9

图七　DAP 体系处理后样品表面示意图

"米粒"层

平整薄层

贝壳本体

4. 处理时长

根据文献所述 DAP 与 $CaCO_3$ 反应的过程，处理时长对 HAP 缓蚀层的形貌也会产生影响，故合适的处理时长应能够使连续平整薄层形成，同时上述"米粒层"尚未与平整薄层紧密结合。

观察发现，针对海月贝原始表面，采用 1% HAP + 0.1mol/L EDAP 体系处理 7 小时以上，再用无水乙醇置换后干燥，能基本形成连续的 HAP 缓蚀层，但尚有少许裂纹，此后缓蚀层继续增厚。为使平整薄层的裂纹愈合，保证其连续性，建议的处理时长应为 17 小时以上，而前述导致样品发白的"米粒层"可在样品干燥前用橡胶手套搓去，存在漏洞的情况则可以通过添加 CTAB 对表面改性来改善（表四、图八）。

5. 小结

经过对溶剂、表面改性预处理方法、磷酸盐浓度和处理时长等条件的试验，最终确定"CTAB+H&E"的处理方案，该方案的具体流程为：

1）纯净水洗净样品表面，无水乙醇预处理 1 小时。

2）转移至 3%CTAB（溶剂为 10%乙醇溶液）处理 0.5 小时。

3）转移至含 1%HAP 胶体的 0.1mol/L DAP（溶剂为 10%乙醇溶液）密闭容器中反应 17 小时。

4）转移至无水乙醇中置换水 0.5 小时。

5）取出样品，搓去表面"米粒层"，晾干。

经此方案缓蚀处理后的海月贝样品，其原始表面上可得到连续、平整、无裂缝的 HAP 缓蚀层。

二　结果和讨论

通过对样品外观、微观形貌、抗酸性等的变化进行评估，对上述缓蚀处理方案的效果进行综合评估。

（一）外观

对比经上述"CTAB+H&E"方案缓蚀处理前后

表四　处理时长变量试验及结果

编号	处理①	表面类型②	处理时长（小时）	外观	沉积层	处理后缺陷		
						漏洞	裂纹	结晶
817-1	H&E	2（酸腐蚀过）	2	无明显变化	不连续	-	-	-
816-3	H&E	2	3	无明显变化	不连续	++	++	++
817-3	H&E	2（酸腐蚀过）	4	光泽好（搓过表面）	连续	+	-	+
817-2	H&E	2（酸腐蚀过）	5	无明显变化	不连续	++	++	++
816-4	H&E	2	7	发白	连续	-	+	++
816-6	H&E	2	17	光泽好（搓过表面）	连续	+	+	-
816-5	H&E	2	24	光泽好（搓过表面）	连续	+	-	-

注：①"&"为混合处理。
　　②表面类型：2代表圆形带孔样品原始表面；2（酸腐蚀过）代表被pH约5的硝酸溶液浸泡过的圆形带孔样品原始表面。

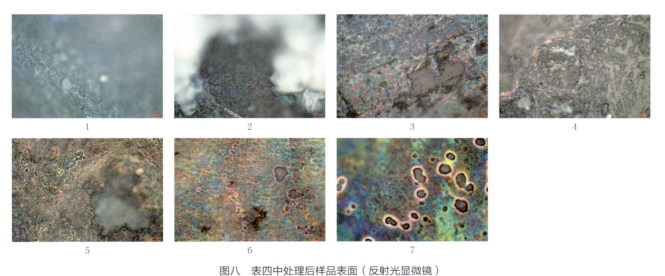

图八　表四中处理后样品表面（反射光显微镜）
1.817-1　2.816-3　3.817-3　4.817-2　5.816-4　6.816-6　7.816-5

样品的观感，可见该方案未显著改变样品表面光泽，也未产生眩光，总体对样品外观不会产生明显影响（图九）。

（二）透光率

缓蚀处理前后，除低波长部分透光率因磷酸钙颗粒导致的瑞利散射而略有下降外（420nm处透光率处理前为76%，处理后为72%），样品整体的透光性在缓蚀处理前后并无明显差异。

（三）微观形貌

缓蚀处理后，海月贝样品的原始表面得到了平整、连续、完整、无裂缝、漏洞极少的HAP缓蚀层（图一〇）。

扫描电镜微区能谱分析（SEM-EDS）结果显示，CTAB+H&E缓蚀处理后，海月贝样品原始表面得到平整、连续、无裂缝的HAP缓蚀层，元素分布均匀。磷元素沉积量表明，在样品干燥前搓去"米粒层"的操作对平整薄层的影响不大，平整薄层与贝壳本

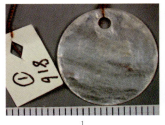

图九　处理前后的样品外观（图中直尺最小刻度 1mm）
1、2. 处理前　3、4. 处理后

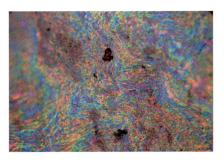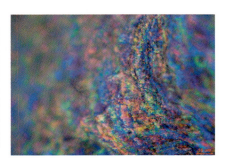

图一〇　CTAB+H&E 处理后样品原始表面（反射光显微镜）

体结合紧密（图一一）。

（四）抗酸性

在滴酸气泡法实验中（表五），将pH=1.77的稀硝酸滴至对照样品表面，立刻出现气泡，滴至处理后样品表面，1分钟内不产生气泡；将pH=1.47的稀硝酸滴至对照样品表面，立刻出现大量气泡，滴至处理后样品表面，1分钟左右缓慢产生气泡。该结果表明，CTAB+H&E处理能提高海月贝样品表面的抗酸能力。

三　结论

本文在前期对明瓦材料本身及其病害机理研究的

基础上，通过对溶剂、表面改性预处理方法、磷酸盐浓度、处理时长等条件的系统性试验，得到能在海月贝样品表面生成羟基磷灰石缓蚀层的处理方案，简称为"CTAB+H&E"方案，具体操作流程为：先将样品清洗干净并晾干，然后用3%的十六烷基三甲基溴化铵（溶剂10%乙醇溶液）预处理0.5小时，再用含1%羟基磷灰石胶体的0.1mol/L磷酸氢二铵溶液（溶剂10%乙醇溶液）处理17小时，最后在干燥前搓去会使样品表面发白的"米粒层"，置换出水再晾干。针对该处理方案，通过显微观察及耐酸性试验等方法评估了其缓蚀效果，证明所形成的羟基磷灰石缓蚀层完整、连续、无裂缝，与贝壳表面结合紧密，具有良好耐酸能力，且不对明瓦样品外观造成肉眼可见的影响，尤其是对明瓦最重要的特性之一——透光度影响很小，是一种比较理想的缓蚀方法。

目前，该方法的耐候性正在户外自然环境下进行长期验证，并将视情况在未来养心殿后檐窗罩的保护修复工作中，作为明瓦材料预防性保护的手段之一加以实际运用。

表五　滴酸气泡法实验

pH	1.47	1.77
CTAB+H&E	+	-
对照样品	++	+

注：实验用酸为稀硝酸。

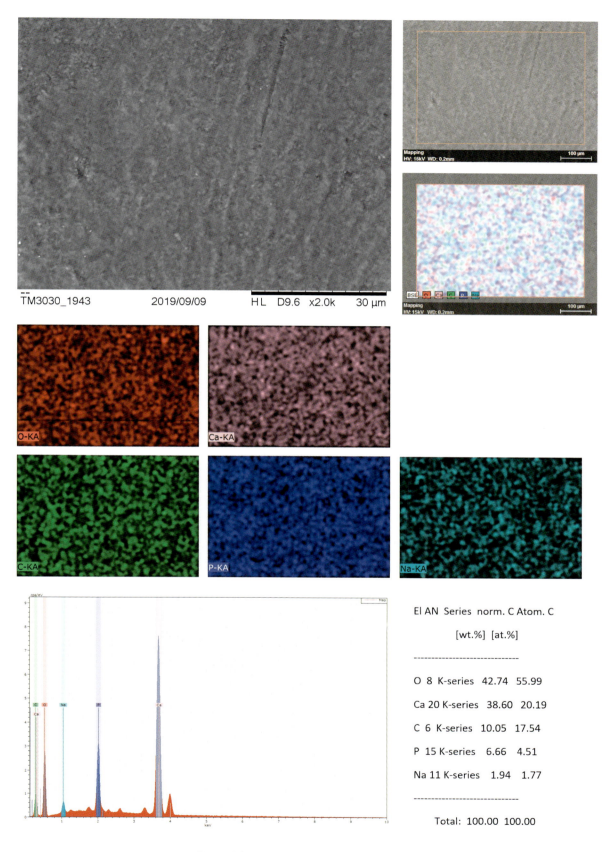

图一一　样品原始表面经 CTAB+H&E 处理后的 SEM-EDS 结果

[1] 张琼. 故宫养心殿正殿后檐窗罩明瓦材料初探 [G]// 中
    国紫禁城学会论文集：第 10 辑. 北京：故宫出版社，
    2019：115-124.

[2] a. Li Ling, Christine Ortiz. Biological Design for Simultaneous
    Optical Transparency and Mechanical Robustness in the Shell
    of Placuna placenta [J]. Advanced Materials, 2013, 25(16):
    2344-2350. b. Ling Li. Biomineralized Structural Materials
    with Functional Optical Properties [D]. Massachusetts
    Institute of Technology. 2014. c. Li Ling, Christine Ortiz.
    Pervasive nanoscale deformation twinning as a catalyst
    for efficient energy dissipation in a bioceramic armour [J].
    Nature Materials, 2014, 13(5): 501-507. d. Li Ling, Christine
    Ortiz. A Natural 3D Interconnected Laminated Composite
    with Enhanced Damage Resistance [J]. Advanced
    Functional Materials, 2015, 25(23): 3463-3471.

[3] 陈雪琦，张琼，狄雅静，等. 故宫养心殿正殿后檐窗罩
    明瓦的分析研究 [G]// 考古学研究（十二）文物保护专
    号. 北京：科学出版社，2020：12-29.

[4] 杨富巍，刘妍，张坤，等. 羟基磷灰石材料在文物保护中
    的应用述评 [J]. 文物保护与考古科学. 2021(4): 105-109.

[5] Graziani G, Sassoni E, Franzoni E, et al. Hydroxyapatite
    coatings for marble protection: optimization of calcite
    covering and acid resistance [J]. Applied Surface Science,
    2016, 368: 241-257.

独乐寺观音阁彩绘泥塑病害调查及分析研究

谭可馨[1]　甄刚[1]　贾甲[1, 2]　刘建国[3]　赵智慧[3]　高燕[1]　方文含[1]　陈楠[1]

1. 陕西省文物保护研究院，陕西西安 710075
2. 复旦大学文物与博物馆学系，上海 200433
3. 天津市蓟州区文化遗产保护中心，天津 301900

Investigation and Cause Analysis on Diseases of Painted Clay Sculptures in Guanyin Pavilion of Dule Temple

Tan Kexin[1], Zhen Gang[1], Jia Jia[1,2], Liu Jianguo[3], Zhao zhihui[3], Gao Yan[1], Fang Wenhan[1], Chen Nan[1]

1.Shaanxi Institute for the Preservation of Cultural Heritage, Xi'an 710075, China;
2.Department of Cultural Heritage and Museology, Fudan University, Shanghai 200433, China
3.Cultural Heritage Protection Center of Jizhou District, Tianjin, Jizhou Tianjin 301900, China

摘　要： 独乐寺位于天津市蓟州区，观音阁是寺内最古老的建筑之一，始建年代有争议，重建于辽统和二年（984 年），距今已有一千余年历史。阁内立有塑像四尊，包括十一面观音像一尊、胁侍菩萨像两尊、倒座观音像一尊。塑造技艺高超、造型生动细致、装饰技法精妙，具有极高的历史、文化、科学、艺术价值。历经岁月洗礼，塑像本体出现了多种病害，其保存状况及文物价值均受到影响。本文系统梳理了观音阁泥塑存在的病害类型，通过对修缮历史、保存环境、病害特征等信息的调查研究，分析讨论了诱发塑像病害产生的主要原因，以期为后续独乐寺观音阁彩塑的病害治理和环境调控提供参考。

关键词： 独乐寺　彩绘泥塑　病害调查

Abstract: Dule Temple is located in Jizhou District, Tianjin. The Guanyin Pavilion, one of the oldest buildings within the temple, was reconstructed in 984 A. D. during the Liao Dynasty, more than a thousand years ago. Inside the pavilion stand four clay sculptures, including an eleven-faced Guanyin (Avalokiteśvara) statue, two Attendant Bodhisattva statues, and a Backward Guanyin statue. These sculptures are highly crafted, gracefully shaped, delicately decorated, and are rare treasures of high historical, cultural, scientific and artistic value. However, due to years of natural aging, the statues have been suffered from various diseases. This paper systematically sorted out the types and distribution of diseases on clay sculptures in Guanyin Pavilion. By the investigation of restoration history, preservation environment and disease characteristics, the main cause of those diseases were analyzed and discussed. It was hoped that this study would offer references for future conservation and environmental control.

Key words: Dule Temple; Painted clay sculpture; Diseases investigation

引　言

独乐寺位于中国天津市蓟州区，是中国仅存的三大辽代寺院之一，集建筑、塑像、壁画三大艺术于一身。寺内有六尊塑像，其中四尊立于观音阁内，两尊立于山门。

观音阁为寺内中心建筑，始建年代尚无明确定论，确有记录的是曾于辽圣宗统和二年（984年）重建，距今已有一千多年的历史，是现存最早的木结构楼阁式建筑[1]。观音阁外槽面阔五间，进深四间，构架三层，中间设平座暗层[2]。阁内设有方形木质须弥座坛，由基座和望柱栏杆构成。基座上立有塑像四尊，中心为主像十一面观音，观音东西侧各立一尊胁侍菩萨像，背后为倒座观音像（图一）。

十一面观音像，冠顶十个小佛头，身着红地黄边披肩，赤足立于莲台上。该塑像是国内最大的木骨泥塑彩绘观音立像（图二），贯通观音阁三层。东侧胁侍菩萨，高3.27米，赤足立于莲台上。西侧胁侍菩萨，高3.09米，身着绿袄、绿裙与东侧胁侍菩萨对应。倒座观音背对十一面观音像，位于阁内北侧两根金柱之间，身后置圆板，画背光，四周为须弥山造型。

观音阁塑像人物身份特征明显，造型和面部表情传神，在彩塑实例中具有典型性和代表性。十一面观音像、胁侍菩萨像在造型风格和彩绘装饰上既见唐风，又有辽代特征，蕴含重要文化价值和历史价值。观音阁以十一面观音为中心，四壁绘制十六罗汉壁画围绕中央座坛上四尊塑像，构成一个庄严肃穆的佛陀世界。其造像布局和空间关系是研究佛教文化具象化特征和了解同时代社会文化的重要资料。阁内塑像有多次损毁及修缮的记录，塑像造型、纹饰变化也是了解造像技术演变、修缮工艺、审美变化、材料更替的重要研究资料。

早期针对独乐寺的研究主要在历史沿革考证、建筑研究、稳定性研究等方面。梁思成先生所著《蓟县独乐寺观音阁山门考》[3]（1932年），是开展独乐寺科学研究的开端。1973年观音阁壁画被剥出后，

宿白先生的《记新剥出的蓟县观音阁壁画》[4]一文开启了学界对寺内彩绘艺术特点和文物价值的研究讨论。1984年"纪念独乐寺重建一千年会议"举办后，大量针对寺内建筑木作、抗震性能、彩绘艺术的研究成果发表[5]。20世纪80年代起，太原工业大学、山西省测绘局、天津大学、天津房屋鉴定勘察设计院陆续开展了对山门、观音阁、观音像的变形监测和抗震研究，以及对寺内建筑塑像的摄影测绘、勘察设计、周期性监测等工作。2007年杨新、杨明达等系统整理了相关研究成果及20世纪90年代起寺内大修的具体情况。2016年，丁垚对山门建筑及塑像、壁画展开研究，并整理成书《蓟县独乐寺山门》[6]。近年来，陕西省文物保护研究院对寺内文物从价值、环境、病害、稳定性、材质及工艺、保护修复等方面展开了系统研究[7]。

目前，独乐寺观音阁泥塑已出现多种病害。为了对其进行科学的保护修复，本文对观音阁彩绘泥塑的保存现状、病害种类、病害发育特征等展开了综合调查，并结合修复历史、保存环境、工艺材料的相关研究，分析了病害产生的主要原因，并提出了保护修复建议，以期为后续工作提供参考。

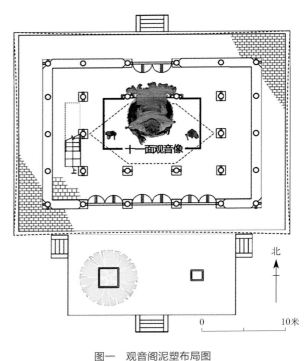

图一　观音阁泥塑布局图

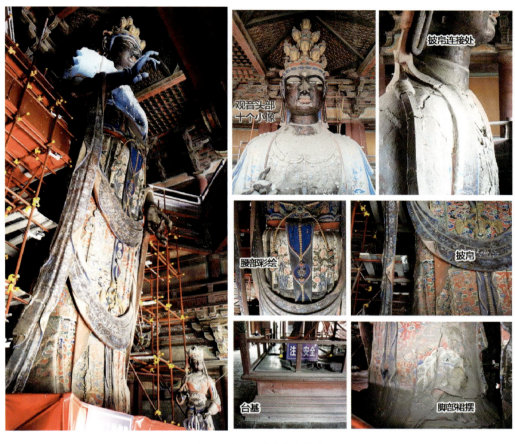

图二 十一面观音像实拍图

一 现状调查

（一）塑像保存环境

蓟州区属暖温带半湿润大陆性季风气候，冬季1月气温最低，平均为−5.5℃；夏季气温最高值在7月份，平均为26℃。区内降水主要集中在7—9月份，年降水量约700—800毫米，年平均相对湿度60%。年平均风速约2.2米/秒，最大风速达25米/秒。常年主导风向为东南风[8]。

观音阁目前正常对外开放。阁内不点明火、不通电，有专人定期进行卫生清洁及室内通风。倒座观音前设有围栏，防止游客触摸。阁内光照主要为自然光，阳光可从一层及三层南北向大门照向室内。照射区域包括十一面观音像莲花座向上约1至3米处、东西胁侍南侧位置，倒座观音像无明显阳光直射区域。阁内温湿度受室外温湿度影响，日波动较

大，夏季湿度相对高，冬季湿度相对低，冬季1月极端温度可低于−10℃。受室外风力影响，观音阁内春秋冬季风力较大，阁内壁画泥塑表面均有较厚积尘，春季阁内每日还会沉积柳絮等污染物。

（二）历史修复情况

观音阁泥塑因地震灾害、战争掠夺、驻军活动等问题多次残损，也经过多次维修、补塑、重新妆彩[9]（图三）。十一面观音像及两胁侍菩萨像于辽统和二年（984年）重塑。文献研究发现，元至大四年（1311年）、明成化十二年（1476年）、清康熙三年至六年（1664—1667年）、乾隆十八年（1753年）、光绪二十七年（1901年）、1976年、1990年、1994—1998年，塑像均有修缮或重妆记录，但修缮部位不明确[10]。

十一面观音像腰部（约8.20米高度）、胸部（约

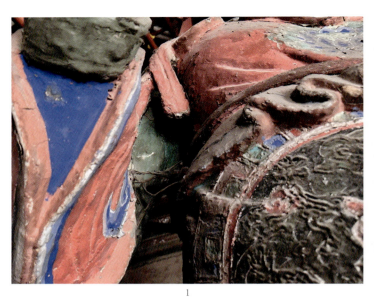

1　　　　　　　　　　　　　　　　　　2

图三　观音阁塑像历史修复

1. 胁侍菩萨腰间铁箍　2. 倒座观音局部铁箍固定

图四　十一面观音像铁箍加固

9.70 米高度）有两组铁箍箍住像身（图四），由弹簧拉杆固定在二层普拍枋和三层柱根上。腰部铁箍为清乾隆十八年（1753 年）震后修复中加设。1976 年胸部铁箍因唐山地震被震断，腿部出现空鼓；震后对铁箍进行了补装加固，在莲台、裙裾、肩部裂缝等部位进行了修补。1990—1998 年，加装了四组弹性拉接装置，重新设计并安装了避雷设施[11]。

东胁侍菩萨腰部现有环状铁箍固定，并与东侧房梁连接牵拉，右臂内侧多条铁丝将肘部与腰间铁箍连接固定（图五）。塑像头部、右臂、裙摆下部有修补痕迹，左臂、冠饰也为残缺后重塑（图六）。西

胁侍菩萨底座可见灰浆修补痕迹，结合历史照片可知其右臂、冠饰均经过补塑（图七）。文献表明，胁侍菩萨头冠、手指、脚趾、莲台等部位于 1976 年进行过震后修复[12]。

倒座观音于 1976 年修复了头、手、足、左臂，并添配了额头宝珠[13]，对比历史照片可知其面部、冠饰、衣襟、腹部皱褶等处也至少经过一次改塑（图八）。

现场调查发现，塑像加设铁箍、补全修复、重层彩绘区域均已出现一定程度的接触面破损、材料老化等问题。

图五　东胁侍菩萨腰间铁箍加固

1　　　　　　　　　2　　　　　　　　　3

图六　东侧胁侍菩萨

1. 南侧实拍图　2. 正面实拍图　3. 历史照片（采自杨新《蓟县独乐寺》，文物出版社，2007 年）

1　　　　　　2　　　　　　　　3　　　　　　　　4

图七　西侧胁侍菩萨

1. 南侧实拍图　2. 正面实拍图　3. 历史照片（全身照）　4. 历史照片（头部）（3、4 采自杨新《蓟县独乐寺》）

1   2

图八 倒坐观音（沿用现用名）
1. 实拍图   2. 历史照片   （采自杨新《蓟县独乐寺》）

（三）制作工艺及材料调查

从塑像残缺断面及十一面观音像腋下孔洞可知，泥塑由内而外的结构层次为木骨架、泥质胎体、彩绘层（图九）。

木骨架结构形制随塑像造型需要变化，多处木骨架外层可见捆扎麻绳，用于挂泥及固定。泥胎包括粗泥层及细泥层两部分。粗泥打底，包裹在木骨架、捆扎麻绳外围，主要成分为土、沙、秸秆等；细泥塑形找平，主要成分为土、沙、混合麻刀纤维；土粒成分以石英、伊利石和长石为主[14]。不同部位泥皮厚度有差异。彩绘层主要包含红、黄、蓝、绿、黑、白、金等颜色。

四尊塑像均有明显彩绘重层。十一面观音像、胁侍菩萨像存在贴金、沥粉贴金工艺装饰，多数沥粉区域被表层重妆彩绘覆盖（图一〇，1—3）；十一面观音及倒座观音局部下层彩绘被泥皮叠压覆盖（图一〇，4，5）。

（四）病害调查

通过调查发现，观音阁泥塑本体结构及表面彩绘均存在不同程度的病害，包括裂隙、地仗脱落、龟裂、起甲、酥碱、颜料层脱落、点状脱落、空鼓、表面污染、动物损害等，另外还发现多处前人修复及贴金部位金胶油析出情况。

1. 裂隙

裂隙是对塑像稳定性影响最大的病害类型。观音阁彩塑裂隙根据涉及的结构层次可分为表层裂隙和结构性裂隙。结构性裂隙主要为开裂严重、深度

1   2   3   4

图九 观音阁塑像结构探查
1. 十一面观音像肩披处木骨架   2. 十一面观音像多层泥皮   3. 胁侍菩萨地仗脱落处木骨架及泥胎   4. 倒座观音缺失处泥皮结构

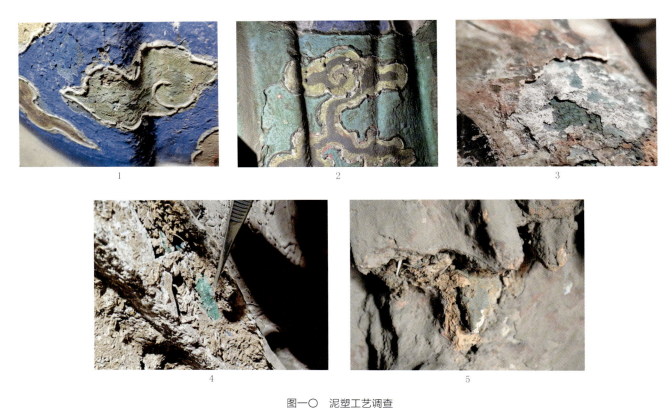

图一〇　泥塑工艺调查
1. 十一面观音像肩披处沥粉重层　2. 胁侍菩萨沥粉工艺　3. 倒座观音重层彩绘
4. 十一面观音像细泥层叠压彩绘层　5. 倒座观音像细泥层叠压彩绘层

贯穿多个泥皮结构，甚至出现相连部位错位的裂隙。一般出现在塑像造型关键位置，如十一面观音像肩部、腰部横向发育裂隙（图一一）；或出现在局部空鼓、缺失处边缘（图一二）。表层裂隙主要为表面彩绘层（贴金或颜料层）开裂，无明显错位（图一三）。

2. 表面污染

表面污染大面积分布于泥塑周身，污染类型包括柳絮、积尘、动物粪便等（图一四）。其中，积尘污染最为严重，覆盖面积最大，已严重影响塑像外观。积尘的主要来源为大气沉降和自然风携带。灰尘的沉降不仅影响文物外观，也会在运移过程中对

图一一　十一面观音像肩部、东胁侍菩萨腰部结构性裂隙

图一二　十一面观音像腿部空鼓边缘裂隙

1　　　　　　　　　　　　　　　　2

图一三　表层裂隙
1. 十一面观音像手部贴金处裂隙　2. 胁侍菩萨天衣裙摆处彩绘裂隙

彩绘表面造成机械磨损；小颗粒微尘还会为环境中水汽的凝结提供凝聚核，使水分在泥塑表面聚集，进而与有害气体、表面污染物等发生化学反应；灰尘还会成为霉菌孢子的天然载体，使微生物及霉菌在彩绘表面滋生，诱发生物损害[15]。柳絮主要来自春季自然风携带，一般聚集在莲花底座等塑像泥皮裸露区域。动物粪便主要来自观音阁内栖息的蝙蝠，十一面观音像腰间附着量较大。

3. 龟裂、起甲

龟裂、起甲病害是观音阁泥塑中普遍存在的活动性病害，常伴随颜料层脱落出现（图一五）。龟裂、起甲病害与局部酥碱、材料间耐老化性能和热膨胀系数差异有关[16]。观音阁重层彩绘之间、颜料层与地仗层之间均出现彩绘龟裂、局部起翘脱离地仗层的情况，甚至塑像贴金层也有龟裂起甲情况（图一六）。

4. 空鼓

观音阁彩塑的空鼓病害主要出现在泥塑中下部（图一七），根据诱发原因可分为三类：①原始制作工艺导致的局部脱离；②局部酥碱造成的空鼓；③

图一四　观音阁塑像表面积尘和絮状物

图一五　彩绘层龟裂、起甲

图一六　贴金处龟裂、起甲

修复材料与本体性能差异或修复操作不当导致空鼓，以第二、第三类居多。历史修复区域的空鼓病害已诱发局部裂隙甚至地仗脱落。

5. 颜料层脱落

颜料层脱落是观音阁彩塑最普遍的病害类型。

彩绘胶结物老化、新旧颜料层之间结合力下降，以及酥粉、起甲、裂隙、动物扰动等都会导致颜料层脱落。观音阁塑像颜料层脱落存在单层颜料脱落、贴金层脱落、多层彩绘脱落几种情况（图一八、图一九），以片状脱落（直径≥2毫米）和点状脱落（直

| 1 | 2 | 3 |

图一七　观音阁彩塑空鼓病害

1. 十一面观音像裙摆处空鼓　2. 倒坐观音岩山处开裂空鼓　3. 东胁侍菩萨裙摆修补处空鼓

图一八 贴金脱落

图一九 颜料层脱落

径<2毫米）为主[17]。

6. 地仗脱落

观音阁彩塑的地仗脱落病害可分为不规则形状的地仗缺失及孔洞状地仗缺失两类（图二〇）。孔洞状地仗缺失一般与动物扰动、局部造型特征或人为干扰有关。黑颚条蜂等蜂类春季在塑像周身筑巢，蠹虫等以泥塑材料中有机物质为食物源的昆虫长期栖息，均会导致孔洞状缺失[18]。十一面观音像额间镶嵌物缺失，因造型原因呈孔洞状。不规则形状的地仗缺失，常见加固铁箍附近泥皮脱落、塑像裙摆边缘等处地仗松动脱落等。

7. 酥碱

观音阁塑像酥碱病害主要表现在塑像中下部莲花座等部位（图二一）。酥碱病害受塑造材料自身可溶盐含量、直接接触面（即台基）的可溶盐含量、赋存环境风力风速及温湿度波动等因素的影响。根据以往研究结果，造成酥碱病害的可溶盐类型以钠、

1

2

图二〇 地仗脱落
1. 十一面观音像莲花底座孔洞状地仗缺失　2. 裙摆处不规则地仗脱落

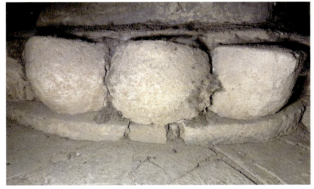

图二一　酥碱导致底部颜料层脱落

图二二　动物损害

钾等氯化物、硫酸盐、硝酸盐为主[19]。

8. 动物损害

观音阁塑像表面分散附着蜘蛛网、短圆条状动物粪便、昆虫皮壳等污染物，十一面观音像木骨架有明显划痕、孔洞等动物扰动痕迹（图二二），塑像腋下洞口与阁内二层暗格可见大量蝙蝠粪便、尸体，以及鸽子、沙燕、蜜蜂、蜘蛛等动物活动栖息痕迹。2004年中国科学院动物研究所曾采集若干蝙蝠样品，判断其种类为鼠耳蝠[20]。调查发现，危害观音阁泥塑的主要害虫为花斑皮蠹虫和衣鱼以及黑颚条蜂等[21]。

9. 金胶油析出

十一面观音像、胁侍菩萨像面部、颈部、胸前、手部均有明显胶油析出泛黑现象，局部可见胶油挂流、颜色暗沉、反光等（图二三），泛黑区域原应饰有贴金。彩绘泥塑贴金处泛黑变色较为常见，山西太原多福寺大殿、太谷静信寺大殿佛像的局部变色，经研究发现均与桐油老化有关[22]。

1

2

图二三　金胶油析出
1. 十一面观音像胶油析出处积尘　2. 胁侍菩萨面部胶油析出

二　病害影响因素分析

针对病害类型和发育特征，结合彩塑自身材料及工艺特性，分析观音阁泥塑病害的主要影响因素。

（一）制作材料老化

泥质、木质、彩绘颜料及胶结物的耐老化性能和热膨胀系数有明显差异[23]。环境温湿度波动时，观音阁彩塑各结构层间胀缩程度差异会诱发龟裂、起甲、空鼓、颜料层脱落等病害。泥胎中含有吸湿能力强的黏土矿物，受阁内环境湿度波动影响会频繁进行吸湿放湿运动，往复的湿胀干缩会使胎体结合力降低[24]。泥胎中的可溶盐也会因为湿热变化反复发生溶解再结晶，结晶过程体积膨胀，胎体孔隙率增大，结构强度降低。十一面观音像的彩绘颜料间主要以胶蛋白类物质胶结，贴金处胶结材料以熟桐油为主[25]。这类有机胶结物自然老化会导致颜料出现褪色、变色、龟裂、起甲、颜料层脱落等病害。

（二）地震灾害

独乐寺自建成以来，蓟县（今蓟州区）经历有史料可查的地震有三十次之多，至少有四次破坏性地震[26]。1976 年的唐山大地震导致寺内明清建筑倒塌三分之一，观音阁上层墙壁墙皮部分脱落，十一面观音像来回摇晃达到 1 米，胸部铁箍震断一根，观音像向西南方向倾斜了 15 厘米，加固铁箍被震断，铁钩脱离，根部裙摆部分出现大面积空鼓[27]。金刚力士、胁侍菩萨也有不同程度的震损。

（三）室外气候环境

降水和风力是对观音阁彩塑影响最大的气候因素。受季风天气影响，观音阁内文物表面积尘等表面污染明显。风的作用不仅会加快空气流动，加速塑像表面水分蒸发，促进内部水盐移运，导致材料粘接力降低，引发局部颜料起甲，也会加速原本开裂、起甲的区域脱离本体；空气中的 SO_2 等有害气体，会与金属离子作用生成酸性物质[28]，侵蚀彩绘；灰尘、柳絮等污染物也会在风的作用下附着在多孔塑像表面，造成表面污染。观音阁泥塑处在室内环境，不受降雨的直接冲刷，但降水会导致空气相对湿度增大，水汽也会随房檐、砖墙及地下水渗入。房檐、砖墙渗水会增加阁内相对湿度，引发酥碱、龟裂、起甲等病害。地下水也能通过毛细作用进入泥塑本体，并引入地下水中的可溶盐，当外界湿度降低时，塑像内部水分向外迁移，聚集到表层以达到湿度平衡，内部可溶盐会随水分迁移在结构层间聚集、结晶析出，诱发酥碱、起甲、空鼓等病害。

（四）阁内环境

观音阁内温湿度受气候环境影响，波动较大。蓟州区冬季气温较低，1 月常见 0℃以下天气，泥塑内部易出现冻融现象。聚集在胎体中的水分在低温情况下冻结成冰，体积增大，日间温度升高时又融化成水，使塑像内部不断发生体积胀缩，降低结构强度。相对湿度波动引发干湿循环加剧，也会加速泥塑本体胶结材料老化[29]。

此外，自然光中的紫外光会促使有机物中的 -C-C- 键断裂，促进有机胶结物老化；红外光会产生热效应，使照射面温度升高，从而导致彩绘层出现龟裂、起甲等病害[30]。调查发现，十一面观音像胸前及裙摆位置、胁侍菩萨南侧等受到阳光直射的区域比未受阳光直射的区域，起甲、颜料脱落情况更为严重。

（五）动物损害

蝙蝠及虫害的扰动对彩绘泥塑造成多方面的损伤。①观音阁为空桶式木结构建筑，适合蝙蝠栖息及动物活动，虽在 20 世纪 90 年代进行过木构件防腐养护，观音像内部木骨架及阁内二层暗格仍发现多具蝙蝠尸体及大量粪便。②夏季湿热天气时阁内有明显气味，影响管理人员及参观游客健康。③蝙蝠及沙燕活动会碰撞、刮伤文物本体，出现刮痕、抓痕等损伤，还会导致局部颜料层脱落甚至地仗脱落。④动物排泄物会携带酸性物质，对文物表面造成化学污染。十一面观音表面铅黄颜料中检出的草酸铅，就是动物粪便携带的草酸物质老化的产物[31]。⑤黑颚条蜂、蠹虫等有筑巢习性的动物常以泥胎中的有机物质为食物源，长期栖息筑巢[32]，已造成塑像表面多处孔洞状地仗脱落。

（六）人类活动

一方面，修复工艺不当或修复材料与本体材料性能差异过大，对观音阁泥塑造成了次生病害，十一面观音像铁箍连接处已出现局部泥皮脱落，补全区域边缘已明显开裂（图二四）。另一方面，没有针对文物病害及时采取预防性保护措施（如进行生物防治）或进行环境调控，加速了病害的出现。

图二四　十一面观音像历史修复区域病害

三　总结与展望

独乐寺观音阁内彩绘泥塑主要病害类型包括裂隙、地仗脱落、酥碱、龟裂、起甲、颜料层脱落、点状脱落、空鼓、表面污染、人为损害、动物损害等，还发现多处前人修复问题及贴金部位泛黑的情况，裂隙、积尘、起甲、颜料层脱落、动物损害等病害发育严重。文物本体工艺材料的老化、地震灾害、室外气候及赋存环境变化、动物扰动及人类活动等因素，都会诱发病害产生。为了塑像的长久保存，需要尽快开展科学的保护修复工作。

针对观音阁泥塑病害情况，提出以下保护建议：

1.建议结合塑像自身工艺特点及材料特性，针对观音阁泥塑的病害类型，开展有针对性的基础科学研究，并进行相应保护修复研究，进一步筛选适合的保护修复材料，优化修复工艺，及时开展本体病害保护修复工作。

2.独乐寺彩绘泥塑历经千年屹立不倒、整体稳定，但调查中发现塑像存在本体倾斜及泥层裂隙问题，建议后续对塑像本体裂隙发育情况展开持续监测，并系统开展塑像稳定性研究。

3.考虑到独乐寺的日常开放需求，从文物的长久保存及预防性保护的角度出发，建议管理部门加强观音阁日常管理，及时排查阁内虫害及动物扰动，定期进行虫害防治，实时监测塑像赋存环境波动情况影响，在环境指标变化剧烈或本体病害恶化时及时进行调控。

[1]a.天津市历史博物馆考古队，蓟县文物保管所.天津蓟县独乐寺塔[J].考古学报，1989（01）：83-119，153-160.
b.陈明达，王其亨，殷力欣增.蓟县独乐寺[M].天津：天津大学出版社，2007. c.杨新.蓟县独乐寺[M].北京文物出版社，2007.

[2]杨新.蓟县独乐寺[M].北京：文物出版社，2007.

[3]梁思成.《蓟县独乐寺观音阁山门考》[J].建筑史学刊，2023，4（01）：178.

[4]]文展.记新剥出的蓟县观音阁壁画[J].文物,1972（06）:45-46,66.

[5]杨新.蓟县独乐寺[M].北京:文物出版社,2007.

[6]丁垚.蓟县独乐寺山门[M].天津:天津大学出版社,2016.

[7]a.秦立科,王猛,贾甲,等.独乐寺观音阁辽代十一面观音像的材质分析[J].文物保护与考古科学,2024,36（02）:119-127. b.陈斯亮,喻梦哲,许心悦,等.独乐寺建筑与塑像一体化设计模式探析[J].古建园林技术,2024（01）:1-6. c.秦立科,刘海峰,甄刚,等.独乐寺观音像细泥层修复材料的性能[J].兰州大学学报（自然科学版）,2023,59（06）:803-811. d.刘根宇,甄刚,贾甲,等.天津蓟州独乐寺古建筑群昆虫多样性及关键害虫防治[J].西北农业学报,2024（02）:341-354. e. Wang Xin, Zhen Gang, Hao Xinying, et al. Micro-Raman, XRD and THM-Py-GC/MS analysis to characterize the materials used in the Eleven-Faced Guanyin of the DuLe Temple of the Liao Dynasty, China[J]. Microchemical Journal, 2021: 106828.

[8]蓟州区人民政府.蓟州区自然地理[EB/OL].2023-04-28.

[9]a.杨新.蓟县独乐寺[M].北京:文物出版社,2007. b.韩嘉谷.独乐寺史迹考[J].北方文物,1986（02）:52-58. c.李先登.蓟县独乐寺今昔[J].天津师院学报,1977（04）:74-75. d.中国文物研究所.蓟县独乐寺维修工程[J].中国文化遗产,2004（03）:90.

[10]a.陈明达,王其亨,殷力欣增.蓟县独乐寺[M].天津:天津大学出版社,2007. b.杨新.蓟县独乐寺[M].北京文物出版社,2007. c.梁思成.《蓟县独乐寺观音阁山门考》[J].建筑史学刊,2023,4（01）:178. d.韩嘉谷.独乐寺史迹考[J].北方文物,1986（02）:52-58. e.李先登.蓟县独乐寺今昔[J].天津师院学报,1977（04）:74-75. f.佚名.蓟县独乐寺维修工程[J].中国文化遗产,2004（03）:90-90.

[11]a.杨新.蓟县独乐寺[M].北京:文物出版社,2007. b.韩嘉谷.独乐寺史迹考[J].北方文物,1986（02）:52-58. c.李先登.蓟县独乐寺今昔[J].天津师院学报,

1977（04）:74-75. d.佚名.蓟县独乐寺维修工程[J].中国文化遗产,2004（03）:90.

[12]中国文物研究所.蓟县独乐寺维修工程[J].中国文化遗产,2004（03）:90.

[13]中国文物研究所.蓟县独乐寺维修工程[J].中国文化遗产,2004（03）:90.

[14]a.秦立科,王猛,贾甲,等.独乐寺观音阁辽代十一面观音像的材质分析[J].文物保护与考古科学,2024,36（02）:119-127. b.秦立科,刘海峰,甄刚,等.独乐寺观音像细泥层修复材料的性能[J].兰州大学学报（自然科学版）,2023,59（06）:803-811.

[15]a.陈艳.论文物环境对文物保护的影响[J].管理观察,2015（1）:166-167. b.李华.秦俑遗址坑大气污染物理化解析及其文物劣化影响研究[D].西安:中国科学院研究生院（地球环境研究所）,2015.

[16]a. WW/T0061-2014.可移动文物病害评估技术规程馆藏壁画类文物[S].北京:中华人民共和国国家文物局,2014. b.徐莉娜,岳永强,马千,等.壁画酥碱病害研究概述[J].文物保护与考古科学,2023,35（06）:124-136.

[17]WW/T0061-2014.可移动文物病害评估技术规程馆藏壁画类文物[S].北京:中华人民共和国国家文物局,2014.

[18]刘根宇,甄刚,贾甲,等.天津蓟州独乐寺古建筑群昆虫多样性及关键害虫防治[J].西北农业学报,2024（02）:341-354.

[19]徐莉娜,岳永强,马千,等.壁画酥碱病害研究概述[J].文物保护与考古科学,2023,35（06）:124-136.

[20]黄小驹.国家一级文物PK国家二级保护动物:独乐寺何时摆脱蝙蝠困扰[N].中国文化报,2007-07-24（1）.

[21]刘根宇,甄刚,贾甲,等.天津蓟州独乐寺古建筑群昆虫多样性及关键害虫防治[J].西北农业学报,2024（02）:341-354.

[22]周双林,刘俊,刘晚香.山西地区古代泥塑贴金装饰局部变色的分析研究[J].文物世界,2017（4）:3.

[23]钱晓倩.土木工程材料[M].杭州:浙江大学出版社,2003.

[24]钱晓倩.土木工程材料[M].杭州:浙江大学出版社,
2003.

[25]Wang Xin, Zhen Gang, Hao Xinying, et al. Micro-Raman,
XRD and THM-Py-GC/MS analysis to characterize the
materials used in the Eleven-Faced Guanyin of the DuLe
Temple of the Liao Dynasty, China[J]. Microchemical
Journal, 2021: 106828.

[26]a. 陈明达,王其亨,殷力欣增.蓟县独乐寺[M].天津:
天津大学出版社,2007. b. 韩嘉谷.独乐寺史迹考[J].
北方文物,1986(02):52-58.

[27]a. 梁思成.《蓟县独乐寺观音阁山门考》[M].梁思
成全集:第1卷.北京:中国建筑工业出版社,2001:
161-223. b. 韩嘉谷.独乐寺史迹考[J].北方文物,1986
(02):52-58. c. 李先登.蓟县独乐寺今昔[J].天津师
院学报,1977(04):74-75. d. 中国文物研究所.蓟县独
乐寺维修工程[J].中国文化遗产,2004(03):90.

[28]陈艳.论文物环境对文物保护的影响[J].管理观察,
2015(1):166-167.

[29]陈艳.论文物环境对文物保护的影响[J].管理观察,
2015(1):166-167

[30]a. 陈艳.论文物环境对文物保护的影响[J].管理观察,
2015(1):166-167. b. 李华.秦俑遗址坑大气污染物理
化解析及其文物劣化影响研究[D].西安:中国科学院
研究生院(地球环境研究所),2015.

[31]Wang Xin, Zhen Gang, Hao Xinying, et al. Micro-Raman,
XRD and THM-Py-GC/MS analysis to characterize the
materials used in the Eleven-Faced Guanyin of the DuLe
Temple of the Liao Dynasty, China[J]. Microchemical
Journal, 2021: 106828.

[32]秦立科,刘海峰,甄刚,等.独乐寺观音像细泥层修复
材料的性能[J].兰州大学学报(自然科学版),2023,
59(06):803-811.

山西晋城青莲寺彩绘泥塑颜料分析研究

徐诺[1]　曹婧婧[1]　白崇斌[2]

1. 西安博物院，陕西西安 710068
2. 陕西省文物保护研究院，陕西西安 710075

Research and Analysis on Pigments of Clay Sculptures of Qinglian Temple in Jincheng, Shanxi Province

Xu Nuo[1], Cao Jingjing[1], Bai Chongbin[2]

1.Xi'an Museum, Xi'an 710068, China
2.Shaanxi Institute for the Preservation of Cultural Heritage, Xi'an 710075, China

摘　要： 山西晋城青莲寺始建于唐朝，是目前山西境内彩绘泥塑传承与保存较为完整的寺庙之一。为了解其各个时期彩塑的颜料组成，本文采用X射线荧光分析、扫描电镜—能谱分析、显微激光拉曼光谱分析及偏光分析相结合的方法对其颜料成分进行了分析。结果显示，最晚一次重绘时所用颜料为朱砂、铁红、氯铜矿、smalt（苏麻离青），而铅丹、铅黄的使用可能相对较早。青莲寺所用颜料的种类与绘制工艺同晋南长子崇庆寺宋代彩塑、介休后土庙彩塑几乎相同，应属同一套工艺传承。各个殿宇包含有不同次数的重绘，其中三佛殿、弥勒殿均为两次，罗汉堂可能具有三次以上，且现存最晚的一次不会早于明代。

关键词： 晋城青莲寺　彩绘泥塑　颜料分析

Abstract: The Qinglian Temple in Jincheng, Shanxi Province, was first built in the Tang Dynasty. It is one of the temples in Shanxi that the inheritance and preservation of painted clay sculptures are relatively complete. In order to understand the pigment compositions of the painted sculptures in different periods, this article used X-ray Fluorescence Spectrometer, Scanning Electron Microscopy and Energy Disperse Spectroscopy, micro Laser Raman Spectroscopy, and Polarizing Microscopy to analyze the composition of the pigments. The results showed that the pigments used in the latest repainting were cinnabar, iron red, atacamite, and smalt, while the use of minium and massicotite was likely relatively earlier. The types of pigments and painting techniques used in Qinglian Temple are almost the same as those of the Song Dynasty painted sculptures in Chongqing Temple in Zhangzi, Jinnan, and the painted sculptures in Houtu Temple in Jiexiu. These sculptures should belong to the same set of craftsmanship inheritance. Each hall of the Qinglian temple have been repainted in different times, the Three Buddha Hall and Maitreya Hall have been repainted twice, the Arhat Hall may have been repainted more than three times, and the latest existing repainting was no earlier than the Ming Dynasty.

Key words: Qinglian Temple in Jincheng; Painted Clay Sculptures; Pigment Analysis

引　言

山西晋城青莲寺是我国最先建立的净土宗寺院，于1988年1月13日被国务院公布为第三批全国重点文物保护单位，除保存有大量宋代建筑外，还残存了66尊制作技艺精湛的彩绘泥塑（图一、图二）。这批泥塑反映了佛道两教内容，尤其是下院弥勒殿的6尊唐风塑像，造型精美，体量巨大，实属我国早期彩绘泥塑的杰作，具有极高的历史艺术价值。

国内对于彩绘泥塑已有不少研究，既有针对颜料

图一　三佛殿泥塑

的分析研究，也有对制作工艺的分析和复原，但较多的仍集中于彩塑的艺术表现与分型定式，对于颜料和工艺的深度分析涉及较少。李燕飞等曾在山西省介休市后土庙运用XRD（X射线衍射）、离子色谱以及电镜能谱综合分析了该庙彩塑的制作材料和工艺，发现制作彩塑所用的泥土应为当地所取，且所用颜料中除蓝色外都是传统矿物颜料[1]；陈庚龄在天梯山石窟对彩绘进行了XRD和XRF（X射线荧光光谱）的分析，并运用偏光显微镜对彩塑地仗内含有的植物茎秆进行了材质鉴定，并以此为基础，结合并改进了针对彩绘的传统修复技术[2]；马赞峰、汪万福等分析了温州白象塔彩塑的制作材料及工艺，发现白象塔彩塑属于著名的"瓯塑"，在制作时会于细泥中拌入桐油，使彩塑外观更具肌肤感，并以此为例，在保护修复的同时阐述了小型木骨泥塑保护的基本程序[3]；樊再轩、苏伯民等对浙江省博物馆馆藏白象塔北宋时期的彩塑进行了修复，并采用了将泥层回湿后矫正的方法[4]；于群力等对崇庆寺彩塑进行了病害调查与取样分析，发现宋代时期彩塑的特殊工艺使得该时代塑像保存状况明显强于其他时代[5]；党小娟等通过电镜能谱和激光

图二　罗汉堂泥塑

拉曼等手段对山西崇庆寺宋代泥塑彩绘所用的颜料和贴金工艺进行了研究[6]。这些研究工作揭示了现阶段彩绘泥塑的研究状况，并且为山西晋城青莲寺彩塑泥塑所用材料的分析和制作工艺的研究奠定了基础。

作为我国特有的文物类别，彩绘泥塑蕴含了劳动人民在基本需求以外的艺术和精神追求。山西地区作为我国地上文物大省，残留的彩塑数量众多，但缺少系统性的研究分类。青莲寺彩塑主体结构保存完整，色彩鲜艳且造型多变，所选用颜料在晋南地区具有一定代表性。因此，本文利用偏光显微分析、扫描电镜能谱分析、拉曼光谱分析等多种科学分析手段，结合文献对青莲寺彩塑所选用的颜料进行系统的对比研究，以期了解明清时期山西地区彩塑的制作工艺，丰富对山西寺庙彩绘泥塑的认识。

一　实验样品及仪器

（一）文物样品

本次研究调查集中在三座殿宇，即上寺的三佛殿、罗汉堂以及下寺的弥勒殿。根据当地县志以及文物档案，三座殿堂的塑像分别始塑于明、宋、唐（表一），均经后世多次重复修缮，故此选择这三座相对具有代表性的宫殿彩塑作为研究对象，以期形成较为完整的时代序列。

根据文物保护基本原则，针对彩塑完整程度、时代特征、布局及颜料色调，共采集包括绿色、红色、黑色、蓝色、黄色、金色、黑色及白色颜料样

品 22 个，其中包括三佛殿的 12 个样品，罗汉堂的 7 个样品和弥勒殿的 3 个样品。样品详细信息见表二。

（二）分析仪器及方法

1.X 射线荧光分析（XRF）

使用便携式德国布鲁克公司Tracer Ⅲ-SD XRF 分析仪、硅探头、铑管。直接针对样品表面进行分析，使用 40kV 电压，测试时间为 30s。

2. 扫描电子显微镜（SEM）及能谱分析仪（EDX）

取样品进行树脂包埋，待其固化后打磨抛光。仪器为捷克TESCAN公司VEGA 3XM钨灯丝扫描电镜配以美国EDAX公司的 2000XMS型能谱仪。考虑到彩塑可能使用金箔贴附，故样品采用喷碳处理。观测与拍摄照片时采取 5kV高压环境，进行能谱分析时则加高压至 20kV。

3. 激光微区拉曼分析（LR）

使用能谱所用的样品，在分析前以 8000 目砂纸将电镜观测时表面喷碳层磨除，以防止碳颗粒对结果造成影响。显微激光拉曼则采用配以Leica DM 2500M 显微镜的HORIBA公司的Xplora显微激光共焦拉曼光谱仪。在室温、暗室条件下，采用 785nm 波长的激发光源；物镜 50 倍长焦，信号采集时间 10s，累加次数选用 3 次以提高准确度，光栅 1200lp/mm；校正方法选用单晶硅片，拉曼光谱测试范围设置在 2000—100cm^{-1}。

表一　塑像历代修缮史

彩塑名称	始塑年代	依据	重修年代	依据	可能结构
三佛殿彩塑	明代	据"四有"档案记载	不详	无	明胎清彩
罗汉堂彩塑	宋建中靖国元年（1101 年）	清乾隆十年（1745 年）《改建地藏阁碑记》康熙四十七年（1708 年）《青莲寺重西廊地藏殿引》碣记载	明万历三十八年（1610 年）重修；康熙三十八年（1699 年），重新彩绘观音及罗汉像。	《山西晋城青莲寺史考》	宋胎清彩
弥勒殿彩塑	唐代	据"四有"档案记载；	宋、清	据殿内《泽州硖石山青莲寺新修弥勒殿记》《重修硖石青莲寺碑记》载	唐胎清彩

表二　取样信息表

编号	所处位置	属性	描述
1	三佛殿	SFD-3 绿色袖口颜料，绿色	已破碎，表面为浅绿色，背面为白色
2	三佛殿	SFD-3 背部袈裟肩部，红色	已破碎，肉眼可分辨分为两层，深红色
3	三佛殿	SFD-3 背部袈裟底层，红色	附带白色打底层
4	三佛殿	SFD-4 佛右腿部表面，黑色	厚 1cm，长 1.8cm。两端翘起成弧形，表面颜料呈黑色
5	三佛殿	SFD-4 莲台部位，蓝色	已破碎，肉眼可辨为三层，厚约 1mm
6	三佛殿	SFD-4 头顶发髻处，蓝色	已破碎，个别四边已向内弯曲，表面为蓝色，底层为白色
7	三佛殿	SFD-4 胸前四周残留，金色	已破碎，表层为金色，带有光泽
8	三佛殿	SFD-2 底座火烧样	黑色，完全炭化，韧性已经消失
9	三佛殿	SFD-5 沥粉直线	共三节，长均为 4cm，通体白色，附带有少量粉色颜料
10	三佛殿	SFD-6 发髻	长 4.8cm，宽 3.4cm，最厚处为 1.7cm。正面残留有两个完整的发髻，发髻表面带有褪色后呈现白色的表层。发髻为盘制而成
11	三佛殿	SFD-5 下摆袈裟表层，黄色	肉眼可观察出样品分为数层，表层为黄色，底层为土层
12	三佛殿	SFD-2 底座	长约 0.4cm，宽 0.2cm。带有泥层
13	罗汉堂	LHT-1 表面，金黄色	已破碎，表面附带有胶状物，有光泽
13-2	罗汉堂	LHT-13 罗汉像胸口，金色	长约 0.7cm，宽 0.2cm。表面附带有胶状物，有光泽
14	罗汉堂	LHT-13 罗汉像胸口，金色	面积不足 0.5cm²，表面带有碎裂的金色颜料，底层为白色，四周有纤维
15	罗汉堂	LHT-1 金黄色下层，绿色	长 1.2cm，宽 0.5cm。底层为红色土，表层颜料一半为绿色，一半为白色
16	罗汉堂	LHT-11 青狮表面，蓝色	长约 1cm，宽 0.7cm。底层为白色，表层存有部分蓝色颜料，面积不足底部的一半
17	罗汉堂	LHT-16 罗汉像表面，红色	长约 1.5cm，宽 0.6cm。肉眼可见三层，表层为红色，底层为土，中为橙黄色
17-2	罗汉堂	LHT-16 罗汉像表面肩部，红色	长 7.5cm，宽 2.7cm，厚 0.8cm。表层为白底红色颜料层，底层土体呈红色并带有絮状物
18	下寺北殿（弥勒殿）	XSB 迦叶右手袖内侧，红色	最宽处为 1.1cm，大约 0.5cm² 见方，肉眼可辨认出两层，表层为红色，底层为白色
19	下寺北殿（弥勒殿）	XSB 迦叶左手衣袖下摆，绿色	样品长 2.5cm，最宽处 1.2cm，最厚处为 0.8cm。表面凹凸不平，肉眼可识别分为三部分，底部细泥层包含有纤维，表层绿色颜料略有些褪色，且表面有粉化现象
20	下寺北殿（弥勒殿）	XSB 文殊右腿表面纸样，纤维	样品从中间断裂，长为 2.8cm，最宽处 1.2cm，表面为暗红色颜料，附着在边缘老化呈絮状的纸表面上

4. 偏光显微镜（PLM）

为德国徕卡DMLSP 偏光显微镜。选取可直接挑取的颜料颗粒置于加热至 90—100℃ 的载玻片上分散，覆盖盖玻片后沿其一侧滴加入树脂。如有气泡，须用针尖挑破。待其固化后，置于偏光显微镜下进行观察。

二　结果与讨论

（一）X射线荧光分析结果

罗汉堂与弥勒殿所用红色颜料的显色元素主要是Fe、Pb两种元素，而三佛殿的胁侍肩部红色有两层，较晚的外层显色元素为Fe，较早的内层显色元素为Fe、Pb；三佛殿与罗汉堂两处蓝色颜料均无Cu元素，但存在Co元素，所用颜料很有可能是钴类颜料；三佛殿与弥勒殿的绿色颜料显色元素均为Cu，但罗汉堂的绿色的显色元素未检出；黑色样品检出Fe元素，其具体颜料还有待筛查；三佛殿黄色颜料检出 As、S元素，存在雄黄或雌黄的可能；在三佛殿、罗汉堂的金色颜料层中均检出Au，在罗汉堂中还另包含有Cu和Ag，均为金常见伴生金属。三佛殿样品金色层中则还包含有Cu，结合金箔印痕说明在塑造过程中采取了贴金工艺，并可能使用了铜粉修补以降低成本。

（二）扫描电镜及能谱分析与讨论

因XRF测试范围限制，仅获取到多数样品的表层定性结果，内测结果则有所缺失。为进一步分析并验证结果，针对多层样品进行扫描电镜拍照和能谱分析，分析结果见表三，样品剖面照片以超景深显微照片形式表现。

三佛殿 3 号样品剖面结构如图三所示，针对四层结构分别选点测试，数据显示胁侍背部袈裟最表层显色元素为Fe，应为铁红。第二层白粉层硅和铝含量较低，而碳氧含量所占比例达到80%以上，说明该层应加入了大量有机胶黏剂用于粘接，而其他金属氧化物应为填料。黄色层未见显色元素。底层的白粉层间隙较大，约有 $100\mu m$，应为高岭土和石灰的混合物（内含石灰浆块）。三佛殿 4 号样品最外侧包含有黑色表层的薄膜层（图四），其内残留有少量Au和Ag，很有可能是表层贴金被刮除后残留下来的金胶泥老化后形成的。5 号、6 号样品虽取自不同位置，但结构类似，均只有两层。表层为蓝色，成分极为接近，均含有Na、Al、Si、S、Co等元素，鉴于其含有显色元素Co，可能是某种钴料。两者白灰层成分也相似，Ca、Mg含量相对较高，应为常见的白灰，成分为氧化钙和氧化镁。罗汉堂 17 号样品分层较为明显（图五），其中外侧的颜料层可明显看出两层颜料叠压，且次外层为橙红色。表层含有少量Fe和Hg，具体颜料种类仍需进一步确认。次外层红色Pb含量较高，可能为铅丹。两层颜料之间没有白粉层打底，可能是后期补绘。弥勒殿 18 号样品（图六）颜料层有红、黄两层。红色层除Fe外无其他显色元素，应为铁红。黄色层外观呈现橙色，含有较多的铅元素，可能为铅黄。弥勒殿 20 号样品（图七）表层红色显色元素只有Fe，应为铁红。其下一层内含大量纤维，发现有少量Au，结合其他部位残存的金箔，推测为表层金箔被去除后的

图三　3 号样剖面照片　　　　　图四　4 号样剖面照片

表三　EDX 分析结果（%）

测试对象	C	O	Na	N	Pb	Mg	Al	Si	S	K	Ca	Fe	Cl	Co	Cu	Ti	Au	Ag	Hg
3号1层红色	60.15	17.38	1.13				6.32	6.58	1.33	1.13	2.85	1.52	1.61						
3号2层白灰	63.33	20.02				1.26	1.24	2.00	1.70	1.62	3.05		3.15						
3号3层黄色	43.15	24.56					13.81	15.12	0.46	0.76	1.63		0.51						
3号4层白灰	53.32	24.22	1.25				7.50	7.09	1.00		4.41		1.21						
4号1层黑色膜	61.69	20.27	1.93			1.25	1.17	1.32		1.16	4.47		1.35				2.01	3.40	
4号2层黑色	32.09	26.29				1.07	15.44	17.91	1.13	2.93	1.48		0.80			0.85			
4号3层白灰	41.78	24.4				1.05	12.75	14.53	0.92	2.08	1.91		0.58						
13-2号1层金层	8.39	1.92										7.67			2.95		77.89	1.17	
17号1层红色	30.15	25.80		4.43		0.90	8.95	8.04		2.11	3.15	10.04	0.74						5.1
17号2层红色	48.54	16.84			26.87		1.73	2.04		0.82			3.15						
17号3层白灰	27.59	34.94				0.85	15.43	17.61	1.58	1.46			0.54						
18号1层红色	18.64	27.42			2.99		14.6	14.42		0.62	2.75	16.48	0.37						
18号2层纤维	47.00	27.28			1.19		5.31	6.45	1.28		6.96		4.53			1.70			
18号3层白灰	22.97	31.76	0.52			1.35	14.63	18.56	2.87	4.91	1.84		0.59						
18号4层黄色	32.89	12.25			34.28	0.49	2.27	9.98		0.82	1.03								
20号1层红色	26.59	26.77				0.70	12.31	12.50	1.15	1.06	2.67	16.25							
20号2层纸层	24.51	33.21	0.79			0.96	14.89	18.15	1.44	1.07	2.97		0.78				1.23		
20号3层白灰	27.33	31.14	0.60			1.11	15.22	20.36	0.82	1.38	2.04								

图五　17 号样剖面照片

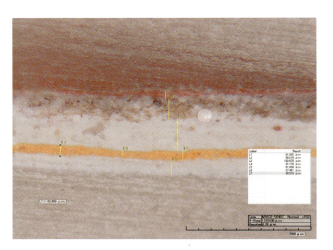

图六　18 号样剖面照片

图七　20 号样剖面照片

残留。白粉层为高岭土。

　　总体来讲，罗汉堂与弥勒殿所用白粉层多以高岭土作为打底，只有在较晚期的三佛殿所取的两处白粉层是白灰。蓝色颜料在三佛殿和罗汉堂均有发现，均为含钴颜料，可能是smalt颜料或苏麻离青。这两种颜料的元素组成基本一致，但各种元素的含量不尽相同，两者是否为天然开采还有待证实[7]。三处殿宇中共发现三种红色颜料的显色元素，分别对应朱砂、铁红和铅丹，其中三佛殿SFD-2主佛底座表面粉红色、罗汉堂内侧橙红色均为铅丹。铁红则出现在三佛殿胁侍、弥勒殿文殊表层。黄色颜料中弥勒殿所用可能为铅黄，三佛殿所用暂不能确认。金色样品均为金箔，但大多被刮除，只有罗汉堂金层保存完整，且纯度可达 78%，可能是金箔中的赤金箔[8]。除罗汉堂外，其余两殿泥塑部分区域发现纸层，应是用于表面裂缝的修补。

　　（三）显微拉曼分析结果

　　由于取样量较少，同时显微拉曼光谱分析仅作为某些尚未确定具体成分的样品的确认手段，因此仅对未确定的颜料加以分析，分析结果见表五。

　　如图八，三佛殿黄色颜料的主要拉曼峰值为 1010cm⁻¹，未见其他波峰，与生石膏CaSO₄·2H₂O

表五　颜料样品拉曼分析结果

样品编号	颜色	特征峰 / cm⁻¹	显色物质
11 号样品表层	黄色	1010	未检出，仅检出石膏
17 号表层	红色	252，284，342	朱砂
17 号次外层	橙红色	118，252，315，345，389，549	铅丹
18 号表层	红色	223，293，409，499，609	铁红
18 号第 3 层	黄色	140，298，385	铅黄

的拉曼峰值 1007 (vs) cm^{-1} 接近。生石膏本色为白色或灰、红、褐色，样品则呈现土黄色，有待通过其他检测确定。对无法确定的罗汉堂绿色颜料也进行了拉曼分析，未检出峰值。图九为罗汉堂表层红色颜料的拉曼图谱，主要峰值有 252、284、342 cm^{-1}，其中 252 cm^{-1} 为最强峰，与文献记录的朱砂（HgS）拉曼峰值 252 (vs)、282、343 cm^{-1} 接近，为朱砂。图一〇为 17 号红色样品中次外层橙红色颜料的拉曼图谱，主要峰值有 118、252、315、345、389、549 cm^{-1}，其中 118 cm^{-1} 与 549 cm^{-1} 为最强峰。与文献记录的铅丹（Pb$_3$O$_4$）拉曼峰值 122 (vs)、149、223、313、340、390、480、548 (vs) cm^{-1} 相比，属于弱峰的 480 cm^{-1} 未显示，结合前文元素分析，判定该样品中的橙红色颜料为铅丹。弱峰的 223 cm^{-1} 附近则检出朱砂最强峰 251 cm^{-1}，可能是内外颜料混合导致

的。图一一为弥勒殿外层红色颜料的拉曼图谱，主要峰值有 223、293、409、499、609 cm^{-1}，其中 293 cm^{-1} 为最强峰，与文献记录的铁红（Fe$_2$O$_3$）的拉曼峰值 226、293 (vs)、410、611、1316 cm^{-1} 较为相符，属于弱峰的 1316 cm^{-1} 未检出，可能是颜料晶体结晶度较差所致。

图一二为 18 号红色样品第三层红色颜料的拉曼图谱，主要峰值有 140、298、385 cm^{-1}，其中 140 cm^{-1} 为最强峰。与文献记录的铅黄（PbO）的拉曼峰值 142 (vs)、288、388 cm^{-1} 接近。结合之前的能谱分析，判定该样品中的黄色颜料为铅黄。上述 18 号样品发现的 140 cm^{-1} 峰应该归属于 Pb-O 键的对称伸缩振动，可能是层与层之间颜料的渗透导致的污染。铅黄又称氧化铅，在壁画和彩塑上的使用较为少见，仅在天梯山石窟北凉洞窟壁画有所发现[9]，而其余地

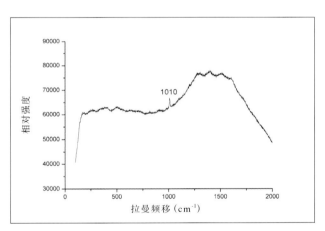
图八　11 号样品黄色表层

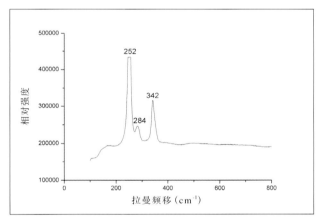
图九　17 号样品表层红色

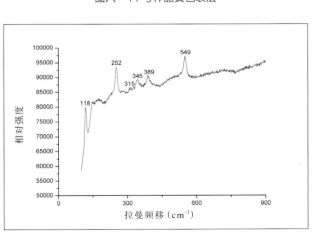
图一〇　17 号样品次外层红色

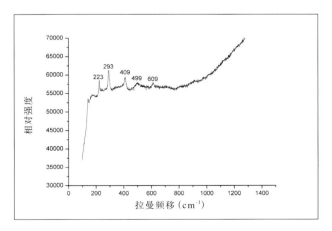
图一一　18 号样表层红色

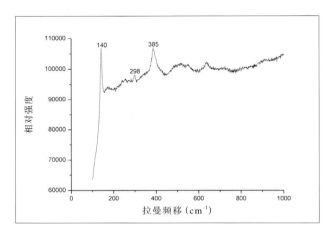

图一二　18 号样第 3 层黄色

区壁画黄色颜料则多见铁黄[10]。

（四）偏光分析结果

因手工取样，仅对表层颜料进行检测，分析结果见表六。其中，绿色样品为铜绿；蓝色样品为玻璃状断口，颗粒较大，折射率小于 1.662，正交偏光下全消光，符合蓝色颜料 Smalt 的特征；胁侍所用暗红色颜料可分别检出铅丹和铁红，应为两者的混合物；土黄色颜料虽符合铁黄特征，但由于 XRF 分析仪未检出内有 Fe 元素，因此无法确定其为铁黄。

（五）讨论

三佛殿彩绘重修次数较多，彩绘层结构较为复杂，其佛像与胁侍塑造和重修时间也有差异。通过

外部观察，发现表层的各种颜料之间均有明显的分界线，上色痕迹明显，部分区域存在颜料叠压迹象。上色技法则除了单纯的涂刷之外，还包含有少量描金，最外层彩绘的蓝色与红色在颜料使用上与罗汉堂彩塑存在一定的重合。而罗汉堂彩绘泥塑色彩以金色为主，塑像裸露在外的皮肤均为金色，间或辅以蓝色、绿色和红色，下底线和勾勒胡须所用的颜料为黑色。在塑像前腰部位也发现有橘红色与红色之间的重叠，但并非表现绘画意图方面的叠压，而是完全的覆盖。由此可见此处泥塑至少经历过两次不同风格的修复。同时，三佛殿和罗汉堂所使用蓝色颜料均为 smalt，其大约问世于 15 世纪的欧洲，但国内主要是通过贸易渠道进入，其应用仅限于清代至民国时期[11]。鉴于宋代黄金贫乏，素有禁销令，通过对青莲寺重修历史的考证，发现上述两殿彩塑虽内部骨架塑造时间有所差别，但最外侧彩绘应同为清代时期重绘，且修复工艺和工序相当多，所用材料也较好，应该由官方主持。弥勒殿隶属下院，是青莲寺始建最早的殿堂之一，也是复建最晚的建筑之一。在殿内除主佛衣袖部位有金色残留外，未发现其他的描金等工艺。佛身颜色较为单调，仅以白色打底，配有黄色、绿色和红色，其所重绘时间早于三佛殿和罗汉堂。

在彩塑绘制中，红色颜料由于其色相和理化性质，历经岁月后仍能保存得较为完好，因此被大量

表六　彩绘层样品偏光显微分析结果

编号	特征描述	结论
1 号表层绿色	绿色，10-20μm，圆形，边缘较圆润，有些可见深色内核，n<1.662，弱消光	铜绿
2 号表层红色	全消光红色，5-10μm，多边形不规则颗粒，无明显边缘，n>1.662，正交偏光下全消光	铁红
3 号表层橙红	橙红，5-10μm，无良好晶体边缘，表面粗糙，n>1.662，蓝绿异常消光 全消光红色，5-10μm，多边形不规则颗粒，无明显边缘，n>1.662，正交偏光下全消光	铅丹、铁红混合
5 号表层蓝色	蓝色，10-40μm，玻璃状断口，颗粒较大，n<1.662，全消光	smalt
6 号表层蓝色	蓝色，10-40μm，玻璃状断口，颗粒较大，n<1.662，全消光	smalt
11 号样品表层	暗黄色，纯度较高，<1μm，成凝胶状，n>1.662，全消光	铁黄
12 号样品表层	暗红，5-10μm，无良好晶体边缘，表面粗糙，n>1.662，蓝绿异常消光	铅丹

应用。在山西省南部地区，长子县崇庆寺宋代泥塑彩绘也采用了朱砂和铅丹混合的方式来表现出红色色相[12]。同时，这种使用方式在中部太原地区的明代彩塑[13]和南部的芮城县永乐镇永乐宫壁画中也可见到[14]。而在山西以外的地区，这种混合使用的方式较为少见，除四川成都武侯祠彩塑所用为铅丹朱砂外[15]，四川平武报恩寺万佛阁彩塑[16]和宁夏须弥山石窟第48窟明代泥塑彩绘[17]等均为用单一矿物颜料的方式来表现红色。此外，仅在新疆阿斯塔那唐墓出土的彩塑中发现了同青莲寺相同的铁红、铅丹、朱砂三种颜料混合使用的情况[18]。朱砂、赭石的产地分布均较广，加上相较于铅丹理化性质更为稳定的特性，使其大量被应用于古代绘制工艺中。作为传统的红色矿物颜料，铁红与朱砂早在仰韶文化时期的彩陶就有应用[19]，汉代墓葬中出土的陶质猪狗则检测到铁红和朱砂混用的情况[20]。属于人工合成的铅丹易受湿度和阳光影响变色，但若将其与铁红、朱砂混合后理化性质则较为稳定。同此处彩塑相同，在新疆阿斯塔那唐墓出土彩绘、甘肃东千佛洞二窟和七窟[21]均存在混用的情况，但表层观察仅轻微脱落，并未发现变色迹象。在青莲寺中所使用的红色颜料均为山西地区常见矿物颜料，与晋南的长子崇庆寺宋代彩塑和介休后土庙彩塑相近，其使用方法并未因时代而表现出明显差别。

在三佛殿表层发现的绿色颜料氯铜矿属人工合成颜料，在山西省其他地区彩绘泥塑中也有使用，比如长子崇庆寺彩绘[22]和太原纯阳宫彩绘。氯铜矿作为颜料使用的历史悠久，在西秦的炳灵寺石窟就有发现，而在甘肃河西走廊地区的各类石窟寺和墓室壁画中几乎均有应用，其中敦煌石窟应用最广、时代跨度最长。从目前的研究来看，由于氯铜矿多与石青石绿伴生，所以使用天然矿物研磨加工的多有伴生矿物。唐代以来，敦煌、新疆等石窟的绿色颜料主要是氯铜矿，这与当地制取出售铜绿的文献记载相符。阿斯塔那唐墓[23]、敦煌石窟、天水伏羲庙、内蒙古阿尔寨石窟等地的壁画也使用了氯铜矿。此类氯铜矿颜料纯度更高，少见混有石青石绿，且

一般带有晶核，因此有学者认为该矿物颜料在元明时期已能人工合成[24]。

三 结论

（1）三处泥塑所用颜料成分结果见表七。颜色主要为红、绿、蓝三种，即"唯青、绿、红三色为主，余色隔间品合而已"。除罗汉堂未能确定的绿色颜料外，其余样品则均为无机颜料，包括铁红、铅丹、朱砂、铜绿（氯铜矿）、铅黄、smalt等。最晚一次修复应在清代，所用颜料为朱砂、铁红、氯铜矿、smalt，其上一次则为铅丹、铅黄。其中，山西地区朱砂、铅丹混用的情况较多。在三佛殿、罗汉堂两处均发现有贴金，罗汉堂金箔的金含量达到78%，且等级较高，可能为库金。三处殿宇所用均为高岭土，少数混有石膏，仅有三佛殿主佛塑造时间较晚，部分彩塑白粉层所用材料为白灰。经过对比，青莲寺罗汉堂和弥勒殿彩塑所用颜料种类与同属晋南的长子崇庆寺宋代彩塑和介休后土庙彩塑几乎相同，且玉皇庙及崇庆寺等晋南地区彩绘泥塑所用白色打底层均为高岭土，材料和塑造手法方面都高度一致，应为同一套工艺体系，甚至是同一批工匠在较短的时间内传承制作的。

表七 颜料成分

所处位置	颜色种类	颜料种类
三佛殿	绿色	氯铜矿
	红色（粉红）	铁红、铅丹
	蓝色	smalt
罗汉堂	金色	金
	绿色	未检出
	蓝色	smalt
	红色（橙红）	朱砂，铅丹
下寺北殿	黄色	铅黄
	绿色	氯铜矿
	红色	铁红

（2）彩绘层结构较为复杂，且多数重绘时并未将原有彩绘铲除致使后期的彩绘较易分层脱落。各个殿宇，甚至殿内不同泥塑均有不同次数的重绘。鉴于蓝色颜料smalt的发现，现存最晚的一次重绘不会早于明代。结合其使用情况、重修碑记、色彩叠压关系等证据推测，现存的最外侧彩绘层应为清代乾隆时重绘。

（3）由于受到样品量的限制，本文仅对罗汉堂彩绘下层绿色颜料进行了X荧光光谱、能谱、拉曼光谱和偏光的分析，且此四种分析均未有效检出该样品颜料的成分，有待更进一步的检测。

致谢：感谢陕西省文物保护研究院白崇斌研究员、杨秋颖研究员和秦始皇帝陵博物院夏寅研究员在本文分析工作中提供的帮助！

[1] 李燕飞, 王旭东, 赵林毅, 等. 山西介休后土庙彩塑的制作材料及工艺分析[J]. 敦煌研究, 2007(05): 54-58, 118.

[2] a. 陈庚龄. 天梯山石窟 9 窟彩塑与壁画地仗矿物及颜料分析[J]. 文物保护与考古科学, 2010, 22(04): 91-96.
b. 陈庚龄. 一尊天梯山石窟彩塑的修复保护[J]. 文物保护与考古科学, 2005, 7(01): 49-53, 68.

[3] a. 马赞峰, 汪万福, 李云鹤, 等. 温州博物馆藏北宋白象塔彩塑制作材料、工艺及病害分析研究[J]. 敦煌研究, 2002(04): 57-63, 115. b. 马赞峰, 汪万福, 李云鹤, 等. 温州博物馆藏北宋白象塔彩塑的修复[J]. 敦煌研究, 2005(05): 95-101, 124.

[4] 樊再轩, 苏伯民, 刘涛, 等. 浙江省博物馆藏白象塔北宋彩塑的保护修复[J]. 敦煌研究, 2010(06): 23-27.

[5] 于群力, 阎敏, 杨秋颖. 崇庆寺宋代彩塑的病害调查与分析思考[J]. 文博, 2009(06): 280-284.

[6] 党小娟, 容波, 于群力, 等. 山西长子崇庆寺宋代泥塑彩绘颜料种类及贴金工艺分析[J]. 文博, 2012(03): 74-78.

[7] 纪娟, 张家峰. 中国古代几种蓝色颜料的起源及发展历史[J]. 敦煌研究, 2011(06): 109-114.

[8] 边精一. 中国古建筑油漆彩画[M]. 北京: 中国建材工业出版社, 2007: 34-38.

[9] 张文元, 苏伯民, 饮耀鹏, 等. 天梯山石窟北凉洞窟壁画颜料的原位无损分析[J]. 文物保护与考古科学, 2019, 31(04): 128-140.

[10] 惠任, 冯圆媛, 路智勇, 等. 四川平武报恩寺万佛阁彩塑制作工艺分析[J]. 考古与文物, 2018(03): 118-125.

[11] 刘梦雨. 清代进口钴玻璃颜料smalt的中文名称、贸易来源与应用历史[J]. 中国科技史杂志, 2023, 44(03): 457-472.

[12] 党小娟, 容波, 于群力, 等. 山西长子崇庆寺宋代泥塑彩绘颜料种类及贴金工艺分析[J]. 文博, 2012(03): 74-78.

[13] 马燕莹, 张建华, 胡东波. 山西太原纯阳宫所藏明代一尊星宿彩塑颜料分析[J]. 文物保护与考古科学, 2015, 27(04): 50-60.

[14] 李娜, 于宗仁, 善忠伟, 等. 永乐宫壁画制作材料及工艺的初步调查分析[J]. 文物保护与考古科学, 2019, 31(05): 65-74.

[15] 杨晋松, 郭宏, 陈坤龙, 等. 成都武侯祠彩塑的制作工艺和颜料科学分析研究[J]. 中国文物科学研究, 2016(02): 64-69.

[16] 惠任, 冯圆媛, 路智勇, 等. 四川平武报恩寺万佛阁彩塑制作工艺分析[J]. 考古与文物, 2018(03): 118-125.

[17] 王丹阳, 刘璐瑶, 张秉坚, 等. 须弥山石窟 48 窟明代泥塑彩绘制作材质成分分析[J]. 文物保护与考古科学, 2017, 29(06): 65-75.

[18] 郑会平, 何秋菊, 姚书文, 等. 新疆阿斯塔那唐墓出土彩塑的制作工艺和颜料分析[J]. 文物保护与考古科学, 2013, 25(02): 31-38.

[19] 马清林, 胡之德, 李最雄, 等. 甘肃秦安大地湾遗址出土彩陶(彩绘陶)颜料以及块状颜料分析研究[J]. 文物, 2001(08): 84-92.

[20] 容波, 兰德省, 王亮, 等. 咸阳地区出土汉代彩绘陶器表面颜料的科学研究[J]. 文博, 2009(06): 266-268.

[21] 李最雄. 莫高窟壁画中的红色颜料及其变色机理探讨[J]. 敦煌研究, 1992(03): 41-54, 128-129, 135-137.

[22] 党小娟, 容波, 于群力, 等. 山西长子崇庆寺宋代泥塑彩

绘颜料种类及贴金工艺分析[J]. 文博, 2012(03): 74-78.

[23] 郑会平, 何秋菊, 姚书文, 等. 新疆阿斯塔那唐墓出土彩塑的制作工艺和颜料分析[J]. 文物保护与考古科学, 2013, 25(02): 31-38.

[24] 马燕莹, 张建华, 胡东波. 山西太原纯阳宫所藏明代一尊星宿彩塑颜料分析[J]. 文物保护与考古科学, 2015, 27(04): 50-60.

纸质文物保护研究与科技创新进展 *

张诺[1,2,3]　何伟俊[4]　陈虹利[1,2,3]

1. 南京博物院，江苏南京 210016
2. 纸质文物保护国家文物局重点科研基地，江苏南京 210016
3. 近现代纸质文献脱酸保护技术文化和旅游部重点实验室，江苏南京 210016
4. 江苏省文物考古研究院，江苏南京 210029

Research on Paper Cultural Relics Conservation and Technological Innovation Progress

Zhang Nuo[1,2,3], He Weijun[4], Chen Hongli[1,2,3]

1. Nanjing Museum, Nanjing 210016, China
2. Key Scientific Research Base of Paper Cultural Relics, State Administration for Cultural Heritage, Nanjing 210016, China
3. Key Laboratory of Paper Literature Deacidification Conservation in Neoteric and Modern China, Ministry of Culture and Tourism, Nanjing 210016, China
4. Jiangsu Institute of Cultural Relics and Archaeology, Nanjing 210029, China

摘　要： 纸质文物保护研究有着悠久的历史渊源。中国的纸质文物保护工作始终紧跟着我国社会经济和科学技术的发展，越来越多的新技术被应用到纸质文物保护领域，取得了大量创新性的成果。本文着重从纸质文物保护发展概况、纸质文物保护科技创新进展，以及纸质文物保护修复理念的演变阐述了国内外纸质文物保护工作发展的趋势。中国的纸质文物保护科学阐释了传统工艺内涵，关注点深入到病害认知以及预防性保护，建立了保护修复理论体系以及相应的修复技术规范，实现了在理论、技术、标准建设等方面的系统突破。

关键词： 纸质文物　保护技术　科技创新

Abstract: Research on the conservation of paper cultural relics has a long history. The conservation of paper cultural relics in China has followed the development of the country's social economy, science and technology. A number of new technologies have been applied to the field of paper cultural relics conservation, resulting in numerous innovative achievements. This paper focused on the development situation, the technological innovation progress and the concept evolution of the paper conservation, to discuss the development trends of paper conservation in China and abroad. The results showed that the paper conservation in China has given a scientific interpret of the traditional craftmanship, has focused on the cognition of disease and preventive conservation, has established a theoretical preservation system and related technical restoration specifications, and has achieved a systematic breakthrough in theory, technology, standard construction.

Key words: Paper cultural relics; Conservation technology; Technological innovation

＊本文是国家重点研发计划课题（课题编号：2022YFF0904203）的成果之一。

引　言

在中国文物体系中，纸质文物是重要的一类。纸质文物是以纸张为主要载体材质的文物，主要包括传统书画、古籍、档案、文书、地图、纸币、邮票等。国家文物局《第一次全国可移动文物普查数据公报》显示，纸质文物在国有六千多万件可移动文物中的总体比例已超过四分之一[1]。纸质文物是所有材质文物中数量最多的一类，其受损的可能性也相对较高。纸张作为纸质文物的载体会因物理、化学和生物因素而发黄、霉变和脆化。据《全国馆藏文物腐蚀损失调查项目技术支撑报告（纸质文物）》的不完全统计，现有纸质文物的平均年损毁率已达到了1.33%。

自纸的出现开始，纸张的保护技术就已经付诸实践。南朝虞龢《论书表》为早期纸质文物修复的重要文献，其谈及的修复方法至今仍沿用。经过长期不断的探索，人们积累了关于书画、古籍等纸质文物保护与修复的丰富历史经验。同时，现代科学技术的飞速发展冲击并促进着纸质文物的保护工作，不仅为传承优秀的传统工艺提供科学原理，也为进一步优化和改进传统工艺提供技术保障。新时期，在认知手段日益科学化的大背景下，纸质文物保护在继承传统工艺的基础上，基础研究、应用研究及科学性保护的创新发展也得到了全面推进。

一　纸质文物保护发展概况

中国古代在保护纸质文物方面积累了丰富的经验，以传统书画装裱和古籍修复为代表，形成了较为完整的纸质文物保护修复技艺体系。湖南马王堆汉墓出土的《人物御龙帛画》上的类似于装裱中挂轴形式的装饰，便可证实距今两千多年的秦汉时代，就已有书画装裱技艺；南北朝时期，装裱与修复技术日趋完善，当时文献亦多有记载；隋唐时期，书画装裱修复蔚然成风，更设有专门的官职来管理；明清时期，书画装裱修复达到了辉煌，出现了前所未有的盛况，并相继出现了适应不同地区需要、各具特色的装裱流派[2]。从有书籍的那天起，古籍修复就已开始发展。关于古籍修复的最早记载见于北魏贾思勰所著的《齐民要术》，其中在《杂说第三十》记载："书有毁裂，刮方纸而补者，率皆挛拳，瘢疮硬厚。瘢疮于书有损。裂薄纸如薤叶以补织，微相入，殆无际会，自非向明举而看之，略不觉补。"[3]可见，当时人们已经掌握了书籍修补的技巧。另据史料记载，唐代的宫廷已出现专门修复古籍的技术人员；至宋代，由于印刷术的发展，古籍修复逐渐发展为单独的技艺；晚清民国时期，古籍修复已形成许多民间流派。新中国成立以后，随着20世纪五六十年代对"灞桥纸"等西汉出土古纸的考证和研究[4]，以及中国科技事业的快速发展，越来越多的新技术被应用到纸质文物保护修复领域，在纸质文物的分析检测、清洗、脱酸、加固等方面形成了大量创新性的成果，为进一步发扬、优化和改进传统技术提供了重要的理论基础和技术手段。

国际上，纸质文物科技分析最早可追溯至1884年Julius Ritter von Wiesner等学者对东亚手工纸的显微观察及分析[5]。20世纪初，国内新疆地区出土古纸的科技分析也主要由欧洲学者开展。得益于西方自然科学技术的发展，国外的研究机构运用热裂解气质联用技术建立了纸张纤维标记物与其植物来源化学分析方法[6]。日本、韩国一些国家对纸质文物研究高度重视，从"国家名片"的高度进行韩纸（Hanji）、和纸（Washi）的研究、保护和推广。目前，国外对纸质文物研究的关注点从色变、破损等病害的显著结果表象逐渐扩展至酸化、脆化等不易量化的潜在和持续加速的劣化病害，对微生物入侵危害的认知也从霉害暴发风险、形成色斑，深入到对狐斑等早期症状的认知研究，以提供预警和确认保护方案。

二　纸质文物保护科技创新进展

（一）分析检测技术

基于纸质文物组成要素纸张、墨、印泥与颜料的特征，以及其在漫长保存过程中所经历的酸化、水解、老化、污染等变化，纸质文物现代科技检测方法主要有成像法、波谱法和光谱法三大类[7]。传统检测方法感知信息能力有限，捕捉到的信息的数量与质量都无法满足科学研究的需要。通过综合运用各种现代分析检测技术，可从宏观、介观、微观等多尺度对纸质文物的纤维、填料、颜料、病害等加以鉴别，揭示纸质文物的制作工艺、保存历史、病害特征等，为全面评估纸质文物的保存状态提供坚实基础。

纸张纤维聚合度是表征纸张内部结构变化的重要指标，因其测试需要大量样品而无法直接运用于文物本体的无损/微损检测。故宫博物院谷岸[8]、国家图书馆易晓辉[9]利用近红外光波长较短（780—2526nm）、光纤传输效率较高的特点，借助光纤探头，通过无损采集的反射光谱提取纸张中的相关信息，探索建立近红外光谱与纤维聚合度之间的关联性，并结合化学计量学技术，实现对纸张老化成分较准确的定量分析和老化趋势的预测研究。普通毛细管黏度法测试聚合度受到多项参数经验的影响，特别是对于传统的皮纸以及混料纸不能适用。韩国东国大学的研究者首次把凝胶渗透色谱法应用于古代手工纸的聚合度分析，并结合近红外光谱和化学计量学对韩国皮纸的寿命作了预测[10]。

拉曼光谱是一种散射光谱，能够获得物质的物相结构信息，具有原位无损、微区分析等优势，是文物检测中最常用的技术之一。拉曼光谱在纸质文物上的应用也由颜料分析逐渐深入到老化产物、纤维素老化状态等研究方面，为纸质文物保护纵深研究提供科学依据。上海博物馆裔传臻结合国内外文献对拉曼光谱在纸张老化、炭黑颜料以及其他颜料上的应用和研究现状进行了梳理归纳[11]。随着拉曼光谱应用研究的不断深入以及与其他分析技术、化

学计量学的结合，Chiriu Daniele采用拉曼光谱研究了古代纸张纤维素降解的动力学模型[12]，通过纤维素结晶度比较分析了意大利中世纪纸和现代纸的拉曼光谱图[13]。

高光谱成像是漫反射光谱和二维成像技术的有机结合，是对同一物体进行不同波长的光学成像的技术，具有波段多、光谱分辨率高和光谱覆盖范围宽等特点，可以使图像增强并发现颜色修补、笔迹修改、画作微损等肉眼无法甄别的隐含信息。故宫博物院史宁昌[14]、四川博物院巩梦婷[15]、首都博物馆武望婷[16]、国家博物馆丁莉[17]对高光谱成像技术在纸质文物的保护和分析方面开展了相关研究，研究内容主要集中在文物颜料的分类识别、文物隐藏信息的提取、文物图像信息的增强、文物虚拟修复、文物病害提取方面。有鉴于该技术专业性强，对高光谱采集数据的深入解读还需要多学科、多领域专业技术人员的共同参与。

多元素测定方法以电感耦合等离子体原子发射光谱法（ICP-AES）和电感耦合等离子体质谱法（ICP-MS）为主。上海市质量监督检验技术研究院和复旦大学采用电感耦合等离子体技术对手工纸中的金属元素进行了快速测定[18]。金属离子对造纸工艺和纸张性能有着重要的影响，该方法的建立将有助于手工纸产品质量的稳定和保护传统手工纸制作技艺。北京科技大学、韩国国家文化遗产研究所文化遗产保护科学中心等单位的学者采用电感耦合等离子体原子发射光谱/质谱（ICP-AES/MS）定量分析了韧皮纤维和手工纸中的金属和稀土元素[19]。热裂解气相色谱质谱法能快速、准确分析一系列聚合物，北京科技大学魏书亚应用热裂解气相色谱质谱法对中国传统手工纸如麻纸、竹纸、桑皮纸、构皮纸的原料纤维进行分析检测，结果显示此方法基本可用于区分麻纸、竹纸、构皮纸和桑皮纸[20]。中国科学院大学韩宾采用热裂解气相色谱质谱法，对纸张的"指纹信息"即特征化学标记物进行纤维种属的精确判定，建立了纸张纤维标记物与其植物来源的化学分析方法[21]。

纸质文物构成原材料的复杂性使得研究人员很难通过单一分析技术手段得到准确的分析结果。纸质文物涉及的材料成分之间容易相互干扰，因此需要多种分析方法相结合，相互佐证，以提高分析结果的准确性和可靠性[22]。目前，纸质文物分析检测技术尚未形成系统化的科学研究体系，开发适用于文物本身的快速便捷的定量/半定量原位无损检测方法将是该领域未来发展的方向之一。

（二）清洗技术

纸质文物上较为常见的污渍类型主要包括水渍、霉斑、油斑、墨迹、锈斑。污渍的存在不仅掩盖了文物本身的信息，同时也对文物本体存在破坏作用。如：有些菌属代谢产生的有机酸黏附在纸质文物上使纸质文物处于低酸度的环境，真菌在生长过程中还会在纸上分泌从黑色到棕色、红色、黄色和紫色的多种色斑[23]。

纸质文物常见污渍清除技术分为干法清洗和湿法清洗。干法清洗是借助物理手段去除文物表面的污渍，常见有毛刷清除、剔刮去污、面团去污以及真空吸除。干法清洗通常只能清除表面附着力弱的污渍，因此清洗效果有限。而湿法清洗主要靠清洗过程中溶液与污渍的物理、化学作用实现清洗目的，主要包括水洗、化学试剂清洗、生物酶清洗等。水洗是最传统的清洗技术，用温水淋洗后，再用毛巾将污水吸干。该方法对很多附着力强的污渍效果较差，而且水洗过程中会伴随机械摩擦。对于一些有机显色污渍，常采用氧化还原的方法清洗，常用的清洗剂包括高锰酸钾、草酸、过氧化氢、硼氢化钠等溶液。虽然采用化学试剂去除一些有机污渍效果较好，但会对文物本体带来二次损害，造成纤维的降解。生物酶清洗是 20 世纪 70 年代发展起来的清洗技术，如通过淀粉酶、蛋白酶、脂肪酶去除纸质文物上淀粉或蛋白质残留物[24]。由于清洗污渍的生物酶在特定的pH值和温度下才具有活性，而文物本体上常存在影响酶活性的抑制剂，如何提高清洗酶活性仍然是该技术需要探索的方向。有色污渍和霉斑清除效果不佳一直是业内较难解决的问题，陕西科技大学团队提出了电化学原位清洗的思路，以合适的阳极原位产生活性氧物质对需要清洗的色素、霉斑等污渍进行清除[25]。而在清洗材料方面，经实验筛选和评估，植物源表面活性剂在油渍和霉斑的清洗中具有很好的应用前景[26]。

（三）脱酸技术

纸质文物酸化带来的危害已经引起全世界的关注。鉴于酸碱性对于纸张老化影响的关键性，多位研究者研究了酸碱性对纤维素降解或纸张机械强度下降的影响[27]。业内公认的解决酸化问题的有效手段就是脱酸处理。所谓脱酸处理就是使用碱性物质中和纸张的酸性物质，并在纸张中保留一定的储备碱度，达到延缓纸张脆化的目的。在脱酸研究领域，欧美国家起步较早。早在 1936 年，美国 Ontario 研究基金会就申请了脱酸相关专利[28]。许多国家针对酸化图书、文献等均开展了脱酸方法研究。常见的脱酸方法有水溶液脱酸法、有机溶剂脱酸法和气相脱酸法。现在使用较为广泛、被公认效果较好的无水去酸剂是"图书维护剂"（Booksaver）和"图书保护剂"（Bookkeeper）[29]。最近几十年，规模化脱酸技术的研究已成为脱酸研究的热点。普林斯顿大学开展了非水溶液喷雾脱酸技术的研究；维也纳国家图书馆奥拓沃特及其同事为防止水溶液脱酸引起纸张变形，研究低温干燥技术[30]；美国麻省亚瑟公司研究"使用醇镁临界流体溶剂进行大规模脱酸处理"的技术以及最新的使用非水溶剂的丁氧基镁甘醇酸酯和微分散的氧化镁纳米颗粒进行脱酸[31]，等等。

国内的脱酸工作起步较晚，随着国家对纸质文献脱酸工作越来越重视，加入脱酸技术研究的大学、科研院所、博物馆、图书馆也越来越多。氢氧化钙、氢氧化镁、氢氧化钡、碳酸镁、碳酸钙、四硼酸盐、六亚甲基四胺等都曾先后被用来作为去酸物质[32]。考虑到脱酸物质的溶解性、渗透性、适用性、安全性、残留性等因素，纳米氢氧化钙、氢氧化镁因具有小尺寸、比表面积大及较高的表面活性等特性受到关注。在脱酸技术和设备研发方面，南京博物院与南京工业大学、八一南昌起义纪念馆、南京瑞升激光技术有限公司合作承担的"智能化脱酸技术在整本图书中的应用研究"项目以整本图书为研究对象，以具有脱酸、加固、固色为主要功能的纳米级碱性物质为脱酸剂，采用自动翻页和雾化喷涂相结合的技术，实现了整本图书的智能化的脱酸[33]；浙江大学与天一阁博物馆合作开展的"等离子脱酸关键技术在近现代纸质文物保护中的应用研究"，以 Ca（OH）$_2$ 作为等离子体源，通过调节等离子体能量密度、处理时间及次数等因素，研究等离子技术对纸张脱酸效果、机械性能以及白度的影响[34]；广东工业大学和北京科技大学等单位还分别开展了超临界流体脱酸的研究，以超临界二氧化碳（CO_2-SCF）作为溶剂系统，研究夹带硼砂的醇水溶液共同作用于酸性纸张的脱酸和强化行为[35]。近几年，国内脱酸研究取得了很大进展，脱酸方法、脱酸工艺越来越多，脱酸机理的研究也不断深入。但是，这些酸化纸张的原材料种类多种多样，生产工艺也各不相同，在保存过程中各地气候条件也各有差异，在选择脱酸技术时，需要充分地掌握不同技术的利弊，并结合纸张及字迹材料的特点，尽可能达到去酸目的并规避风险。

（四）加固技术

脆化是威胁纸质文物寿命的主要病害之一。纸张之所以出现脆化，与纸张内部结构的变化有关[36]。纸张主要成分为纤维素，是由大量 β-葡萄糖分子脱水聚合形成的直链状高分子化合物，天然状态下的植物纤维素的平均聚合度约为 10^4 数量级，经过制浆处理后得到的纸浆聚合度下降到 10^3 数量级。研究发现当纤维素聚合度低于 200，纸张已经脆弱不堪、无法继续使用[37]。纸张脆化的实质就是纤维素发生酸性降解和氧化降解反应，造成分子链断裂。导致纸张脆化的因素有很多，纸张本身性质、修复材料（如胶黏剂、水和胶矾）和保存环境（如温湿度、光照、悬挂方式、开卷频率等）皆可引起纸质文物发脆、

粉化。因此，纸质文物一旦出现脆化问题，将不利于其长期保存，亟须进行加固处理。

纸质文物加固保护一直是业内研究的重要内容，早期的纸张加固方法以托裱加固、丝网加固以及派拉纶（Parylene）、成膜加固为典型代表[38]。加固材料方面，一些天然高分子如淀粉、明胶、壳聚糖、纳米纤维素、细菌纤维素，以及合成高分子如聚醋酸乙烯酯水分散体、聚乙烯醇、聚乙烯、聚酰胺和各种形式的纤维素衍生物通过喷涂或浸渍方式用于加固老化纸张。无胶黏纳米纤维素悬浮液因其独特的结构和优良的理化性能，常被用来加固纸张受损区域[39]。从加固技术实际应用效果分析，纸浆修复技术、丝网加固技术对纸张干预性小、操作简单，在业内得到了广泛的应用，时至今日依然发挥作用。对化学材料加固技术的应用，业内表现出比较谨慎的态度。如派拉伦加固后纸张材质更接近于塑料，加之设备昂贵、操作复杂，因此应用受限[40]。随着材料科技的不断发展，生物技术为纸质文物加固提供了新的发展方向，以细菌纤维素为代表的相关研究在业内得到了极大的关注。细菌纤维素（Bacterial cellulose，BC）是通过醋酸菌属、土壤杆菌属等微生物合成的一种纳米纤维素[41]，其基本结构与植物纤维素相似，与植物纤维素相比无木质素、果胶和半纤维素等伴生产物。国内外学者都对细菌纤维素用于纸质文物保护展开了研究[42]。研究表明，细菌纤维素具有更优异的性能，能提高老化后纸样的机械性能，其良好的相容性和可降解的特点符合文物保护中要求的兼容性和可再处理的原则。

三　纸质文物保护理念的演变与展望

在中国古代纸质文物保护修复历史上，就已经出现过指导保护修复的理论，如唐代张彦远《历代名画记》内提出装潢时应尊重文物原貌"就其形制，拾其遗脱"[43]，明代周嘉胄《装潢志》强调"补缀须得书画本身纸绢质料一同者"[44]，明代张应文《清秘藏》和清代周二学《赏延素心录》中皆指出纸质

文物不宜多次"装褙"或"重褙"[45]。这些都体现了对于保存纸质文物原真性的要求。20世纪80年代，意大利切萨雷·布兰迪的现代修复理念"可逆性修复原则""可识别修复原则"和"最小干预性修复原则"引入中国，他认为"修复这种行为，是在思索艺术品传达给未来的含义时，在这个（艺术品）的物理性、实质性及审美性、历史性两极性中，形成了认识这个（艺术品）的方法论上的瞬间"。我国的文物保护法和《中国文物古迹保护准则》相关原则亦深受其影响。

随着非物质文化遗产保护理念广泛深入，以及现代科学技术的不断进步，中国纸质文物保护修复在努力完善纸质文物保护修复理论上进行了许多探索和改革。除了兼收并蓄西方现行修复理论，人们开始更多地接受和应用新理念、新方法和新材料，以切实解决实际修复中的瓶颈问题，在继承传统理念与技艺的基础上，更加注重保护文物的原真性。最小干预原则、最大信息保留原则、安全性原则、可再处理性原则等得到更多的关注和重视，更强调修复应遵从文物修复原则，科学、规范、适度开展修复，并从技术路线、修复材料、修复人员、修复环境等方面进行了规范，让修复理念贯穿修复的全过程[46]。

随着国家的强大、科技的进步，文物修复技艺从传统走进现代，已经可以在更为坚实的科学基础上审视和阐述众多的传统技术。"十三五"期间，国家重点研发计划项目已经将开展纸质文物劣化程度量化研究列入重要研究方向，对纸质文物劣化状态进行多维评定，通过建立劣化模型，科学准确表征纸质文物保存状态的理化性质，为今后修复和预防性保护工作提供更具有针对性且高效的理论依据和参考。同时，传统技艺中良好经验的继承与发展、不合理因素的去除以及隐性知识的转化与创新，都需要从科学层面上对这些问题进行科学的认知和阐释。党和国家高度重视为文物保护科技创新营造良好的环境。国务院办公厅发布的《"十四五"文物保护和科技创新规划》提出了"全面加强文物科技创新"的战略目标，要求"坚持科技创新引领"原则，树牢"文物保护要依靠科技的发展理念"[47]。最近，为充分发挥科学技术对文物事业发展的支撑引领作用，实现从文物资源大国向文物保护利用强国的历史性跨越，中共中央宣传部、文化和旅游部、国家文物局等13个部门联合印发了《关于加强文物科技创新的意见》。

中国的纸质文物保护自成体系，有自身的特点。党的十八大以来，在科学技术部、国家文物局等部门的支持和推动下，文物科技工作者不懈努力，在一些重要的科学问题和关键技术方面取得显著进步。展望中国纸质文物保护的发展，应强化理论研究与学科建设的相互促进，以及与实践应用的紧密结合。首先，正确认识中国纸质文物保护需求在新形势下的变化与发展，逐步完善纸质文物保护修复理念，由外部推动转变为从其自身的科技需求出发；其次，开展跨学科多领域研究，依靠多学科科技力量创新科研模式，将传统工艺和现代技术相融合，探索中国特色的纸质文物保护技术；最后，促进人才流动开放，注重学科带头人的发现、培养以及创新团队建设，解决纸质文物保护人才容量不足、人才结构不合理等瓶颈问题。有理由相信，在科技日新月异的新时代，在努力走出符合中国国情的纸质文物保护利用之路上，科技创新必将成为推进中华优秀传统文化创造性转化、创新性发展的强大动力。

[1] 国家文物局. 第一次全国可移动文物普查数据公报[EB/OL]. 2017-04-07.

[2] 何伟俊，张金萍，陈潇俐. 传统书画装裱修复工艺的科学化探讨——以南京博物院为例[J]. 东南文化，2014（02）：25-30.

[3] 贾思勰. 齐民要术[M]. 上海：上海教育出版社，2007.

[4] 王菊华. 中国古代造纸工程技术史[M]. 山西：山西教育出版社，2006.

[5] Julius Ritter von Wiesner. Die mikroskopische Untersuchung des Papiers mit besonderer Berücksichtigung der ältesten

orientalischen und europäischen Papiere[M]. Hof-und Staatsdruckerei, 1887.

[6]BinHan, JérômeVial, MasamitsuInaba, et al. Analytical characterization of East Asian handmade papers: A combined approach using Py-GCxGC/MS and multivariate analysis[J]. Journal of Analytical and Applied Pyrolysis, 2017, 127: 150-158.

[7]阎春生,黄晨,韩松涛,等.古代纸质文物科学检测技术综述[J].中国光学,2020,13(05):936-964.

[8]谷岸.近红外光谱结合化学计量学无损检测新技术在文物保护中的应用与展望[J].中国文物科学研究,2019(01):72-76.

[9]易晓辉,龙堃,任珊珊,等.近红外光谱无损检测技术在古籍纸张性能分析中的可行性研究[J].文物保护与考古科学,2018,30(03):21-32.

[10]Jeong M J, Kang K Y, Bacher M, et al. Deterioration of ancient cellulose paper, Hanji: evaluation of paper permanence[J]. Cellulose, 2014, 21(6): 4621-4632.

[11]奚传臻.拉曼光谱在纸质文物研究中的应用[J].文物保护与考古科学,2018,30(03):135-141.

[12]Chiriu Daniele, Ricci Pier Carlo, Cappellini Giancarlo, er al. Ancient and modern paper: study on ageing and degradation process by means of portable NIR μ-Raman spectroscopy[J]. Microchemical Journal, 2018, 138: 26-34.

[13]Chiriu Daniele, Ricci Pier Carlo, Cappellini Giancarlo, er al. Ageing of ancient paper: a kinetic model of cellulose degradation from Raman spectra[J]. Journal of Raman Spectroscopy, 2018, 49(11): 1802-1811.

[14]史宁昌,李广华,雷勇,等.高光谱成像技术在故宫书画文物保护中的应用[J].文物保护与考古科学,2017,29(03):23-29.

[15]巩梦婷,冯萍莉.高光谱成像技术用于书画颜料的无损分析——以张大千临摹敦煌壁画《隋藻井》为例[A].中国文物保护技术协会第九次学术年会论文集[C].北京:科学出版社,2017.

[16]武望婷,张陈锋,高爱东,等.基于高光谱技术对一幅清代画信息提取研究[J].文物保护与考古科学,2017,

29(04):45-52.

[17]丁莉,杨琴,姜鹏.高光谱成像技术在中国古代书画分析中的应用研究综述[J].文物保护与考古科学,2023,35(05):128-141.

[18]姚晶晶,闫玥儿,章若红,等.传统手工纸老化进程中微观结构的光谱检测与分析[J].光谱学与光谱分析,2021,41(05):1559-1565.

[19]Go In Hee, Jo Ah Hyeon, Jeong Sir Lin, et al. Predictive model of geographical origin discrimination of paper mulberry and handmade paper using ICP-AES/MS and multivariate statistical analysis[J]. Journal of Cultural Heritage, 2021, 49(2): 222-228.

[20]Na Yao, Shuya Wei. Characterization and identification of traditional Chinese handmade paper via Pyrolysis-Gas Chromatography-Mass Spectrometrys[J]. Bioresource, 2021, 16(2): 3942-3951.

[21]a. Han Bin, Yang Yimin, Wang Bo, et al. Rapid identification of bast fibers in ancient handmade papers based on improved characterization of lignin monomers by Py-GCxGC/MS[J]. Cellulose, 2023, 30(1): 575-590. b. BinHan, JérômeVial, MasamitsuInaba, et al. Analytical characterization of East Asian handmade papers: A combined approach using Py-GCxGC/MS and multivariate analysis[J]. Journal of Analytical and Applied Pyrolysis, 2017, 127: 150-158.

[22]王克青,张湃,周媛,等.波谱法在纸质文物科学分析中的应用进展[J].中国造纸学报,2023,38(02):120-126.

[23]张诺,陈潇俐,丁丽平,等.馆藏纸质文物上微生物的分离、鉴定及酶学性质研究——以贵州地区为例[J].南京工业大学学报(自然科学版),2022,44(04):450-457.

[24]武发思,张永,孙敏,等.生物技术在文物保护修复中的应用研究进展[J].文物保护与考古科学,2022,34(01):133-143.

[25]李世荣.基于电化学方法的纸质表面污渍清除与转化研究[D].西安:陕西师范大学,2018.

[26]柳凯,何秋菊,周华.纸质文物油渍清洗材料的筛选及评估[J].文博,2021(03):94-100.

[27]a. Zou X, Uesaka T, Gurnagul N. Prediction of paper accelerated aging I. Kinetic analysis of the aging process[J]. Cellulose, 1996（3）: 243-267. b. Gehlen Marcelo H. Kinetics of autocatalytic acid hydrolysis of cellulose with crystalline and amorphous fractions[J]. Cellulose, 2010, 17（2）: 245-252.

[28]张铭. 国内纸质文献脱酸研究进展[J]. 遗产与保护研究, 2018, 3（08）: 30-33.

[29]张美芳. 民国文献去酸技术中的纳米材料应用研究[J]. 大学图书馆学报, 2018（03）: 88-92, 128.

[30]Baty John W., Maitland Crystal L., Minter William, et al. Deacidification for the conservation and preservation of paper-based works: A review[J]. Bioresources, 2010, 5（3）: 1955-2023.

[31]李青莲. 纸质文物的脱酸加固新技术及其应用研究[D]. 杭州: 浙江大学, 2014.

[32]张美芳. 民国文献去酸技术中的纳米材料应用研究[J]. 大学图书馆学报, 2018（03）: 88-92, 128.

[33]张翠. 基于文献计量学的纸质文献脱酸研究成果分析[J]. 中华纸业, 2021, 42（18）: 57-60.

[34]李青莲, 贺宇红, 李贤慧, 等. 等离子技术在近现代纸质文物脱酸保护中的应用研究[J]. 文物保护与考古科学, 2014, 26（01）: 76-80.

[35]张翠. 基于文献计量学的纸质文献脱酸研究成果分析[J]. 中华纸业, 2021, 42（18）: 57-60.

[36]张铭. 国内外纸质文献加固技术研究[J]. 中国造纸, 2020, 39（03）: 71-77.

[37]肖稳发, 邝生鲁. 纸张保存的化学[J]. 化学通报, 1999（07）: 35.

[38]韩莹. 近十年来化学方法在纸质文物脱酸与加固方面的应用[J]. 中国国家博物馆馆刊, 2022（06）: 143-160.

[39]a. 李青莲. 纸质文物的脱酸加固新技术及其应用研究[D]. 杭州: 浙江大学, 2014. b. 喻云飞, 申永峰, 侯爱芹, 等. 纳米纤维素用于劣化宣纸的加固研究[J]. 文物保护与考古科学, 2020, 29（01）: 55-58.

[40]L. Völkel, K. Ahn, U. Hähner, et al. Nano meets the sheet: adhesive-free application of nanocellulosic suspensions in paper conservation[J]. Heritage Science, 2017, 5: 23.

[41]何英姿, 赵轩, 刘堂龙, 等. 高强、高透明、紫外屏蔽细菌纤维素复合膜的制备与性能[J]. 中国造纸, 2023, 42（10）: 1-11.

[42]a. Sara M. Santos, José M. Carbajo, Nuria Gómez, et al. Use of bacterial cellulose in degraded paper restoration. Part I: application on model papers[J]. Journal of Materials Science, 2016（51）: 1541-1552. b. 李艳丽, 刘盼盼, 王建伟, 等. 细菌纤维素对纸质档案的加固性能评价[J]. 档案学研究, 2022（05）: 130-136. c. 吴潇. 氨基硅烷化细菌纤维素在纸质文献加固中的应用研究[D]. 广东: 华南理工大学, 2022.

[43]张彦远. 历代名画记[M]. 北京: 中华书局, 1985.

[44]周嘉胄. 装潢志[M]. 北京: 商务印书馆, 1939.

[45]何伟俊, 郑冬青, 陈潇俐, 等. 我国书画文物装裱修复的理念转变与实践[J]. 东南文化, 2017（05）: 6-11.

[46]张金萍, 陈潇俐, 何伟俊, 等. 中国书画文物修复导则[M]. 南京: 译林出版社, 2017.

[47]郭桂香. 从创新成果管窥文物科技保护发展趋势[J]. 文物保护与考古科学, 2022, 34（01）: 126-132.

清代王爷园寝布局与分布的数理统计与分析研究

周莎

故宫博物院图书馆，北京 100009

Study on Mathematical Statistics and Analysis of the Layout and Distribution of the Mausoleums of the Princes in the Qing Dynasty

Zhou Sha

The Palace Museum Library, Beijing 100009, China

摘　要： 清代王爷们薨逝后，皆葬于北京及其周边。故而，在北京周边形成了以清代王爷园寝为中心的清代宗室墓地群。这些散落于乡间田野的王爷园寝，是研究清代陵墓制度、皇族世系、宫廷史、建筑史以及其他专门史的重要实物资料。然而，受史料所限，对于清代王爷园寝研究方面的专业文章并不多，因此，以实地踏查的形式，来对其展开讨论式的研究，成为研究清代王爷园寝的必由之路。实地寻访，并核对史料与档案上的记载，此"二重证据法"，在当今尚可行之。笔者经过 2006 年至 2016 年实地踏查与记录，利用十年间的过往寻访，对清代王爷园寝展开一系列讨论，以求教于大方之家。

关键词： 清代王爷园寝　地理信息　分布　园寝布局

Abstract: After the princes of the Qing Dynasty passed away, they were all buried in Beijing and its surrounding areas. As a result, a group of cemeteries for the Qing Dynasty imperial family, centered around the mausoleums of the princes, was formed in Beijing. These mausoleums of the princes scattered in the rural fields are important physical materials for studying the mausoleum system, the imperial family lineage, the history of the imperial court, the history of architecture, and other specialized history of the Qing Dynasty. However, due to limited historical materials, there are not many professional articles on the study of the mausoleums of the Qing princes. Therefore, conducting a research in the form of on-the-spot investigations has become the only way to carry out the study. Through on-site visits and cross-checking the records in the historical materials and archives, this "dual evidence method" is still feasible today. Based on the on-site investigation and records made by the author from 2006 to 2016, and using the past visits over the decade, a series of issues regarding the mausoleums of the Qing princes are discussed, with the hope of seeking advice from learned scholars.

Key words: Princes' mausoleums of the Qing Dynasty; Geographical information; Distribution; Mausoleum layout

一　整体布局的设计

（一）风水的选择——朝山、靠山、屏障山

清代王爷园寝的布局效法清代帝陵，也是十分讲究的。对朝山[1]、案山[2]、屏障山[3]等因素均有考虑。园寝把自然地理条件与山川形势相结合，以求浑然一体。若自然地理条件并不是十分完美的话，还可以进行人工的修补，以求具备上佳之风水。

清代王爷园寝有着严谨的布局。据工部样式雷的档案记载，王爷园寝在建造之前，都会先由雷氏家族设计样稿，分为平面图、全形图、局部图等。平面图主要是线图，以俯视的效果，来直观地展示整体建筑。全形图在每一个建筑边上有签条标注，一般标注具体的尺寸或样式。局部图则是某些重点建筑局部的特写，以求清晰明了地了解整体建筑。另外还有侧视图等。在北京故宫博物院，至今还藏有当年样式雷家族为清代帝妃园寝、清代王爷园寝所设计的图稿，从该图稿中我们可以直观地了解到清代王爷园寝的布局与建筑。

以瑞怀亲王园寝平格地盘画样图为例（图一），我们自南至北可以看到地面建筑依次为：土唇、下马桩、一孔桥（桥下为月牙河）、碑亭、茶饭房（东侧）、饽饽房（西侧）、大门、享堂、墓冢。在园寝墙外，东部有坐落房两处、坟户房；西部只有坟户房，园寝后寝部分的园寝墙外，东西各坐落着看守房。瑞怀亲王园寝地盘图则对其园寝的建筑尺寸有了详细的标注，例如：碑亭正前方东西两侧明确写着"饽饽房三间"。前文我们已述，西侧为饽饽房，东侧为茶饭房，故此处的东侧应该为茶饭房三间之误。园寝墙[4]外的东西看守房为二间，东部的十户房为十一间，东部的坐落房为五间，前后共两组。

清代王爷园寝的规模虽然远逊于清代帝陵，但在地势选择上也有一定讲究。从瑞怀亲王园寝图例看，最南端的土唇即朝山，修陵时若对面有山则可以进行风水的修整，若无山可以堆土为山，总而言之，前有朝，后有寝，以象人之生。

从瑞怀亲王园寝平格地盘画样还可知，享殿后

部是有一面墙的，墙的东西两侧分别有角门一扇。其他清代王爷园寝的实例如醇贤亲王园寝、果恭郡王园寝的大门两侧为砖墙。在砖墙的左右两侧各开有一处角门（图二）。若从新修葺的园寝看，怀亲王福惠的园寝中，享殿后为园寝门，仅开中轴线享殿后部园寝两侧的角门。有关清代王爷园寝地面建筑的专著最早见于冯其利先生的《清代王爷坟》，该书首开先河地对清代王爷墓葬进行了实地口碑走访收

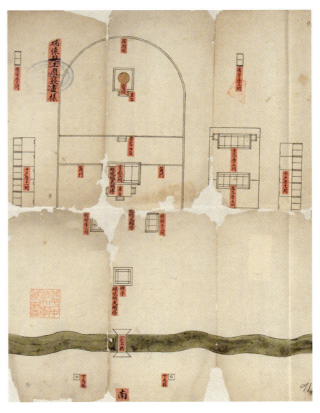

图一　瑞怀亲王园寝平格地盘画样图，故宫博物院藏

图二　果恭郡王园寝大门两侧的角门，2009年笔者摄

集。2007 年，笔者与冯其利先生合著的《重访清代王爷坟》一书中，对各王爷园寝的地面建筑现状进行了补充。2022 年，拙作《清代王爷园寝研究》将笔者十余年间的走访记录与文献相结合，对清代王爷园寝进行了个案分析与研究。

关于清代王爷园寝的风水，大多是有靠山的，如质亲王园寝背倚龙宫山、庆亲王园寝背倚五峰山。笔者将目前所知清代王爷园寝的靠山、朝山、屏障山的名字进行了统计，见表一。

从表一可见，靠山中很多名称为"大山子"，朝山中也有的叫"土山子"，此类名称或许为山名的俗称。据《清代王爷坟》载，"九龙山类似土城，呈南北走向，是长约一里的一条土龙。土龙东侧南北两端各有湖泊一处，这在堪舆家看来是块风水宝地"[5]。"太子陵北边是奶头山，西边是苇子峪，东边是麻子峪，南边为鹞子峪。周围的山山水水呈轴对称的弧形，园寝'脚踩莲花山，头顶凤凰山'"[6]。不难看出，清代王爷园寝是讲究风水的，是精心设计而选址的。

清代王爷园寝的风水设计无疑也是清代政治制度的体现，也反映出清代的等级制度，是清代宫廷历史研究的重要组成部分。

表一　清代王爷园寝靠山、朝山、屏障山统计表

序号	园寝名称	墓主	爵位	靠山	朝山	屏障山
1	睿忠亲王园寝	爱新觉罗·多尔衮	亲王	大山子		
2	显谨亲王园寝	爱新觉罗·衍璜	亲王	大山子		
3	裕亲王园寝	爱新觉罗·保泰	已革亲王	大山子		
4	裕僖亲王园寝	爱新觉罗·亮焕	亲王	九龙山		
5	醇贤亲王园寝	爱新觉罗·奕譞	亲王	西山妙高峰		
6	简修亲王园寝	爱新觉罗·雅布	亲王	大山子		
7	肃勤亲王园寝	爱新觉罗·蕴著	亲王	大山子		
8	荣恪郡王园寝	爱新觉罗·绵亿	郡王	石板山		
9	康修亲王园寝	爱新觉罗·崇安	亲王	金顶山		
10	康简亲王园寝	爱新觉罗·巴尔图	亲王	金顶山		
11	康恭亲王园寝	爱新觉罗·永恩	亲王	金顶山		
12	礼亲王园寝	爱新觉罗·昭梿	已革亲王	金顶山		
13	礼亲王园寝	爱新觉罗·永葽	亲王	金顶山		
14	康修亲王园寝	爱新觉罗·崇安	亲王	金顶山		
15	饶余敏亲王园寝	爱新觉罗·阿巴泰	亲王	劳子山		
16	安和郡王园寝	爱新觉罗·岳乐	郡王	小子山		
17	和勤亲王园寝	爱新觉罗·永璧	亲王	凤山		
18	克勤庄郡王园寝	爱新觉罗·雅朗阿	郡王		珠珠山	
19	和恭亲王园寝	爱新觉罗·弘昼	亲王	灵山		凤山
20	定安亲王园寝	爱新觉罗·永璜	亲王	奶头山		
21	循郡王园寝	爱新觉罗·永璋	郡王	奶头山		
22	荣纯亲王园寝	爱新觉罗·永琪	亲王	奶头山		
23	定恭亲王园寝	爱新觉罗·绵恩	亲王	迎北山	塔山	
24	顺承恭惠郡王园寝	爱新觉罗·勒克德浑	郡王	大山子		

序号	园寝名称	墓主	爵位	靠山	朝山	屏障山
25	顺承郡王园寝	爱新觉罗·勒尔锦	已革郡王	大山子		
26	顺承忠郡王园寝	爱新觉罗·诺罗布	郡王	大山子		
27	郡王品级锡保园寝	爱新觉罗·锡保	郡王	大山子		
28	顺承恪郡王园寝	爱新觉罗·熙良	郡王	大山子		
29	顺承恭郡王园寝	爱新觉罗·泰斐英阿	郡王	大山子		
30	顺承慎郡王园寝	爱新觉罗·恒昌	郡王	大山子		
31	顺承简郡王园寝	爱新觉罗·伦柱	郡王	大山子		
32	顺承勤郡王园寝	爱新觉罗·春山	郡王	大山子		
33	顺承敏郡王园寝	爱新觉罗·庆恩	郡王	大山子		
34	顺承质郡王园寝	爱新觉罗·讷勒赫	郡王	大山子		
35	庄靖亲王园寝	爱新觉罗·博果铎	亲王	馒头山		
36	庄恪亲王园寝	爱新觉罗·允禄	亲王	馒头山		
37	庄亲王园寝	爱新觉罗·弘普	亲王	馒头山		
38	庄慎亲王园寝	爱新觉罗·永瑺	亲王	馒头山		
39	庄襄亲王园寝	爱新觉罗·绵课	亲王	馒头山		
40	庄亲王园寝	爱新觉罗·奕赉	已革亲王	馒头山		
41	庄勤亲王园寝	爱新觉罗·绵护	亲王	馒头山		
42	庄质亲王园寝	爱新觉罗·绵簎	亲王	馒头山		
43	庄厚亲王园寝	爱新觉罗·奕仁	亲王	馒头山		
44	庄亲王园寝	爱新觉罗·载勋	已革亲王	馒头山		
45	庄恭亲王园寝	爱新觉罗·载功	亲王	馒头山		
46	克勤郡王园寝	爱新觉罗·亨元	郡王	双凤山		
47	显密亲王园寝	爱新觉罗·丹臻	亲王		南山	
48	理亲王园寝	爱新觉罗·弘皙	已革亲王	大山子		
49	定端亲王园寝	爱新觉罗·奕绍	亲王	宝山		
50	成恭郡王园寝	爱新觉罗·载锐	郡王	圣宝山		
51	庆僖亲王园寝	爱新觉罗·永璘	亲王	五峰山		
52	庆良亲王园寝	爱新觉罗·绵慜	亲王	五峰山		
53	庆密亲王园寝	爱新觉罗·奕劻	亲王	五峰山		
54	惇恪亲王园寝	爱新觉罗·绵恺	亲王	九里山		
55	恭忠亲王园寝	爱新觉罗·奕䜣	亲王	翠华山	大汤山	
56	豫亲王园寝	爱新觉罗·裕丰	亲王		土山子	
57	荣亲王园寝	未起名	亲王	黄华山		
58	纯靖亲王园寝	爱新觉罗·隆禧	亲王	黄华山		
59	裕宪亲王园寝	爱新觉罗·福全	亲王	黄华山		
60	理密亲王园寝	爱新觉罗·允礽	亲王	黄华山		
61	直郡王园寝	爱新觉罗·允禔	已革郡王	黄华山		

序号	园寝名称	墓主	爵位	靠山	朝山	屏障山
62	怐勤郡王园寝	爱新觉罗·允禵	郡王			
64	哲亲王园寝	爱新觉罗·永琮	亲王	朱华山		
65	质庄亲王园寝	爱新觉罗·永瑢	亲王	白树山		
66	质恪郡王园寝	爱新觉罗·绵庆	郡王	龙宫山		

二 清代王爷园寝分布数据的数理分析

"幽州之地，左环沧海，右拥太行，北枕居庸，南襟河济，诚天府之国。"北京处于中国版图的心脏地带，初称蓟，后又名燕。《尚书·舜典》："燕曰幽州。"两汉、魏、晋、隋、唐代属于幽州，辽代时升为辽南京，金代属金中都。元代建大都城，永乐元年（1403 年）始称北京，明成祖迁都后这里便成了明朝帝都。顺治元年（1644 年）清军攻占北京，是年十月，顺治皇帝入主紫禁城后，北京又成了清朝的首都。

清代王爷园寝主要分布在京津冀地区，以北京地区为大宗。表二中众多的王爷园寝，在修建之前都做了精心的选址与规划。至清朝灭亡，在北京及其周边地区形成了具有一定规模的王爷园寝。

从表二、表三可以看出，清代王爷园寝共有 178 处，园寝数量最多的区县是北京市海淀区，为 31 处，占总数的 17.41%，接近文物数量总数的 20%。北京市房山区，为 29 处；北京市朝阳区，为 26 处；北京市昌平区，为 16 处；河北省保定市，为 15 处；北京市石景山区，为 14 处；天津市蓟州区，为 11 处；北京市丰台区，为 8 处；北京市密云区，为 6 处；北京市门头沟区，为 5 处；北京市西城区，为 4 处；北京市通州区，为 3 处；北京市平谷区，为 3 处；北京市顺义区，为 2 处；河北省遵化市，为 2 处；北京市东城区，为 1 处；北京市怀柔区为 1 处；辽宁省辽阳市为 1 处。

清代王爷园寝的空间分布不均衡，表现在园寝的区域分布上。根据表二、表三，可以看出清代王爷园寝主要分布在中国的两市两省，分别是：北京市、天津市、河北省、辽宁省。从图三可以直观地

看出，清代王爷园寝的分布以北京地区较为集中，占清代王爷园寝总数量的 83.71%，超过总数的四分之三，是其他三个省市数量总和的四倍还多。

由此可见，清代王爷园寝在京师范围内分布较多，周边地区较少。北京的旧城区东城区和西城区共有 5 处；近郊区朝阳区、海淀区、丰台区共有 65 处；远郊区石景山区、门头沟区、房山区、通州区、顺义区、昌平区、平谷区、怀柔区、密云县共有 79 处，京畿以外的天津、河北、辽宁地区共有 29 处。

笔者认为形成这一分布特点的主要原因有如下几点。首先，清代宗室的王爷们居住生活的地点主要为北京，故而这些清代的亲王、郡王们薨逝后，也葬在生于斯、长于斯的故土北京。其次，清代入关之前，定盛京（今沈阳）为都，故而生活在清代前期的亲王们大都葬于沈阳周边。第三，清代帝陵选址为河北省的遵化市和易县，因此，清代亲王、郡王们薨逝后选址葬在大清皇陵的周边。

中国古代墓葬制度中有"昭穆而葬"之制。自古以来，以东为昭，以西为穆。清代帝陵的选址一东一西，便是这种制度的实例体现。清代王爷园寝的兴建，亦是借鉴了清代帝陵。有的是在清代王爷园寝墙内以"昭穆而葬"，有的是"家族聚集而葬"，

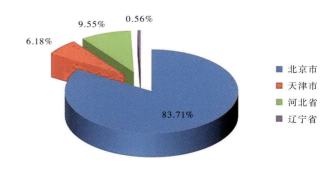

图三 清代王爷园寝区域分布的百分比图

表二　清代王爷园寝分布统计表

序号	区县	数量		总计
		亲王	郡王	
1	北京市东城区	1		1
2	北京市西城区		4	4
3	北京市朝阳区	22	4	26
4	北京市海淀区	19	12	31
5	北京市丰台区	5	3	8
6	北京市石景山区	13	1	14
7	北京市门头沟区	1	4	5
8	北京市房山区	15	14	29
9	北京市通州区	3		3
10	北京市顺义区	1	1	2
11	北京市昌平区	13	3	16
12	北京市平谷区	2	1	3
13	北京市怀柔区		1	1
14	北京市密云县	4	2	6
15	天津市蓟州区	8	3	11
16	河北省保定市	12	3	15
17	河北省遵化市		2	2
18	辽宁省辽阳市	1		1

表三　清代王爷园寝区域分布比率

地区	北京市东城区	北京市西城区	北京市朝阳区	北京市海淀区	北京市丰台区	北京市石景山区	北京市门头沟区	北京市房山区	北京市通州区
数量	1	4	26	31	8	14	5	29	3
百分比	0.56	2.25	14.61	17.41	4.49	7.87	2.81	16.29	1.69
地区	北京市顺义区	北京市昌平区	北京市平谷区	北京市怀柔区	北京市密云县	天津市蓟州区	河北省保定市	河北省遵化市	辽宁省辽阳市
数量	2	16	3	1	6	11	15	2	1
百分比	1.12	8.99	1.69	0.56	3.37	6.18	8.43	1.12	0.56

还有的是"子随父葬"。笔者通过实地踏查，发现符合上述规律的清代王爷园寝如下（图四、图五，表四至表六）。

图四是将两座以上、地点相同或相邻的清代王爷园寝归为"家族式"的园寝，并将清代王爷园寝

按某一家族的墓葬地点分为第一处地点、第二处地点、第三处地点等来进行表述。属于此种类型的有礼亲王园寝、睿亲王园寝、郑亲王园寝、肃亲王园寝、庄亲王园寝、克勤郡王（平郡王）园寝、饶余亲王园寝、顺承郡王园寝、庆亲王园寝、怡亲王园

图四　清代王爷园寝分布柱状图（一）

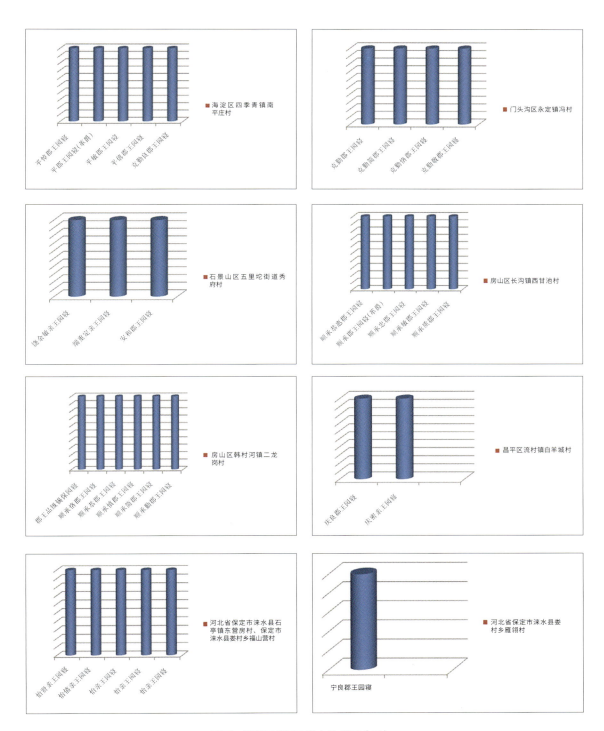

图五　清代王爷园寝分布柱状图（二）

表四　清代王爷园寝的"子随父葬式"分布统计表

	序号	园寝名称	墓主	支系	园寝地点
豫亲王家族园寝	1	豫通亲王园寝	爱新觉罗·多铎	清太祖努尔哈赤第十五子	北京市朝阳区建国门外街道光华东里
	2	信宣和郡王园寝	爱新觉罗·多尼	清太祖努尔哈赤第十五子豫通亲王多铎次子	北京市朝阳区建国门外街道光华东里
敬谨亲王家族园寝	3	敬谨庄亲王园寝	爱新觉罗·尼堪	清太祖努尔哈赤长子广略贝勒褚英第三子	北京市房山区长沟镇东甘池村
	4	敬谨悼亲王园寝	爱新觉罗·尼思哈	清太祖努尔哈赤长子广略贝勒褚英第三子敬谨庄亲王之子	北京市房山区长沟镇东甘池村
裕亲王家族园寝	5	裕悼亲王园寝	爱新觉罗·保寿	清世祖顺治皇帝次子裕宪亲王福全第五子	河北省保定市易县裴山镇北白虹乡南福地村
	6	裕庄亲王园寝	爱新觉罗·广禄	清世祖顺治皇帝次子裕宪亲王福全之孙	河北省保定市易县裴山镇北白虹乡南福地村
和亲王家族园寝	7	和勤亲王园寝	爱新觉罗·永璧	清世宗雍正皇帝第五子和恭亲王弘昼次子	北京市顺义区李桥镇王家园寝村
	8	和恪郡王园寝	爱新觉罗·绵循	清世宗雍正皇帝第五子和恭亲王弘昼之孙	北京市顺义区李桥镇王家坟村
果亲王家族园寝	9	果毅亲王园寝	爱新觉罗·允礼	清圣祖康熙皇帝第十七子	河北省易县梁格庄镇上岳各庄村
	10	果恭郡王园寝	爱新觉罗·弘瞻	清世宗雍正皇帝第六子	河北省易县梁格庄镇下岳各庄村
恒亲王家族园寝	11	恒恪亲王园寝	爱新觉罗·弘晊	清圣祖康熙皇帝第五子恒温亲王允祺次子	天津市蓟州区穿芳峪乡果香峪村
	12	恒敬郡王园寝	爱新觉罗·永皓	清圣祖康熙皇帝第五子恒温亲王允祺之孙	天津市蓟州区穿芳峪乡果香峪村
諴亲王家族园寝	13	諴恪亲王园寝	爱新觉罗·允祕	清圣祖康熙皇帝第二十四子	北京市平谷区马坊镇打铁庄村
	14	諴密亲王园寝	爱新觉罗·弘畅	清圣祖康熙皇帝第二十四子諴恪亲王允祕长子	北京市平谷区马坊镇打铁庄村
质亲王家族园寝	15	质庄亲王园寝	爱新觉罗·永瑢	清高宗乾隆皇帝第六子	河北省保定市涞水县永阳镇北洛平村
	16	质恪郡王园寝	爱新觉罗·绵庆	清高宗乾隆皇帝第六子质庄亲王永瑢第五子	河北省保定市涞水县永阳镇北洛平村
定亲王家族园寝	17	定端亲王园寝	爱新觉罗·奕绍	清高宗乾隆皇帝之孙定安亲王永璜之孙	北京市昌平区崔村镇九里山南麓
	18	定敏亲王园寝	爱新觉罗·载铨	清高宗乾隆皇帝之孙定安亲王永璜曾孙	北京市昌平区小汤山镇葫芦河村
惠亲王家族园寝	19	惠端亲王园寝	爱新觉罗·绵愉	清仁宗嘉庆皇帝颙琰第五子	北京市房山区青龙湖镇崇各庄村
	20	惠敬郡王园寝	爱新觉罗·奕详	清仁宗嘉庆皇帝第五子惠端亲王绵愉第五子	北京市房山区青龙湖镇崇各庄村

表五　清代王爷园寝的"帝系位下"分布统计表

	序号	园寝名称	园寝地点
太祖位下	1	礼烈亲王园寝	北京市海淀区香山街道门头村
	2	饶余敏亲王园寝	北京市石景山区五里坨街道秀府村
	3	武英郡王园寝	北京市朝阳区建国门外街道八王坟村
	4	睿忠亲王园寝	北京市东城区东直门街道新中街
	5	豫通亲王园寝	北京市朝阳区建国门外街道光华东里
太宗位下	6	肃武亲王园寝	北京市朝阳区潘家园街道潘家园东里
	7	承泽裕亲王园寝	北京市房山区河北镇磁家务村
世祖位下	8	裕宪亲王园寝	天津市蓟州区孙各庄村黄华山
	9	荣亲王园寝	天津市蓟州区孙各庄村黄华山
	10	纯靖亲王园寝	天津市蓟州区孙各庄村黄华山石头营村
	11	恭亲王常颖园寝	北京市朝阳区东大桥北
圣祖位下	12	理密亲王园寝	天津市蓟州区孙各庄村黄华山
	13	直郡王园寝	天津市蓟州区孙各庄村黄华山
	14	恒温亲王园寝	天津市蓟州区逮庄子乡东营房村
	15	淳度亲王园寝	河北省保定市易县高村乡神石庄村
	16	敦郡王园寝	北京市海淀区四季青镇田村
	17	怡贤亲王园寝	河北省保定市涞水县石亭镇东营房村
	18	恂勤郡王园寝	天津市蓟州区孙各庄村黄华山
	19	果毅亲王园寝	河北省易县梁格庄镇上岳各庄村
世宗位下	20	端亲王园寝	河北省易县张各庄村
	21	和恭亲王园寝	北京市密云区西田各镇署地村
	22	果恭郡王园寝	河北省易县梁格庄镇下岳各庄村
	23	怀亲王园寝	河北省易县王各庄村
高宗位下	24	定安亲王园寝	北京市密云区不老屯镇董各庄村
	25	端慧皇太子园寝	天津市蓟州区孙各庄村朱华山
	26	循郡王园寝	北京市密云区不老屯镇董各庄村
	27	荣纯亲王园寝	北京市密云区不老屯镇董各庄村
	28	质庄亲王园寝	河北省保定市涞水县永阳镇北洛平村
	29	哲亲王园寝	天津市蓟州区孙各庄村朱华山
	30	成哲亲王园寝	北京市昌平区旧县雪山村
	31	庆僖亲王园寝	北京市昌平区流村镇白羊城村
仁宗位下	32	惇恪郡王园寝	北京市昌平区崔村镇棉山村
	33	瑞怀亲王园寝	北京市石景山区金顶街福田寺村

续表五

	序号	园寝名称	园寝地点
宣宗位下	34	隐志郡王园寝	北京市丰台区王佐镇东王佐村
	35	顺和郡王园寝	河北省遵化市马兰峪镇许家峪村
	36	慧质郡王园寝	河北省遵化市马兰峪镇许家峪村
	37	钟端郡王园寝	北京市昌平区小汤山镇葫芦河村
	38	钟端郡王园寝	北京市昌平区小汤山镇葫芦河村
	39	醇贤亲王园寝	北京市海淀区苏家坨镇北安河村妙高峰山腰
	40	孚敬郡王园寝	北京市海淀区苏家坨镇北安河村

寝等。以上园寝的墓址都在同一区域，始建时间较早，历经岁月，形成了庞大的家族式园寝。从图四、图五可以看出，此类园寝能够形成庞大的规模，其原因之一是爵位均为世袭罔替的"铁帽子王"，其原因之二是清代早期封爵较多家族。如：饶余亲王家族园寝，始祖王饶余亲王阿巴泰第三子博洛被封为亲王，第四子岳乐被封为郡王，子孙繁衍，形成一定的规模。

表四是将两座地点相同或相邻的清代王爷园寝归为"子随父葬式"的园寝。可以看出，"子随父葬式"的园寝选址地点相同，父亲选定吉壤后，儿子薨逝后葬在其周边。此类园寝又可称为"次家族式"园寝，没有形成很大规模的原因是其爵位是降级而袭，所以规模没有"家族式"的庞大。

子随爷葬（即昭穆而葬）的形式出现在果恭郡王园寝内的五座墓冢之间，但由于资料所限，此处不讨论该园寝的诸位墓主人，故此处从略。

按照帝系排列清代王爷园寝的分布（表五）可以看出，早夭的皇子，一般随父皇而葬，如顺和郡王园寝和慧质郡王园寝。他们二人都为清宣宗道光皇帝之子，道光皇帝初选帝陵吉壤在清东陵的宝华峪，后因玄宫渗水严重，而改在清西陵的龙泉峪。因此，道光皇帝早夭的两位皇子选在了清东陵的许家峪，当时其父皇的陵址还未改址。另一方面，清代早期成年的皇子多葬于北京旧城区或近郊，自世祖以后的成年皇子，大多葬于远郊区或是京畿附近。

三 小 结

综上所述，清代王爷园寝在地理上的分布有着一定的规律。清代王爷园寝的分布与其家族选址有一定的联系，换句话说，就是封爵爵位的始祖王所选之地，其后世子孙之园寝或选址于其附近，或选址于其所在区域（即今之区县）。可概括为三种形式，第一种形式是家族聚葬，第二种形式是子随父葬，第三种形式是子随爷葬（即昭穆而葬）。

本文所统计的清代王爷园寝的布局与分布，皆以实地考察及文献资料记载为基础，以期本文作引玉之砖，能有更多的同仁关注墓葬类文化遗产保护，特别是清代的文化遗产。在基本建设大兴的今天，我们身边的文化遗产保护刻不容缓，对于这些遗迹的研究亦是如此。

---

[1]朝山是指与园寝相对的山。

[2]案山，又称为靠山，是指园寝后部所倚靠的山。

[3]屏障山是指园寝左右两侧的山。

[4]园寝墙学名为罗圈墙。所谓罗圈者，即为一个半圆形，故此种形态的建筑亦可称为罗圈墙。

[5]冯其利.清代王爷坟[M].北京：紫禁城出版社，1996：134.

[6]冯其利.清代王爷坟[M].北京：紫禁城出版社，1996：197-198.

文化旅游背景下名人故居"情境感知"设计提升策略研究 *

——以天津五大道马占山旧居为例

程小艳　谭巍

天津师范大学美术与设计学院，天津 300387

Research on the Design Improvement Strategy of "Situational Awareness" of Former Residences of Celebrities in the Context of Cultural Tourism

A Case Study of Ma Zhanshan's Former Residence on Five Avenue in Tianjin

Cheng Xiaoyan, Tan Wei

College of Fine Arts & Design, Tianjin Normal University, Tianjin 300387, China

摘　要： 在文化旅游高质量发展对文化体验需求日益增长的背景下，名人故居作为文化旅游的重要组成部分日益受到关注。通过分析和研究名人故居情境感知的构成要素及设计要点，进一步探索情境感知与体验感提升的关系，总结名人故居感知体验的核心。推导名人故居情境感知体验策略方法如下：在地"原镜"的空间营造，三位一体的游览路径，深化游客的互动体验，增强文创产品的情境感知设计。并以天津五大道马占山名人故居为例进行情境感知设计，验证方法的可行性。通过名人故居空间情境营造，唤醒参观者的多感官感知，再通过游览路径的设定，辅助参观者的时间、空间的感知代入。最后，借助设施及环节设定，增强名人故居的体验感，从多层面辅助名人故居的体验感提升，并满足文旅用户日益增长的对文化深度体验的需求。

关键词： 名人故居　情境营造　情境感知　设计提升　文化旅游

Abstract: Against the background of the growing demand for cultural experiences in the high-quality development of cultural tourism, former residence of celebrities, as an important part of cultural tourism, are receiving increasing attention. By analyzing and studying the constituent elements and design key points of the situational perception of former residences of celebrities, further exploring the relationship between situational perception and the enhancement of experience sense, this paper summarizes the core touch points of the perceived experience of former residences. The strategic methods for situational perception experience of former residence of celebrity are deduced as follows: creating a local "original mirror" space, designing a three-in-one tour route, deepening tourists'interactive experiences, and strengthening the situational perception design of cultural and creative products. Taking the former residence of Mazhanshan on Tianjin Five Avenue as an example, the situational perception design is carried out to verify the feasibility of the method. Through the creation of spatial situations in the former residences of celebrities, the multi-sensory perception of visitors is awakened. Then, with the setting of tour routes, the substitution of visitors' perception of time and space is assisted. Finally, with the setting of facilities and links, the sense of experience in the former residence of celebrities is enhanced, which helps to improve the sense of experience at multiple levels and meets the growing demand of cultural tourism users for in-depth cultural experience.

Key words: Former residence of celebrities; Situational construction; Situational perception; Design improvement; Cultural tourism

* 本文为天津市哲学社会科学规划项目"基于文化体验的天津市高端旅游空间形态构建研究"（项目编号：TJGL20XSX-30）成果。

引 言

2024 年 2 月，习近平总书记在天津考察时指出，展现城市文化特色和精神气质，加强历史文化资源保护，深入挖掘历史文化资源。名人故居是重要的建筑保护遗产及精神文化遗产。在文化和旅游融合发展的背景下，名人故居的保护及开发有着重要的物质和精神价值。然而，当前名人故居开发力度不足，多数存在展陈呆板、场景复原不足、缺少深度体验环节等问题。本文基于情境感知理论，面向名人故居提出情境营造提升策略，使得游客获得沉浸式参观体验。从游览者需求出发，以情境感知各种形式向游客传递名人相关文化信息，以便游客进一步了解名人事迹，满足游客对名人故居求知好奇的旅游初衷，从而实现参观体验优化，旅游服务升级，提高游客关于名人故居的情感文化共鸣。情境感知的目标就是主动感知用户和周围情境信息的变化，根据用户的需要，在恰当的时机提供恰当的信息和服务。情境感知应用在商务智能领域相对成熟，且不断影响着其他领域。目前情境感知理论中以人为本的理念被运用于相关服务领域中，从而全面提升旅游幸福感。情景感知延展到博物馆展示设计、社区提升、文化遗产活化等领域，但是还处于不断完善阶段。本文主要研究的是依托建筑遗产的名人故居。名人故居是集空间活动和时间参与于一体的物质"容器"，是重要的建筑文化遗产。作为触摸历史的活化石，保护名人故居并融入城市文化体系建设有利于深化文旅事业的发展，同时也是树立文化自信的重要抓手，亦是提高用户体验感的重要手段。目前名人故居存在陈列式、说教式、信息导入式的方式，不利于游客获取相关信息，因而要与时俱进地根据名人故居实际情况进行情境营造设计提升。

一 情境感知理论与名人故居保护的学术回顾

按照旅游资源分类标准（GB/T 18972-2003），名人故居隶属于"主类F建筑与设施—亚类FD 居住地与社区—基本类型FDD名人故居与历史纪念建筑"[1]。当前学界和业界从不同维度进行了诸多探讨。在计算机方面，顾君忠和童恩栋对情境感知理论做了相关研究，关注到了情境感知系统与物联网结合，以情境感知流程为主线，对现有情境感知系统进行分析，指出不足，另外董艳等还对情境感知理论做了延伸；在旅行课程设计方面，董艳借鉴情境感知理论来提升学生研学旅行效果；在艺术博物馆方面，李文庆用情境感知理论指导艺术博物馆在去中心化的社会发展浪潮中找到更精确的定位；在历史文化名城方面，谢彦君和屈册以平遥古城为例明确提出了"情境"，阐述了旅游者不同属性与历史情境、休闲情境和新奇情境的关系及对三者关系的不同调节作用。主要文献回顾见表一[2]。检索上述文献，发现"情景营造"的设计策略在名人故居中的应用尚未有明确的论述，同时忽略多空间叙事性沉浸式体验的内容，结合目前名人故居中存在的问题，应该将这作为未来历史名人文化建筑遗产活化与文化传播的重点之一。

二 情境营造视域中名人故居现存问题

在天津市文化和旅游局对市十八届人大一次会议第 0008 号建议的办理答复中，明确提出"深度挖掘马占山等旧居文化，再现历史场景与故事，强化洋楼文化与现代艺术相融合，推动五大道百年洋楼历史文化健康发展"。天津作为近代百年中国的代表城市，拥有众多名人故居历史文化资源。其中马占山名人故居位于天津五大道和平区湖南路 11 号，为三层砖木结构独立住宅，马占山在这里度过三年的时光。一楼为客厅、餐厅，二楼是马占山夫妇的卧室，三楼是儿子和孙女的卧室，目前以展览馆的形式存在，当年生活的场景已经完全没有了，仅剩一楼是将军的历史展，展示了很多将军生前使用过的物件，包括穿过的军装、军帽、用过的枪支，以及筷子、暖手壶等生活中的用具，也有相关的详细说

表一　情境感知理论的运用

序号	作者	研究领域	观点	时间	运用领域	对名人故居研究的启发
1	SCHILIT B 等	Disseminating active map information to mobile hosts	移动分布式计算使移动环境中导航可以借助活动地图描述某一区域内物体随时间变化的位置特征	1994 年	计算机领域	提供原始理论参考
2	ABOWD Gregory D 等	Towards a Better Understanding of Context and Context-Awareness	通过改进计算机对上下文的访问，增加了人机交互中通信的丰富性，并使产生更有用的计算服务成为可能	1999 年	计算机领域	提供原始理论参考
3	顾君忠	情景感知计算	讨论了情境感知的相关概念、研究与应用，分析了情境建模方法及情感感知系统框架	2009 年	计算机领域	提供原始理论参考
4	童恩栋	物联网情景感知技术研究	结合物联网探讨信息获取、建模和智能处理等内容，指出其现有情境感知系统不足，给出了情境感知系统的参考结构	2011 年	计算机领域	提供原始理论参考
5	李兵等	危机事件近实时情境感知研究综述	针对国内外危机事件进行了不同情况下的情境感知分析，与互联网的近实时情境感知分析	2012 年	计算机领域	提供原始理论参考
6	张李义等	面向知识挖掘的情感感知应用研究综述	以分类框架为基础，对情境感知的应用研究进行了综述	2013 年	计算机领域	提供原始理论参考
7	谢彦君等	平遥古城旅游者情境感知及其对旅游体验质量的影响研究	阐述了旅游者不同属性与历史情境、休闲情境和新奇情境的关系及对三者关系的不同调节作用	2014 年	历史文化名城	激发名人故居策略灵感
8	董艳等	情境感知和域下研学旅行课程设计探究——以"乔家大院民俗博物馆研学基地"为例	借鉴情境感知理论，结合旅游和学习情境，提升学生研学旅行效果	2021 年	旅行课程设计	激发名人故居策略灵感
9	霍慧煜	文化遗址博物馆展示中的情境共创设计研究	以用户体验为导向"情景叙事""交互体验""平等对话"，达到观众、设计师、博物馆方情景共创的目的	2022 年	文化遗址博物馆	激发名人故居策略灵感
10	曾繁盛等	历史名人文化建筑遗产创新性改造设计研究——以泉州市施琅名人故居改造方案为例	对泉州市施琅名人故居提出了新旧共生、数字融入、材料创新、改善功能布局等政进措施，使名人故居呈现方式更加新颖	2022 年	历史名人文化建筑	激发名人故居策略灵感
11	王松华等	基于情境体验的智慧社区设计策略研究	以情境感知理论为基础，对社区服务体验、社区活力进行提升	2023 年	智慧社区设计	激发名人故居策略灵感
12	李文庆	以情境感知引领艺术博物馆传播理念创新	讨论以观众情境感知为导向，探索艺术博物馆在去中心化的社会发展浪潮中找到更精确的定位	2023 年	艺术博物馆	激发名人故居策略灵感
13	景亚茹等	情境体验下的乡土景观营造策略	从情境体验的角度出发，提出乡土景观情境空间的营造策略	2023 年	新农村建设	激发名人故居策略灵感

明以及简短影视记录，还有文创区及五大道的模型地图，地下室暂未开放，二、三楼被活化成了咖啡厅。但是经亲身体验和与同行游客深度交流之后，对于该名人故居得出体验感较弱的一致结论。根据名人故居现场调研分析、用户采访调研、用户测试及反馈的设计流程总结，发现主要存在四大问题：（1）对名人生平最具影响力的历史还原仍停留在文字性描述上，游客对其体验感不够深刻。（2）缺少动线标识。特别是小型名人故居中，在进行调研的过程中作者观察到游客游览时没有按照展示顺序进行。（3）互动体验设施不足，名人故居处于静态的展示中。（4）文创产品急需升级，创新度不高，种类固化，没有体现名人故居文化和名人精神，没有起到持续宣传名人的作用，游客购买欲望不高（图一）。

上述问题需立足于原真性原则、空间叙事性原则、互动体验原则、文化性原则去进行相关设计提升与改进重塑（表二）。（1）原真性原则。原真性原则除了在人们"眼见为实"的评价标准下复原名人文化的"生长"环境和氛围、增强整体展示的真

实感外，还包括利用新媒体技术展示那些难以详尽阐述但希望游客从中感受到名人魅力的故居资料，还原一些历史片段，作为解决上文所提到的第一个问题的设计原则[3]。（2）空间叙事性原则。强调按一定游览顺序出发，游览路径的确立需要根据情节来设定。空间情节不是一种特定的空间功能，而是一种超越于形式、功能，又与形式、功能捆绑在一起的空间感受，表现在空间关系上就是一种有张力的场所意象，将作为解决上文所提到的第二个问题的设计原则[4]。应从观者的体验出发，设计出丰富的空间层次。（3）互动体验原则。目前名人故居的展示方式使游客的体验多为单向，互动体验是"自觉"与"外在刺激"的律动，是精神在自觉与受控之间穿越中获得新的感悟的活动。互动体验原则将作为解决上文所提到的第三个问题的设计原则。（4）文化性原则。游客之所以参观名人故居，是因为被名人精神所吸引，"人、物、事、魂"是整个名人故居感觉结构的核心。将文化性贯穿于名人故居的方方面面，并延续到文创设计中，将作为解决上文所提到的第四个问题的设计原则。

问题一　枯燥的文字还原历史

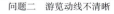

问题二　游览动线不清晰　　问题三　缺少互动装置　　问题四　文创产品急需升级

图一　名人故居中存在的四大典型问题

三 情境感知理论指导下名人故居"情境营造"提升策略

"情"主要指的是情感,"境"主要指的是场景。情境营造的目的就是强调情节、情绪、情感,同时对场景、氛围提出更具体验感的要求,"营造"相比于"建造"的多方协作与协同,增加了经营、运营的构思,也包含了内生驱动力的设计,即面向结果、更面向过程的全流程运营与服务(表二)[5]。

(一)在地"原境"的空间营造

"原境"营造的目的是增强名人故居整体展示的真实感,"原境"的研究主体应该是符合名人故居历史考据的原物[6]。原真性为人们回顾和体验历史提供了共情性基础和环境依据。名人故居建筑本身的原境营造承载了城市的记忆和情感,保护其社会价值是一个重要任务。首先是对名人故居修复时坚持"修旧如旧"的原则,不做大幅修建,尽量减少对建筑原有结构的改动,对于原建筑的漆面进行修复时需获取科学的实验数据来支撑,力求用原材料原工艺修复,必要时通过与老一辈或其后人商讨做有依据的还原。其次是名人故居空间内部气质的恢复。名人故居内部气质的原真性主要体现在功能、空间能否反映"原初",以原来的摆设为主,通过室内空间色彩、光线、陈设品等场景复原,历史地再现生活情境,使室内场景与游客的经历、记忆等触碰产生体验火花,满足沉浸式、趣味性的观展需求,并以此传达出名人文化的力量和精神,使游览者从中引发共鸣和反思。

(二)三位一体的游览路径

游览路径的确立需要根据情节来设定。立足于名人精神,有效协同空间情节中感知、想象、理解三个部分,并建构三位一体的游览路径。首先是场所情节的感知:合理编排空间情节。空间情节是建筑活的灵魂,通过对空间情节的艺术处理来增强其感染性,空间情节可以超越形式和目的,形成空间氛围与形式功能相融合的复合系统。地理学家段义孚在其著作《空间与地方:经验的视角》中谈到空间与场所的区别时说,人在"将空间变成一个由路线和地方组成的熟悉的世界"后,空间便不再与己无关,而成为对人有意义的场所[7]。其次是故事情节的想象:营造起伏的空间情节,将名人精神与创新设计表现方法相结合,突出名人故居主题,也赋予名人故居和名人精神更多的时代内涵。对游客进行节奏引导,设置意料之外的空间,有意识地描绘空间情节及内在精神与场所中的人、物、事件等时空要素,形成有感染力的场所感,使人产生期待盼望,带来直接有趣的空间感受。最后是名人事迹的理解:合适的游览路径是名人故居体验的基础,有助于游客有规律有逻辑地了解名人的事迹。导游可以根据游客的兴趣和需求为他们提供定制化的参观体验,让游客更好地了解名人故居的精髓和价值。以名人故事线为引导的浏览路线,体验名人的生活场景,感受历史情境的跌宕起伏。引入虚拟现实和增强现实技术,游客可以选择特定的历史时期,进入虚拟

表二 "情境营造"策略

序号	情境营造策略	情境营造策略目标	情境营造的三大原则
1	"原境"的营造	VR/AR 突破传统空间展示的局限性,使游客对名人故居内部真实场景以及真实历史情形得到了解,满足游客好奇心	原真性原则
2	规划游览路径	合适的游览路径有助于游客有规律有逻辑地了解名人的事迹	空间叙事性原则
3	增强游客互动体验	使静态的物质符号展览变为动态的名人故事参与,扩展游客体验层次,使游客的体验由单向转为双向	互动性原则
4	文创产品升级	将名人故居文化以文创产品的形式物化展现,传承发扬并被大众所熟知	文化性原则

场景，观察和参与当时的事件。游客可以与虚拟导游进行语音或文本对话，询问问题、获取信息或寻求建议。

（三）深化游客的互动体验

游客在旅游的过程中单纯目睹历史雕像，不会在脑海里留下深刻记忆，因而需要通过多元化的展览设计、技术化的策展嵌入、互动化的数字参与，才能让人们以再度"身临其境"的方式激活其情感共鸣，并在参观结束后保留重要记忆。记忆场景和生活场景的共振使得各层次的场景化运营、运作得到充分释放，进一步形成更具记忆影响力的空间网络和整体氛围[8]。使人们在游览的过程中主动调动记忆，更好地体会名人思想，了解名人知识。

首先是情绪介入的互动体验。名人故居展览应利用情绪介入媒介为游览者带来独特的知觉感受，使人的时间知觉体验达到更深的层次，将文化的表达融入名人故居中。名人故居是情感极强的建筑类型，故居中的情绪主要是由其主题决定的，另外色彩的色相也会对情绪产生影响，例如浅绿色给人充满活力的印象，朱红色表现革命的激昂和热血，除此以外，光影作为一种新的空间设计要素，对其明暗属性根据内容需求进行控制，使空间形成一个有特点、有情绪的舞台，引导游览者融入情感。

其次是知觉介入的互动体验。感官的介入可以很好地理解空间中物质的感性构成，更好地进行名人故居空间的设计，从而更好地表达名人故居中要传达的精神气质。多感官体验形式增强用户感知能力。游览者通过"五感"（视、听、嗅、触、味）获得外部信息时会产生各种正负性心理情绪的变化，同时会凭借其知识、经验和想象来理解和感知外部环境和事件，从而加工成心理层面的感知，最终形成对事物的认知和具有个人心理倾向的心理状态。

最后是行为介入的互动体验。行为的介入是名人故居情境提升过程中不可避免要谈及的因素，进

行情境营造使游客产生身临其境的感受时，需要用身体去感受空间。经调查发现，在知识储备上，游客缺乏对于名人故居的全面了解。大多数游客只停留在听说过、在某些地方看到过等模糊的印象。也正因如此，受访者希望在参观的过程中有导游进行细致的解释说明，也愿意通过线上浏览、互动小游戏等方式增进了解。另外可以将引起互动的元素融入设计中，激发游客参与互动，提高时间知觉行为介入的影响程度。

（四）文创产品的设计升级

目前名人故居的文创产品在设计工艺和材质等方面十分滞后，实用性较低。名人故居文创产品应更具有时代感和创新性，文创产品与原型之间应该保持一定的相似度，否则会导致用户无法理解名人故居文创产品的背后故事[9]。在设计产品时，应将从名人故居提取的元素与产品形态、色彩、肌理及材质相融合。要根据文创产品的实用性、美观性、创新性、纪念性来进行产品设计（图二）。

四 天津五大道马占山名人故居案例分析

马占山旧居展区较小，占地面积仅 181.4 平方米。"原境"的营造是情境体验中非常重要的一个环节，除了通过灯光和色彩，以及利用三维重建技术使建筑内部更具当时的氛围外，设计师试图情境还原马占山生前的生活状态和作战指挥情景，重新构建游客的认知理解，满足沉浸式、趣味性的观展需求。将历史名人故居进行精确还原，并在元宇宙中

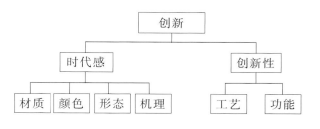

图二 文创创新方式

展示出来。游客可以通过佩戴VR头显或使用AR设备，身临其境地游览名人故居，游客可以体验马占山过往时光，沉浸在他的故事之中。马占山将军指挥江桥抗战得到世人的敬仰，但是当时的艰难并不是我们现在人所能感同身受的。相关的体验可以帮助游客更加直观地理解历史，并感受到马占山故居所承载的历史信息。通过AR交互深入探究马占山，游客了解了马占山的个人魅力，感受到马占山当年的生活状态和作为伟人的公共价值。马占山故居可以参考常州三杰纪念馆的改造方案，利用VR和AR拓增内容，在有限的场地中突破传统空间展示的局限性。游客佩戴VR眼镜即可参观纪念馆，通过平板电脑就可直观地获取现实世界无法还原的展示内容。像常州三杰纪念馆那样，以更生动直观的方式展现红色历史故事，缩短观众与场馆的距离，发挥更大的教育意义，让红色文化资源进一步"活"起来[10]（图三）。

（一）增强游客与空间展品的多向互动

外部场景的塑造直接影响五官感受，使得展览所传递的情感和文化逐渐渗入游客的认知体系，并激发游客兴趣，调动游客情绪。探索名人故居中互动体验感知的切入方式，首先是游客与展品之间的互动。运用 AI 互动、多点触控等交互设计，使得游客可以通过触摸屏获得关于名人故居展品更多的详细信息。游客可以在硝烟四起、战火纷飞的空间氛

围中了解展品，了解伟大的红色精神。

增强游客之间的互动。游客与游客产生互动交流需要一定的情境设置，才能引起强烈共鸣。将马占山将军的遗书设置在专门的展示区，中间为四面玻璃的透明展台，通过色彩、质感和纹理呈现出与其他展品不同的美感。运用聚光灯来营造展台的历史氛围，四面供游客停留，最大可能地增加游客间互相交流的可能性。

增强游客与空间之间的互动。根据展览效果，游客会对感兴趣的名人故居空间进行摄影，从而与建筑和环境产生更多的接触。马占山故居可以在入口处设置VR体验区，通过虚拟现实 VR 技术生成体感交互，将马占山的生平按照关键节点分为落草为寇、投靠奉军、江桥抗日、西安事变四部分，将名人故事变成可观可感的虚拟情境。通过复原时空、线上线下相结合，使观众具备"历史观察者"和"历史参与者"的双重身份，激发人们对历史文化的学习热情，加强爱国主义精神传承，使参观者与环境产生情感共鸣，并进行虚拟的时空对话。让游客在游览的过程中自觉地加入互动当中，感受真实历史，了解名人事迹。马占山故居在进行多向互动时可以参考由广东博物馆携手多家文博机构举办的"焦点：18—19 世纪中西方视觉艺术的调适"展（图四、图五），该展览运用对比、虚实、立体等设计手法进行符号重组，不单单是静态展示，还包含了动态互动、

图三　常州三杰 5G+VR/AR 场馆案例实景图片

（图片来源于 https://wglj.changzhou.gov.cn/html/wgxj/2021/EFADJFDC_0105/81919.html）

图四　"焦点：18—19 世纪中西方视觉艺术的调适"展全景沉浸式中国风房间
（图片来源于 https://mp.weixin.qq.com/s/6DPiBbTnMlGY7iR5aKrl7A）

图五　"焦点：18—19 世纪中西方视觉艺术的调适"展互动触摸屏装置
（图片来源于 https://mp.weixin.qq.com/s/6DPiBbTnMlGY7iR5aKrl7A）

裸眼 3D视频、全景沉浸式交互体验等，因此游客可以沉浸式体验和以多元交互方式访问中国风房间。除此之外，该展览还通过多元化的媒介来进一步展示外销画制作流程，游览者可以通过体验互动触屏装置来了解广府女团的历史文化及社会变迁，身临其境，获得沉浸式的体验。

（二）增强文创产品的情境感知设计

深入挖掘消费者的需求和习惯，通过文创产品带动名人故居精神文化的传承，将文创产品形态与文化内涵相结合，调动用户最深层的记忆和感知。用户通过产品的整体造型与使用情景，激发自身相关的情感共鸣与审美体验，从而感知设计中的文化意象[11]。马占山将军的红色历史及个人故事、遗留文物是文创设计的创意源头，需要以此来设计文创产品。首先是提取"红色文化元素"。在马占山旧居中有两枚抗日纪念章具有深厚的历史意义（图六），

重点发掘马占山将军英勇抗日的精神，因此可推出"还我河山，保家卫国"为主题的文创产品，提取纪念章图形设计元素进行文具（书签、笔记本等）、生活用品（钥匙扣、手机支架等）、服装配饰（徽章、胸针等）等的设计。可借鉴功勋武器主题徽章设计，功勋武器主题徽章提取馆藏苏制米格-15 歼击机、苏制 215 号坦克、苏制M1939 式 37 毫米高射炮上面的图案进行勋章和冰箱贴的设计，以小见大展示抗美援朝的伟大精神，使普通的文创产品具有红色文化的特殊属性，自觉承担了红色文化传播的重要责任。其次是再现"历史事件"。马占山将军指挥的嫩江桥抗战打响了中国人民抵抗日本侵略的第一枪。借鉴南京夫子庙冰箱贴文创的方式，在不破坏其建筑原貌的前提下进行设计（图七），可将具有重要历史意义的嫩江桥建筑通过积木的形式展示，用户使用这样的文创产品，还可以受到爱国主义教育。最后是讲好"名人故事"。马占山从东北到西北始终坚

图六　马占山故居展品：抗日纪念章 Anti-Japanese Medal

图七　南京夫子庙文创产品：冰箱贴

持抗战精神，受到全国人民钦佩，在名人故居展厅中还保存着当时毛泽东送给马将军糖果遗留下来的包装纸，这展现了两人的革命友谊。因而可利用糖纸进行糖果零食类的红色文创设计（图八），借助公众对毛主席的认知，来进一步强化游客对马占山将

军的了解。游客在参观展览之后，品尝糖果时自然地将两位伟人联系在一起，实现了展览的文化传播目标。马占山故居的糖果文创可以参考双清别墅的红鱼文创笔记本设计。红鱼文创笔记本的设计灵感来源于毛主席在任弼时因工作积劳成疾入院休养时，赠予其一群红鱼，请他闲时观看的故事。红鱼见证了两位领导人的革命友情，因此以名人故事中的"红鱼一群"进行相关文创设计成了红色文创的成功案例。马占山故居应该依托红色历史文化与名人趣事进行文创设计，弘扬名人故居文化，宣传名人事迹，为公众带来贴近生活的爱国主义教育[12]。

五　结　语

在文化旅游高质量发展的需求推动下，"情境感知"的沉浸式体验为解决当前小型名人故居的空间

图八　红色文创产品：功勋武器主题徽章及冰箱贴与双清别墅红鱼文创笔记本
（图片来源于《设计》期刊的《北京地区红色旅游文创设计研究》论文）

展示所面临的体验困境提供了新的解决方案。"情境感知"设计使名人故居的游客参观体验从静态转向动态，在游客和名人故居之间搭建起了桥梁。对名人故居进行多元空间"原境"营造、叙事式游览路径设计来实现情感交融并激发沉浸式体验，使游客在名人故居的游览体验得到切实提高，对当前名人故居的保护和发展是有积极意义的。

[1] 富琳桦，傅蓉蓉. 名人故居旅游的开发与传播研究——以上海武康路为例[J]. 设计，2014(11)：88-90.

[2] 韩芳芳，朱文娟. 国外"情境感知"研究现状的可视化分析[J]. 中国科技资源导刊，2016，48(03)：90-98.

[3] 吴胜. 融媒体时代名人"走出"故居的新探索[C]//中国博物馆协会名人故居专业委员会. 中国博物馆协会名人故居专业委员会 2020 年年会论文集. [出版者不详]，2020：10-18.

[4] 马平. 基于空间情节的新媒体艺术介入历史街区设计研究[D]. 北京：中央美术学院，2021.

[5] 沈康，黄倩桦. 记忆的重塑：文化资源整合与情境营造的空间设计策略[J]. 美术学报，2022(04)：134-138.

[6] 约翰·西蒙兹，巴里·W·斯塔克. 景观设计学——场地规划与设计手册[M]. 北京：中国建筑工业出版社，2009.

[7] 全幸雅. 一个家族的两岸情——从严复故居说起[J]. 台声，2022(08)：90-91.

[8] 沈康，黄倩桦. 记忆的重塑：文化资源整合与情境营造的空间设计策略[J]. 美术学报，2022(04)：134-138.

[9] 张芳兰，孙岑颖，周舒婷. 基于原型理论的红色文创产品设计研究[J]. 美与时代（上），2023(10)：117-121.

[10] 常州市文化广电和旅游局. 常州三杰纪念馆 5G+VR/AR 场馆正式上线！[EB/OL]. 2021-01-05. https：//wglj. changzhou. gov. cn/html/wgxj/2021/EFADJFDC_0105/81919. html.

[11] 剑锋. 从"符号"到"意象"—传统文化在中国当代设计艺术中的诗性表达[J]. 浙江社会科学，2016，243(11)：137-142，160-161.

[12] 李红超. 北京地区红色旅游文创设计研究[J]. 设计，2021，34(11)：8-10.

嘉峪关明代长城防御体系调查与研究

许海军

嘉峪关长城研究院，甘肃嘉峪关 735100

Investigation and Research on the Great Wall Defense System of the Ming Dynasty in Jiayuguan

Xu Haijun

Jiayuguan Great Wall Institute, Jianyuguan 735100, China

摘 要： 嘉峪关是明代万里长城的西端起点，明洪武五年（1372 年）建关之后，历经弘治、嘉靖、万历等时期的大规模扩建维修，建成一套完整的长城防御体系。长城修筑利用自然地形，因地制宜，就地取材，构筑方式有黄土夯筑、土坯垒筑、片石夹土、削山成壕、利用山险河险等，保存有墙体、壕堑、关隘、城堡、屯庄、烽燧和相关遗存等，基本涵盖了明代长城建筑的各种类型。嘉峪关不仅是明代长城建筑的杰作，作为西域进入中原的第一关隘和海关入口，其长城防御体系在整个明代国防体系中占有重要地位，在维护中原与西域间的朝贡贸易及丝绸之路畅通方面有着不可替代的作用。

关键词： 嘉峪关　明长城　保存状况　调查研究

Abstract: Jiayuguan is the western starting point of the Ming Dynasty's Great Wall. After the constructing in the fifth year of Hongwu (1372) in the Ming Dynasty, it underwent large-scale expansions and maintenances during the Hongzhi, Jiajing, and Wanli periods, forming a complete Great Wall defense system. The construction of the Great Wall took advantage of the natural terrain, adapting measures to local conditions and using local materials. The construction methods included tamping loess, building with adobe bricks, laying stones mixed with soil, cutting mountains into trenches, making use of mountainous and riverine terrain for natural defenses, etc. Remains such as walls, trenches, passes, castles, fortified villages, beacon towers, and related relics have been preserved, basically covering all types of Ming Dynasty Great Wall construction. Jiayuguan is not only a masterpiece of Ming Dynasty Great Wall architecture, but also as the first pass and customs entry point for the Western Regions to enter the Central Plains, its Great Wall defense system played an important role in the entire national defense system of the Ming Dynasty. It played an irreplaceable role in maintaining the tributary trade between the Central Plains and the Western Region and ensuring the smoothness of the Silk Road.

Key words: Jiayuguan; The great wall of the Ming dynasty; Preservation status; Investigation and research

嘉峪关位于河西走廊中部，南依祁连山，北接黑山，是古丝绸之路的交通要道，古称"河西第一隘口"。境内地势西南高，东北低，海拔在 1430—2799 米之间。汉代利用这一带的山势为屏障，设

"玉石障"，唐至五代，在今嘉峪关北的黑山脚下建有"天门关"[1]。明初，宋国公冯胜略定河西，在此选址建关，遂为西北极边。20 世纪 80 年代，相关学者对嘉峪关明代长城资源进行了初步整理和挖掘[2]。2007—2011 年，国家文物局组织开展全国历代长城资源调查，嘉峪关市按照调查要求，顺利完成本地区长城资源调查，获得丰富的调查资料。近年来，为了开展长城国家文化公园建设和相关研究工作，又进行了专项调查。本文对这几次调查资料进行系统梳理和总结，考述嘉峪关明代长城现存体量、分布情况、构筑类型及保存状况，并依据相关史料对嘉峪关长城的修筑背景及其在明代长城防御体系中的地位和作用进行初步研究和阐释。

一 长城修筑年代及背景

嘉峪关始建于明洪武五年（1372 年），最初仅为一座土城。据地方志记载："洪武五年，冯胜下河西，以嘉峪关为中外巨防，西域入贡，路必由此。筑土城，周二百二十丈。"[3]关城初建，设在临边极冲之地，属于肃州卫的一座边防要塞。明初洪武、永乐年间，在嘉峪关以西至哈密，设立哈密、赤斤蒙古、安定、阿端、曲先、罕东、罕东左七卫，这些以当地少数民族为主体的卫所被称为"关西七卫"。明朝政府在关西七卫实行羁縻卫所制度，七卫首领或元裔或土酋，毕授官赐印，世袭职责，兼管军民。关西七卫设立之初"内附肃州，外捍达贼"[4]，起到了屏蔽西陲的作用。嘉峪关初建之时仅筑一座土城，甚是简陋，但它结束了嘉峪关一带有关无城的历史。此后近百年间，虽有鞑靼屡次犯边，但由于洪武、永乐、宣德朝的强大，加上关西七卫的屏护，则安然无恙[5]。

明弘治五年（1492 年），关外土鲁番回鹘部落崛起，其速坦（王）阿黑麻率众侵占哈密卫，关外七卫尽被土鲁番攻破，流民内徙至肃州，嘉峪关警报频传。土鲁番对西北边境的不断侵袭，使嘉峪关作为西北边防首冲的军事战略地位凸显，在这种形势下，明朝政府在解决"哈密危机"[6]的同时，开始进一步完

善嘉峪关长城防御设施。弘治七年（1494 年）谕令肃州改修嘉峪关，于弘治八年（1495 年）完工。此次修建由肃州兵备道副使李端澄主持，在城堡西门外增筑坚固之重关和关楼三重，即现在的罗城和嘉峪关楼。将旧城墙加宽加高至三丈五尺，城外更添堑壕暗道及布置鹿角梅花坑，加强防御。弘治十一年（1498 年），为了防范北面的鞑靼，扩大嘉峪关长城防御的范围，甘肃参将彭清征集民工创修肃州北长城，西起野麻湾，经新城、两山口、明沙窝、下古城，跨北大河至闇门，全长七十里，约在弘治十三年修完[7]。"弘治十四年（1501 年）……哈密屡为土鲁番所扰，乃敕修嘉峪关"[8]。之后，又在正德元年（1506 年）八月，继续由驻节肃州的兵备李端澄，命承信校尉王镇督工修建嘉峪关城东西二楼（即现在屹立内城的光化楼和柔远楼）各三层，高三丈九尺，又添筑城关角墩共六座，敌台二座，以及悬格等共十数座，城内外又建官厅、夷厂、仓库及玄帝庙等建筑，于正德二年二月完工。城楼既起，雉堞连属，望之四达，足壮伟观，百里之外，了然在目[9]。现存于嘉峪关长城博物馆的《嘉峪关碣记》碑记载了此次维修，碑文形象地描述此次维修后的盛况为"磨砖砌就鱼鳞瓦，五彩装成碧玉楼"。按照正史及地方文物资料记载，短短十余年时间，明朝政府先后四次对嘉峪关及其防御范围进行维修，其重视程度不言而喻。

自失去西北关外七卫的藩篱及实际承认土鲁番对哈密的占领后，嘉峪关作为西北边防前沿的地位更加重要，明朝政府对其防御也愈加重视。"嘉靖十八年（1539 年），尚书翟銮行边，言嘉峪关最临边境，为河西第一隘口，墙壕淤损，宜加修葺，仍于壕内凑立边墙，每五里设墩台一座，以为保障。因使兵备道李涵监筑，起于卯来泉之南，讫于野麻湾之东，板筑甚坚，粗糲不能入"[10]。自此，明代嘉峪关长城防御体系基本定型，嘉峪关与南北两翼长城连成一线，境外报警烽燧林立，向东与肃州境内的长城相接，"长城、关隘、堡寨、驿传、烽堠等防御设施虽数目繁多，但在空间上层次分明，井然有序，形成了严密的组织体系"[11]（图一）。嘉峪关

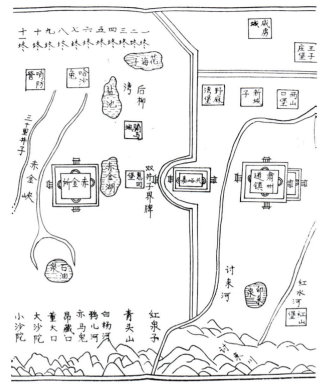

图一　嘉峪关与长城形势图（据《重修肃州新志》改绘）

从明洪武五年（1372 年）初建土城，到嘉靖十八年（1539 年）建成完整的长城防御体系，前后历经 168 年，以后又陆续在隆庆、万历期间进行加固维修，有明一代基本再没有增筑。

二　现状调查

经调查，嘉峪关市境内现存明代长城墙体 43.62 千米，壕堑 12.94 千米，关堡 8 座，屯庄遗址 2 处，敌台、烽火台等单体建筑 54 座，与长城相关的遗存 6 处。整体保存状况较好，反映了明代嘉峪关长城防御体系的整体风貌和基本特征。

（一）长城分布、走向、构筑方式及保存状况

嘉峪关明长城整体位于市境西部和东北部，即嘉峪关西长城和东北长城，两道长城呈"丁"字形分布（图二），总长 43.62 千米。市境西部的为嘉峪关西长城，呈南北走向，分布在关城南北两翼，人

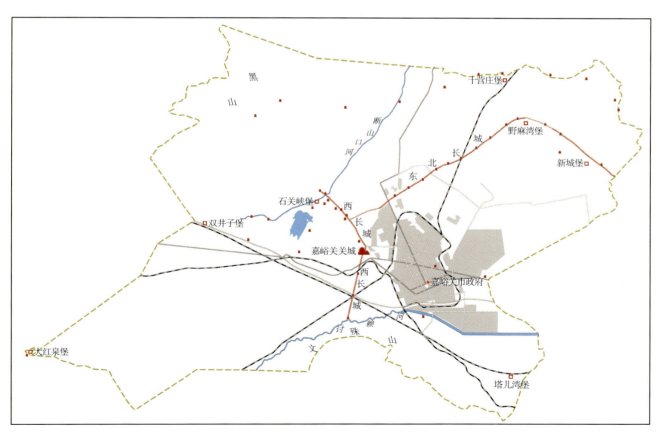

图二　嘉峪关市明长城分布示意图

们通常称关城南面的长城为"明墙"（修筑在戈壁滩上，在关外可以看到），关城北面的长城为"暗壁"（靠近嘉峪山东麓修筑，在关外因山塬阻挡无法看到）。西长城南起讨赖河北岸高达 56 米的悬崖峭壁之上，与讨赖河墩相邻，北至石关峡堡北面的黑山半山腰，全长 13.24 千米。"明墙"自讨赖河墩起向北穿行于戈壁之上，沿途兰新铁路和甘新公路穿过，直到嘉峪山上，与关城的外城相接。"暗壁"从关城东北角的闸门墩起，在嘉峪山内侧向北延伸，与嘉峪山的九沟十八坡成平行线，经峪泉镇嘉峪关村二组、四组、五组，穿过戈壁滩，进入峪泉镇黄草营村一组西面，再延至黑山山腰行人难以攀登的地方。在西长城外侧有一道与长城平行、又宽又深的壕堑，为西长城外壕，长约 12.94 千米。这条外壕在"明墙"一段，开挖在距长城 30—60 米不等的戈壁滩上，在"暗壁"一段，则在嘉峪山上挖沟，在黑山石壁上削山成壕，壕堑宽 3.45—10.5、深 0.5—2.1 米，距长城数十米到数百米不等。外壕从关南的讨赖河北岸起，蜿蜒向北，穿过平坦的戈壁一直延伸到黑山，与长城并驾齐驱，起到了双重防线的作用（图三）。

市境东北部的为嘉峪关东北长城，大致呈东北—西南走向，长城以肃州区大面墩长城与嘉峪关市柳条墩长城 1 段相接处为起点，向西穿过新城镇中沟村、新城村、长城村农田到野麻湾堡西北面，然后向西南折向野麻湾戈壁滩，到新城镇横沟村进入酒钢公司厂区，过嘉峪关村林场与嘉峪关西长城呈"丁"字

形交会，全长 30.38 千米。在新城镇新城村、长城村到野麻湾村这一段，由于开垦农田、道路穿越、居民点占用、平整土地、开挖渠沟等因素，长城遗迹保存不多。从野麻湾堡到嘉峪关村林场这一段，除道路穿过、建设工厂占用以外，长城保存较为完整（图四）。长城墙体以黄土夯筑为主，夯层厚 0.1—0.27、高 0.3—4.7、宽 1.3—4.6 米，材质有黄（沙）土、盐碱土、砂石、片石等。关城南北两翼的西长城，大部分采用木板、木椽加帮，中间填土夯筑，夯具为梅花口夯，这样夯打的墙体黏结严实，不易变形、开裂，古代称之为"锄耰不能入"。西长城在 20 世纪 80 年代曾进行过较大规模的维修，长城墙体整体保存较好。西长城暗壁段最北端有一段墙体在黑山脚下，其原料为就地取黑山上的片石，加黄土分层夯筑而成（图五）。嘉峪关东北长城的大部分和西长城的少部分墙体是黄土夹沙夯筑，坚固耐久性不如黄土夯筑墙，经

图四　嘉峪关东北长城：野麻湾长城 1 段

图三　嘉峪关西长城壕堑、烽火台与墙体

图五　嘉峪关西长城：暗壁长城 1 段

过常年的风雨侵蚀，损毁比较严重。壕堑构筑方式主要有二：一是中间挖沟，两侧堆土成垄；二是在黑山地带削山成壕。壕堑基本形制清晰可辨，除了受风沙掩埋、山洪冲毁、山体滑坡等自然因素损毁外，便道、公路、铁路以及近年来输油、输气管线穿过等人为因素，也对其造成一定破坏。

嘉峪关西长城在沿黑山一线修筑时，利用黑山山险，在石关峡口两侧黑山山脊各修筑一段长城，南段长293、北段长475.7米，其余地段利用黑山山险进行防御，整个山险呈"V"字形，扼守石关峡。另外，从西长城起点讨赖河墩（又称"长城第一墩"），沿讨赖河一路向西南方向到达祁连山冰沟口的靖边墩，此段讨赖河冲刷两岸形成深达几十米的河床，形成一段天然河险，长约25千米。据史料记载，明代修筑靖边墩备哨南山套房，并探西南番夷，参将柳栋斩断文殊西山天生桥口（在此段河险上），房不能行[12]。此段河险曾发挥过重要的防御作用，是长城防御体系的组成部分（图六）。

（二）关隘、城堡及屯庄

明代嘉峪关境内的关隘与城堡属于肃州卫管辖，有都司或守备镇守，隶属于肃州兵备道。关隘有嘉峪关、石关儿口、断山口、文殊山口、黑山口5处[13]，现仅存嘉峪关1座，其他4处隘口遗迹无存。嘉峪关

图六　讨赖河河险航拍照片

是明代万里长城西端起点，因建于嘉峪山与黑山之间的峡谷高地——嘉峪塬上而得名，关城是明代长城沿线建造时间最早、规模最壮观、保存最完整的一座古代军事城堡，以地势险要、巍峨壮观著称于世，被称为"天下第一雄关"。明洪武五年（1372年），宋国公冯胜选址建关。明弘治八年（1495年），肃州兵备道李端澄主持修建了嘉峪关楼。明正德元年（1506年），李端澄又监修了东西二楼及夷厂、仓库等。明嘉靖十八年（1539年），兵部尚书翟銮与兵备道李涵监筑加固了城墙，修建关城两翼长城，关城整体建成。关城坐东向西，平面呈不规则形，周长1107米，面积84554平方米，墙高3—11.7米，由月城、护城壕、罗城、外城、瓮城、内城及游击将军府、官井、文昌阁、关帝庙等附属建筑组成（图七）。1961年3

图七　嘉峪关关城航拍照片

月 4 日，国务院将其公布为第一批全国重点文物保护单位，1987 年被列入世界文化遗产名录。关城经过历年的保护和维修，整体保存较好，但也存在部分墙体砖块碎裂脱落、楼阁木质柱体开裂、彩绘剥落等不同程度的病害。2011 年 11 月，关城启动了历史上最大规模的保护维修工程，又进行了一次全面保护。

境内现存明代城堡 7 座，分为两路，一路城堡沿长城线分布，有石关峡堡、野麻湾堡、新城堡共 3 座。石关峡堡又名"石关儿营"，"在嘉峪关西北，离城（肃州）七十五里……嘉靖三十五年，兵备副使行莅陈其学驻一营以备西北山口，有御寇矣"[14]。堡址坐东向西，平面呈矩形，由黄土夯筑的两道墙体连接石关峡南北两壁山崖围成，周长 322 米，面积 4752 平方米。现存东墙一段，长 9.5 米，西墙残存靠近南、北山体的两段，南段长 2 米，北段墙体长 21 米，墙体夯土松散，夯层不清，墙高 0.6—2.3 米，整体保存较差。野麻湾堡又名"野麻湾营"，"城（肃州）西北六十里，嘉峪、新城之中，边常沙壅，

虏窥易犯，冲要之地，实可耕稼。万历四十四年，兵备内江李应魁、参将湟中祁秉忠议呈巡抚祁光宗，筑堡添设防守兵马"[15]。堡址坐西向东，平面略呈梯形，周长 467 米，面积 13620 平方米（图八）。堡墙黄土夯筑，高 1—10.8 米。整体保存一般，西、北两面城墙保存较完整，东、南两面城墙残缺严重，东墙外瓮城仅存一段墙体。新城堡在"城（肃州）北三十里，亦冲要之地，先年内无居民，止西番驻牧。嘉靖二十八年，同古城等堡展筑城垣，设添官军"[16]。堡址坐西向东，整体形制不清，仅存部分东墙、西墙，黄土夯筑，夯层厚 0.1—0.12 米。东墙仅存一段，北低南高，长 30.9 米。西墙仅存 1 米长的一段痕迹。瓮城仅存南墙，长 18.2 米，西面与堡东墙相接。

另一路城堡沿烽燧线分布，有十营庄堡、塔儿湾堡、双井子堡、大红泉堡共 4 座。十营庄堡又名"小钵和寺"，"在新城堡西三十五里，钵和寺有湖……西夷往来，必取道于钵和也"[17]。堡址坐北向南，平面呈矩形，周长 282 米，面积 4950 平方米

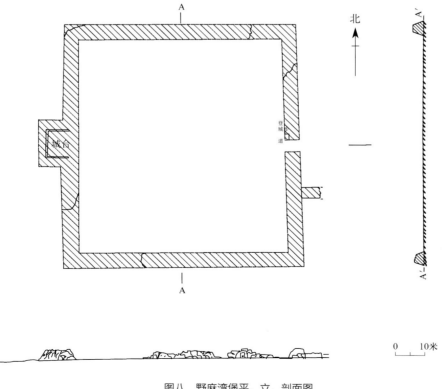

图八　野麻湾堡平、立、剖面图

图九　十营庄堡航拍照片

（图九）。堡墙黄土夯筑，高 4.5—5 米。堡墙外侧有壕沟，整体保存较好。塔儿湾堡在城（肃州）西南三十里，明嘉靖年间添筑此堡，派兵驻守以拒文殊山口来犯之敌。堡址仅存西墙一段，长 26.8、高 0.8—3.4 米。整体保存差，堡址原有格局损毁，历史风貌无存。双井子堡又俗称"木兰城"，相传曾为归顺明廷的土鲁番降将牙木兰的驻牧地，在嘉峪关西三十里，是关城的军事防御前哨，清代曾有维修并驻军，清末至民国初年为过往客商的歇息地，住有居民，之后废弃。堡址坐北向南，平面呈矩形，周长 820 米，面积 40800 平方米。堡墙黄土夯筑，高 0.5—3.5 米。整体保存一般，原 312 国道和连（连云港）—霍（霍尔果斯）高速公路东西向穿堡而过，东墙和西墙南段墙体缺失严重，南墙仅存两段弧形残墙，北墙存有马面和部分墙体。大红泉堡位于嘉峪关西南祁连山北麓大红泉山口的戈壁滩上，具体修筑时间不详，距离其不远的红泉墩，因"套房由肃州南山讨来川过，欲入里境，边山不能透出，则有肠子沟、红泉等处逼关南长城尽处出没，嘉靖二十二年可征也"[18]，大致可以推断其修筑时间与

其相当。堡址坐北向南，平面呈矩形，周长 176 米，面积 1900 平方米。堡墙黄土夯筑，高 0.5—4.1 米。整体保存一般，现存部分东墙和西墙，北墙保存相对完整。

　　为了解决边关军队给养，屯田是历代政府都采取的必要措施。明代肃州卫屯额定于正统三年（1438年），屯科田二千七百九顷二十四亩一分[19]。嘉靖时期甘肃巡抚杨博曾上《处置屯田疏》，认为"河西事体重且大者，莫过于屯田"[20]。嘉峪关境内关堡在明代配备军丁均有一二百名之多，还有数量相当的马骡，关堡周边有大量屯田，因此在各关堡附近建有不少屯庄。据记载，关城东北 2.5 千米处，曾有一座明代嘉靖年间修建的官园遗址，是镇守关城的官员和家属居住的地方，有官堡和果园两处，面积很大，实有面积已无法考证[21]，此官园遗址应是当年此地修筑屯庄的一部分。现存屯庄遗址还有两处。一处是横沟屯庄遗址，位于野麻湾堡西南 5 千米处，明代嘉靖年间筑，清代曾续建，一直使用到民国时期，后损毁。屯庄占地面积约 40 亩，平面呈长方形，开南门，屯庄内有官庄，现仅存南门西侧门墩、官

庄残墙一段和屯庄北墙残段。另一处是新城屯庄遗址，位于新城堡南 1 千米处，屯庄占地面积约 20 亩，现仅存北墙、西墙部分墙体。嘉峪关长城防御范围属于戈壁绿洲类型的农耕区，几座屯庄的选址有两个共同特点，一是距离关堡或长城线不远，二是屯庄周围有大片开垦出的可耕种农田。这些屯庄为关堡提供军需，是镇守关堡官兵的重要补给站。

（三）长城敌台、烽火台的分布、构筑方式及预警线路

嘉峪关明长城敌台沿长城线依墙或骑墙而建（图一〇），共有 19 座，间隔 1—2.5 千米。台体平面呈矩形，剖面呈梯形，自下而上略有收分，黄土夯筑，夯层厚度 0.11—0.26、高度 2.6—11 米。部分敌台内侧 15—40 米处分布有烽燧，呈 "一" 字形排开，间隔 2—10 余米，烽燧数量 2—9 座不等；一些敌台紧靠长城墙体修建有围院。

境内烽火台现存 35 座，基本沿长城线和烽燧预警线路分布。烽火台平面呈矩形，剖面呈梯形，构筑方式主要有四种：一是黄土夯筑，夯层厚度 0.11—0.26 米、高度 2.5—9 米。二是土坯垒砌，由土坯一平一竖砌筑而成，土坯长 36、宽 22、厚 8 厘米。三是由黄土、沙土夯筑加土坯逐层砌筑而成。四是片石垒砌而成，石板层厚 0.12—0.25 米（图一一）。部分烽火台顶部尚有土坯砌筑的瞭望角楼遗迹和围院遗迹；部分烽火台四周 10—20 米处挖掘有壕沟，周边有小燧，间隔 2—70 米，小燧数量 2—10 座不等。烽火台因风雨侵蚀和人为取土、盗挖、攀爬等因素影响，整体保存一般。

嘉峪关长城防御体系以关城为中心现存四路预警烽燧线。一路连接祁连山冰沟口，现存靖边墩、冰沟口墩，向山内延伸还有冰沟隧道口西墩和冰沟隧道口东墩。一路到达关城西面 15 千米的双井子堡，现存五墩山墩、永兴后墩、三墩山墩、头墩、小沙

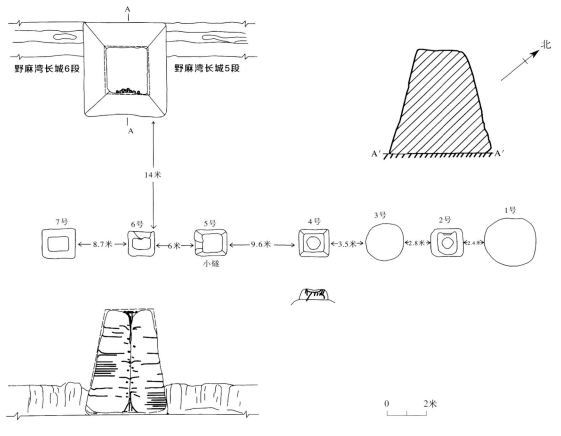

图一〇　野麻湾 5 号敌台平、立、剖面图

图一一　大岩泉墩（烽火台）

图一二　断山口墩（烽火台）

河溏墩和上黄草沟墩等。还有一路穿过市区到达酒泉市肃州区，嘉峪关市区现仅存十五里墩。另外，嘉峪关东北长城以北，还有一路外围烽燧线保存较好，从西向东有大岩泉墩、石板墩、边山墩、断山口墩（图一二）、居中墩、尖山墩、野麻湾后墩、董家沟墩、马路山墩、泛沙泉墩、沙岗墩、梧桐墩等十余座烽火台。这几路烽燧线从外而内，朝不同方向传递敌情预警，体现了明代嘉峪关长城防御体系的严密和完备情况（表一）。

（四）长城相关遗存

境内明代长城相关遗存共有 6 处，其中关城内有 5 处，分别是文昌阁、关帝庙、游击将军府、官井和"天下雄关"碑。石关峡谷有 1 处"北漠尘清"摩崖石刻。

文昌阁又称"文昌殿"，位于关城外城，东瓮城东侧 14 米处。阁楼始建于明代，清道光二年（1822年）重建，坐东向西，为两层重檐歇山顶式建筑，楼高 13.15 米，面积 130.9 平方米（图一三）。整体

表一　嘉峪关明代烽火台预警线路一览表

	线路方向	线路名称	途径烽火台（嘉峪关市境内）	长度（千米）
西南烽燧线	由西南向东北	祁连山冰沟口—关城	冰沟隧道口西墩、冰沟隧道口东墩、冰沟口墩、靖边墩等	25
西路烽燧线	由西向东	双井子堡—关城	头墩、三墩山墩、永兴后墩、五墩山墩、小沙河溏墩、上黄草沟墩等	15
东路烽燧线	由西向东	关城—肃州	十五里墩、二十五里墩等	13
关城外围烽燧线	由西向东	黑山—肃州西北	大岩泉墩、石板墩、边山墩、断山口墩、居中墩、尖山墩、野麻湾后墩、董家沟墩、马路山墩、泛沙泉墩、沙岗墩、梧桐墩等	30

保存较好，受风雨侵蚀，楼体有部分彩绘脱落，褪色。关帝庙位于关城外城，东瓮城东侧 1 米处。庙始建于明正德元年（1506 年），清嘉庆十二至十三年（1807—1808 年）重修，现存建筑为 1989 年原址重建。庙宇坐北向南，面积 720 平方米。庙前有牌坊，为原有建筑。庙门为对开式实榻门，门额上书

"天地正气"。庙院有配殿两座、主体大殿一座。大殿位于庙内最北面，屋顶为庑殿式，门额上书"文武圣神"，大殿面阔三间，进深三间，殿内有泥塑关帝神像，殿内各墙壁上画满了三国故事彩画。游击将军府又称"游击衙门"，位于关城内城中部，紧靠内城北墙。游击将军府始建于明代隆庆年间，清代

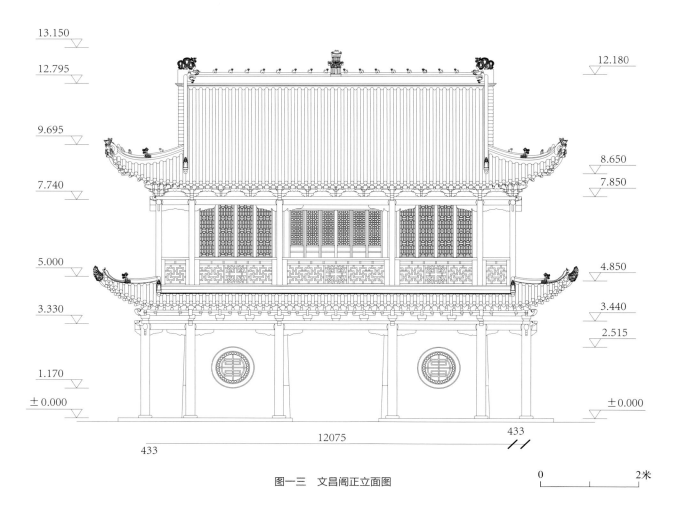

图一三　文昌阁正立面图

图一四　游击将军府全景

图一五　"北漠尘清"摩崖石刻

曾经维修，现存建筑为 1992 年在原址重建。府邸坐北向南，为两进院落，占地面积 1674 平方米。府邸沿中轴线由南至北依次为倒座、中厅及后厅，均为悬山式建筑（图一四）。官井位于关城内城中心，始建于明隆庆年间，清代曾加以维修。井亭为近年所建，为攒尖式屋顶，因地下水位下降，目前官井已干涸。"天下雄关"碑位于关城西门外 165 米处。碑通高 3、宽 1.05、厚 0.78 米，碑正中刻有"天下雄关"四字，右刻小字落款为"嘉庆十四年肃镇总兵李

廷臣书"。建有碑亭一座，坐南向北，亭为六边形斗檐式。

"北漠尘清"摩崖石刻位于石关峡东口北侧崖壁之上，距地表 10 余米。此方题记刻于一直立岩石之上，岩石大而平整，正中字体为双线竖体阴刻"北漠尘清"四个大字，方正有力，高 0.6、宽 0.24 米。左旁落款："大明万历癸巳肃州兵备广陵郭师古书"。此摩崖石刻内容反映了当时渐趋安定的边防局势，对研究明代西北边防具有重要的参考价值（图一五）。

三　嘉峪关长城防御体系的战略 地位和历史作用

明代为了加强北部边疆的管理，"东起鸭绿，西抵嘉峪，绵亘万里，分地守御，初设辽东、宣府、大同、延绥四镇，继设宁夏、甘肃、蓟州三镇，而太原总兵治偏头，三边制府驻固原，亦称二镇，是为九边"[22]。甘肃镇作为"九边"重镇之一，偏居西北一线，东、中、西三路，延袤二千余里，独特的地理位置使其"四当敌冲"，面临诸多边防压力。

明代初期，经过洪武年间的几次打击，北元在西北地区的主要力量基本退出，但并未被彻底消灭，西北边外还屯住着扩廓帖木儿的重兵。明中后期，蒙古各部分别进入河套和青海，无休止地剽掠明朝的西北边境，对明朝的西北国防构成了严重威胁。嘉峪关以西的广大地区，历来是中西交通要道，分布着鞑靼部、瓦剌部及察合台后王统治下的蒙古族和土鲁番。从正统年间开始，甘肃镇的战争就比较频繁，强度较大，以后不仅继续增加，而且还一直持续到明末。因此，明代甘肃镇的国防压力最大，防御任务尤为艰巨[23]。

嘉峪关作为甘肃镇肃州卫军事防御的前沿，所处位置险要，正所谓"河西之插入夷地，三面受敌者"[24]。嘉峪关长城防御范围"系海套诸虏往来聚结之处，经由要路"[25]，其防御体系所面临的不只有西面土鲁番的直接侵袭，还有来自山南西海的火酋，以及来自北面鞑虏的不时侵扰，在明代万里长城西端的防御体系中担负重要职责。考察嘉峪关长城修筑过程可以看出，嘉峪关独特的地理位置，是当年选址建关的重要因素。当时的边防主要靠卫所士兵巡逻防御为主，长城修筑规模较小，呈断续的点状分布，未能真正起到巩固边防的作用。明代中期以后，西北边防局势日益恶化。"正统十一年（1446 年），沙洲卫都督喃哥兄弟不和，部众离贰，喃哥请求迁居肃州境内……肃州边境因此进入多事之秋"[26]。成化年间（1465—1487 年），西部土鲁番势力日益强大，吞并嘉峪关以西的羁縻卫所，边境形势骤然严峻。于是，明廷始议在河西大规模修筑长城之事，以期将原来的断垣连接起来，构成互为犄角、拱卫边防的完整的防御体系。嘉峪关长城在这一历史背景下修筑完善，与当时明朝政府所面临的政治问题和军事策略有着深层次的关系，具有重要的战略意义，反映了明代边防政策的演变过程。

嘉峪关是明代"九边"防务的一个重要据点，也是明朝政府直接管辖的西北边防界限。明代历经洪武、永乐时期的开疆拓土，与蒙古、西域之间的疆域格局基本成型，嘉峪关作为明朝在西北地区最前沿的边关要塞，其国防地位首先体现在与西域交

往的边界关系上。《明史》记载中西域诸国与中原的地理位置关系，基本都以嘉峪关为界线进行说明，如"哈密，东去嘉峪关一千六百里，汉伊吾卢地"[27]，"土鲁番，在火州西百里，去哈密千余里，嘉峪关二千六百里"[28]，"撒马儿罕……去嘉峪关九千六百里"[29]，"哈烈，一名黑鲁，在撒马儿罕西南三千里，去嘉峪关万二千余里，西域大国也"[30]等等，不一而足。嘉峪关长城防御体系建成后，为明朝西北边防建立起一道坚实的屏障。以关城为中心的西长城墙体高大坚固，外围壕堑宽大沟深，关城又是屯兵之处，西向防御的预警烽燧线延伸出百里之外，进犯之敌若从嘉峪关正面攻城，难度可想而知，因此，嘉峪关历史上正面迎敌的战事很少。其实，在修筑嘉峪关长城防御体系过程中，先后在关城上建起嘉峪关楼、柔远楼、光华楼等高大巍峨的木质楼阁，更多的是向西域诸国展示中原大国神圣不可侵犯的威严，而不是实际军事战争的需要。但在其他方向的长城防御地段，战事发生还是非常频繁。据记载，有明一代在嘉峪关周边因战事阵亡的参将、都指挥、指挥、千户、百户等有记录的守边将领就有三十多人[31]。守边官兵依托长城、关隘和城堡等要塞据点，为抗击北虏、西番等外族入寇犯边做出了巨大牺牲，维护了边关的安宁。

丝绸之路自汉代开通之后，修筑长城的目的之一，就是要保障丝绸之路的畅通。明代甘肃境内建成的长城防御体系，在军事防御、保境安民、促进边疆地区的开发和民族融合，以及保证中西交通畅通无阻等方面发挥了重要作用[32]。明代河西长城与丝绸之路的走向基本一致，许多长城就是利用或沿着汉长城遗迹方向进行修筑，长城在抵御北方各游牧部族侵袭的同时，还要守护丝绸之路的安全，其中的一项重要使命，就是确保西域与中原朝贡贸易的顺利进行。西域诸国，"自成祖以武定天下，欲威制万方，遣使四出招徕。由是西域大小诸国莫不稽颡称臣，献琛恐后……与哈烈、哈实哈儿、赛蓝、亦力把力、失剌思、沙鹿海牙、阿速、把丹皆由哈密入嘉峪关，或三年、五年一贡，入京者不得过

三十五人"[33]。来自西域的贡使及随从人员，携带大量货物进入嘉峪关后，有了长城防线的庇护，自身的安全就有了保障，可以沿着丝绸之路进行朝贡贸易。他们在嘉峪关通过严格的核查，按照规定人数和指定路线，一部分经河西走廊到兰州，一路向东进入中原，最终到达明朝都城进行朝贡；另一部分进入肃州、甘州等地进行互市贸易。如果西域贡使随意改变前往明朝的路线，即不从嘉峪关入境的话，则被视为非法而受到禁阻[34]。因此，嘉峪关作为西域进入中原的第一关隘，是西域贡使的必经之道和海关入口，在维护中原与西域间的朝贡贸易方面具有不可替代的作用。

嘉峪关自建关之后，历经弘治、嘉靖、万历等时期的几次大规模维修扩建，最终建成较为完备的长城防御体系，是明代长城建筑的杰作，体现了我国长城建筑艺术和工程技术的较高水平。嘉峪关长城防御体系在逐步修建完善过程中，见证了明代西北边防政策的演变和政治、军事斗争的复杂形势，在保证西北边疆安全，维护朝贡贸易方面发挥了重要作用，在整个明代国防体系中具有重要地位。明代万历中期以后，西北边患渐平，嘉峪关防御范围内一时呈现出"北漠尘清"的安定局面，达到了保境安民、抵御外患、确保丝绸之路畅通的目的。

[1]李并成,石关峡.最早的玉门关与最晚的玉门关[J].中国历史地理论丛,2005(04):124.

[2]高凤山,张军武.嘉峪关及明长城[M].北京:文物出版社,1989.

[3]黄文炜.重修肃州新志[Z].甘肃省酒泉县博物馆翻印,1984:218.

[4]陈洪谟著,盛冬铃点校.继世纪闻:卷6[M].北京:中华书局,1985:110.

[5]张晓东.嘉峪关城防研究[M].兰州:甘肃文化出版社,2013:12.

[6]田澍.哈密危机论述[J].中国边疆史地研究,2002,12(04):14-22.

[7]刘兴义.明清以来肃州嘉峪关及长城修建史纪要[G].酒泉文史资料,1989,2(07):37-38.

[8]张廷玉等撰.明史(第八册)[M].北京:中华书局,1980:2238.

[9]刘兴义.明清以来肃州嘉峪关及长城修建史纪要[G].酒泉文史资料,1989,2(07):38.

[10]黄文炜.重修肃州新志[Z].甘肃省酒泉县博物馆翻印,1984:218.

[11]刘碧峤.明长城肃州路嘉峪关防区军事防御体系研究[D].天津:天津大学,2012:60.

[12]李应魁著,高启安,邰惠莉点校.肃镇华夷志[M].兰州:甘肃人民出版社,2006:192.

[13]李应魁著,高启安,邰惠莉点校.肃镇华夷志[M].兰州:甘肃人民出版社,2006:180-182.

[14]李应魁著,高启安,邰惠莉点校.肃镇华夷志[M].兰州:甘肃人民出版社,2006:177.

[15]李应魁著,高启安,邰惠莉点校.肃镇华夷志[M].兰州:甘肃人民出版社,2006:175-176.

[16]李应魁著,高启安,邰惠莉点校.肃镇华夷志[M].兰州:甘肃人民出版社,2006:175.

[17]黄文炜.重修肃州新志[Z].甘肃省酒泉县博物馆翻印,1984:220.

[18]李应魁著,高启安,邰惠莉点校.肃镇华夷志[M].兰州:甘肃人民出版社,2006:191.

[19]李应魁著,高启安,邰惠莉点校.肃镇华夷志[M].兰州:甘肃人民出版社,2006:122.

[20]吴生贵,王世雄等.肃州新志校注[M].北京:中华书局,2006:249.

[21]高凤山,张军武.嘉峪关及明长城[M].北京:文物出版社,1989:69.

[22]秦蕙田.五礼通考:卷236[M].台北:(台湾)商务印书馆,1986:463.

[23]孙卫春.明代西北战争与国防布局的互动关系研究[D].西安:陕西师范大学,2008:88.

[24]梁份著,赵盛世,王子贞等校注.秦边纪略[M].西宁:青海人民出版社,2016:293.

[25]李应魁著,高启安,邰惠莉点校.肃镇华夷志[M].兰
州:甘肃人民出版社,2006:17.

[26]高荣.河西通史[M].天津:天津古籍出版社,2011:
425.

[27]张廷玉等撰.明史:第8册[M].北京:中华书局,1980:
8511.

[28]张廷玉等撰.明史:第8册[M].北京:中华书局,1980:
8528.

[29]张廷玉等撰.明史:第8册[M].北京:中华书局,1980:
8597.

[30]张廷玉等撰.明史:第8册[M].北京:中华书局,1980:
8609.

[31]黄文炜.重修肃州新志[Z].甘肃省酒泉县博物馆翻
印,1984:244-246.

[32]武沐.甘肃通史·明清卷[M].兰州:甘肃人民出版社,
2013:63.

[33]张廷玉等撰.明史:第8册[M].北京:中华书局,1980:
8625-8626.

[34]田澍.明代河西走廊境内的西域贡使[J].中国边疆史
地研究,2001,10(03):12-19.

边墙与地方文化遗产体系 *

——基于湘西凤凰县得胜营社区的田野调查

陈文元

贵州民族大学民族学与历史学学院，贵州贵阳 550025

The Border Wall and Local Cultural Heritage System

Based on Field Investigation of Deshengying Community in Fenghuang County, Xiangxi

Chen Wenyuan

School of Ethnology and history, GuiZhou University for Nationalities, GuiYang 550025, China

摘　要： 明清时期，中央王朝在湘黔边区曾先后修筑边墙，延续四百余年，经由历史积淀，形成了众多遗址遗存。得胜营原是清代边墙沿线一个汛堡，留存有边墙、城堡、古宅、古道、书院、碑刻等，以及丰富的历史记忆与突出的地域人文景观，主要表现为边墙遗址、军事城堡、特色地名、传统建筑、绵延古道、移民文化等，构成了以"边墙"为核心的文化遗产体系。基于对得胜营社区的调查研究，认为应做好"遗产账本"记录，开展"全景式"保护，协调遗产与各类关系，重视文化认同与历史记忆在文化遗产保护中的重要作用，致力于边墙文化遗产传承与保护。

关键词： 得胜营　边墙　文化遗产体系

Abstract: During the Ming and Qing Dynasties, the Central Dynasties successively built border walls in the border area of Hunan-Guizhou, which lasted for more than 400 years. Through historical accumulation, numerous ruin and remains have been formed. Deshengying was originally a military outpost along the border wall in the Qing Dynasty. Remains such as the border wall, castles, ancient houses, ancient roads, academies, steles, as well as rich historical memories and prominent regional cultural landscapes have been preserved. These are mainly manifested as border wall ruins, military castles, characteristic place names, traditional buildings, stretching ancient roads, and immigrant culture, forming a cultural heritage system with the "border wall" as the core. Based on the investigation of the Deshengying community, it is believed that a good record of the "heritage account" should be made, "panoramic" protection should be carried out, the relationship between heritage and various types should be coordinated, the important role of cultural identity and historical memory in cultural heritage protection should be emphasized, and effects should be made to inherit and protect the border wall cultural heritage.

Key words: Deshengying; The Border wall; Cultural heritage system

* 本文为国家社会科学基金中国历史研究院重大历史问题研究专项"历史上的西南少数民族政权与国家整合研究"（项目编号：LSYZD21010）、贵州民族大学 2023 年度中华民族共同体与多民族文化繁荣发展高端智库专项课题"贵州省打造民族交融互嵌典范的问题与对策调查研究"（项目编号：GZMUSK〔2023〕ZK04）的阶段性成果。

中国修筑边墙的历史极为悠久，因边墙产生了形式各异的边墙文化遗产。不仅是北方，中国南方边墙历史同样深远[1]。明清时期，中央王朝在湘黔边区曾先后修筑了边墙，延续四百余年。明代嘉靖年间初建"七十里边墙"，后坍塌废弃。至万历年间，明廷修筑了北起镇溪所，南至霭云营、亭子关（王会营）三百余里边墙，天启年间又增修自镇溪所至喜鹊营六十余边墙，全长共三百八十余里，沿边添设营哨、屯堡、炮台、关隘等，旨在抑汉、镇苗，"围而治之"[2]。清朝再筑边墙，起于四路口，止于木林坪，修筑长墙壕沟一百一十余里，又筑汛堡、屯卡、碉楼、哨台、炮台、关厢、关门等边防设施一千余座，以墙为"界"，划分民苗界址，"界"而治之[3]。至清末，边墙坍塌毁坏，边墙从实体防卫的"边"，到苗汉交流互动的"边"，最终实现了从清中期的民苗区隔到清末的民苗交融[4]。明清中央王朝在湘黔边区修筑边墙，有强化王朝国家统治、调控苗汉族群关系和维护社会秩序之义，是传统中国治理民族地区统治方式与控制手段的重要体现，促进了边区社会整合。

现今分布于湖南、贵州两省交界的边墙遗址遗存不仅规模宏大、类型丰富，而且数量众多、地域广泛，总体呈"一线多点繁星"式分布。边墙沿线生活着苗族、土家族、汉族、侗族、仡佬族等，因边墙而产生不同的文化生境，构成了南方少数民族地区特色民族史地属性的军事古迹建筑群，以及多民族文化交融形态与多样人文景观，是极为重要的民族历史文化遗产[5]。正因如此，边墙文化遗产研究与开发价值较高，既可归为"线性文化遗产"，也可归为"文化景观遗产"，是具备多维文化空间的"大遗址"。保护文化遗产是全民族全社会的工作，应高起点谋划，不仅要着力调查整理边墙文化遗产资源，更要着眼于边墙的微观与细部，开展全面、系统、深入的调查研究，剖析边墙文化基因，诠释边墙文化遗产脉络。有鉴于此，笔者拟以边墙沿线的得胜营社区为例，通过田野调查梳理得胜营社区边墙文化遗产资源，总结其文化遗产体系，以期深入探寻边墙文化遗产内涵，发现问题，致力于边墙文化遗产的传承、保护与开发。

一　得胜营社区概况

得胜营，现为湘西土家族苗族自治州凤凰县吉信镇的一个社区（村）。吉信镇，"早期地名叫水门河，因产油麻，又叫油麻坨。乾隆六十年间，清军镇压苗族人民起义，在此打了一仗并获胜，后在此地建立兵营，取名得胜营。新中国成立后，为体现民族团结，建镇时命名为团结镇，1958 年撤镇，改用吉信"[6]。"吉信"乃苗语音译，苗语中"吉"意为"城"，"信"意为"苗族"，因苗族聚居，旧有石寨似城而得名。也就是说，得胜营地名与清代军事驻防和军事战斗有关，虽现在是吉信镇的一个社区，但一定历史时期曾成为吉信镇地域社会的地名。此后地方行政区划更置，但"得胜营"一名就此沿袭下来，成为现今的得胜营社区，且为吉信镇的镇党委、镇政府驻地。2016 年，吉信镇原居委会、吉信村、联欢村合并成新的得胜营社区。

得胜营地势险要，乃湘黔边区军防重地。"得胜营，城北四十五里，背负高山，面临深磵，地势逼厌，堡外山高可俯瞰城中，山梁添设石碉一座，为堡中声援。此处乃赤兰庙坳各生苗总隘，新加设营兵防守。右营民险民要。"[7]清代时期，作为镇筸镇（凤凰厅城）的防御延伸，得胜营起到拱卫厅城、镇戍边区的重要作用。得胜营地理区界属武陵山片区，山地形态明显，地势总体南高北低，万溶江流经于此，209 国道从中穿过，属中亚热带季风湿润性气候，四季分明。

明清时期边墙与边防体系留存了众多历史古迹，得胜营社区构成了以"边墙"为核心的文化遗产体系，包括边墙、古城、古宅、屯堡、古道、聚落、书院、碑刻、集场等遗址遗存，以及丰富的移民文化记忆与特色人文景观，地域内土家族、苗族、汉族、回族等民族交融共生，是边墙沿线较具代表性的遗址遗存区域。

二 得胜营社区文化遗产体系构成

明清时期兴建边墙，不仅修筑了军事防御设施，也带来了大量人口，随之而来的还有聚落形成、城池修建、商贸开通、地方开发、道路开辟、社会建设等，对地方产生了重要影响。根据调查，得胜营社区文化遗产体系主要包括边墙遗址、军事城堡、特色地名、传统建筑、绵延古道、移民文化六个方面。

（一）边墙遗址

明代万历年间沿湘黔一线"建立沿边土墙，迤山亘水三百余里"[8]，清代"乾嘉苗民起义"后，又于嘉庆二年"沿边开筑长墙壕沟百余里"[9]，并筑汛堡、屯卡、碉楼、哨台、炮台、关厢、关门等边防设施一千余座。得胜营社区所处地域位于边墙一线，周边山岗现留存有多处边墙遗址。边墙主要依势而建，就地取材，或夯土构制，或以毛石块垒砌。其中，实体边墙分为"土边墙""石边墙""土石混合边墙"三类[10]。如位于得胜营社区五组公路南侧小土丘上的边墙（工班后头碉土石混合边墙），整体依山势而建，约呈西南—东北走向，坡度12—26°。边墙修筑中充分利用自然隆起的石脊为墙，在石脊的缝隙、缺损或缺失部位填以土石。整段边墙剖面约梯形，顶部呈弓背状，墙体残长约296、残高1.3—2.3、残顶宽0.7—1.65、残宽2—2.9米。

边墙与边防设施协同互构、合为一体，这在得胜营社区体现得尤为明显。"关墙则以严疆界，炮台则以堵截攻战之所，哨台则以为巡逻瞭望之所，屯堡则以为边民聚卫之所，卡碉则用以守，亦以战。"[11]得胜营社区除了实体边墙，还有诸多军事古迹建筑，如得胜营城堡（即今得胜营社区的"营盘上""城里"）、后头坡营盘、澎水井营盘、前营盘、后营盘、火烧坡（高楼哨）、澎水井古道，以及古井、庙宇、碑刻、集场等，与边墙与边防体系一道构成边墙文化遗产。保存较好的为火烧坡（高楼哨）遗址，遗址面积约160平方米，原为居民区，后组织居民搬迁安置，现为湘西州州级文物保护单位。

（二）军事城堡

得胜营位处镇筸—乾州要路，是边墙一线军防体系的重要一环。"由镇筸至乾州，中如得胜营，前扼三脚岩，前倚高楼哨，向驻游击大弁，固为要地。"[12]嘉庆年间，清廷将得胜营改制为汛堡类型的军事防御设施，建有城堡，为镇筸镇（总兵）右营游击驻地，设有游击一员驻此，分防军士300名，这在当时营汛驻兵数量中是较多的，也因此成为边墙与边防体系的指挥枢纽之一。

"得胜营堡：城北四十五里，堡址周围二百余丈，堡身入土一尺，出土一丈，底厚八尺，顶宽六尺，排墙厚二尺，高四尺，俱青石砌成。堡门四座，堡外山梁建石碉二座，工程极为完固。嘉庆二年，衡山县知县牛曾若奉檄领帑承修。"[13]

得胜营城堡平面为圆形，现遗留有部分遗址遗存。城堡内街道格局尚存，过去有上街、中街、下街的说法。城堡门四座，当地人多称有东、南、西三座城门。20世纪50年代起，城墙与东、南二门陆续被拆除，城堡的砖石用作修筑水坝。后居民陆续修建、改造房屋，一些城墙亦毁。现仅存西门一座及石墙一段，至今有"城里""城外"的说法。西门城楼原高15米，现城楼已拆毁，仅剩半截城门。城门洞高5、宽2.7、进深6.2米，门楣上阴刻有"严疆保障"四个大字（字迹极不清晰，肉眼外观很难分辨），墙体用糯米浆拌石灰桐油勾缝，坚固牢实，城墙上可跑马传递信息、物资。除了得胜营城堡，城堡四周山岗还有碉楼遗存，但皆仅剩底部基座。城堡内有一口古井，名曰"吊井"，位于南门处，20世纪90年代还可取水饮用，现已干涸。因苗族敬畏"三王"，边墙沿线修建了多处"天王庙"，得胜营社区亦建有"天王庙"。

为保障民众生活，清代时官方于军民聚集之处设置集场便于贸易，即得胜营场。"得胜营场，城北四十里，五十日期赶。"[14]现得胜营场仍在发挥作用，是当地较为重要的赶场地点。笔者调研时曾有幸碰到赶集日子，人流涌动，十分繁华。有关得胜营场留存有记事碑刻，即当地盛传的"龙骧开场"碑。

碑中有"镇筸右营""都吾""晒金塘""鸭宝寨""龙角洞"等地名记述[15]。龙骥是清末凤凰厅著名士绅，当地称"龙举人"，曾参加光绪年间"公车上书"，事后被革除功名。龙骥回乡后创建了栖山书院，招收苗族、汉族、土家族等子弟。在龙骥的倡导下，凤凰厅都吾约与镇筸镇左营共同筹募，将得胜营场修建成当地的公共集场，各族人民在集场内友好相处，平等贸易。集场建成后，勒石纪功，受人传颂。

（三）特色地名

因构建边墙与边防体系，大量军事设施与数千军士聚集，构成特有的边墙社会生态，特色地名是其中之一。现代地名中有许多是历史时期存在的，审视地名可以反映一地历史发展轨迹，明清两朝治理湘黔边区产生的大量地名即是重要体现，映衬着明清中央王朝的治理措施及影响[16]。湘黔一线诸多地名与边墙紧密相关，仅得胜营社区就有得胜营、营盘上、"城里""城外""墙内""墙外"、高楼哨、澎水井、后头坡等地名。这些地名不仅只是历史名称，现在仍在使用，有的存在于官方行政区划中，有的仅存于村落民间称谓。

"得胜营"之名由来，前文已述及，乃清朝时军士征战获胜而得名。得胜营现仍作为当地的社区（村）名称使用，即便是合并村后，得胜营的名字依然得到保留，可见这一名称深受当地民众认可，具有广泛的群众基础。虽得胜营城堡已毁坏，但当地仍将城堡内地域称作"营盘上"，成为区域社会的小地名。现今得胜营社区是一个拥有1500余人的社区，但当地人沿袭古代城堡格局习惯，流传有"城里""城外"的界域划分。因边墙沿得胜营绵延，当地老人提及过去还有"墙内""墙外"的说法，"墙外"山区是苗族居住，"墙内"城堡是汉族居住。今日已是苗汉交融，得胜营社区成为各民族共同的家园。

明清中央王朝为稳固统治、强化控制，在湘黔一线设置了营汛、关卡、哨卡、碉卡、炮台、屯堡，各有驻军。天长日久，聚落形成，成为当地村落地名。类似地，高楼哨、澎水井、后头坡、前营盘、后营盘皆是得胜营一带的军事防御设施，乃清代时设置的汛堡，环绕在这些汛堡周边还有哨台、炮台、碉楼，立于得胜营社区沿边山岗。清代为保障边墙沿线安全，屯田养兵，守屯结合，置兵营于此。这些遗址区原先皆住有居民，形成一处处村落，后陆续搬迁至山下。高楼哨已无人居住，后头坡、澎水井现今仍有部分居民。其中火烧坡（高楼哨）、澎水井遗址为湘西州级文物保护单位。

（四）传统建筑

边墙一线乃军事重地，苗防、屯防、汛防层层防御，自然需要招募大量军士守卫。而且，对于当地民众来说，入伍从军是一条职业道路。时凤凰厅有"乡居者力农者多，城居习业不一，入营伍者居其半"[17]之说，因边墙军防影响，包括得胜营在内的区域社会有着浓厚的从军传统。这些入伍的军人或有军功，由此改变了自身阶层，回乡之后兴资建造宅院，并通过自身影响造福地方社会。得胜营社区的三潭书院、吴自发故居、肖纪美故居等文物保护单位，其与边墙军防历史有着不同程度的关联。

三潭书院（新吾书院），由清朝凤凰厅人吴自发筹资兴建。吴自发曾任贵东兵备道，解甲回乡后，为兴家乡文教，同治十三年（1874年）创建三潭书院。三潭书院保存较好，占地面积约12000平方米，位于吉信镇完小内。书院主楼巍峨，飞檐翘角，主楼后是四合天井，整体结构对称，为湖南省现存四大书院之一。现为湖南省省级文物保护单位。

吴自发故居占地面积20余亩，建筑形制主要是砖木结构，有大小30多间房屋，乃吴自发在光绪十八年（1892年）亲自组织修建。吴自发故居同样是当地重要的文物，至今保存完好，吴自发后代曾常年守护，现为湘西州州级文物保护单位。

肖纪美故居，位于得胜营社区工作服务中心旁，为湖南省省级文物保护单位。始建于同治九年（1870年），中国科学院院士肖纪美先生1920年出生于此，其祖辈是当地的官绅。肖纪美故居坐南朝北，占地面积477.69平方米。建筑结构为四合院式，三院二进，由大门、前院、门厅、中庭、回廊、正屋等建筑组成。

（五）绵延古道

历史上湘黔边区"划墙而治"，但不代表苗汉之间断绝往来，道路即是沟通边墙内外的重要媒介。边墙沿线道路可分为官道、民道、粮道、营道四类。"边防战守之方，以审径路为最要。各汛相通，有营路；居民取径往来，有民路；转输军实，有台站。苗路虽云如发，其间亦有经由常道。"[18]一般官道路面宽约2—3米，墁铺规整石板；民道路面宽1—2米，铺以石板或块石，粮道与营道介于民道和官道之间。

在得胜营社区前往火烧坡（高楼哨）方向，有一处古道，名曰"澎水井古道"，地理坐标：北纬28°5′48″，东经109°36′7″，海拔345米。古道保存较好，以毛石块铺就，路面使用青岩铺砌，黏土黏合，全长830米，局部残宽2米，古道两旁为房屋及农田。道路起点北面为乡村公路，道路先呈东北—西南走向，继而西北—东南走向至水塘止，道路延至430米时其西北方为澎水井营盘，坡度为3—15°。古道层层阶梯式缓缓而上，石板久经打磨光亮黝黑，随着山势延展深入，行走其间历史感顿生。

当地人称，澎水井古道既是官道，又是商贸货物流通之路，从凤凰到吉首就走这条道路，另一端连通着贵州。原来路面较宽，能行车马。209国道修建后，这条道路逐渐废弃，仅用作乡村居民日常通行之用。

（六）移民文化

边墙沿线防御需招募诸多军士，军士来自五湖四海、三山五岳，地域来源不一，姓氏复杂，文化习俗多样。现今得胜营社区的居民，不少是明清时期军事移民的后裔，仍保留有不少移民历史记忆。关于祖先历史，当地居民多称他们祖辈有的是在古代兵营建设时就世代居住在这里，有的则是因为战争或是灾荒迁移过来。笔者曾在得胜营社区询问一位田姓老人，老人称其祖辈来自陕西蓝田："万里墙是守苗匪的，还有碉堡，百把米一个碉堡。土匪来了就有话筒喊，一个碉堡一个碉堡地喊，用竹子啊、竹筒啊，'土匪来了'。我们老家是陕西省蓝田县烂泥村，来这里可能是十多代人喽，就是得胜营，这底下跟这边都是讲的得胜营，都喊的'营盘上'，祖辈来的时候就有啦，来的都是来守苗匪的啦，从这里得胜营起，一直到篁子坪。万里墙祖辈驻守苗匪，土匪百分之九十是苗族，他们着官府逼很咧，这边山就汉族，这边就是苗族，原来有句口号，叫'铜不沾铁，苗不粘客'，苗族和汉族冇开亲，现在开亲咧，现在56个民族都开亲啦。"[19]

从以上口述资料可以看出，为保障边区防卫，来自全国各地的招募军士汇集于此，守卫边墙、保障地方治安，促进了区域社会的稳定与发展。

复杂的姓氏亦是移民文化的特征之一。目前得胜营城堡（即"城里"，营盘上）常住居民约70余户，根据得胜营社区提供的资料显示，有王、吴、龙、廖、麻、石、杨、田、胡、张、滕、唐、侯、隆、向、周、徐、黄、曾、莫、陈、姚、梁、谭、熊、欧阳、董、罗、彭、满、秦、丁、郑、代、瞿、冯、肖、郭、蔡、潘、韩、李等40余姓，显示出典型的外来移民属性[20]。这些居民分别属于苗族、土家族、汉族、回族，以苗族、土家族居多。历史时期"苗汉分治"，今日已是苗汉交融，多民族交错杂居。

三 得胜营社区文化遗产主要特征及保护思考

边墙与地域、人群、社会的交互混融，再经历史沉淀，产生了各具特色的文化遗产资源。得胜营社区边墙文化遗产体现出明显的边墙历史痕迹，主要表现为直接型、衍生型和互动型。应记好"遗产账本"，开展"全景"保护，注重协调遗产与人、遗产与经济、遗产与社会的各类关系，重视文化认同与历史记忆在文化遗产保护中的重要作用。

表一　得胜营社区文化遗产类型统计表

名称	内容	备注
边墙遗址	湘黔边墙（包括得胜营社区段）	省级文物保护单位
军事城堡	得胜营城堡（城墙、城门、街道、古井、碑刻、庙宇、集场等）	
特色地名	得胜营、营盘上、"城里""城外""墙内""墙外"、后头坡	
	火烧坡（高楼哨）、澎水井	州级文物保护单位
传统建筑	三潭书院	省级文物保护单位
	肖纪美故居	省级文物保护单位
	吴自发故居	州级文物保护单位
绵延古道	澎水井古道	
移民文化	历史记忆、祖先传说、文化习俗、复杂姓氏、多民族杂居	

（一）主要特征

因边墙修筑直接产生的文化遗产，有边墙、古城、营盘、汛堡、屯卡、碉楼、哨台、炮台、古道等。边墙分"土砌边墙""石砌边墙"和"土石混合边墙"三类。明清边墙虽多已毁坏，但现今遗址遗存总体依然保存有数段残垣，得胜营社区是重要分布地段，以及得胜营城堡、火烧坡（高楼哨）、澎水井营盘、后头坡营盘、前营盘、后营盘、澎水井古道，保存有残存的碉楼、哨台、炮台等。这些都是因构筑边墙与边防体系而产生的军事防御建筑，沿边墙一线错落分布。

因边墙修筑衍生形成的文化遗产，有聚落、民居、书院、古井、碑刻等。自明清以来，边墙沿线聚集了大量人口，逐渐演变成聚落。如镇篁（凤凰县城）、镇溪（旧又称"所里"，今吉首市）、喜鹊营、廖家桥、阿拉营、洞口哨、篁子坪、晒金塘、亭子关等，如今已演变成市、县、镇（乡）、村等，得胜营是其中之一。伴随着军事移民迁入，逐渐融入地方，随着军镇体制建立，产生各类传统民居。一些取得军功的将领解甲回乡，积极参与地方建设，如资助教育、维护治安、抚恤民众、宣谕教化等。

因边墙修筑互动构成的文化遗产，有庙宇、集市、文化习俗、移民记忆等。边墙与所处地域的山形地貌、气候类型、民风民俗、生态环境相结合，

再经由苗族、土家族、汉族等民族历史记忆杂糅与互动互嵌互融，历经长久积淀和数代人的积累，构成了丰富多样的文化遗产资源，形成有特色的地域文化形态与多样的人文景观。"边墙既是历史过程，是苗汉和与分的过程，又是一种文化样态，是历史互动过程的结果。"[21]得胜营原为苗族、土家族聚居之地，迁入的军事移民（主要是汉族）不仅带来了丰富的移民文化，在与当地各族交流互动中，亦丰富了当地的文化形态。吉信镇（得胜营场）现今仍是凤凰县重要的商贸物资交流集镇，每逢赶集，各族人民云集，蔚为壮观。

（二）保护思考

记好"遗产账本"。得胜营社区文化遗产，不仅包括明清中央王朝在地域社会构筑的边墙与边防设施，还应包括迁入的军事移民在得胜营社区形成的众多聚落，以及当地苗族、土家族、汉族以墙为"界"的互动与交流所呈现的文化形态与人文景观。应全面、系统、深入地调查与整理边墙遗址遗存，无论完整与否、毁坏与否，抑或"有形"与"无形"，凡是因边墙与边防体系产生的各类"物"，皆应保护，形成详细的遗产名录，统筹谋划布局，做好预防性保护。

开展"全景"保护。"不仅要关注各遗产点的整

体、协同保护这种空间维度的价值保护，还应该兼顾时间和精神维度的保护；挖掘场地特有的历史价值、空间价值和文化价值。"[22]得胜营社区边墙文化遗产，除了实体的边墙、古城，还包含屯堡、营哨、汛堡、碉楼、炮台等边防设施，以及这些遗址的空间场地与人文景观。相比于建筑遗迹类的"有形"文化遗产，与边墙有关的"无形"文化遗产同样是边墙文化遗产的重要组成部分，主要表现为边墙与边防体系下地域社会苗族、土家族、汉族等各民族文化交织。这些与边墙遗址遗存一道构成了"全景式"的文化遗产结构，应细致入微、由外而内地整体性保护。

协调各类关系。其一是协调好遗产与社会的各类关系。虽然得胜营社区文化遗产资源较多，但地方建设、农业生产、房屋改造、基层管理、道路翻修等方方面面均与遗产紧密相关，应以法治"产"，以法护"产"，划定遗产"红线"，将遗产保护置于社会发展当中。其二是协调好遗产与人的关系。当前诸多文物保护往往脱离群众，文物保护工作应借助当地民众的力量，切实贯彻"从群众中来，到群众中去"的理论思路。其三是协调好遗产与经济的关系。边墙是旅游之墙，但它更是遗产之墙。不能将遗产作为拉动地方经济的工具，从而导致遗产不可持续，遗产与旅游应构成生产性保护的良性关系。

重视精神"内核"。得胜营社区文化遗产类型较多，保护较好，当地民众对其深度的文化认同与历史记忆是关键。边墙遗址遗存星星点点分布在湘黔两省，因所处环境、区位、人群、社会和受到的关注度不同，命运亦各不相同。在现代化城镇建设浪潮中，古迹建筑类文化遗产保护面临诸多挑战。不过，结合笔者在得胜营社区的调查，发现一些边墙遗址遗存保存较好的重要原因是驻防军士后裔世代守护，将其视为祖祖辈辈的"老屋"，传承祖先记忆与荣耀，使之成为"乡愁"与"家园"的珍贵记忆承载之地。

[1] 在中国北方，自先秦时期即有秦、魏、赵、齐、燕等国大规模修筑墙垣以作防御，秦统一六国后修筑了"万里长城"，此后历代又不断修缮、扩建（汉建"塞垣"、北朝建"长堑"、金朝修"界壕"、明朝筑"边墙"），以及唐朝时期，渤海国曾建造有牡丹江边墙。虽然清朝没有延续历代大规模修筑长城的"惯例"，但亦修建过类似长城的军事防御工程，如在东北修筑"柳条边"；为镇压捻军起义，在山东、河南、山西等地修筑"长墙"等。在中国南方，"墙"的历史同样悠久。除本文提到的明清时期湘黔边区的边墙，还有如先秦时期，楚国曾修筑有连绵墙垣，是为"楚长城"；汉代在滇东修筑有军事防御墙，保存有可观的古墙垣；南宋时，岳飞在今河南、湖北交界地带组织军民修筑边墙，是南宋与金对峙的西线防御工事；明代为经略川西北曾修筑了大量的军事关堡、连线墙垣，统称"川西北边墙"，在江南台州还曾修筑大型海防军事工程，有"江南长城"之美誉；清代为抵御廓尔喀入侵，在西藏地区修筑了诸多御敌要塞，形成了连线古墙垣等等。

[2] 陈文元. 明清湘黔苗区边墙史迹考[G]//贺云翱，郑孝清. 中国城墙：第5辑. 北京：科学出版社，2023：128-129.

[3] 陈文元. 边墙格局与苗疆社会——基于清代湘西苗疆边墙的历史学考察[J]. 中央民族大学学报（哲学社会科学版），2020，47（06）：149-159.

[4] 陈文元. "区隔"与"疏导"：清代湘西苗疆边墙与族群交往秩序[J]. 民族论坛，2021（01）：47-57.

[5] 陈文元. 明清湘黔苗区边墙文化遗产结构及保护策略[J]. 民族论坛，2023（01）：92-99.

[6] 李纪田，龙文昌，麻再金，等. 湖南省凤凰县地名录[M]. 凤凰：凤凰县人民政府编印，1983：104.

[7] 严如熤. 苗防备览[M]. 刻本，1820（清嘉庆二十五年）.

[8] 黄志璋. 麻阳县志[M]. 刻本，1685（清康熙二十四年）.

[9] 佚名. 苗疆屯防实录[M]. 影印印刷本，江苏扬州人民出版社，1960年复制印行.

[10] 陈文元，龙京沙. 明清湘黔边墙遗址遗存[M]. 北京：中

国社会科学出版社,2024:28.

[11]但湘良.湖南苗防屯政考[M].刻本,1883(清光绪九年）.

[12]严如熤.苗防备览[M].刻本,1820(清嘉庆二十五年).

[13]严如熤.苗防备览[M].刻本,1820(清嘉庆二十五年).

[14]黄应培.凤凰厅志[M].刻本,1824(清道光四年).

[15]此通碑刻由湖南师范大学谭必友教授田野调查发现,参见微信公众号内容:龙举人开场碑重见天日:清代苗疆各民族融合的伟大见证.网址:https://mp. weixin. qq. com/s/8EqSIP MU2-D8LHEhACHNBQ。

[16]周妮.地名文化视野下清代湖南苗疆治理——兼论苗疆区域地名文化差异[J].贵州文史丛刊,2018(04):65-70.

[17]黄应培.凤凰厅志[M].刻本,1824(清道光四年).

[18]严如熤.苗防备览[M].刻本,1820(清嘉庆二十五年).

[19]讲述人:TJS,男,76 岁,土家族,凤凰县吉信镇得胜营社区居民。访谈地点:吉信镇街坊。访谈时间:2018 年 7 月 8 日,8:13-8:35。

[20]此部分调查资料由得胜营社区工作人员提供。

[21]彭永庆.民族历史记忆的价值重构——以湘西苗疆边墙为个案的分析[J].吉首大学学报(社会科学版),2009,30(01):60-63,78.

[22]李昌佐,李佳佳,魏代谋,等.明清“苗疆边墙防御体系”文化景观遗产价值剖析[J].中国文化遗产,2021(03):101-107.

文化遗产保护模式、困境及完善进路 *

潘凤湘 [1]　廖小莉 [2]

1. 湖南理工学院法学院，湖南岳阳 414000
2. 贵州师范大学法学院，贵州贵阳 550000

Model, Dilemma and Improvement Paths of Cultural Heritage Protection

Pan Fengxiang[1], Liao Xiaoli[2]

1. Law School of Hunan Institute of Science and Technology, Yueyang 414000, China;
2. Law School of Guizhou Normal University, Guizhou 550000, China

摘　要： 文化遗产是由前人创造的文化或传承文化的成果，有物质、非物质等表现形式，包括文化景观、文化空间，具有多元价值。国际上已有文化遗产保护的宪章、公约等，国内也基本形成一定的法律体系。国外形成了不同的文化遗产保护模式，如法国生态博物馆、英国保护区、美国国家公园等，我国也形成了历史文化名城、文化生态保护区、风景名胜区、国家公园、国家文化公园等多元保护模式。结合实践，我国文化遗产保护存在立法进程滞后、监管体制不健全、类型多样且体系繁杂、保护和使用未有效协调、公众参与不充分、各主体间缺乏信息共享等困境。因此，结合保护模式的新发展，加快文化遗产保护立法进程，采用动态适应性分类管理，贯彻保护为主的方针，进行综合治理，善用数智化技术等，以推进我国文化遗产保护的良法善治，提升文化软实力。

关键词： 文化遗产　保护模式　国家公园　分类管理　公众参与

Abstract: Cultural heritage is the result of culture created or inherited by the predecessors, with forms of expression such as tangible and intangible, including cultural landscape and cultural spaces, and has multiple values. Internationally, there are charters and conventions for the protection of cultural heritage, and domestically, a certain legal system has basically been formed. Different cultural heritage protection models have been formed abroad, such as the ecomuseum in French, protected area in British, and the national park in United States. In China, multiple protection models such as famous historical and cultural cities, cultural and ecological reserves, scenic spots, national parks, national cultural parks have also been formed. In practice, the protection of cultural heritage in China has the dilemma of lagging legislative process, imperfect supervision system, diverse types and complex systems, ineffective coordination between protection and utilization, insufficient public participation, and the lack of information sharing

* 本文是湖南省法学会法学研究一般课题"文旅融合背景下文化遗产法治保障研究"（项目编号：24HNFX-C-013）、湖南省社科成果评审委一般项目"新时代我国荒野综合治理法治化研究"（项目编号：XSP21YBC474）、湖北省社科基金后期资助一般项目"美国荒野法研究"（项目编号：2018142）、国家社科基金后期资助一般项目"美国荒野法研究"（项目编号：21FFXB067）的阶段性成果。

among various subjects. Therefore, combined with the new development of the protection model, we should speed up the legislative process of cultural heritage protection, adopt dynamic and adaptive classification management, implement the principle of "protection first", adhere to comprehensive governance, make good use of digital intelligence technology, etc., so as to promote the good law and good governance of cultural heritage protection in China and enhance the cultural soft power.

Key words: Cultural heritage; Protection model; National park; Classification management; Public participation

引　言

文化遗产是人类文明的重要组成部分，四大文明古国之一的我国，拥有五千年历史且从未中断过，不仅历史悠久，且文化底蕴深厚，拥有丰富的自然和文化遗产。保护和合理利用文化遗产，不仅可展示中华民族厚积的智慧结晶和世代相承的文明理念，还能向世界展示中国文化遗产保护范式。伴随我国经济迅速发展而来的高速城镇化、工业化，文化遗产地作为旅游经济增长点被过度开发、利用等，造成各种不利后果，因此，文化遗产保护也面临着严峻的挑战和压力。文化遗产地的发展大都逃脱不了这样一种发展模式：遗产被"发现"、被包装后推向市场，开始走入"商业化"的发展道路，虽然对地区经济起到带动作用，但当地人却失去对经济资本规模和类型的控制，最终陷入"过度商业化"的困境[1]。文化遗产是祖先留给我们的宝贵资源，也是全人类的共同财富，随着人们对遗产价值的认识和理解的不断深入，特别是环境问题和不可持续的经济增长方式的影响造成了文化遗产破坏的日益加剧，其保护问题已经成为国际社会和学术界关注的热点之一[2]。如何在传统旅游经济发展模式向生态、绿色旅游经济发展模式转型中完善我国文化遗产保护法律制度，有效保存瑰宝，这是国家、社会、民族关注的焦点，也是执法部门、旅游开发企业需要协调处理的问题。

一　文化遗产内涵及多元价值

（一）文化遗产内涵

在现行的法律文件中，绝大多数国家的法律规范并没有明确界定文化遗产的内涵，而是通过列举方式确定法律所保护的文化遗产范围。"文化遗产"这一术语在国际法中首见于二战后的两个文件：一是 1954 年《武装冲突情况下文化财产保护公约》（简称《海牙公约》）中"每一个民族文化遗产中最具重要性的可移动与不可移动资产"以及文化财产概念，并由其发展而来；二是 1955 年《欧洲文化公约》中"欧洲的共同文化遗产"，为此术语现代使用的开始。1972 年《保护世界自然和文化遗产公约》中正式提出文化遗产的概念，包括文物、建筑群和遗址，其内涵得到不断发展并走向成熟。

文化遗产是文化与遗产的结合，文化是人类社会历史发展中所形成的物质与精神财富之总称，具有历史传承性和民族性；遗产则是从文化的形成与传承的角度强调人类社会知识与实践之成果的历史久远性[3]。所谓文化遗产，是指由先人创造并保留至今的一切文化财富，包括物质文化遗产、非物质文化遗产、文献遗产和文化景观类遗产等，它是一个地区、一个民族或一个国家极为重要的文化资源和文化竞争力的构成要素[4]。文化遗产分为有形文化遗产和无形文化遗产[5]。习惯上，文化遗产被解构为"物质"与"非物质"，或是"有形"与"无形"，其中所谓"物质文化遗产"，就是通过艺人的表演或匠人的制作，将他们的智慧、经验与技艺"有形化""物质化"，正如我们看到的建筑或剪纸；而所谓"非物质文化遗产"，就是艺人在表演或是制作过程中所使用的各种技艺与技能。出于研究上的方便，而不是说文化遗产本身就是以这样两种完全不同的状态分别出现的，更不能以此为依据将文化遗产割裂开来并对它们实施分头保护[6]。

结合已有研究和法律规范，文化遗产是文化的产物，是由前人创造的文化或传承文化的成果，表现形式有物质、非物质、有形、无形等状态，包括文化景观、文化空间。关于文化遗产的分类，最容易也是被广泛采纳的标准是根据文化遗产的载体的性质将其分为两类：物质文化遗产和非物质文化遗产。物质文化遗产通常被称为文物，通常是指以实物状态存在的或者可以确定权利归属的物质遗存，《保护世界文化和自然遗产公约》第1条对文化遗产的范围进行了列举，即"文化遗产"包括：从历史、艺术或科学角度看具有突出的普遍价值的建筑物、碑雕和碑画、铭文、窟洞以及联合体；从历史、艺术或科学角度看在建筑式样、分布均匀或与环境景色结合方面具有突出的普遍价值的单立或连接的建筑群；从历史、审美、人种学或人类学角度看具有突出的普遍价值的人类工程或自然与人联合工程以及考古遗址等。所列举的建筑物、碑雕和碑画、铭文、窟洞及联合体、建筑群、人类工程或自然与人联合工程以及考古遗址等，基本可以概括为物质文化遗产类型。而非物质文化遗产则由《保护非物质文化遗产公约》通过"概括+列举主义"的方法给出了规范的定义，包括各种实践、表演、表现形式、知识和技能及其有关的工具、实物、工艺品和文化场所。

（二）文化遗产多元价值

文化遗产通常是历史遗留下来的，以特定实物或者非实物的形态存在的，具有较高文化、经济、艺术、生态等价值的人类创造物[7]。文化遗产是人类历史长河留下的宝贵财富，体现民族的精神，凝聚

社会、民族传统，可促进文化交流，展现文化多样化和人类创造力。文化遗产是人类的特殊遗产，其生命力体现在其多元价值上，这些价值使其保持活力，传承文化内核，传播文化思想。

文化遗产是时代的产物，从内容到形式都体现其所处时空的特殊性。文化遗产承载着人类社会发展过程中创造并通过有形和无形载体传播的宝贵文化信息，包括政治、经济、文化、宗教、道德习俗等文化资源。它是人类精神文明和物质文明的产物，是不断积累并传承发展下去的社会文化形态，这也集中体现其传承性。随着社会经济的不断发展，人们不再仅仅追求物质生活方面的衣食住行，而对文化和精神消费产生了更高层次的需求，文化遗产中的建筑、艺术表演等能够给人以美的享受，丰富人的视野，陶冶人的情操，因此具有社会价值，体现其社会性。文化遗产虽然具有公众共用物属性[8]，但随着旅游业发展，在不断的开发、利用中被商业化，被作为文化产品在市场上流通，实现其经济价值。世界上很多文化遗产依存于生态环境，是环境的组成部分，《中华人民共和国环境保护法》第二条对环境的定义就包括人文遗迹，因此，其作为环境资源，具有很高的生态价值。保护文化遗产是解决环境问题的重要途径之一，例如通过对泰山、龙门石窟等文化遗产进行保护，可以控制水土流失，预防自然灾害，维持生态系统的稳定性等，促进生态文明建设。

文化遗产呈现活态性，具有文化、社会、经济、生态等多元价值，对其开发、利用应合理。因此，不仅要保护文化遗产本身，而且也要保护其源泉，结合其背景及客观环境，从时空维度对其进行整体性保护，协调各方多元利益。所谓"保护"，就是采取多种措施、手段、方法、机制，确保文化遗产的生命力，从各个方面确认、立档、研究、保存、保护、宣传、弘扬、传承（主要通过正规和非正规教育）和振兴文化遗产及其文化内核，以保护文化主权。文化主权是一个民族国家政治独立的精神基础[9]。虽然文化

遗产分为物质文化遗产和非物质文化遗产，但在保护和保护模式的确立方面不能把两者割裂开来。因为文化遗产不是在时空上凝固不变的对象，事物的本真性既不可能脱离特定的时空而存在，也不能抛开人们对事物的价值判断来认识[10]，所以要从整体论和系统论的维度分类保护文化遗产，防止其内涵空洞化，实现文化遗产的永续保存和持续利用，如通过观光游览、科考科普等活动健身益智，促进社会经济文化的协同发展，以实现文化与旅游的深度融合[11]。

二 国外文化遗产区域保护模式

人类为了对文化遗产进行保护，进行了一系列漫长而艰难的探索。在这一过程中各国形成了不同的保护模式，文化遗产保护内容和保护方式都在不断地深化、嬗变，对我国文化遗产保护具有重要借鉴意义。

（一）法国生态博物馆保护模式

法国文化遗产保护的依据是 19 世纪以来在档案馆、图书馆、博物馆、考古学、历史遗迹等所有遗产领域实施的法律规范，主要涉及《遗产法典》《刑法典》《公共财产通用法典》《民法典》等以及相应的法令、命令、通告、指示等。法国拥有大量的文化遗产，如城堡、宗教建筑、公园和花园、防御城镇等，可游览的景点种类繁多，对外国游客具有强大的吸引力，形成的保护区系统由 9 个国家公园、163 个自然保护区和超过 10 万公顷的海岸线保护区组成[12]。

迄今为止，法国已经颁布了多部法律，完整地覆盖到文化遗产保护的各个领域。法国是世界上第一个建设生态博物馆的国家，也是生态博物馆保护模式建设最为完善的国家[13]。法国政府认为生态博物馆是一个文化机构，该机构着重对自然和文化遗产的整体性进行保护，并通过中央和地方政府、学者、当地企业和居民的参与，借助永久的方式来实现研究、保护和展示功能，同时展示其独特的某个

领域及保留下来的生活习惯。生态博物馆保护模式是将整体意义上的社区作为保护的对象，其保护的不仅包括基本的自然和文化遗产，还包括这些遗产生存和发展的空间，其边界也是可定义的地理领域，具有不同的特征。主体是经过培训的社区居民，他们对生态博物馆活动的参与度和敏感度较高，由他们亲自参与文化遗产保护的活动。生态博物馆的保护模式重视社区、文化、自然等之间的密切联系，使得自然遗产和文化遗产能够处于原生环境中，这样的保护模式有利于保证遗产整体得到完整的保护，这种保护模式的整体性思路也引领并推动着法国法律体系的不断完善[14]。

（二）英国保护区保护模式

英国文化遗产保护工作历史悠久。1707 年，基于英格兰"文化长寿"的目标，伦敦古文物研究者协会成立，文化遗产概念进入公众视野。1882 年，具有里程碑意义的《古迹保护法》为文化遗产保护提供法律支持并正式拉开遗产保护序幕。1913 年《古迹综合及修订法》取代了 1882 年、1900 年、1910 年《古迹保护法》，保护范围扩展到古迹周边土地。1967 年，《城市宜居法》正式提出"保护区"概念，使得文化遗产走向整体性保护。1983 年，《国家遗产法》首次在法律中提出遗产概念，将历史建筑、保护区和古迹与各类博物馆、军工厂、皇家园林一同纳入遗产范畴。1990 年，英国的《（登录建筑和保护区）规划法》规定了文化遗产保护区模式，其中保护区是指那些有着独特的建筑或历史价值，并且其特色值得保护或加强的区域[15]。

为了对保护区进行保护，在立法上，英国从中央到地方都颁布相应的法律规范，从管理机构权责、遗产价值评估、保护及管理规划编制等各个方面进行规定，为文化遗产保护提供了有力的支撑。为充分发挥利益相关者的联合作用，实现有效宣传和提升地方凝聚力，专家、咨询机构、民间组织、志愿者、居民和基金组织等都参与到英国保护区的规划

编制和项目实施中。英国保护区对文化遗产的有效保护是建立在对文化遗产的深刻理解之上，通过发掘遗产的深层价值，不仅可妥善利用文化遗产，推动保护区的经济发展，还可提高居民的文化认同感，增强其民族文化自信[16]。

（三）美国国家公园保护模式

美国作为全球第一个建立国家公园的国家，目前已经形成了一个比较成熟完善的文化遗产保护模式。美国国家公园是由国家主导的保护地，旨在保护重要的自然资源与文化遗产，在一定限度内为社会公众提供科普教育以及文化娱乐的场所[17]。除了1872年《黄石国家公园法》、1916年《国家公园管理局组织法》之外，还包括授权性立法和单行立法等，基本形成"一园一法"。美国国家公园管理局将国家公园分为两类：历史类国家公园和自然类国家公园。其中历史类国家公园以保护文化遗产为主要任务[18]，主要体现为：

首先，国家公园管理局制定严格的管理制度，将国家公园置于法律、政策的全方位保护之中[19]；其次，历史类国家公园不仅保护文化遗产本身，还保护其周围环境，认识到文化遗产的公益性，通过展览、教育等多种科学合理的方式为公众提供使用

机会[20]；再次，在国家公园管理中十分重视公众参与，特别注重完善志愿者参与机制；最后，建立完善的网络信息平台，国家公园相关信息得到准确、及时的收集、传递，有利于保障各主体之间进行有效的沟通，促进国家公园管理局进行有效的管理。

三　我国文化遗产保护现状及困境

（一）我国文化遗产保护立法

就文化遗产的保护，世界各国多次召开国际会议，通过了多部具有重大意义的国际公约，目前已形成《保护世界文化和自然遗产公约》和《保护非物质文化遗产公约》为主，以其他宪章、宣言、政策等为补充的体系，如表一所示。

长期以来，我国对文化遗产的保护高度重视，自1985年加入《保护世界文化和自然遗产公约》后，相继出台了一系列法律规范，与国际接轨，从而给文化传播、继承、创造提供强有力的法律支撑。根据国际法文化遗产的相关规定，我国在文化遗产保护方面也在不断推进国内立法工作。新中国成立至今，形成以《中华人民共和国文物保护法》为核心，辅之各类行政法规、部门规章以及地方性法规等相配套的法律保护体系[21]，如表二所示。

表一　国际层面文化遗产保护主要立法

时间	文件名称	主要作用
1931 年	《关于历史性纪念物修复的雅典宪章》	提出应该注意保护历史纪念物的周围环境
1964 年	《威尼斯宣言》	对文化遗产的原真性做透彻的诠释，奠定原真性对国际现代遗产的保护意义
1972 年	《保护世界文化和自然遗产公约》	首先提出文化遗产和自然遗产需要同样的保护，主张各个缔约国应积极采取措施，承担起保护、传承其自然和文化遗产的责任
1976 年	《关于历史地区的保护及其当代作用的建议》	提出每一个历史地区及周围环境应视为一个相互关联的整体
1987 年	《威尼斯宪章》	主张历史城镇等作为世界遗产应予以保护
2002 年	《上海宪章》	主张参照博物馆的保护方式对世界遗产进行保护
2003 年	《保护非物质文化遗产公约》	无形遗产被纳入文化遗产的保护范围
2004 年	《苏州决定》	要求确保每个缔约国有充足的资金对其遗产进行保护，并能将其列入《世界遗产名录》

表二　我国文化遗产保护主要立法

主体	文件名称	主要作用
全国人大常委会	《中华人民共和国文物保护法》（1982 年，2024 年修订）	保护人文遗迹及历史文物地，继承中华民族优秀的历史文化遗产，基本确定文物保护主体思路，奠定文化遗产保护基础
	《中华人民共和国环境保护法》（2014 年）	根据第二条对环境的界定可知，文化遗产属于"环境"的范畴，其整体保护要坚持保护优先、预防为主、防治结合、综合治理的原则
	《中华人民共和国非物质文化遗产法》（2011 年）	强调非物质遗产保护要坚持"保护为主、抢救第一、合理利用、传承发展"的方针，坚持真实性和整体性的保护原则
国务院	《传统工艺美术保护条例》（1997 年发布，2013 年修订）	规定负责传统工艺美术作品保护工作的责任主体及相关保护措施，推动传统工艺的振兴和高质量发展，保障传统手工艺传承环境，传二代、传三代家族式的传承不断涌现
	《长城保护条例》（2006 年）	形成文化遗产个体＋整个地区保护模式。针对长城的特点和长城保护中突出问题，补充完善相关制度、措施，使之更具有可操作性。对长城实施整体保护、分段管理，明确长城所在地人民政府责任，提出要发挥社会力量，并建立长城保护员制度
	《风景名胜区条例》（2006 年，2016 年修订）	有力地推动风景名胜区管理体系的构建及其配套管理制度的完善，在有效保护风景名胜资源和自然文化遗产方面发挥重要作用
	《历史文化名城名镇名村保护条例》（2008 年，2017 年修订）	加强保护历史文化名城、名镇、名村，保持和延续传统格局和历史风貌，维护历史文化遗产的真实性和完整性，规范历史文化名城、名镇、名村的申报与批准，确立整体保护原则，强化政府责任，规定严格的保护措施，明确在保护范围内禁止从事的活动，重点加强对历史建筑的保护
各省人大及其常委会	《福建省武夷山世界文化和自然遗产保护条例》（2022 年）	提出对武夷山世界遗产的保护必须坚持依法保护、科学管理、加强监督、永续利用的原则，并对文化遗产和自然遗产保护分类，为武夷山走可持续发展道路提供法律保障
	《陕西省文物保护条例》（1988 年通过，1995、2004、2012 修正）	对不可移动文物、馆藏文物、民间收藏文物等进行区分，并详细规定管理与监督制度、法律责任，为加强陕西历史文化遗产资源保护提供有力保障，以持续提升陕西历史文化建设软实力
	《贵州省非物质文化遗产保护条例》（2012 年）	贵州非物质文化遗产保护立法一直位于全国前列，为贵州非物质文化遗产抢救、保护和发展奠定坚实的制度基础和行动保障
最高人民法院	《关于贯彻实施国家知识产权战略若干问题的意见》（2009 年）	根据现有法律规则和立法精神，积极保护我国人类遗传资源、传统知识、民间文艺和其他一切非物质文化遗产，根据历史和现实，公平合理地协调和平衡在发掘、整理、传承、保护和利用过程中各方主体的利益关系
	《关于充分发挥知识产权审判职能作用推动社会主义文化大发展大繁荣和促进经济自主协调发展若干问题的意见》（2011 年）	提出要综合运用多种法律手段，积极推动非物质文化遗产保护、传承和开发利用，促进我国丰富的文化资源转化为强大的文化竞争力
最高人民检察院、住房和城乡建设部	《关于在检察公益诉讼中加强协作配合依法做好城乡历史文化保护传承工作的意见》（2023 年）	全面推进城乡历史文化保护传承检察公益诉讼，提升城乡历史文化保护传承工作水平

（二）我国文化遗产保护模式

由于历史原因以及具体实践，我国形成了不同于其他国家的文化遗产保护模式，目前比较典型的文化遗产保护模式是历史文化名城保护模式、文化生态保护区模式、风景名胜区模式及国家公园新模式等，它们在我国文化遗产保护上发挥重要作用。

1. 历史文化名城保护模式

历史文化名城是保存文物特别丰富、具有重大价值或者纪念意义且正在延续使用的城市。我国为了加强对它的保护与管理，制定了针对文化名城保护的法律规范，如《中华人民共和国文物保护法》和《历史文化名城名镇名村保护条例》。但经实践检验，这种模式保护效果有限，以我国太原郝庄镇为例，郝庄镇是我国重要的历史文化名镇，但是自申请通过以后，相关部门并未积极主动进行保护，导致郝庄镇年久失修、破坏严重。其主要问题是：保护规划的法定地位不明确，相关法律尚存在一些含糊不清的地方且处罚力度较轻，权威性不够，严格执法不到位；忽略了历史城镇"面"的保护，只关注重点文物"点"的保护；资金投入不足，维护、整治和改善工作严重滞后；居住环境和条件差，原住民甚至还希望尽快搬迁改造[22]。这种模式的保护是被动的保护，且在保护过程中忽略城市中非物质文化内容，使得保护工作缺乏可持续的生命力和内在动力。

2. 文化生态保护区模式

2006 年，国务院及文化部提出文化生态保护区模式，以非物质文化遗产保护为主，在某些特定区域内，也注重对物质文化遗产、自然遗产以及相互依存的环境进行整体性保护。在实践过程中，我国文化生态保护区建设仍存在一些亟待解决的问题，如闽南文化生态保护实验区拥有南音、梨园戏等众多文化遗产，成为我国建立的第一个生态保护区。中央和地方针对闽南文化生态保护实验区制定了专门的规划纲要和保护条例，但相配套的法律规范还不够明确具体，《闽南文化生态保护区总体规划》也

相对宽泛化、理想化，缺少量化和细化指标；闽南文化生态保护实验区横跨多地，各地行政主管部门缺乏协调机制，导致执行力度弱化；在资金来源上，当地政府设立的专项资金不足，部分工作难以持续开展，如何调动社会各方面力量和社会资金参与保护区建设有待加强；在保护范围上，涵盖区域过大，尤其是辐射区域范围太大，导致了文化遗产类型和生态环境不尽一致的问题，因此该保护模式仍需不断探索[23]。

3. 风景名胜区模式

1982 年，我国公布了首批国家级风景名胜区，经过 40 多年的发展，形成了比较成熟的申报、规划、保护等一整套管理制度[24]。我国风景名胜区内存在诸多丰富的文化遗产资源。风景名胜区管理部门针对区内文化遗产采取了相应保护措施。我国风景名胜区坚持保护优先、开发服从保护的原则，以保护生态环境为主，对文化遗产的保护力度相对较弱。例如文物古迹众多的陕西，不仅文化遗产丰富，而且自然遗产绮丽，黄帝陵风景名胜区、黄河壶口瀑布风景名胜区、临潼骊山—秦兵马俑风景名胜区等，既包括文化遗产，也包括自然遗产，具有复合性。长期以来，这些风景名胜区作为旅游景点得到不断开发与利用，因此其原真性遭到不同程度破坏。此外，风景名胜区的管理体制也不顺畅，管理机构职责存在交叉，一套人马几块牌子的现象较多，监管流于形式，规划编审工作仍有待加强。因为风景名胜区的规划内容不仅需要协调环境保护和旅游等，还涉及文物管理部门等，在审查时常因管理部门的意见不统一而停滞。

4. 国家公园和国家文化公园模式

以习近平同志为核心的党中央高度重视生态文明建设，在党的十八届三中全会上，"建立国家公园体制"这一举措被正式提出并作为重点改革任务。中共中央办公厅、国务院办公厅于 2017 年和 2019 年分别印发了《建立国家公园体制总体方案》和《关于建立以国家公园为主体的自然保护地体系的指导

意见》两个政策性文件，为国家公园体制建设提供顶层设计方案，为其制度构建提供依据并指引方向。2017 年 9 月，中共中央办公厅、国务院办公厅印发的《建立国家公园体制总体方案》科学地界定国家公园，它是由国家批准设立并主导管理，边界清晰，以保护具有国家代表性的大面积自然生态系统为主要目的，实现自然资源科学保护和合理利用的特定陆地或海洋区域。国家公园设立的目的是保存自然生态系统的原真性、完整性，保存生态脆弱区、敏感区，保护区域内自然资源与人文资源，给子孙后代留下珍贵的自然文化遗产。2015 年国家公园体制试点以来，我国已建成三江源、大熊猫、东北虎豹、湖北神农架、钱江源、南山、武夷山、长城、普达措和祁连山 10 处国家公园体制试点区，其中长城早在 1987 年 12 月被列入世界文化遗产，其他国家公园中也涉及部分文化遗产，因此，国家公园作为文化遗产重要保护模式之一，发挥着重要作用。我国国家公园体制建设在逐步推进，在立法方面，我国正在制定《国家公园法》等法律规范。2022 年 8 月，国家林草局起草的《国家公园法（草案）》（征求意见稿）向社会公布，其特点是：在行政管理层面，中央由国家林业和草原局承担管理职责，以国家公园管理局的名义对外开展工作，地方也成立专门的地方国家公园管理局；注重规划编制，各个国家公园都制定详细国家公园规划；在公众参与上，鼓励广大青少年积极参加志愿服务活动，居民自主参与当地文化遗产的保护。《国家公园法（草案）》（征求意见稿）坚持生态保护第一，建立以国家公园为主体、自然保护区为基础、各类自然公园为补充的自然保护地体系。虽然其以保护自然生态系统、自然景观、自然遗产为主，但自然遗产与人文遗产并不是截然分开的。国家公园有的在风景名胜区设立，如 10 处国家公园体制试点区之一的长城，是国家级风景名胜区，也是典型的文化遗产，因此，国家公园也是文化遗产保护的一种重要辅助模式。

国家公园衍生的新样态——国家文化公园，侧重于文化遗产保护与文化传承，是我国探索的一种符合文化公园特质的具有文化深度与广度的"中国范式"，充分展示中华民族文化特色。2016 年，国家文化公园建设被视为文化遗产传承和弘扬的重要举措，被列入国家"十三五"规划。2017 年 1 月，中共中央办公厅、国务院办公厅发布《关于实施中华优秀传统文化传承发展工程的意见》，明确提出"规划建设一批国家文化公园，成为中华文化重要标识"，为后续国家文化公园建设提供政策指导。2019 年 7 月，中央深改委审议通过《长城、大运河、长征国家文化公园建设方案》，建设的这三个文化公园分别代表中国古代军事防御工程、古代水利工程和革命历史，具有极高的价值。2020 年 10 月，中央正式提出建设黄河国家文化公园。2022 年，国家文化公园建设工作领导小组部署启动长江国家文化公园建设。2022 年，文旅部统筹推进长城、大运河、长征、黄河、长江五大国家文化公园建设，标志着文化遗产保护领域的深刻进化，在构建国家文化公园的探索中，以一种全新的模式超越既有保护区模式，勾勒出中国文化遗产保护范式的新路径，实现文化遗产保护与利用的双赢。

（三）我国文化遗产保护困境

1. 保护依据：立法进程滞后

我国目前对文化遗产的法律保护主要依赖于文化遗产相关法律中的零星条款，至今也没有出台《文化遗产保护法》，没有形成一套成熟的系统的法律体系[25]。在我国现有的自然与文化遗产保护法律框架下，部分法律颁布时间早，许多内容已经无法满足实践需要。《国家公园法》还在制定过程中，国家文化公园立法还未开始，现在主要通过行政法规、地方性法规等对文化遗产进行保护，但其法律效力较低，发挥作用有限。在法律的适用上，我国现行法律中的诸多规定，多为过于抽象的禁止性规定或命令性规定，可操作性不强。在法律责任上，现有的法律条款的责任主体以及惩罚种类都较单一，无法满足实践需要。

2. 组织保障：监管体制不健全

我国文化遗产保护模式较为多元，因此其监管模式也不统一，且中央管理部门与地方政府职能分工不明确，配合难以到位。文化遗产内部管理体制与监督机制也存在相应的问题，主要体现在：对文化遗产管理机构的级别和性质并没有做出明确统一的规定；部分地区工作人员较少或者综合素质较低，难以开展各项工作；在资金方面，没有足够的资金开展保护活动，资金来源渠道及其管理机构也大不相同，没有实现资金的整合和统一；在监督这方面，内部与外部监督机制并未有效联动，有时管理者就是监督者。最后，在跨区域管理机制上，文化遗产覆盖面积广，有时呈现跨区域性，涉及多个行政单位，各地区政策不统一，管理人员对其进行统一协调管理难度大。

3. 保护模式：类型多样且体系繁杂

学术界以及实务界就文化遗产的保护形成了一定共识，即实现文化遗产保护从个体主义到整体主义的转型。根据立法与实践，在文化遗产保护过程中，我国形成了类型多样、体系繁杂的文化遗产保护模式。目前有历史文化名城保护模式、文化生态保护区模式、风景名胜区模式、国家公园新模式等，加上自然保护地体系的构建，多种模式并存，各模式之间如何协调、新模式与旧模式如何融通等都需要解决，同时"一地多牌"现象广泛存在。例如长城兼具国家文化公园、国家公园、风景名胜区、自然保护地等多重属性，也是《北京历史文化名城保护条例》的保护对象。各类保护模式的叠加也成为多头管理等问题产生的温床，这种繁杂的保护系统也导致一定的治理乱象。

4. 利益协调：保护与使用未有效协调

文化遗产的保护和利用是矛盾的两个方面，它们是对立统一的关系，相辅相成，不可分割。在实践中，总体上出现"重开发，轻保护"的情形，其中最为突出的是旅游业开发与利用。我国旅游业迅猛发展，部分政府将文化遗产所在地改建成旅游观光景点，由于过度开发、建设性破坏等原因，文物、名胜古迹等难以修复，严重损害景区原貌。比较典型的如丽江古城，云南省人大常委会和省政府先后颁布多部条例及专项规划对丽江古城进行保护，文化遗产保护机构也采取了教授纳西母语和纳西歌舞等文化遗产保护措施。但自丽江古城发展旅游业以来，相关法律法规形同虚设，居民陆续迁出，酒吧夜店鳞次栉比，游客数量庞大，饭店餐厅剧增，古城的文化遗产和生态环境遭到了严重破坏。

5. 保护主体：公众参与不充分

文化遗产是人类文明发展过程中留下的宝贵财富，人们应共同保护这些历史长河中留下的明珠，因此，文化遗产保护也应充分发挥公众作用。但实践中，公众参与文化遗产保护的过程中也存在着一些亟待解决的问题。当环境利益与经济利益相冲突时，人们对文化遗产保护的积极性就会降低，甚至挑战法律的底线，其文化遗产保护意识仍有待提升[26]。在参与路径上，公民个人参与志愿活动的方式单一，大多是在政府的指导下进行实践活动。科研院所在国家公园发展过程中扮演着重要角色，主要集中于参与国家公园规划、建设及生物多样性保护等，在文化遗产保护方面，参与力度并不充分。社会组织是呼吁社会各界关注文化遗产保护，提供技术、人才、资金等支持的主要助推者，但专门性组织，如文化遗产保护的社会团体、基金组织、协会等数量较少，力量较弱。

6. 保护平台：各主体间缺乏信息共享

在文化遗产保护领域，大数据、区块链等新技术的应用逐渐发挥着重要的作用。我国关于自然和文化遗产统一的数据共享平台尚未建立起来，文化遗产各保护主体之间存在信息传输不够及时、不够准确、碎片化等现象。各种保护模式的信息平台网络系统也不健全，如国家公园或国家文化公园官网作为政府与社会公众之间的重要信息共享平台，各个国家公园官网上对该公园内及其周边的文化遗产介绍极少且数据管理滞后，加上国家文化公园信息平台不健全，无法及时、准确、全面地向公众传递相关信息。因此，由于信息沟通机制建设缺失，缺少直接、有效的信息交流、数据共享平台，政府、市场主体（如旅游经营者）、社会公众等之间掌握信息存在碎片化、不对称等问题，这导致政府应对突发文化遗产破坏事件时往往不能做出及时、准确的评估，也导致公众难以理解文化遗产保护，无法充分发挥社会公众的作用。

四　完善文化遗产保护的法治进路

我国拥有丰富的文化遗产，现有的立法工作、法律制度和保护模式尚不足以满足实践需要，但我国一直没有停止过探索文化遗产保护立法、保护模式的步伐。2021 年正式建立了 5 个国家公园，这标志着我国国家公园体制建设取得阶段性进展并进入快速发展阶段。自然保护地体系的构建推动国家公园为主体的建设，这不仅对自然遗产保护发挥着重要作用，同时也可保护文化遗产。国家公园作为文化遗产保护的新模式，虽然其主要功能作用是保护自然生态系统的原真性和完整性，保护其中重要部分，保护最独特的自然景观、最精华的自然遗产、最富集的生物多样性，但这些自然遗产与文化遗产密切联系，自然遗产中包含着丰富的文化遗产，因此，设立国家公园可实现整体性保护。对于文化遗产增设新的专门形式——国家文化公园，可以更好地实现文化遗产的保存、传承、延续。结合保护模式的新发展，应不断推动文化遗产保护走向良法善治，以应对实践所需。

（一）加快专门立法进程，为文化遗产保护筑牢法律根基

为进一步加强文化遗产保护，在《国家公园法》和《自然保护地法》制定中应注重自然遗产与人文遗

产立法保护的衔接，同时根据现实条件可制定文化遗产保护基本法即《文化遗产保护法》，解决立法层次低、立法缺失、重复、冲突等问题。此外，可修改现有部分法律规范，在各种保护模式单行法出台之前对文化遗产进行有效保护，在上述基本法颁布之后形成一整套完整的、体系化的法律保护体系，将保护文化遗产的多重价值作为立法的追求目标，兼顾物质与非物质文化遗产并重发展，坚持整体主义，促进文化遗产动态发展[27]。在法律解释上，全国人大常务委员会应充分行使立法解释权，及时颁布法律解释帮助理清不同主体之间的关系，明确各主体之间的职责和权限。在内容上，立法机关针对跨区域文化遗产保护应进行协同立法，以更好地保护线性文化遗产，如长城、大运河、黄河、长江等。最后，中央及地方政府根据上位法规定完善文化遗产保护配套机制，使保护制度更加系统、全面。

（二）深化改革监管体制，健全动态适应性分类监管机制

为适应不同保护模式，尤其是发挥好保护区或保护地的作用，需要深化改革监管体制，使新型保护模式与已有模式更好地衔接。针对不同文化遗产类型，实行分类管理，并实施动态监管，实时评估各保护模式的不良效应，并及时进行整改。在国家文化公园建设中，为促进其有效管理，需加强顶层设计，建成分级统一的监管体制，健全多元联动执法、横向与纵向合作、统一监管、信息共享的跨部门、跨区域协调机制，实现监管主体的通力配合、联合管控。针对管理人员素质较低的问题，可与一些高等院校和研究所进行合作，积极开展相关培训和交流研讨活动，提高其工作能力和业务水平。对于资金不足问题，除加大财政拨款投入力度外，可在政府指导下，不断引入社会资本，发展绿色金融产业，激励文化遗产地当地居民参与保护，使其旅游业走向绿色生态旅游。对于多头管理，可像国家公园一样，设立专门性管理部门进行统一管理。除

了内部监督之外，还可不断发挥外部监督主体如新闻媒体、社会团体组织、公民等的作用，实现文化遗产善治。

（三）践行保护为主原则，实现文化遗产可持续保存与利用

文化遗产属于不可再生资源，行政主体、市场主体、社会公众应认识到加强文化遗产保护的必要性和紧迫性，正确处理保护和享用的辩证统一关系。环境立法中明确规定了协调发展原则和保护优先原则，因此，文化遗产需要在保护中实现发展，在发展中实现保护。从实践中看，保护和利用是可以做到协调统一并走向可持续发展的。例如可通过分层的方式解决名人纪念地等旅游资源的保护与利用问题，即根据名人纪念地的状况和公众的不同需求，采取差异化方式对其进行不同程度的开发、利用与保护、保存。对于保护级别的纪念地，可以不开放或者半开放，以实现对文化遗产的保存；对于开发级别的纪念地，可以全面开放其区域，在不破坏纪念地的前提下设置不同特色的路线，以实现文化遗产可持续保存与享用。

（四）建立综合治理机制，推动多元主体参与文化遗产保护

为推进我国的文化遗产保护，应实行综合治理，发挥行政调整机制、市场调整机制、社会调整机制的作用。不仅需要政府相关部门的适应性管理，还需要市场主体如企业对文化遗产进行开发利用。不轻易开发现阶段没有保护能力的遗产，在发展中要实现保护，发展生态旅游业。此外，社会公众应树立良性的文化遗产保护意识，相关管理机构可以建立志愿者参与制度，使人们能参与管理规划和保护监督等工作[28]。文化遗产的保护与利用是一项专业性很强的工作，可以成立专门的文化遗产保护科研院所，参与文化遗产保护与利用的决策、咨询和监督。此外，中央和地方政府应积极引导、扶持以文化遗产保护为主要目标的社会组织发展，完善特许经营制度，推动多元主体协同参与文化遗产保护，形成有利于世界文化遗产善治的强大社会合力。

（五）善用数智化技术，通过赋能完善文化遗产信息平台

随着技术的不断发展，数智化技术在文化遗产保护和传承中发挥着重要作用。数字化采集、存储、复原、再现、展示、传播、开发等为文化遗产的保护提供相应技术支撑、平台、空间等。因此，善用数智化技术，借助动态适应性分类管理方法，搭建涵盖物质与非物质双维度的文化遗产数智化技术架构，依凭物联网感知终端以及三维激光扫描技术、自然语言处理技术、知识图谱技术、区块链分布式存储技术等，达成文化遗产建模、解析、可视化，通过技术赋能实现文化遗产保护闭环。注重政府、企业、公众间信息沟通机制的建设，运用大数据、云计算等方式加大信息化技术投入，建成信息量大、即时性强的网络信息平台，为政府、企业、社会公众提供重要信息的共享机制。在相应的网络信息平台可以设置法律专栏，公布文化遗产保护政策、法律规范及相关制度等；可设置群众举报专栏，通过群众举报及时发现破坏文化遗产的行为并予以制止，尽可能减少损害环境利益的行为。完善文化遗产基本信息专栏，及时更新文化遗产相关状况，及时、准确、全面地向公众传递相关信息。

五　结　语

文化遗产是人类宝贵的财富，是人类文明进步的重要标志之一，保护文化遗产使其免受侵害是国家、社会、个人不可推卸的责任。我国幅员辽阔，是世界上文化遗产最丰富的国家之一，现有的法律制度远远无法满足现实的需要，因此，应根据我国国情和法治进程，完善文化遗产保护法律制度，建立健全国家公园体制，发展国家文化公园，深化管

理体制改革，推动多元主体参与文化遗产保护，建立完善的信息网络平台等，以保护文化遗产为核心，对其周围自然生态系统、自然景观等进行整体性、系统性保护，适用开放性、多元化保护模式，并注重各种保护模式间的内部衔接，以提升我国文化软实力并实现文化强国目标。

[1] 徐红罡. 文化遗产旅游商业化的路径依赖理论模型[J]. 旅游科学, 2005(03): 74-78.

[2] 李文华, 闵庆文, 孙业红. 自然与文化遗产保护中几个问题的探讨[J]. 地理研究, 2006(04): 561-569.

[3] 费安玲. 非物质文化遗产法律保护的基本思考[J]. 江西社会科学, 2006(05): 12-16.

[4] 贺云翱. 文化遗产学初论[J]. 南京大学学报(哲学. 人文科学. 社会科学版), 2007(03): 127-139.

[5] 杨丽霞, 喻学才. 中国文化遗产保护利用研究综述[J]. 旅游学刊, 2004(04): 85-91.

[6] 苑利, 顾军. 非物质文化遗产保护的十项基本原则[J]. 学习与实践, 2006(11): 118-128.

[7] 王晨, 王媛. 文化遗产导论[M]. 北京: 清华大学出版社, 2016: 6.

[8] 潘凤湘, 蔡守秋. 公众共用物的非排他性属性研究——基于经济学理论的适用及对传统私法的反思[J]. 广西社会科学, 2017(3): 92-98.

[9] 贺学君. 关于非物质文化遗产保护的理论思考[J]. 江西社会科学, 2005(02): 103-109.

[10] 刘魁立. 关于非物质文化遗产保护的若干理论反思[J]. 民间文化论坛, 2004(04): 51-54.

[11] 王兴斌. 中国自然文化遗产管理模式的改革[J]. 旅游学刊, 2002(05): 15-21.

[12] Rédaction France. fr. The preservation of the natural and cultural heritage throughout France[EB/OL]. https://www. france. fr/en/news/article/preservation-natural-and-cultural-heritage-throughout-france, 2023-01-05/2024-05-06.

[13] Poulot D. Intangible Heritage in France: Between Museographical Renewal and " Project Territory" [J]. Ethnologies, 2014, 36(1): 177-206.

[14] CENGİZ C, Pelin KEÇECİOĞLU DAĞLI. Local Identity, Cultural Heritage, Tourism and Ecology Reflections: Eco-Museums[C]. IV. International Multidisciplinary Congress of Eurasia, At: Rome, 2017: 349-358.

[15] 郭辛欣. 英国遗产保护经验及"建设性保护"策略研究——以德比市中心保护区为例[C]//中国城市规划学会, 成都市人民政府. 面向高质量发展的空间治理——2020中国城市规划年会论文集(09城市文化遗产保护). 中国建筑工业出版社, 2021: 351-361.

[16] Underwood E., Ashcroft R., Kettunen M., et al. Protected area approaches in the EU - IEEP AISBL[EB/OL]. https://ieep. eu/publications/protected-area-approaches-in-the-eu/, 2015-11-16/2024-05-06.

[17] 宋天宇. 美国国家公园建设管理的经验与启示[J]. 林业建设, 2020(06): 1-7.

[18] 刘海龙, 杨冬冬, 孙媛. 美国国家公园体系规划与评估——以历史类型为例[J]. 中国园林, 2019, 35(05): 34-39.

[19] Silva S D, Bacheller M. The Birth of National Parks: Culture and Nature in Visiting the Wilderness in the United States (1920-1940)[J]. História Revista, 2017, 22(2): 64-82.

[20] 邹统钎, 仇瑞. 国家文化公园整体性保护思想诠释与路径探索[J]. 民俗研究, 2023(01): 59-68, 157-158.

[21] 王磬岩等. 中国国家公园生态系统和自然文化遗产保护措施研究[M]. 中国环境科学出版社, 2018: 37.

[22] 张松. 从历史文化名城保护到建成遗产保护[J]. 中国名城, 2019(05): 4-11.

[23] 张志颖. 非物质文化遗产整体性保护的中国实践——国家级文化生态保护区建设成效与问题探究[J]. 青海民族大学学报(社会科学版), 2021, 47(03): 124-131.

[24] 刘秀晨. 风景名胜区是中国自然保护地体系的独立类型[J]. 中国园林, 2019, 35(03): 1.

[25] 岳小花. 中国自然与人文遗迹保护立法的现状、反思与完善路径[J]. 河北法学, 2020, 38(01): 165-182.

[26]李红松,张杰.整体性视域下我国国家公园公众参与研究[J].江南大学学报(社会科学报),2021,20(03):73-81.

[27]刘先辉.我国文化遗产保护法律体系:构建与发展[J].时代法学,2013,11(04):36-42.

[28]窦亚权,何江,何友均.国外国家公园公众参与机制建设实践及启示[J].环境保护,2022,50(15):66-72.

陕南地区不可移动革命文物调查与研究初探

张园　巴桑卓嘎　王荔君

陕西省文物保护研究院，陕西西安 710075

Preliminary Investigation and Research on Immovable Revolutionary Cultural Relics in Southern Shaanxi

Zhang Yuan, Basangzhuoga, Wang Lijun

Shaanxi Institute for the Preservation of Cultural Heritage, Xi'an 710075, China

摘　要： 2020 年，陕西省文物局组织完成了陕南地区不可移动革命文物专项调查。本文对陕南的革命文物进行了梳理，从分布情况、文物类别、保护级别、保存及利用现状等角度对陕南的革命文物进行了统计和分析，总结了目前陕南革命文物存在的主要问题，并提出了建议，希望对陕西的革命文物保护利用和管理提供支撑和帮助。

关键词： 陕南　不可移动革命文物资源　现状分析　保护利用建议

Abstract: In 2020, the Shaanxi Provincial Cultural Relics Administration organized a special investigation on immovable revolutionary cultural relics in Southern Shaanxi. This paper reviews the revolutionary history of southern Shaanxi, statistics and analyzes the revolutionary cultural relics in terms of their distribution, types, protection levels, protection and utilization status etc., summarizes the main issues existing in revolutionary cultural relics in southern Shaanxi, and puts forward suggestions. The aim of this article is to provide support and assistance for protection, utilization, and management of revolutionary cultural relics in Shaanxi.

Key words: Southern Shaanxi; Immovable revolutionary cultural relics; Status analysis; Protection and utilization recommendations

引　言

革命文物凝结着中国共产党的光荣历史，展现了近代以来中国人民英勇奋斗的壮丽篇章，是激发爱国热情、振奋民族精神的深厚滋养，是我国文物资源的重要组成部分。党的十八大以来，党中央、国务院高度重视革命文物保护利用工作，习近平总书记对革命文物工作作出系列重要指示批示。陕西省委、省政府站在守护中国革命精神标识的高度，多次对革命文物工作作出安排部署。

2020 年 4 月，陕西省文物局启动"陕南地区不可移动革命文物专项调查"，由陕西省文物保护研究院牵头，联合陕西省文化遗产研究院、陕西省文物保护工程有限公司，对陕南不可移动革命文物进行全面调查。调查按照"以史实为基础，以实物为依据"的调查原则，采取普遍调查与重点调查相结合、实地调查与查阅档案资料相结合、传统与现代技术手段相结合的方法，充分利用航拍、遥感、三维扫描等技术手段，对革命文物进行文字、图片、影像信息等全面记录，并提出保护利用建议，形成调查成果。经过七个多月的野外调查，实地调查革命遗址、遗迹、遗存和纪念设施共 596 处（611 个点），全面摸清了陕南革命文物家底，夯实了革命文物工作基础。

一　陕南地区近代革命历史

陕南北靠秦岭、南倚巴山，汉江自西向东穿流而过，地处陕、豫、鄂、川四省的交界地带，是所谓"四塞险固"之区，战略地位十分重要。近代时期，勤劳勇敢的陕南人民在中国共产党的领导下，为争取民族独立和人民解放开展了艰苦卓绝的斗争，留下了大量红色革命遗存。本文主要对辛亥革命至改革开放之前这一段的历史做一简单梳理。

（一）旧民主主义革命时期（1840—1919 年）

1911 年辛亥革命爆发后，陕西是全国最早响应武昌起义的省份之一，"数日之间，关中、陕北及陕南的安康、商洛等地五六十州、县高举义旗，相继光复"[1]。商洛丹凤人马骧、安康白河人钱鼎、钱甲，旬阳人王一山、李啸风，紫阳人陈树发、张宝麟，汉中西乡人王举之、洋县人刘楚材、镇巴人李维植、略阳人张俊彦、留坝人党积龄等[2]，均参与了陕西的辛亥革命运动。本次调查中，未发现陕南地区保存下来的响应革命的文物实物。

（二）新民主主义革命时期（1919—1949 年）

1. 五四运动时期和中国共产党创立初期（1919—1924 年）

五四运动的爆发标志着中国新民主主义革命的开端。五四运动爆发后，在京、津、沪等地求学的陕南青年学生，如汉中的刘秉钧、熊文涛，安康的陈兆枢等，都积极参加了当地的爱国运动，并将五四运动精神及马克思主义革命真理传播到陕西。五四运动爆发一个月后，汉中联中联络南郑县中、汉中农职、汉中女子学校一起罢课游行，声援北京青年学生，坚决拥护五四运动，是陕南地区最早响应五四运动的学校。

1921 年 7 月中国共产党的成立，为中国人民指明了斗争道路。1922 年，安康籍学生廖乾五在武汉加入共产党，1923 年，城固籍学生刘秉均和西乡籍学生王士志在上海加入共产党，他们是陕南旅外学生中最早加入中国共产党的党员。此后，汉中的陈俞廷、周彬如、陈锦章、何挺颖、廖佐民、谢佐民、尚辛友、王述绩、刘甲三，安康的易厚庵等 30 多名旅外学生，陆续在外地入党入团，成为后来陕南革命的种子[3]。此外，陕南旅外学生还创办了大量进步刊物，宣传马克思主义和社会主义学说，在北京有《励进》[4]，上海有《汉钟》[5]，南京有《西北问题》等，这些刊物除在当地进步人士中发行外，大部分寄回汉中地区各县学校或教育界[6]，极大地促进了新思想在汉中的传播，为陕南的革命斗争播撒了思想的火种。

2. 大革命时期（1924—1927 年）

1924 年 1 月至 1927 年 4 月第一次国共合作期间，中国人民反对北洋军阀统治的战争和政治运动称为大革命。在陕南，安康平利爱国青年张进宣等成立"青年策进会"[7]，汉中联中成立了"青年励进社"[8]，这些进步团体广泛传播马列主义和反帝反封建的革命思想，为陕南党组织的建立奠定了基础。1927 年春，宁强金牛驿（今大安镇）建立起陕南地区第一个中共党组织——中共大安小组，点燃了汉中地区建立党组织的星星之火。

3. 土地革命时期（1927—1937 年）

1927 年大革命失败后，中国共产党在汉口召开了八七会议，确定了土地革命和武装反抗国民党反动派的总方针。在此背景下，汉中地区最先开始建立党组织，并开始有计划地组织起义、创建地方武装。1927 年 10 月，中共陕南特别委员会成立，在其领导下陕南的党组织得到了长足的发展，中共南郑支部、中共宁强支部、中共城固党团小组、中共洋县小组等纷纷建立，并进一步改组为中共城固县委、中共洋县委员会等更高级别的组织机构。1930 年 11 月，中共陕南特委第一次代表大会在南郑龙岗寺召开，揭开了中国共产党领导陕南人民进行革命斗争的崭新一页。

1932 年起，党领导的红四方面军、红二十五军、红二方面军、红三军开始进行战略转移，并先后途经陕南。在陕南当地党组织的努力和红军的帮助下，陕南地区先后创建了红二十九军、红七十四师、陕南抗日第一军等地方武装，建设了川陕、鄂豫陕等革命根据地及一系列苏维埃政权，开展了轰轰烈烈的土地革命，留下了大量的革命文物遗存。

这一时期，陕南留下了大量重要机构及会议旧址、战斗遗址、与革命活动有关的遗址遗迹、红军墓等革命文物。这些革命文物广泛分布于陕南三市，类型丰富、数量众多，是陕南革命文物的主体。

4. 全民族抗日战争时期（1937—1945 年）

卢沟桥事变发生后，抗日战争全面爆发。在中国共产党的领导下，陕南各地涌现了大量抗日爱国组织，如"汉中同学会"，洋县和留坝的"抗敌后援会"，丹凤的"中华民族解放先锋队""妇女救国会""国难研究会"等。这些组织和团体积极宣传抗日民族统一战线政策，组织抗日演讲、进行抗日动员、募捐钱物、印发传单，他们从财力物力上积极支援前线，为抗日救亡运动做出了积极贡献。

抗战时期，陕南接纳了众多高校和医院等单位，保存了教育、医疗等重要机构的有生力量。国立西北联合大学迁至汉中，国立陕西中学迁至安康，西北农学院迁至勉县，省立西安师范、西安女中、西安女师和西安私立培华女职相继迁往西乡。1938 年，华县抗日医院迁至商南，成立第七后方医院；第二后方抗日医院由山西迁至商县，两家医院救治了大量的从山西、河南、湖北前线转来的伤病员[9]。1938 年 6 月，为安置难民，开展农业生产，陕西省政府决定开发汉中黎坪垦殖区，至 1941 年 7 月，开垦荒地 6 万余亩。垦区以黎坪为中心，毗连汉中南郑、宁强和四川广元、南江 5 县，总面积 1742 平方公里，安置难民和灾民 3 万多人，修建公路、饲养牲畜、

开办工厂、兴办学校，为维持社会稳定、保存有生力量做出了巨大贡献。

这一时期陕南地区留下了重要机构旧址、学校旧址、与革命运动有关的遗址遗迹等革命文物。与土地革命时期的革命文物相比，这一时期的革命文物不仅有中国共产党领导下的革命军民的文物遗存，也有大量抗日民族统一战线之下产生的文物遗存。

5. 解放战争时期（1945—1949 年）

解放战争时期，陕南位于西北、中原两大战场的侧背，军事地位十分重要。1946 年 7 月 17 日，中原解放军的北路突围部队进入陕南。7 月 23 日，中原局在商南县白鲁础召开会议，决定在镇安、郧西、商南、山阳等地创建豫鄂陕根据地。9 月 24 日，豫鄂陕边区党委扩大会议在丹凤县商镇保定村封地沟召开，正式成立了中共豫鄂陕边区委员会。1949 年 7 月，解放战争进入关键时刻，安康成为解放陕南和进入大西南的关键，中国人民解放军与国民党军在安康汉滨牛蹄岭进行了近 40 小时的拉锯战后，终于取得了牛蹄岭战斗的胜利，拉开了解放安康、汉中的序幕。

陕南因其独特的地理位置，在解放战争中具有重要的战略地位，陕南的解放战争有力配合了解放军主力在大西北战场上的作战。这一时期的革命文物主要以重要机构旧址、战斗遗址及烈士墓为主。

（三）社会主义革命和建设时期（1949—1978 年）

中华人民共和国成立后，全国人民投入到热火朝天的社会主义建设中。为促进工农业生产，发展农业和农村经济，陕南各地积极开展农业互助合作，设立供销合作社。为加快陕南发展，根据地形及秦岭丰富的水资源，开垦梯田、兴修水利，先后修建了襄渝铁路、宝成铁路、勉县幸福渠、西乡"三马工程"水电站等基础设施，许多先辈为陕南的社会主义建设献出了宝贵的生命。这一时期的革命文物主要是彰显革命精神的伟大建设工程、烈士墓、烈士陵园以及纪念设施等，革命文物的数量不多，类型十分集中。

二 陕南地区不可移动革命文物
资源现状分析

陕南不可移动革命文物专项调查共调查革命遗址、遗迹、遗存和纪念设施596处（611个点），本文为方便统计和理解，均按照文物点611为数据统计基础。

（一）时空分布

1. 空间分布

根据调查及汇总整理，陕南调查的611个革命文物中，汉中199个，安康212个，商洛200个（图一）。从数量看，陕南革命文物分散于汉中、安康和商洛三市，三地在数量上没有明显区别。但从密度上看，商洛市面积最小，密度最高，这与红四方面军、红二十五军、红三军均由商洛入陕，土地革命时期鄂豫陕革命根据地以商洛为中心建立，解放战争时期豫陕鄂革命根据地的建立及陕南的解放战争均由商洛开始有关系。

从分布规律上看，因受地形影响，陕南地区的战斗遗存基本分布于山岭，重要机构和会议旧址、名人故居和活动地及烈士墓等均分布在河谷或平原

地区，但都集中于县域、省域的交界地带，这些地带位于行政中心的边缘，反动统治的力量相对薄弱，便于革命的开展与发展，相应的也保存有更多的革命遗迹。

2. 时间分布

陕南革命文物时间跨度长，涵盖了整个新民主主义革命和社会主义革命及建设的各个时期[10]（图二）。根据文物遗存与历史史实的相关性，陕南革命文物主要分布于以下五个历史阶段。

第一阶段为五四运动时期、中国共产党初创及大革命时期（1919—1927年），陕南进步青年在上海、北京等地学习新思想，加入进步组织，将进步思想传播回陕南大地，并在陕南尝试建立党组织。这一时期的革命文物遗存主要为名人故居，如城固县的刘秉钧故居、西乡县的王士志故居、平利县的廖乾五故居等，仅一处重要机构旧址即中共大安小组成立地遗址。据调查结果统计，与这一阶段相关的革命文物仅6个，占比约1%。

第二阶段为土地革命时期（1927—1937年），这一阶段陕南大地活跃着红四方面军、红二十五军、红二十九军、红七十四师、陕南抗日第一军及地方游击队等武装力量。这些革命队伍在党的领导下，

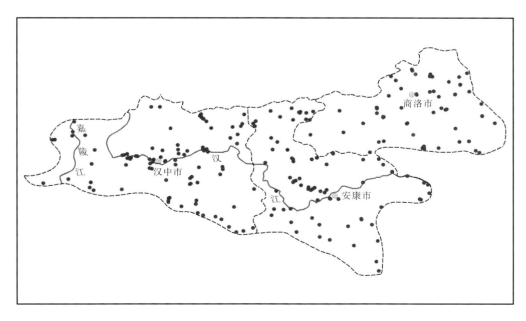

图一　陕南地区不可移动革命文物分布示意图

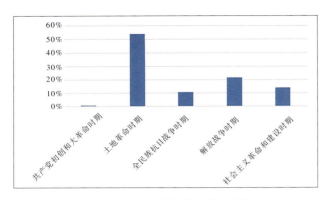

图二　陕南地图革命文物时代分布图

开展了轰轰烈烈的土地革命，创建了各级苏维埃政权，留下了大量重要机构及会议旧址、战斗遗址、红军标语等遗存。如梁山龙岗寺中共陕南特委代表会议旧址、枧沟苏维埃政权旧址、陕南游击纵队茨沟老庄驻防地遗址、陕南战役遗址、红四方面军漫川关战斗遗址、南郑底坪红军标语群等。根据调查成果统计，与这一历史阶段相关的革命文物达到 329个，约占陕南革命文物总数的 53.8%，可以说构成了陕南革命文物的主体。

第三阶段为全民族抗日战争时期（1937—1945年），这一阶段陕南作为战略后方，革命文物遗存除重要机构及会议旧址、烈士墓外，出现了辅助战争、关系民生的革命文物遗存，如扩大生产、安置流民的黎坪垦殖区管理局旧址，为保存中国高等教育西迁的国立西北联合大学旧址，为抗战修建的勉县后备机场和安康机场，为保障抗战前线建立的国民党军第七后方医院遗址，为宣传抗日中共组织开办的阅报室和夜校旧址等，革命文物的类型十分丰富。据调查结果统计，与这一阶段相关的革命文物有 68个，约占陕南革命文物总数的 11%。

第四阶段为解放战争时期（1945—1949 年），这一时期因中原突围由商洛入陕，并建立了豫鄂陕革命根据地，故在商洛、安康留下了大量的重要机构及会议旧址、战斗遗址和烈士墓，如中共中央中原局白鲁础会议旧址、解放陕南的关键战役牛蹄岭战役遗址等。据调查结果统计，这一阶段的革命文物共 133 个，占陕南革命文物总数的 21.7%。这一阶

段的革命文物集中分布于商洛地区，商洛一地解放战争时期革命文物遗存达 77 个，约占整个陕南解放战争时期革命文物的 60%。

第五阶段为社会主义革命和建设时期（1949 年10 月以后），这一阶段以革命纪念设施、烈士陵园和社会主义建设时期继承革命精神建成的水利、铁路设施等为主，如勉县幸福渠、宝成铁路略阳段遗址、襄渝铁路烈士陵园，以及洛南县三线建设遗存等。据调查结果统计，与这一阶段相关的革命文物有 84 个，约占陕南革命文物总数的 13.7%，其中近一半分布于汉中。

综上所述，陕南革命文物遗存以土地革命时期最为丰富，建立各级党组织及苏维埃政府，创建地方武装，建立革命根据地，支持红军长征，是陕南革命历史进程中最重要的组成部分。

（二）文物类别

根据文物的形制和功能，不可移动革命可分为重要机构或会议旧址、名人故居及活动地、墓葬及陵园等革命纪念设施、战斗遗址及遗迹、与革命运动有关的遗址遗迹、彰显革命精神继承革命文化的遗址遗迹、其他（标语、教育机构等），共七类。根据调查结果，陕南不可移动革命文物遗存中，以重要机构或会议旧址最为丰富，共 175 个，占比 29%；墓葬、陵园等革命纪念设施次之，共139 个，占比 23%；与革命运动有关的遗址遗迹 122处，占比 20%；战斗遗址及遗迹 79 个，占比 13%，名人故居及活动地 57 个，占比 9%，社会主义革命和建设时期的革命遗址遗迹 22 个，占比 3.5%，其他 17 个，占比 2.7%（图三）。可见，陕南革命文物以重要机构或会议旧址、墓葬陵园等革命纪念设施、与革命运动有关的遗址遗迹三类为主，且战斗遗址及遗迹丰富，从侧面反映了陕南地区革命运动的活跃。

（三）保护级别

陕南的不可移动革命文物覆盖了各个保护级别，

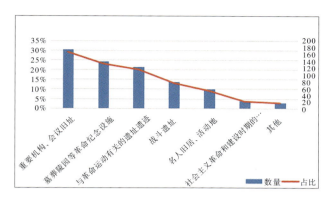

图三　陕南地区不可移动革命文物类型图

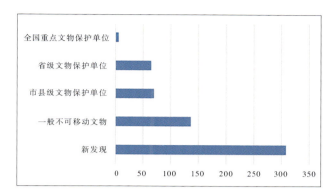

图四　陕南不可移动革命文物保护级别分布图

其中全国重点文物保护单位5个，省级文物保护单位64个，市县级文物保护单位70个，一般不可移动文物164个，新发现308个。有保护等级的文物保护单位139个，仅占总数的22.3%，而未进入第三次全国文物普查名录的新发现革命文物占到总数的50%，显示对革命文物的认识、保护力度，尤其是对大批革命文物的认定和定级亟须提高（图四）。

（四）保存现状

目前，陕南革命文物的总体保存状况不甚理想，因长期以来对革命文物认识的不足，以及社会发展及变迁的影响，陕南革命文物具有保存状况差、保存风险高的特点。革命文物的保存形式，主要为建筑类、遗址类、墓葬及陵园等纪念设施三种类型。经统计，陕南革命文物中建筑类遗存245个，遗址类遗存203个，纪念设施类遗存149个，其他类遗存如耕地、农田、红军标语等14个。

从理论上说，重要机构及会议旧址、名人故居及活动地应以建筑形式保存，然而根据调查统计，232个重要机构及会议旧址和名人故居及活动地中，以建筑形式保存的仅150个，占比约65%，即我们可推断出约三分之一的建筑类革命文物已完全坍塌或消失。以重要机构及会议旧址为例，约40%的重要机构或会议旧址已成为遗址，或完全被改建为现代民居。如红二十九军军部旧址，设于西乡县骆家坝镇回龙村马儿崖，也是重要历史事件"马儿崖事变"的发生地，但目前该旧址没有建筑物保存，成

为遗址。以建筑形式保存的重要机构或会议旧址的保存状况也不容乐观，一方面保存状况差，随时有坍塌的风险，如商南县红四方面军司令部大悲寺驻地旧址现仅存正殿残墙一面、残碑十余块，茅坪红二十五军旧址现仅存一木构架门楼；另一方面因产权为私人所有，且本身尚未被认定为文物，随时面临拆除，如勉县中共郑营区委喇家寨支部活动地旧址已被确定为拆除对象（图五）。

遗址类革命文物的保存情况更加严峻。受本身遗存性质决定，战斗遗址及遗迹均位于山林，本身保护困难，又极易因农业生产或自然灾害而破坏。据调查统计，79个战斗遗址中明确保存有战斗遗迹的仅27处，仅占三分之一，大部分战斗遗址基本难觅踪迹，仅知大体方位。保存有遗迹的战斗遗址保存状况也很不乐观，残存的战壕、碉堡、掩体或战斗指挥部均残损严重。现大部分战斗遗址都采取在交通便利的路边、山脚建设纪念碑、纪念广场等方式宣传和纪念（图六）。

墓葬及陵园等纪念设施类革命文物目前保存状况较好，一方面大部分烈士墓已迁入烈士陵园，由退役军人事务局专门管理；另一方面未迁入烈士陵园的烈士墓或由烈士后人定期祭拜、清扫，或由退役军人事务部门重新立碑维修，整体保存状况良好。

（五）利用现状

革命文物以其教育意义和革命传承为主要价值，依据革命文物是否发挥革命教育功能，结合其保存

图五　陕南建筑类不可移动革命文物保存现状

1. 西乡红二十九军军部旧址　2. 洋县茅坪红二十五军旧址　3. 商南红四方面军司令部驻地旧址

图六　陕南遗址类革命文物保存现状

1. 丹凤寺底铺村战斗遗址　2. 勉县陕南战役新铺湾战斗遗址纪念碑

状态，目前陕南革命文物可分为有效利用、其他方式利用和废弃闲置三种状态。

1. 有效利用

陕南不可移动革命文物中有效利用的约占总数的 25%，利用方式分为两种情况。一种为建筑类，现用作展陈，布展内容也为相关革命史实，起到宣传革命历史、进行爱国主义教育的作用。据调查，陕南重要机构或会议旧址和名人故居中已有 30 处进行布展并对外开放参观，约占陕南革命文物总数的 5%。这些建筑均进行过维修，保存状况良好，如何挺颖故居、刘家花屋区苏维埃政府旧址、钟家沟玄天观会议旧址、红军医院旧址等。

第二种建有纪念碑、纪念广场、雕塑、纪念亭、浮雕墙等纪念设施，是宣传革命历史，进行爱国主义教育的重要场所。据调查数据统计，陕南革命文物中有 110 处建有纪念设施，约占陕南革命文物总数的 20%，文物类别主要为烈士墓及烈士陵园、战斗遗址和与革命运动有关的遗址遗迹，如商州高桥村战斗遗址、略阳红军街口伏击战遗址、洛南郝世英烈士墓、城固柳林渡口红四方面军过汉江遗址等。值得注意的是，大量的战斗遗址已经没有文物遗存保留，纪念设施成为标记遗址位置、纪念革命历史的重要载体（图七）。

2. 其他方式利用

陕南不可移动革命文物中有约 200 处以其他方式利用，约占文物总数的 32%。利用方式主要包括

1   2

3   4

图七　陕南不可移动革命文物有效利用举例
1. 南郑何挺颖故居　2. 商南刘家花屋区苏维埃政府旧址　3. 商州高桥村战斗遗址　4. 城固柳林渡口红四方面军过汉江遗址

作为民居、宗教场所、办公场所、商店、学校、工厂、农田林地等使用，其中民居占到 50%，是陕南革命文物目前主要的使用方式。值得注意的是，社会主义建设和改革时期的水利设施等遗存，多数则继续发挥其发电、灌溉等本身的功能属性（图八）。

3. 闲置废弃

除上述尚在使用的革命文物外，陕南有大量的不可移动革命文物处于闲置或废弃的状态，约占文物总数的 43%。这部分文物遗存大部分属于私人所有，现保存较差处于废弃状态，其中约 2% 处于完成修缮等待布展的状态。据调查统计，这类文物主要为名人故居或活动地、部分重要机构或会议旧址以及部分零散分布的烈士墓。如碗牛坝红七十四师司令部旧址、洋县许立德烈士故居、佛坪窖沟无名烈士墓、西乡红二十九军陈浅伦故居等（图九）。

综上，陕南革命文物的利用情况不甚乐观，除烈士墓、烈士陵园等纪念设施本身为传统爱国主义教育基地外，仍有大量的革命文物处于待利用甚至废弃的状态，已经利用的革命文物也存在利用方式单一、利用手段落后等问题。究其原因，一方面与资金短缺、产权问题、人员缺乏、交通不便等原因有关，本质上还是长期以来重视古代文物、轻视近现代文物，对革命文物认识不足造成的结果。

（六）小结

通过以上梳理，陕南的革命文物具有以下几个特点：一是陕南地区革命文物资源丰富、类型全面、时代跨度完整，时间上涵盖了整个新民主主义革命和社会主义革命及建设时期，类型上包含了革命文物分类的全部七个类型。二是陕南革命文物遍及陕

1

2

3

4

图八　陕南革命文物其他方式利用举例

1. 镇巴红12师34团赵家院子旧址，现为民居　2. 镇巴毛垭乡苏维埃政府机关遗址，现为小学

3. 山阳上关县政府遗址，现为竹林寺　4. 勉县供销社，仍为村级服务站

1

2

3

4

图九　陕南不可移动革命文物闲置状态举例

1. 洋县碗牛坝红七十四师司令部旧址　2. 洋县许立德烈士故居　3. 佛坪窑沟无名烈士墓　4. 西乡红二十九军陈浅伦故居

南三市的各个区县，但在时间和空间分布上均具有"整体分散、局部集中"的特点，空间分布上集中于县域、省域的交界地带，时间上以土地革命时期和解放战争时期的文物为多，具体又有解放战争时期的革命文物集中于商洛，社会主义革命和建设时期的文物多位于汉中等特征。三是陕南革命文物保护级别低，调查中新发现多、一般文物多，长期以来对陕南革命文物所承载的历史价值和革命精神的认识不足，表现出重视不够、基础工作缺失的现状。

三 陕南革命文物保护利用存在的问题

通过对调查资料的全面梳理和分析，目前陕南地区不可移动革命文物保护利用主要存在以下问题。

（一）价值认识有待提高

陕南地区不可移动革命文物调查中新发现的达308处，占调查总数的50%。新发现的革命文物涵盖了重要机构或会议旧址、名人故居及活动地、战斗遗址及遗迹、与革命运动有关的遗址遗迹、彰显革命精神继承革命文化的遗址遗迹等各个类别。这说明陕南革命文物资源相当丰富，更说明此前对陕南的革命历史认识不足。造成这一状况有多方面的原因，一是长期以来我国专注于社会主义经济建设，学界和普通群众对党史和近现代历史关注程度不高；二是在陕西一提到革命历史、革命文物，往往将关

注点放在延安，陕南革命历史经常被忽视；三是此前对革命文物所蕴含的革命精神，以及新时代下革命文物在激发爱国热情、凝聚人民力量等方面发挥的作用认识不够，导致对革命文物的价值认识不足。

除对新发现革命文物的价值认识不足外，目前对以历史文物为依托的革命文物的认识也急需加强。如洋县良马寺觉皇殿为红二十九军第十游击大队成立地旧址，洋县文庙大成殿为中共洋县小组成立地旧址，柞水凤凰街民居为凤凰镇古钱庄革命旧址等。这些文物保护单位的记录档案资料中均未提及其革命历史，故对陕南革命文物的历史认识和价值挖掘仍有大量工作需要开展和深入（图一〇）。

（二）保护等级有待提升

陕南革命文物中的等级文物保护单位共139处，仅占总数的22.3%，无保护等级的革命文物达到总数的77%。而有保护等级的革命文物又多依托于历史文物存在，即该文物因其历史价值而获得保护级别，"纯粹"的革命文物仍需大力提高其保护等级。

据调查，陕南地区不可移动革命文物中全国重点文物保护单位（以下简称国保）仅3处，其中国立西北联合大学旧址本身以近现代重要史迹及代表性建筑类公布外，其余两处勉县武侯祠和良马寺觉皇殿的公布类别为古建筑。查询文物资料发现，勉县武侯祠和良马寺觉皇殿所承载的革命价值此前完全被忽视。这种情况在省级文物保护单位（以下简

图一〇 洋县良马寺觉皇殿及其保护标志的文字说明

称省保）中稍强，但情况也不甚乐观。据统计，陕南地区不可移动革命文物中省保的41%、市（县）级文物保护单位的25.7%均依托于历史文物保存[11]。以省保为例，革命文物所依托的历史文物包含了古遗址、古墓葬、古建筑和近现代代表性建筑等多种类型，如第三批省保古墓葬马超墓为1934年红军游击队训练基地旧址，第四批省保近现代代表性建筑柞水县凤凰街民居为凤凰镇古钱庄革命旧址，第四批省保古建筑山阳禹王宫为中共山阳县委、山阳县民主政府驻地旧址，第七批省保古遗址白塔寨遗址保存有1946年中原军区工事旧址等。这种情况直到2018年9月公布第七批省保单位时有所改善，陕南不可移动革命文物中有29处属于第七批省保，其中依托于历史文物的仅2处，反映了近年来陕西省在认识和保护革命文物方面已经有明显提高。但无保护等级的不可移动革命文物占比达77%，陕南不可移动革命文物的保护等级亟须提高。

（三）保护管理参差不齐

文物的保护级别基本决定了其管理状况。调查发现，陕南不可移动革命文物的管理情况包括县文旅局或文管所专职机构管理，宗教、学校、工厂、村委会等其他机构代管，私人管理三种情况。

陕南不可移动革命文物中的国保和省保单位均由当地文物部门直接管理，但这一比例仅占陕南不可移动革命文物的11%。这部分文物管理机构明确，产权明晰，竖立有保护标志，划分了准确的保护范围及建设控制地带，设有文保员日常巡查，已经建立或正在建立"四有"档案，管理状况良好。

陕南不可移动革命文物中的市（县）级文物保护单位多由村委会、学校、工厂代为管理，文物部门定期巡查监督，一般设文保员，产权多为集体所有或个人私有，约50%竖立了保护标志，基本没有公布明确的保护范围和建设控制地带，均没有建立"四有"档案。近年来大量的烈士墓、烈士陵园及纪念设施移交给退役军人事务局管理，增强了保护力量，减轻了基层文物单位的压力。

陕南不可移动革命文物中的一般不可移动文物产权基本属于私有，文物部门对其改建、重建没有决定权，这类革命文物的管理困境与目前所有一般文物所面临的困境是相同的。但与历史文物相比，革命文物所蕴含的革命精神及价值还不被普通民众所认识，其保护面临着更大的困难和挑战。此外，还有大量的革命文物没有被认定文物身份，随时面临被拆、被毁的困境。

四　保护利用建议

陕南地区的革命文物长期以来没有得到足够的重视，基础研究薄弱，保护管理有待加强，开发利用有待提高，也反映了目前革命文物普遍面临的困境。如何保护管理，如何开发利用，如何宣传阐释，是我们共同面临的问题与考验。针对陕南地区不可移动革命文物现状及存在的问题，需要做好以下几个方面的工作。

1. 做好普查登记，完善革命文物数据库

近年来，陕西省在革命文物方面进行了大量基础工作，已实现了全省不可移动革命文物专项调查，并公布了全省不可移动革命文物名录。陕南地区的256处革命文物已列入名录，约占陕南地区不可移动革命文物调查总数的40%，可见陕南不可移动革命文物保护提升方面仍存在空间。2024年，第四次全国文物普查工作已全面展开，距离陕南地区不可移动革命文物专项调查已过去四年之久，借此普查机会，既可实现陕南不可移动革命文物的检查复核，也可查漏补缺，进一步丰富陕南地区不可移动革命文物资源。

同时，对革命标语、重要机构和会议旧址等重要革命文物资源应利用数字化技术进行扫描、记录和存储，建立数字化档案，便于革命文物长期保存和管理，同时也有利于文化遗产的继承和传播。

2. 加强法治建设，提升革命文物保护级别

革命文物在遗产形式、产权归属等方面存在复杂性和特殊性，革命文物的保护面临更多问题和挑

战。各级文物行政部门应加强革命文物保护法律法规的制定和执行，完善革命文物的认定机制，明确保护范围，落实责任主体，细化管理要求，加强革命文物保护宣传和科普。同时，各级文物行政部门应有计划、分步骤地公布市县级及省级革命文物保护单位，提升一般革命文物的保护等级，提高革命文物的保护力度，确保革命文物得到有效保护。

3. 强化交流合作，加强基础研究

近年来，革命文物研究呈现出相当的热度，国内关于革命文物的研究热度逐年增加。据不完全统计，中国知网以"革命文物"为主题的学位论文达到了 200 篇，期刊论文达到了 1600 余篇。这些文献研究的对象包括可移动文物和不可移动文物，内容涵盖革命文物的价值探索、保护利用、旅游资源转化及馆藏革命文物的现状与管理等，并出现红色文化元素在设计、文创方面的应用等交叉学科论文，表现出对革命文物的认识及价值发掘进入了更深的层次。相关机构及科研院所应加强与党史研究、退役军人管理、民政等部门的交流，在革命文物相关的课题立项、展陈展览、成果出版等方面进行合作，深入挖掘革命文物的历史价值和精神内涵，拓宽对革命历史和革命文物的认识，助力革命文物的研究工作取得更多的成果，为保护利用提供理论支撑。

4. 促进文旅融合，丰富利用方式

目前，革命文物存在利用率不足、利用形式单一等问题。2023 年 5 月，国家文物局、文化和旅游部、国家发展改革委发布了《关于开展中国文物主题游径建设工作的通知》，游径这一概念越来越得到大家的重视，而陕南革命文物恰好符合"价值突出、保存较好、资源丰富、能有效串联"这一特征。陕南地区的革命文物可以与旅游开发相结合，通过建立革命纪念馆、红色旅游景区等方式打造红色旅游线路，建立区域性革命文物主题游径和县域革命文物主题游径，如串联起商南三官庙、城固小河口、西乡骆家坝、镇巴黎坝，以红四方面军在陕活动为内容的区域性主题游径，让游客在欣赏美景的同时，了解革命历史，接受红色教育。

5. 加强宣传阐释，扩大公众参与

革命文物的宣传应充分发挥政府的主导作用，可通过展览、讲座、媒体等多种形式，广泛宣传陕南革命文物的重要价值，提高公众的保护意识和参与度。2021 年 7 月，国家文物局联合教育部印发了《关于充分运用革命文物资源加强新时代高校思想政治工作的意见》，要求各级教育主管部门、高校以及各级文物主管部门、革命博物馆纪念馆、革命旧址保护管理机构推进革命文物资源深度融入高校思想政治教育。在工作实践中，陕西省文物保护研究院先后联合西北大学、陕西师范大学、西安理工大学、西安美术学院、西安建筑科技大学等高校共同参与陕西不可移动革命文物调查，将思政课堂"搬进"革命旧址，旧址作"教室"，文物成"教材"，创造性地将革命文物转化为高校思想政治教育教学的优质资源，是充分发挥革命文物教育意义的有益尝试。

2021 年陕西省委宣传部、陕西省文物局以"用好红色资源 传承红色基因"为主题举办了第三届"陕西历史文化动漫大赛"，专设革命文化组，收获了大量优秀参赛作品，从供给源头为广大市民呈现了红色文物资源的转化成果。同时，革命文物的观赏性一般较差，参观门槛较高，应通过培训提升、宣传交流、实践锻炼等多种方式重点支持和培养一批优秀的红色讲解员，传播红色文化，宣传革命精神，做到群众看得见、读得懂、有温度、有情感，让革命文物活起来、热起来，切实发挥革命文物的功能与作用。

革命文物承载着党的百年荣光，记录着党的奋斗历程，蕴含着党的初心使命，铭刻着党的红色印记，保护好、阐释好、利用好陕西丰富的革命文物资源是陕西文物工作者肩负的历史使命。

[1] 李晶. 陕西辛亥革命光复中关中人的作用[J]. 学理论,
    2012(10) : 97-98.

[2] 孙志亮, 张应超. 陕西辛亥革命[M]. 西安 : 陕西出版
    社, 1991.

[3] 宋自玉, 刘朝汉. "五四"运动和中共建党初期的汉中
    [J]. 汉中师范学报(哲学社会科学版), 1990(02) : 1-5.

[4] 1919 年夏, 汉中旅京学生傅鹤峰、阎柏松等人创办, 旨
    在团结救国, 反帝反封建, 促进新文化, 改进汉中地方
    弊政, 该刊发行于全国大专院校和汉中十二县学校。

[5] 1923 年, 旅居上海的汉中学生成立了汉中旅沪学生会,
    创办《汉钟》, 刊登汉中进步青年何挺颖、刘秉钧的文
    章, 向旅居在外的汉中籍学生及汉中教育界发行。

[6] 宋自玉, 刘朝汉. "五四"运动和中共建党初期的汉中
    [J]. 汉中师范学报(哲学社会科学版), 1990(02) : 1-5.

[7] 马克思主义在安康的传播[EB]. 安康市人民政府, 2018-
    10-18.

[8] 王燕, 王泽宇. 马克思主义在汉中的早期传播[EB]. 中
    共汉中党史网, 2017-07-28.

[9] 曹立忠. "抗日第七后方医院旧址纪念石"落成[N].
    商洛日报, 2015-09-03.

[10] 本文在统计革命文物时代时, 烈士墓按照烈士牺牲的年
    代统计; 逝世于中华人民共和国成立之后的革命先辈和
    名人故居主要是按照属人原则, 根据其进行革命斗争和
    活动的时间统计; 跨多个历史时期的文物, 主要是名人
    故居及旧居, 因文中为相关性统计, 故重复统计。

[11] 64 处省级文物保护单位中, 第三批省保 8 处, 第四批
    省保 4 处, 第五批省保 13 处, 第六批省保 10 处, 第七
    批省保 29 处. 其中有 26 处依托于历史文物保存, 主要
    集中于前六批省级文物保护单位中, 70 处市(县)级文
    物保护单位中有 18 处依托于历史文物保存。

陕西省红色标语类革命文物专项调查简报 *

陕西省文物保护研究院遗产调查研究部

陕西省文物保护工程有限公司综合研究室

Brief Investigation Report on Red Slogan Revolutionary Cultural Relics in Shaanxi Province

Heritage Investigation and Research Department, Shaanxi Institute for the Preservation of Cultural Heritage,Comprehensive Research Office, Shaanxi Provincial Cultural Relics Protection Engineering Co., Ltd

摘　要： 为贯彻落实习近平总书记关于革命文物工作的重要指示精神，全面掌握陕西省红色标语类革命文物的资源底数、保存状况和管理情况，根据国家文物局、陕西省文物局的要求，陕西省文物保护研究院开展了陕西省红色标语类革命文物专项调查工作。根据调查结果，陕西省现存红色标语72处767条，其中不可移动类265条，可移动类502条。此次调查初步厘清了陕西省红色标语类革命文物的基础信息、分布情况、类型特征、保存现状等基础性资料，为将来红色标语类革命文物活化利用和保护研究奠定了基础。

关键词： 红色标语　革命文物　调查研究

Abstract: In order to implement the important instructions of General Secretary Xi Jinping on revolutionary cultural relics work, and to comprehensively master the resource base, preservation status and management of the red slogan relics across Shaanxi Province, the Shaanxi Institute for the Preservation of Cultural Heritage launched a special investigation of the red slogan relics, according to the requirements of the National Cultural Heritage Administration and the Shaanxi Provincial Cultural Heritage Administration. It is found that there are 767 red slogans in 72 locations throughout Shaanxi. Among them, 265 slogans belong to the immovable relic and 502 slogans belong to the movable relic. The results of the investigation enable us to have a systematic understanding of the basic information, distribution status, types, characteristics, and preservation status of the red slogans in Shaanxi, thus laying a solid foundation for their further revitalization, utilization and protection.

Key words: Red slogans; Revolutionary cultural relics; Investigation research

---

＊本文系陕西省社会科学基金项目"陕西革命文物的调查数据挖掘与资源价值研究"（项目编号：2023GM02）成果之一。

引　言

　　红色标语是中国共产党领导的党政军民开展政治宣传、加强思想动员的创新形式和重要手段，是中国革命史的独特文化现象，是不可再生、不可替代的革命文物资源。红色标语由标语颜料层（字迹层）及其所依附的支撑体组成，具有以下的普遍特性：一是载体丰富多样性，有建筑物、自然岩体、石碑、木板、纸张等；二是内容与时俱进性，在一定程度上反映着时局的变化以及中国共产党和红军具有针对性的政治策略；三是用词通俗易懂性，言简意赅的句子，具有很强的宣传鼓舞作用。

　　陕西是中国共产党和中央红军重要的活动区域、西北大后方重要的组成部分，至今仍保留有一定数量的红军标语遗存。前人对陕西地区红色标语遗存的调查研究以陕南地区土地革命时期石刻标语为主要对象，对于全省红色标语遗存未进行系统、深入的调查和研究。在 20 世纪 50 年代，陕西文物管理委员会[1]在陕南开展革命标语的普查，发现并记录了一批红军时期的墨书、石刻及石灰水书写的标语，并建议把当时保存条件较好的 20 余条标语公布为县级文物保护单位。根据党史资料，在 20 世纪 80 年代，川陕革命根据地陕南苏区有 129 条石刻标语及 91 条墨书标语[2]。1987 年，旬阳县博物馆[3]对安康市旬阳县潘家乡三岔河口村的 8 条墨书标语进行了记录。1990 年，左汤泉[4]对汉中地区的红军石刻标语进行研究，表明当时汉中地区有 121 条石刻标语，并根据标语内容做了类型分析。2017 年 4 月至 8 月，孙满利、崔梦鹤[5]在陕南地区及关中地区宝鸡市调查发现 51 条红军标语，并对陕西红军标语的分布分类、保存现状及保护对策等进行了分析与研究。

　　2022 年 9 月，根据国家文物局《关于开展全国红色标语类革命文物专项调查的通知》（文物革函〔2022〕429 号）的要求，陕西省文物局（以下简称省局）组织开展陕西省红色标语类革命文物专项调查工作，负责总体统筹和业务指导，并委托陕西省文物保护研究院（以下简称省文保院）负责具体调查。2022 年 9 月至 2023 年 1 月，调查组编制工作手册，初步确定调查方案，调查组以各市县开展的红色标语普查数据及第一次全国可移动文物普查工作、第三次全国文物普查工作、陕西省不可移动类革命文物专项调查工作、陕西省石窟寺专项调查工作等的数据库资源筛选数据为基础，形成基础调研资料。2023 年 2 月至 3 月，省文保院联合陕西省文物保护工程有限公司，组织文物保护、信息技术等专业人员开展实地调查，采集全省红色标语的基本信息、“四有”情况、保存现状、历史信息等多项数据。2023 年 4 月至 7 月，调查组完成了资料汇总梳理、组织认定、数据上报及报告编制等工作。

　　本次专项调查全方面记录和采集了陕西现存红色标语的数据，旨在梳理陕西全省红色标语的数量、分布状况、标语类型、保存现状等，并基于现状分析评估，提出对应的保护利用措施和建议。

一　调查对象及方法

　　本次调查的时间范围涵盖中国共产党的四个历史时期（1921—2022 年），即新民主主义革命时期、社会主义革命和建设时期、改革开放和社会主义现代化建设新时期、中国特色社会主义新时代。空间范围覆盖陕西省辖区全部 10 个地级市、31 个市辖区、7 个县级市、69 个县。调查对象是中国共产党领导的各级党组织、人民军队、各类机构和群团组织等书写、绘制、刻印并留存的红色标语遗存，包括可移动类、不可移动类。内容上，1949 年之后，还包含与重要时期和重要事件相关的，能代表中国共产党人精神谱系，具有典型性和代表性、具有长期保存价值和条件的红色标语。

　　本次调查在普遍摸底与实地调查相结合的基础上，用传统测量记录与现代技术相结合以及调查研究与文物保护相结合的方法，用文字、图片、影像等多角度、全方面记录了陕西红色标语的现状，对保存好、价值高的重要红色标语进行正射影像和数字三维扫描，进行数字化信息保存。

二 红色标语资源及类型分析

（一）红色标语资源

本次调查，全省共核实红色标语类革命文物 72 处 767 条，总面积 1757.87 平方米。其中不可移动类 265 条、可移动类 502 条，占比分别为 35%、65%。

从地域分布看，关中地区现存红色标语共计 150 条，其中不可移动类 135 条、可移动类 15 条。陕北地区是红色标语的集中分布区域，现存红色标语共 486 条，其中不可移动类 27 条、可移动类 459 条。陕南地区现存红色标语 131 条，其中不可移动类 101 条，可移动类 30 条（图一）。

从时期分布看，新民主主义革命时期的红色标语（含木刻画）数量最多，共 575 条，包括中国共

产党的创立和大革命时期红色标语 2 条，土地革命战争时期红色标语 127 条，全民族抗日战争时期红色标语 365 条，全国解放战争时期红色标语 54 条，20 世纪 30—40 年代的木刻画 27 副。还有社会主义革命和建设时期红色标语 184 条，改革开放和社会主义现代化建设新时期红色标语 6 条，中国特色社会主义新时代红色标语代表 2 条（图二、图三）。

从保护级别统计看，不可移动类红色标语中 5 处全国重点文物保护单位（以下简称国保）现存 35 条，22 处省级文物保护单位（以下简称省保）现存 92 条，15 处市、县级文物保护单位（以下简称市、县保）现存 93 条，18 处一般文物点现存 45 条，且关中地区国保与市、县保保存的标语占比较高，陕北地区省保保存的标语数量相对较多，陕南地区不

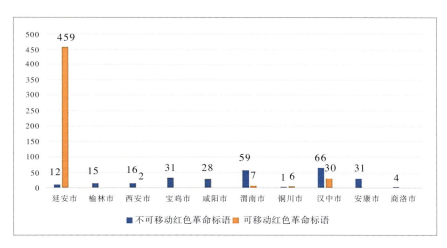

图一　陕西红色标语地域分布统计

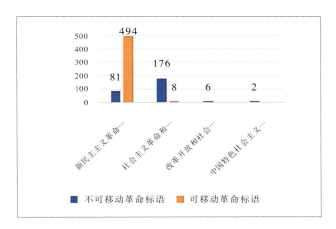

图二　陕西红色标语年代分布统计

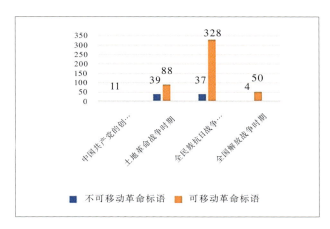

图三　新民主主义革命时期红色标语统计

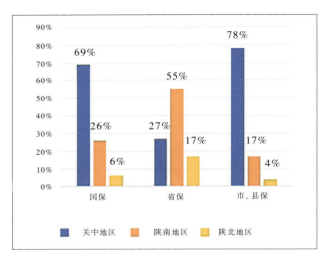

图四　不可移动类红色标语保护级别占比统计

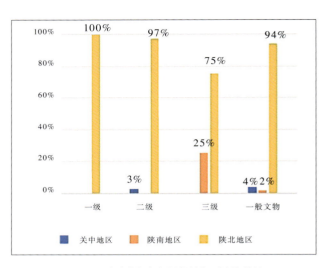

图五　可移动类红色标语保护级别占比统计

可移动标语数量虽然不多，但省保保存的标语占比较高（图四）。

可移动类红色标语包含一级文物 9 条，二级文物 60 条，三级文物 65 条，一般文物 368 条。关中地区可移动红色标语仅有少量二级和一般文物，陕北地区各级可移动红色标语占比都较高，陕南地区可移动红色标语以三级占比最高，缺少一级、二级红色标语（图五，可移动类红色标语等级来自第一

次全国可移动文物普查数据库）。

（二）区域分布及类型

1. 关中地区

关中现存 150 条红色标语，占全省的 20%，以不可移动类为主，主要分布在渭南市、宝鸡市及咸阳市。从书写时期来看，关中地区各个时期都有红色标语分布，但以社会主义革命和建设时期（1949—1978 年）的红色标语数量最多（图六）。

图六　关中地区红色标语分布图

红色标语类型有原址保存的不可移动类，还有馆藏的可移动类。根据质地、材料或制作方式分为墨、颜料、漆、石灰等书写类标语，砖石、水泥等雕刻类标语，砖石拼砌类标语，油印类标语等类型。

（1）不可移动类红色标语

不可移动类红色标语以书写类、雕刻类、拼砌类等类型为主。

①书写类红色标语

是指使用墨汁、石灰水、漆、颜料等材料书写

表一　关中地区书写类红色标语典型代表

标语依附文物点	级别	地点	标语内容	尺寸	制作方式	时期
红二十五军指挥部旧址	县保	宝鸡市太白县黄柏塬镇皂角湾村	"春荒到财东富豪家里去分粮食吃！"	横3.65米 纵2.2米	墨汁刷写	土地革命时期
悟空洞石窟群（北区第五窟）	县保	咸阳市旬邑县马栏镇蜈蚣洞村	"八路军新四军二年多来消灭了廿多万进攻中国灭亡中国的日寇 谁能说是游而不击！"等23条	横1米 纵0.71米	墨汁书写（竖）	抗日战争时期
马氏民居	一般文物点	宝鸡市凤翔区虢王镇刘淡村	"保卫祖国 革命到底"	横5.24米 纵0.65米	墨汁刷写	解放战争时期
屈家山地道遗址（紫荆村备战地道）	县保	宝鸡市凤翔区陈村镇紫荆村	"加强备战 准备打仗"等23条	横0.68米 纵1.17米	阴刻+石灰刷写	三线建设时期

1

2

3

4

图七　关中地区书写类红色标语

1. 红二十五军指挥部旧址红色标语　2. 悟空洞石窟群（北区第五窟）红色标语

3. 马氏民居红色标语　4. 屈家山地道遗址红色标语

的红色标语，共113条（典型代表见表一、图七）。

②雕刻类红色标语

是指在水泥、砖、石等载体上进行刻画、浮雕的红色标语类型，共17条（典型代表见表二、图八）。

③拼砌类红色标语

是指用砖石等材料拼出标语字形，并铺制或镶嵌在建筑物等载体的红色标语类型，共4条（典型代表见表三、图九）。

表二　关中地区雕刻类红色标语典型代表

标语依附文物点	级别	地点	标语内容	尺寸	制作方式	时期
西河桥	县保	渭南市澄城县城关街道南关社区	"备战备荒★为人民"等5条	横7.2米纵0.8米	砖石浮雕+颜料/漆	20世纪60年代末
上三屯戏楼	一般文物点	西安市周至县四屯镇新联村上三屯	"自力更生 艰苦奋斗"	横2.5米纵0.7米	水泥浮雕+颜料/漆	20世纪70年代

图八　关中地区雕刻类红色标语
1. 上三屯戏楼红色标语　2. 西河桥红色标语

表三　关中地区拼砌类红色标语典型代表

标语依附文物点	级别	地点	标语内容	尺寸	制作方式	时期
渭华起义旧址	国保	渭南市华州区	"同志们赶快踏着先烈的鲜血前进啊！！！"	横2米纵20米	砖石铺制	土地革命时期
红光沟航天六院旧址（11所科研区）	县保	宝鸡市凤县凤州镇国安寺村	"自力更生 艰苦奋斗"等3条	横25.5米纵1.6米	红砖拼字镶嵌于青砖墙面	三线建设时期

图九　关中地区拼砌类红色标语
1. 渭华起义旧址红色标语　2. 红光沟航天六院旧址（11所科研区）红色标语

表四　关中地区可移动类红色标语典型代表

收藏单位	地点	标语内容	尺寸	级别	制作方式	时期
陕甘边革命根据地照金纪念馆	铜川市耀州区照金镇	《中国共产党中央委员会为苏维埃第一次全国代表大会告民众书》	横 0.2 米 纵 0.27 米	一般文物	油印	全民族土地革命时期
澄城县博物馆	渭南市澄城县东九路二号	《陕北公学招生简章》	横 0.55 米 纵 0.19 米	一般文物	油印	全民族抗日战争时期
八路军西安办事处纪念馆	西安市新城区北新街七贤庄一号	《延安大学招生广告》	第一页 0.57 米 × 0.55 米，第二页 0.83 米 × 0.53 米，第三页 0.53 米 × 0.39 米，第四页 0.42 米 × 0.29 米	一般文物	油印	全民族抗日战争时期

（2）可移动类红色标语

可移动类红色标语包括油印、墨汁书写及油印墨书组合等类型，共计 14 条，另有 1 条冯玉祥悼李大钊等同志的刻石标语，保存较差（典型代表见表四、图一〇）。

2．陕北地区

陕北地区现存 486 条红色标语，占全省总量的 63%，且以延安革命纪念馆的馆藏红色标语量最多。1937 年至 1947 年，延安一直是中共中央所在地和陕甘宁边区首府，是中国革命的指导中心和总后方，故而这一时期的红色标语最多（图一一）。

陕北地区可移动类红色标语根据内容初步归为

标语口号大纲、宣言布告类、庆祝纪念类、捷报、"红色学府"招生简章、革命歌本、宣传木刻或版画、在华日本人反战标语等类型。不可移动类有墨、颜料、漆等书写类标语，岩、砖、石雕刻类标语。其中，标语口号大纲类的发现是中国共产党和人民军队一直以来重视宣传工作的重要实证，同时说明在不同的历史时期中国共产党和军队的宣传材料都有一套规范的程序、标准的模板。延安革命纪念馆的"反战标语"，是全民族抗日战争时期，在华日籍进步人士和先后投诚的日本兵士等建立的反战组织开

1

2

图一〇　关中地区可移动类红色标语

1. 八路军西安办事处纪念馆馆藏红色标语　2. 澄城县博物馆馆藏红色标语

图一一　陕北地区红色标语分布图

展反战运动的重要形式，该组织通过标语宣传来喊话、揭露日军及战争给人民带来的深重灾难，唤醒日本兵士的思乡情绪和厌战心理，以达到削弱和瓦解日军作战的士气。

（1）不可移动类红色标语

不可移动类红色标语主要有阴刻、砖石浮雕等雕刻类标语，墨、颜料、漆等书写类标语。前者有13条，后者有14条（典型代表见表五、图一二）。

表五 陕北地区不可移动类红色标语典型代表

类型	标语依附文物点	级别	地点	标语内容	尺寸	制作方式	时期
雕刻类	延安革命遗址·杨家岭革命旧址	国保	延安市宝塔区宝塔山街道杨家岭社区	"在毛泽东的旗帜下胜利前进" "同心同德"	横11.61米 纵1.08米； 横2.96米 纵0.8米	浮雕+漆	解放战争时期
雕刻类	晋绥边区公安总局旧址	市保	榆林市神木市王家庄村	"革命宝剑" "保国为民捍卫真理，驱邪除妖发扬正气"	横2.6米 纵0.9米； （横0.67米 纵5.77米）×2	对联式制作 横批：浮雕 两侧：阴刻	解放战争时期
雕刻类	永宁寨寨址及摩崖石刻	省保	延安市志丹县崾子川村	"毛主席万岁 铜川指挥部宣"	横9.7米 纵1.7米	雕刻+漆	20世纪60年代
书写类	甘谷驿天主教堂	省保	延安市宝塔区甘谷驿镇东镇村	"打倒日本帝国主（义），我们是抗日的先（锋）"	横0.28米 纵1.15米	墨汁书写（竖）	抗日战争时期
书写类	米脂县沙家店战役遗址·沙家店粮站	省保	榆林市米脂县沙家店镇沙家店村	《论联合政府》内容等2条	横1.31米 纵0.76米	墨汁书写（横）	20世纪50年代

1

2

3

4

图一二 陕北地区不可移动类红色标语
1. 晋绥边区公安总局旧址红色标语　2. 永宁寨寨址及摩崖石刻红色标语
3. 甘谷驿天主教堂红色标语　4. 米脂县沙家店战役遗址之沙家店粮站红色标语

（2）可移动类红色标语

主要是延安革命纪念馆馆藏可移动类红色标语，大多以油印、墨书及油印墨书组合等类型为主。共计459条（典型代表见表六、图一三）。

表六　陕北地区可移动类红色标语典型代表

类型	标语内容	尺寸	级别	制作方式	时期
标语口号大纲类	晋察冀军区政治部"最近对敌标语口号"	横 0.095 米 纵 0.127 米	一般文物	油印	抗日战争时期
	中国共产党西北中央局宣传部"标语口号"	横 0.125 米 纵 0.18 米	三级文物	油印+墨书	抗日战争时期
	"宣传十大政策标语口号"	横 0.132 米 纵 0.199 米	一般文物	油印	抗日战争时期
	"中国人民解放军标语口号"	横 0.264 米 纵 0.256 米	一般文物	油印+墨书	解放战争时期
宣言布告类标语	《为成立中国抗日人民红军独立第一师宣言》	横 0.24 米 纵 0.37 米	二级文物	墨书	土地革命时期
	《陕甘宁边区政府、陕甘宁晋绥联防军区司令部、中共西北中央局联合布告》	横 0.64 米 纵 0.96 米	二级文物	油印	解放战争时期
庆祝纪念口号类	"中共中央发布抗战七周年纪念口号"	横 0.315 纵 0.17 米	二级文物	油印	抗日战争时期
	"庆祝中央人民政府成立人民政协成功口号"	横 0.275 米 纵 0.205 米	一般文物	油印	社会主义革命和建设时期
"红色学府"招生简章	《抗日军政大学招生广告》	横 0.585 米 纵 0.386 米	一级文物	油印	抗日战争时期
	《陕甘宁边区绥德师范学校招生简章》	横 0.3 米 纵 0.245 米	三级文物	油印	解放战争时期
宣传画	八路军抗战剧团赠给蒲城孙镇小学的抗日宣传画	横 0.695 米 纵 0.284 米	三级文物	油印	抗日战争时期
	刘旷版画《生产》	横 0.15 米 纵 0.21 米	二级文物	油印	解放战争时期
在华日本人反战标语	《告在华居留的侨民书》	横 0.113 米 纵 0.127 米	一般文物	油印	抗日战争时期

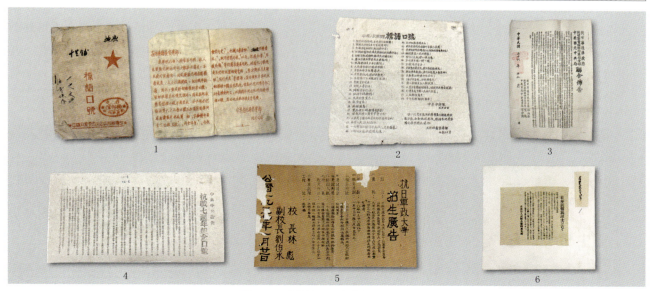

图一三　陕北地区可移动类红色标语

1. 中国共产党西北中央局宣传部"标语口号"　2. "中国人民解放军标语口号"　3. "联合布告"
4. "中共中央发布抗战七周年纪念口号"　5. 《抗日军政大学招生广告》　6. 《告在华居留的侨民书》

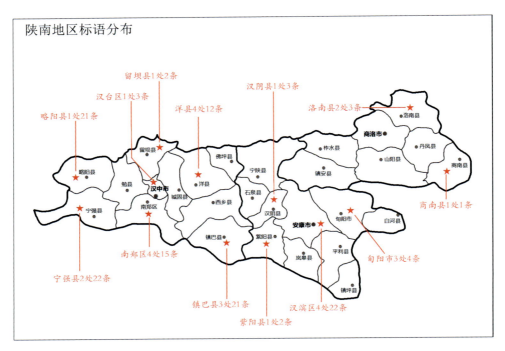

图一四　陕南地区红色标语分布图

3.陕南地区

陕南地区共计 131 条红色标语，占全省的 17%，主要分布在汉中市宁强县、镇巴县、南郑区、略阳县等。红色标语类型以原址保存的不可移动类居多，时期以土地革命战争时期红色标语数量最多。不可移动的包括石刻类标语，墨、颜料、漆、石灰等书写类标语。可移动的主要以石刻标语为主，还有墨书标语（图一四）。

石刻标语是川陕革命苏区比较有特色的红色标语形式，也是陕南地区现存红军标语的主要形式。1932 年至 1935 年，红四方面军为主的中国工农红军利用大巴山区的地形地貌，组织镌字队（又称"钻字队""钻花队"）就地取材、因地制宜，专门錾刻石刻标语，宣传党的纲领和红军政治主张。

（1）不可移动类红色标语

包括原址保存的石刻类、书写类、镂空雕刻类、拼砌类。

①石刻标语类

是指将内容錾刻在墓碑、记事碑等古代碑刻、建筑或自然岩体等的红色标语类型。现存不可移动类石刻标语大多在各级文物保护单位原址保存，共计 26 条（典型代表见表七、图一五）。

表七　陕南地区石刻标语典型代表

标语依附文物点	级别	地点	标语内容	时期
南郑底坪红军标语群	省保	汉中市南郑区福成镇底坪村程氏祠堂	"驱逐英日帝国主义兵舰出川! 收回王家沱租界! 丁一""欢迎青年士兵拖枪投红军同红军一路去消灭英日帝国主义走狗刘湘! 丁一"	土地革命时期（1932—1935年）
	省保	汉中市南郑区福成镇底坪村境山区	"打倒出卖（四川、屠）杀工农的匪首刘湘!""欢迎青年士兵和团丁参加红军分好田""加紧开荒 多种粮食"	土地革命时期（1932—1935年）
川陕红色交通线南郑驿站（宏济宫）	省保	汉中市南郑区碑坝镇老街	"红军□□"	土地革命时期（1932—1935年）
宁强县红军石刻标语群	县保	宁强县汉源街道办羌州路中段	"平分土地"等13条石刻标语	土地革命时期（1932—1935年）

图一五　陕南地区石刻标语

1. 南郑底坪红军标语群——程氏祠堂红色标语　2. 川陕红色交通线南郑驿站（宏济宫）红色标语　3. 宁强县红军石刻标语群

②书写类红色标语

是指使用墨汁、漆、颜料等材料书写的红色标语，共计73条（典型代表见表八、图一六）。

表八　陕南地区书写类红色标语典型代表

类型	标语依附文物点	级别	地点	标语内容	尺寸	时期
墨汁书写	红二十五军政治部旧址（华阳旧址）	省保	汉中市洋县华阳镇华阳街村10组	"反日武装开赴前线　红二十五军政治部"等2条	纵1.09米横2.72米	土地革命时期（1932—1935年）
	红二十五军司令部旧址	省保	汉中市洋县华阳镇红石窑村2组	"穷人要想有饭吃、有衣穿，只有参加红军！红二十五军司令部"等3条	纵1.4米横11.94米	土地革命时期（1932—1935年）
	玉皇庙红军标语旧址	一般文物点	汉中市留坝县玉皇庙村伍房组梁家庄	"饿饭的穷人快来当红军！"	纵0.7米横5.9米	土地革命时期（1932—1935年）
漆或颜料书写	旬阳孙氏民居	省保	安康市旬阳市红军镇茨坪社区1组	"学大寨赶昔阳 高举红旗狠抓纲 大□□业翻身仗 □□的领袖毛主席万岁！"	纵0.57米横18.94米	1964年
	白水江江神庙古建筑群（白水江苏维埃政府旧址）	省保	汉中市略阳县白水江镇封家坝村后湾组	"鼓足干劲 力争上游 多快好省地建设社会主义"等21条	纵0.73米横0.5米	20世纪60—70年代

图十六　陕南地区书写类红色标语
1. 红二十五军政治部旧址红色标语
2. 红二十五军司令部旧址红色标语
3. 玉皇庙红军标语旧址红色标语
4. 旬阳孙氏民居红色标语
5. 白水江江神庙古建筑群红色标语

③其他类型有木板镂空雕刻而成的红色标语、屋面瓦片材料拼砌而成的红色标语（详见表九、图一七）。

表九　陕南地区书写类红色标语典型代表

标语依附文物点	级别	地点	标语内容	制作方式	尺寸	时期
青木川老街建筑群	国保	汉中市宁强县青木川镇回龙场街	"抗战必胜"	镂空雕刻	纵0.73米横3.4米	全民族抗日战争时期
洛南县永丰镇军工厂	一般文物点	商洛市洛南县永丰镇军工厂原工厂大礼堂屋顶	"工业学大庆"	红瓦片拼砌出的字样	纵10.7米横43.5米	20世纪六七十年代

1   2

图一七　陕南地区书写类红色标语
1. 青木川镇老街建筑群红色标语　2. 洛南县永丰镇军工厂红色标语

（2）可移动类红色标语

包括石刻标语、墨书标语。

①石刻标语类

汉中市南郑区川陕革命根据地纪念馆藏 8 条，汉中市镇巴县博物馆藏 13 条，汉中市镇巴县永乐镇政府藏 1 条。大部分可移动类红色标语已加盖保护设施展示利用（典型代表见表一〇、图一八）。

②墨书标语类

镇巴县博物馆所藏 3 条墨书标语及 2 条宣传布告，是从红 12 师 34 团赵家院子革命旧址整体揭取保管的典型（典型代表见表一一、图一八）。

从调查结果可以发现，陕西红色标语的时空分布完整，从土地革命战争时期到中国特色社会主义新时代的红色标语分布在关中、陕北和陕南全域。陕西红色标语的类型丰富，既有可移动、不可移动类，又根据形制、材料、制作方式可分石刻标语、墨书标语、石灰标语、油印标语、砖石拼砌类标语、宣传画等类型。陕西红色标语的内容多样，涉及政治、经济、军事、文化、社会生产等各领域的内容，在党的各个历史时期为宣传党的方针政策、鼓舞革命士气、揭露反动势力、瓦解敌对势力等提供强大支持。

表一〇　陕南地区镇巴县博物馆石刻标语

序号	内容	尺寸	级别
1	"争取苏维埃的中国！"	纵 0.83 米，横 0.39 米	三级
2	"拥护红军！"	纵 0.85 米，横 0.17 米	三级
3	"杀死刘湘！"	纵 0.88 米，横 0.24 米	三级
4	"赤化川陕！"	纵 1.24 米，横 0.2 米	三级
5	"援助东北人民革命军！甲三"	纵 0.74 米，横 0.76 米	三级
6	"打倒国民狗党！"	纵 0.75 米，横 0.45 米	三级
7	"红军不杀人，穷苦工农是红军骨肉，红军不杀穷人！甲三"	纵 1.05 米，横 0.9 米	三级
8	"反对宗教迷信！甲三"	纵 1 米，横 0.57 米	三级
9	"工农们快快联合起来，打倒国民狗党，穷人永不出捐，不出款！陕南县人委会制"	纵 1.0 米，横 0.38 米	三级
10	"到白区，灭敌人"	纵 0.8 米，横 0.37 米	三级
11	"全苏区穷苦青年武装上前线去，活捉刘湘！陕南县人委制"	纵 0.72 米，横 0.6 米	三级
12	"不让敌人侵占苏区一寸土地！为保卫政权而战！甲三"	纵 1.77 米，横 1.09 米	三级
13	"庆祝红军伟大胜利！扩大民族革命"	纵 2 米，横 0.6 米	三级

表一一　陕南地区镇巴县博物馆墨书标语

收藏单位	地点	级别	标语内容	尺寸	制作方式	时期
镇巴县博物馆	汉中市镇巴县新城中段	一般文物	"取消一切苛捐杂税! 红四军特务团政治处"	纵1.37米 横6.15米	墨书	土地革命时期
		一般文物	《土地法令》	纵1米 横3.68米	墨书	土地革命时期
		一般文物	《中国共产党十大政纲》 "为土地归农民而战!"	纵1.2米 横4米	墨书	土地革命时期
		一般文物	"实行土地革命"	纵0.9米 横3.57米	墨书	土地革命时期

图一八　陕南地区馆藏红色标语
1. 川陕革命根据地纪念馆石刻标语　2. 镇巴县博物馆石刻标语
3. 镇巴县永乐镇政府石刻标语　4. 镇巴县博物馆墨书标语

三　陕西红色标语现状分析

本次调查是首次对陕西全省红色标语类革命文物的全覆盖式调查，从结果来看，陕西红色标语的保存环境、保存现状、有效管理等方面存在问题，加大了红色标语的保护难度。其次，陕西现存的大量红色标语的载体及颜料层（字迹层）受损严重，濒临消失，抢救性保护红色标语类革命文物已刻不容缓。

（一）保护难度大

1. 保存环境较差

陕西现存不可移动类红色标语大多长期暴露在户外，在自然状态下遭受不同程度的损害，有的还会遭受社会生活生产造成的污染损害，加大了红色标语的保护难度。如南郑底坪红军标语群的部分石刻标语现散落在底坪村境山区，标语镌刻于山区自然岩体，自然暴露，受陕南潮湿多雨气候的影响，标语内容被灌木丛林或苔藓等植被覆盖和侵蚀，难以辨识和复核。而对于可移动类红色标语，其保存环境的监测和调控极为重要，包括温湿度、光辐射、有害气体等的控制，尤其纸张类文物对恒温恒湿的环境要求极高，当前可移动文物的保存环境亦不容乐观。

2. 支撑体结构失稳

陕西现存不可移动类红色标语或粉刷，或镌刻，或拼砌在民房墙面、道路沿线建筑，甚至是秦巴山区野外岩体等支撑体上，受地质环境、地下水位、风荷载等因素的影响，标语所依附的老旧建筑、自然岩体等发生倾斜、坍塌或掉落，从而造成红色标语的损毁。本体的安全隐患，加大了红色标语的保护难度。如宝鸡凤翔马氏民居，是一座清代的砖木结构四合院民宅，宅院年久失修，红色标语及人物漫画所在支撑体结构稳定性极差，存在坍塌消失的安全隐患。

3. 有效管理难度大

陕西现存大多数不可移动类红色标语分布在交通不便、人迹罕至的农村、山野等偏远地区，基层文保工作者的巡查监管力度不足。另外，部分红色标语存在产权归属复杂或未列入保护名录等问题，地方文物保护机构难以有效介入管理与开展保护措施，造成红色标语不同程度的损毁。

（二）本体病害明显

本体病害包括红色标语的支撑体及标语颜料层（字迹层）的病害。

1. 不可移动类红色标语

陕西不可移动类红色标语大多在户外，其主要病害有支撑体裂隙，地仗层起甲脱落，颜料层（字迹层）脱落、褪色等病害，表面滋生苔藓、腐蚀等微生物病害，以及表面积尘、油烟污染，支撑体失稳甚至消失等不可逆的损害。

自然环境、地质条件是不可移动类红色标语引发病害的重要因素。关中及陕北大部属暖温带气候，陕南属北亚热带气候。关中地区旱涝多发，水害严重，支撑体失稳、风化普遍。陕北地区气候相对干燥，冬季寒冷，雨季黄土易崩塌滑坡。陕南地区潮湿多雨，水害多发，易发生支撑体坍塌。

另外，近年来的城市化进程、新农村建设及社会生活生产也是导致标语残损严重甚至消失的又一重要因素（图一九）。

图一九 不可移动类红色标语病害类型

1. 支撑体裂隙 2. 地仗层起甲脱落 3. 微生物病害 4. 颜料层脱落 5. 烟熏 6. 雨水流挂

2.可移动类红色标语

现存可移动类红色标语，总体保存情况较好。一部分妥善修复，并在博物馆、纪念馆及革命旧址进行展出。还有一部分作为藏品收入博物馆、纪念馆库房。随着时间的推移，红色标语的腐蚀情况日趋严重，尤其是库房藏品，急需开展保护修复工作，以延长红色标语类革命文物的寿命。

可移动类红色标语存在载体变色、断裂、污（水）渍、糟朽、写印材料脱落、晕色、模糊等病害。载体本身的材质、保存环境是馆藏红色标语残损变质的重要因素。陕西现存红色标语主要是纸张、木质等有机材料载体，其成分包括纤维素、半纤维素、木质素等，容易水解和氧化。另外室内的有害气体、温湿度、光辐射等环境因素同样导致纸张、木质类红色标语残损（图二○）。

四　保护利用建议

红色标语遗存是研究中国共产党历史、中国革命史的"活化石"，它见证了近代以来中国人民抵御外来侵略、维护国家主权、捍卫民族独立和争取人民自由的英勇斗争，特别是中国共产党领导中国人民进行新民主主义革命和社会主义革命的光荣历史。红色标语遗存是开展思想政治教育的"实物教材"，是继承和发扬党的革命精神和优良传统的精神动力。挖掘和整理红色标语遗存，对当前党的宣传工作、思想政治教育工作等具有重要的现实意义。

围绕"保护第一、加强管理、挖掘价值、有效利用、让文物活起来"这一新时代文物工作要求，从加强管理、预防性保护、信息数字化、展示利用、宣传教育等方面多措并举保护好、管理好、运用好

图二○　可移动类红色标语病害类型
1. 断裂　2. 污渍、字迹晕色　3. 水渍　4. 变色　5. 褶皱

红色标语类革命文物资源。

（一）加强管理

1.未纳入文物保护单位的红色标语，建议完善信息并及时公布红色标语名录，确定文物身份。

2.已纳入文物保护单位的红色标语，完善"四有"工作，即设置管理机构、配备管理人员、完善文物档案、设置保护标志及（文物保护单位的保护范围和建设控制地带）两线落图的工作。加强管理机构和保护管理人员的定期巡查与监管力度。

3.野外散落或无法开展原址保护的红色标语，建议有条件的可采用揭取技术，积极迁入博物馆保管。

（二）预防性保护

1.馆藏红色标语应加强预防性保护，包括日常保养、环境监测，控制温湿度，做好防光、防腐、防霉等工作。

2.原址保存的不可移动红色标语应加盖保护层、遮挡棚等保护设施，加强载体稳定性、保存环境的监测力度，及时排查文物安全隐患。

（三）信息数字化

1.借助高清摄像、三维扫描等数字化技术手段，全面采集、测量、记录红色标语的基础信息。

2.建立红色标语档案信息数据库，以便高效管理陕西红色标语资源。

（四）展示利用

1.价值高、保存较好的不可移动红色标语建议原址展示，借助文物身份二维码等数字信息承载工具，虚拟展示红色标语的现状及历史信息，或借助传统展板做辅助展示。

2.把相关重大革命事件发生地、重要红色标语场所作为当地接受革命传统教育和思想政治教育的爱国主义教育基地，加以保护和利用。

（五）宣传教育

1.加强革命文物及党史的系统研究，挖掘红色标语的价值，注重成果转化运用，研究汇编相关图书、图册、期刊论文等出版物，记录和展示红色标语的现状，宣传红色标语背后的故事，传承好红色基因。

2.加强科研院所与高校交流共建，通过参与实地调查、共创线上线下专题成果展及研究成果作为思政课资源再利用等形式深入合作交流，使红色标语成为思政课育人的资源。

项目负责人：李大伟

调查人员：李大伟、李新华、张园、闫敏、巴桑卓嘎、王荔君、张晓宇、陈亮、强丹瑶、卫经龙、王欣怡、朱李楠

资料整理：张园、巴桑卓嘎、张晓宇、强丹瑶、王鑫、周敏

摄影：闫敏、李新华、张杰、李俊龙

执笔：巴桑卓嘎

[1]陕西省文物管理委员会.陕南的革命标语[J].文物，1959(05)：17-18.

[2]中共陕西省委党史资料征集研究委员会.川陕革命根据地陕南苏区[M].西安：陕西省人民出版社，1987：226-235.

[3]旬阳县博物馆.旬阳潘家河的八条红军标语[J].文博，1987(03)：95-96.

[4]左汤泉.汉中地区红军石刻标语初识[J].汉中师院学报（哲学社会科学版），1990(02)：6-10.

[5]a.孙满利，崔梦鹤.陕西红军标语调查简报[J].西部考古，2019(02)：129-143. b.崔梦鹤.陕西地区红军标语保存现状及保护对策研究[D].西安：西北大学，2018.

陕西不可移动革命文物的类型分析与价值研究
——以陕西省第一批不可移动革命文物名录为中心

邓普迎

西安事变纪念馆，陕西西安710001

Type Analysis and Value Study of Immovable Revolutionary Cultural Relics in Shaanxi Province
Centered on the First List of Immovable Revolutionary Cultural Relics in Shaanxi Province

Deng Puying

Xi'an Incident Memorial Hall, Xi'an 710001, China

摘　要： 陕西作为中国革命的摇篮，革命文物资源十分丰富，呈现出数量众多、类型丰富、历史识别性强的特点。陕西公布了两批革命文物名录，共有不可移动革命文物 1141 处，是开展陕西革命文物研究的基本依据。类型分析是革命文物研究的重要基础性工作，是革命文物保护利用的前提，陕西不可移动革命文物在区位分布、历史内涵等方面各具特点，厘清其共性和个性是挖掘价值和开发利用的前提。

关键词： 陕西　革命文物　类型　价值

Abstract: As the cradle of the Chinese revolution, Shaanxi is extremely rich in revolutionary cultural relic resources, featuring a large quantity, diverse types, and strong historical identifiability. Shaanxi has released two lists of revolutionary cultural relics, within 1,141 immovable revolutionary relics in total, which serve as the fundamental basis for the study on Shaanxi revolutionary cultural relics. Type analysis is an important basic work in the research of revolutionary cultural relics, and a prerequisite for the protection and utilization of revolutionary relics. The immovable revolutionary cultural relics in Shaanxi have their own characteristics in terms of geographical distribution, historical connotation, etc. Clarifying their commonalities and individualities is the prerequisite for exploring its value and for development and utilization.

Key words: Shaanxi; Revolutionary cultural relics; Type; Value

引　言

革命文物具有很强的政治属性，是一种体现中国特色的特殊文物类型。习近平总书记指出：“革命文物承载党和人民英勇奋斗的光荣历史，记载中国革命的伟大历程和感人事迹，是党和国家的宝贵财富，是弘扬革命传统和革命文化、加强社会主义精神文明建设、激发爱国热情、振奋民族精神的生动教材。”[1] 习近平总书记对革命文物工作十分关心，先后多次作出重要指示批示，提出一系列新的思想、观点和要求，为做好革命文物工作提供了重要遵循。党的十八大以来，革命文物获得了前所未有的政策支持，从国家到地方多种举措，给予革命文物工作有力的政策倾斜和支持。2018年，中共中央办公厅、国务院办公厅印发《关于实施革命文物保护利用工程（2018—2022年）的意见》；2019年、2020年分别公布了两批革命文物保护利用片区分县名单；2019年国家文物局组建革命文物司，随后各省也相继成立革命文物处，统筹安排革命文物相关工作；2021年国家文物局和财政部联合发布《关于加强新时代革命文物工作的通知》。这一系列政策和文件的出台，从顶层设计到政策落地，从机构建设到规划制定，为新时代革命文物工作的开展提供了重要的政策遵循，对革命文物有效保护和合理利用提出了新的要求，将我国革命文物工作带入了一个全新的历史时期。

一　革命文物的认定

革命文物是见证中国革命历史的实物遗存，从严格意义上来说，革命文物是中国特有的概念，其内涵的确定经过了一个发展的过程。新中国成立前，在革命战争年代就已有革命文物概念的萌芽，新中国成立后，革命文物作为专业术语正式出现。革命文物的认定经历了一个从"死亡战士之遗物"到"有革命纪念意义的物品""革命历史文物"再到"革命文物"的发展过程，其内涵均与我国革命（事件、运动、人物）相关，是革命历史进程中遗存下来的文物。

1931年，中央苏区建立后，参照苏联的文化政策经验，我党开始有针对性地征集有关革命物品。同年中央苏区颁布《中国工农红军优待条例》，规定"死亡战士之遗物应由红军机关或政府收集在革命历史博物馆中陈列，以表纪念"[2]，可以看作是对革命文物的最初表述。1932年，中华苏维埃共和国临时中央政府颁布了《人民委员会对于赤卫军及政府工作人员勇敢参战残废及死亡的抚恤问题的决议案》，指出，"但有革命纪念意义的物品，应保存于革命

陈列馆"[3]。1936年8月5日，为编写《红军长征记》，毛泽东与杨尚昆联名写信寻求长征相关史料；1937年5月10日，毛泽东与朱德联名发出《军委关于征集红军历史材料的通知》，要求征集"各种纪念品，来完成这一部伟大的史著，纪念十年奋斗的红军"[4]。1937年，中共在陕甘宁边区筹建陕甘宁边区革命历史博物馆，提出了"革命历史文物"[5]这一名称。1946年，在抗战胜利即将到来之际，陕甘宁边区在延安西北党校设立"四八"烈士纪念馆[6]，陈列国共谈判期间秦邦宪、王若飞等烈士的遗物和遇难飞机残片等文物资料。

中华人民共和国成立后，为纪念为新中国成立而付出生命的革命英烈，党和国家筹备建设国家革命博物馆。1950年，中华人民共和国中央人民政府政务院"为征集革命文物"而颁发的政务院令中，第一次明确提出革命文物这一称呼[7]。此后的一段时期，又出现应该使用近现代文物还是革命文物的讨论，也存在近现代文物和革命文物交叉使用的现象。总体来看，新中国成立到20世纪末，革命文物的认定经历了三次大的变化，具体如表一。

近年来，在革命文物认定中，有关革命文物的下限和范围问题一直存在着争议。随着相关政策性文件的出台，其下限逐渐明朗。2018年，国家文物局印发《关于报送革命文物名录的通知》，通知中对革命文物做出相关规定，革命文物种类增加了"社会主义建设和改革时期彰显革命精神、继承革命文化的实物遗存"[8]，拓宽了革命文物的范围。2020年，国家文物局在公布第一批革命文物名录相关工作中，对革命文物的范畴进行了比较权威的界定，之后《国家文物局办公室关于核定公布革命文物名录的补充通知》中，增加了"近代以来著名民主党派和无党派爱国人士"等相关见证物，进一步拓宽了革命文物的范畴。2021年，全国革命文物工作会议提出，对于革命文物的认定，要突出"一条主线，两个见证"[9]的原则。从以上对革命文物认定的发展变化过程可以看出，我国对革命文物的认定呈现出一种"时间起始最早，内涵不断扩充，认识往复

表一　革命文物认定的发展变化

时间范围	革命文物认定范畴
新中国成立初期	时间范畴：以五四以来新民主主义革命为中心，远溯鸦片战争、太平天国、辛亥革命及同时期 认定范畴：从革命烈士遗物扩展到反革命罪证实物 从单一的馆藏类文物扩展到不可移动文物 明确提出"革命建筑物、革命纪念物、革命遗迹"三种类型概念
"文革"后到改革开放	时间范畴：向前延伸至鸦片战争时期 认定范畴：与重大历史事件、革命运动和重要人物有关的、具有纪念意义和史料价值的建筑物、遗址、纪念物等（不可移动） 革命文献资料以及具有历史、艺术和科学价值的古旧图书资料（可移动）
改革开放到 20 世纪末	时间范畴：1840 年鸦片战争后的旧民主主义革命 1919 年五四运动后的新民主主义革命 1949 年中华人民共和国成立后社会主义革命和建设时期 认定范畴：革命遗址、纪念建筑物（不可移动） 革命文献资料（可移动）

曲折并不断深入"的发展历程[10]。

二　陕西不可移动革命文物的类型分析

1961 年，我国颁布《文物保护管理暂行条例》，革命文物首次得到法律认可和保护。同年，国务院公布第一批全国重点文物保护单位，将文物保护单位类型分为革命遗址及革命纪念建筑物、石窟寺、古建筑及历史纪念建筑物、石刻及其他、古遗址、古墓葬六大类，可以看出革命文物和古遗址、古墓葬居于同等重要的地位。1982 年，第一部文物保护法继续沿用这一分类法。2000 年以后，我国文物领域迅速融入以欧美为主体的国际遗产保护体系，而 1982 年的文物保护法已经不能完全适应文化遗产保护领域的发展需要，从遗产视域和角度出发，2002 年的文物保护法大修订中，对革命文物这一提法进行了淡化，提出近现代重要史迹、实物、代表性建筑这一类型，将"革命遗址、革命建筑物、纪念建筑物、革命文献资料"等革命文物归并到近现代重要史迹中。虽然不单独设置革命文物这一类型，但是对革命文物的认定和保护并没有减少，革命文物在"近现代重要史迹和代表性建筑"范畴中，数量和类型得到新的扩展。2024 年文物保护法补充规定，

"对与中国共产党各个历史时期重大事件、重要会议、重要人物和伟大建党精神有关的文物，各级人民政府应当采取措施加强保护"，进一步强化对革命文物的重视（表二）。

陕西是一片红色沃土，是中国革命的摇篮、延安精神的发祥地、毛泽东思想的形成地、党中央和红军长征的落脚点，特别是毛泽东等老一辈无产阶级革命家在陕北生活战斗了 13 个春秋，留下了大量革命文物，在中国革命史上占有重要地位。作为革命文物大省，截至目前，陕西公布了两批革命文物名录，包括不可移动革命文物 1141 处，其中全国重点文物保护单位 30 处，省级文物保护单位 277 处，市级文物保护单位 83 处，县级文物保护单位 190 处，一般不可移动文物 561 处。本文所指的不可移动革命文物，以陕西省第一批不可移动革命文物名录为中心，包括不可移动革命文物 753 处，其中全国重点文物保护单位 23 处，省级文物保护单位 246 处，市（县）级文物保护单位 181 处，未定级文物保护单位 303 处[11]。不可移动革命文物类型完备、内涵丰富，涵盖党中央、边区政府机构、重要会议旧址、中央领导及西北根据地领导人旧居、文化、教育、金融、医疗、宗教、工业、外交等机构旧址，重要战役战场遗址，烈士墓地等各种类型，以重要机构、

表二　四部重要文物法规中的文物类型（不可移动）

时间	法规名称	文物类型（不可移动）
1961	《文物保护管理暂行条例》	建筑物、遗址、纪念物；古文化遗址、古墓葬、古建筑、石窟寺、石刻
1982	《中华人民共和国文物保护法》	古文化遗址、古墓葬、古建筑、石窟寺和石刻；建筑物、遗址、纪念物
2002	《中华人民共和国文物保护法》	古文化遗址、古墓葬、古建筑、石窟寺和石刻、壁画；近代现代重要史迹、实物、代表性建筑
2024	《中华人民共和国文物保护法》	古文化遗址、古墓葬、古建筑、石窟寺、古石刻、古壁画；近代现代重要史迹、实物、代表性建筑；历史上各时代珍贵艺术品、工艺美术品；文献资料、手稿和图书资料；反映历史上各时代、各民族社会制度、社会生产、社会生活的代表性实物

重要会议旧址为主要类型，时间上大多集中在土地革命时期和抗日战争时期。

陕西不可移动革命文物分布地域广泛、数量众多，类型分析及研究十分必要。2019年，国家文物局印发《革命旧址保护利用导则（试行）》，导则中将革命旧址分为五大类：重要机构、重要会议旧址；重要人物故居、旧居[12]、活动地或墓地；重要事件和重大战斗遗址、遗迹；具有重要影响的烈士事迹发生地或烈士墓地；近代以来兴建的涉及旧民主主义革命、新民主主义革命和社会主义革命的纪念碑（塔、堂）等纪念建（构）筑物。陕西不可移动革命文物具体类型分布大致情况见表三。

文物保护相关法律法规和革命文物有关政策文件对革命文物的类型区分有着重要的指导意义，但具体研究不能简单照搬。如在实际业务工作中，对于某些不可移动革命文物，具体应归属于重要旧址或者是活动地等，存在不同看法；还有重要人物故居、旧址这一提法也存在各地不同的命名原则，有的命名为旧居，有的则命名为故居。基于此，应该多视角多维度建立分类体系，从而更加充分地挖掘革命文物所蕴含的价值，合理保护利用革命文物。

（一）依据历史时段划分

按照历史时段划分，陕西省第一批不可移动革命文物名录中的753处不可移动革命文物，大体上和陕西近现代革命史相对应，反映了从清末到新中国成立初期陕西在全国革命形势的引领下，尤其是在中国共产党的领导下所进行的一系列革命活动。1911年，辛亥革命爆发，陕西是北方第一个响应辛亥革命的省份。1919年五四运动爆发，马克思主义思想随即传入三秦大地，陕西是最早传播马克思主义和最早建立党团组织的地区之一。中国共产党的

表三　陕西省第一批不可移动革命文物分布概况

类别	数量										
	西安	宝鸡	咸阳	渭南	铜川	延安	榆林	汉中	安康	商洛	杨凌
重要机构、重要会议旧址	13	8	19	20	7	201	93	28	17	26	1
重要人物故居、旧居、活动地、墓地	5	3	3	10	1	59	48	5	2	1	0
重要事件和重大战斗遗址、遗迹	0	0	3	9	1	24	13	10	9	14	0
烈士事迹发生地或烈士墓地	8	1	2	1	1	2	1	0	1	3	0
纪念碑（塔、堂）等纪念建（构）筑物	2	7	10	9	2	11	11	9	18	7	0

（数据来源：陕西省第一批不可移动革命文物名录，具体分类为笔者所为）

成立使中国革命的面貌为之一新，也给灾难深重的陕西人民带来了光明和希望。1924 年 6 月，陕西建立了社会主义青年团赤水支部。1925 年 10 月，建立了中共西安特支。1927 年 7 月，中共陕西省委成立。中共陕西地方党组织建立后，开创了陕西大革命运动的新篇章。大革命失败后，陕西省委先后领导和发动了清涧起义、渭华起义、旬邑起义等武装起义。在土地革命战争、党中央驻陕北 13 年以及解放战争中，陕西因其特殊的重要地位，留存了大量革命旧址、领导人旧居、重要战斗战役遗址、革命志士故居等。其中新民主主义革命阶段的革命文物占绝大多数，尤其是党中央在陕北 13 年革命活动留下了大量革命文物，反映这一历史时期的不可移动革命文物数量众多、类型丰富。此外，还有一些反映突发重大历史事件及文化教育等方面的不可移动革命文物，如西安事变旧址群，真实反映了在中国近代史上具有转折意义的西安事变爆发前后及至和平解决的历史事实。再如城固县的国立西北联合大学旧址，反映了卢沟桥事变后，北京、天津等部分高等院校迁往西安，坚持在抗战中继续办学的经历。陕西不可移动革命文物历史时段分布表见表四。

表四中烈士陵园、纪念碑等纪念性建筑物均按照其建成时间统计其所属历史时段，并未按照其所纪念的革命事件和革命烈士所属的时间统计。对于旧址分布集中或反映同一历史事件的旧址群，按一处统计，如延安革命旧址群、西安事变旧址群等。总的来说，这一统计结果大体上可以反映陕西革命文物的历史时段分布特点。在统计过程中发现，陕南地区不可移动革命文物名录里有个别文物点名称

存在问题，如镇巴县革命烈士纪念碑，有的地方叫纪念塔。

（二）依据地域分布划分

从地域分布角度看陕西不可移动革命文物分布，陕北地区由于中共中央在陕北 13 年革命历程，革命文物无论从数量、类型还是重要性上来说，都位居榜首；关中地区由于其区位优势，革命文物在知名度和影响力上高于陕南地区；陕南地区的不可移动革命文物保护级别相对较低。长期的革命斗争在陕西形成了以延安为代表的陕北革命旧址群、以汉中为代表的陕南片区川陕根据地旧址群、以西安和铜川为代表的关中革命旧址群分布格局。通过这些革命旧址、遗址，可以看到陕西作为西部重镇，在中国近现代历史进程中，为新中国的建立与社会主义革命和建设所做出的重要贡献（表五）。

陕北是我国著名的革命老区之一，包括延安和榆林两个地方。在清涧起义、渭华起义相继失败的情况下，刘志丹、谢子长等陕西共产党人在总结多次武装起义和兵变运动失败的教训后，率领陕甘游击队、陕北游击队开始了创建农村革命根据地的斗争，开辟了陕甘边革命根据地、陕北革命根据地。1935 年 2 月，将两个根据地统一，创建了西北根据地（又称陕甘根据地）。西北根据地是土地革命战争后期全国十多块根据地中仅存的一块完整的革命根据地，为党中央和中央红军提供了一个稳固的落脚点。红军长征到达陕北后，中共中央在西北根据地的基础上，创建了陕甘宁革命根据地。陕甘宁革命根据地在中国抗战史上地位十分重要，毛泽东思想在这里诞生，延安精神在这

表四　陕西不可移动革命文物历史时段分布表

历史时段	数量	百分比
旧民主主义革命后期阶段（清末至1919年）	8	1%
新民主主义革命阶段（1919—1949年）	683	90%
社会主义革命和建设阶段（1949—1978年）	42	6%
改革开放时期（1978年—）	20	3%

表五　陕西不可移动革命文物地域分布表

地域	数量	百分比
陕北地区（延安、榆林）	457	60.7%
关中地区（西安、咸阳、宝鸡、渭南铜川）	143	19.0%
陕南地区（汉中、安康、商洛）	153	20.3%

（杨凌归入关中地区统计数据）

里孕育，它为民族解放事业和新中国的建立作出了巨大贡献。1935年10月19日，中共中央率领中央红军到达陕北吴起镇，进入西北革命根据地，宣告长征胜利结束，至1948年3月，中共中央离开陕北前往河北平山县西柏坡，中共中央在陕北度过了13个春秋，历经了土地革命战争后期、整个抗日战争时期和解放战争前期。中共中央在陕北波澜壮阔的革命历程给陕北留下了为数众多的革命旧址、遗址。陕北地区的不可移动革命文物主要为革命旧址、领导人旧居，此外还有战场遗址等，最突出的就是延安革命遗址群。

关中地区的革命文物主要分布在西安及其周边。西安作为陕西的省会城市，有着独特的地理优势。红军长征到达陕北后，西安地区作为连接陕北和全国各地的重要枢纽，为陕北地区的物资和人员运送提供了很多支持。西安及其周边地区保留了大量抗日战争和解放战争时期的革命旧址。1926年春，刘镇华率领镇嵩军进攻西安，为保卫西安、策应北伐，杨虎城、李虎臣率西安军民苦撑危局8个月，进行了艰苦卓绝的反围城斗争，留下了"二虎守长安"的佳话。西安火车站附近的革命公园，即为纪念守城死难者而建。1936年12月12日，张学良、杨虎城为促使蒋介石改变其"攘外必先安内"的误国政策，以停止内战，一致抗日，在西安发动兵谏，后在中共及国民党内有识之士的共同努力下，事变得以和平解决。反映这一具有历史转折意义的西安事变旧址群是西安地区重要的革命文物，其中新城黄楼、杨虎城新城公馆因在省政府大院内不便对公众开放，西京招待所、高桂滋公馆为其他单位办公所用，其余均向公众开放，成为西安乃至全国重要的爱国主义教育基地。西安事变和平解决后，中共将在西安市北新街七贤庄的秘密交通站改为半公开的红军联络处，国共第二次正式合作后，改为国民革命军第八路军驻陕办事处，在维护和推动全民族抗日运动的发展，为八路军领取、采买、转运物资，组织爱国青年奔赴延安等方面做了大量的工作。1959年，成立了八路军西安办事处纪念馆，是对广大群众尤其是青少年进行爱国主义教育的重要场所。

西安周边还有红25军军部旧址、葛牌镇革命旧址、蓝田县汪峰故居等。咸阳的泾阳安吴堡战时青年训练班革命旧址、三原八路军交通联络站旧址、旬邑马兰革命旧址、淳化爷台山战役遗址等，渭南地区的渭华起义旧址、杨虎城旧居等，铜川地区的陕甘边照金革命根据地旧址、陈炉红二方面军活动旧址等，均是十分重要的革命旧址、遗址。

陕南位于秦巴山区，包括商洛、安康、汉中三个地区，相对于陕北地区的革命中心地位及关中地区的省会地位，陕南地区的革命文物在知名度上较为薄弱。陕南地区最为大家熟知的主要有红25军和红四方面军等联合创建的陕南苏区相关旧址、遗址，包括陕南游击根据地（由中共陕南特委领导创建）、川陕革命根据地（由红四方面军、红25军创建）、鄂豫陕革命根据地（由中共鄂豫陕省委、鄂豫陕特委、红四方面军、红74师创建）相关旧址、遗址。尤为值得一提的是川陕革命根据地，从1932年12月创建到1935年2月红四方面军向川西转移为止，是当时"中华苏维埃共和国第二大区域"[13]，包括当时24个县，500万人口。在这一范围内留存了为数较多的革命旧址，解放后成立了川陕革命根据地纪念馆，是陕南地区革命文物领域的一块金字招牌。此外汉中地区还有国立西北医院旧址、何挺颖故居、国立西北联合大学旧址和新中国成立初期的宝成铁路略阳段遗址等。安康旬阳市的红军墓，现在已建成规模较大的红军纪念园。商洛地区有洛南文庙（红二十五军军部驻地旧址）等。

三　陕西不可移动革命文物的价值研究

价值是事物的一种有用的属性，是事物进入人的世界所产生的社会属性[14]。革命文物作为我国文物资源的重要组成部分，记录了中国近现代社会的大变革和国家危亡、民族苦难、人民困苦的历史信息和社会背景，关联近现代鲜活的革命历史事件、人民大众的切身真实记忆，集中彰显了中华民族和中国人民在长期的革命、建设和改革过程中所形成的伟大创造精神、伟大奋斗精神、伟大团结精神、伟大梦想精神，是激发爱国热情、振奋民族精神的深厚滋养，更是铸牢中华民族共同体意识、弘扬革命传统、赓续红色血脉的重要载体，有着重要的复合价值，是我们开展党史学习教育、爱国主义教育，建立历史自觉和文化自信的重要载体。

（一）理想信念教育价值

随着中国经济的飞速发展，广大人民的物质生活水平得到极大改善，随之而来的是享乐主义盛行，反映到思想领域，历史虚无主义、文化虚无主义大有蔓延之势。一些无知青年甚至公然在各种新媒体平台歪曲历史、侮辱革命烈士，令人愤慨。革命文物是重要的历史事件、革命运动或者著名革命先辈生平事迹的实物见证，承载着中国共产党人的精神谱系，具有重要的育人功能和价值。2021 年 2 月 20 日，习近平总书记在党史学习教育动员大会上强调，"在全党开展党史学习教育，是党中央立足党的百年历史新起点、统筹中华民族伟大复兴战略全局和世界百年未有之大变局、为动员全党全国满怀信心投身全面建设社会主义现代化国家而作出的重大决策"[15]。革命文物所反映的革命人物、革命事件及其精神内涵，正是击垮历史虚无主义的有力武器，是向广大民众讲述中国革命艰难曲折历程的生动教材，通过深入挖掘革命文物背后的革命故事、革命人物，讲好新时代中国故事，从而激发广大民众学习革命精神，凝聚奋进力量。以革命文物为"教材"，革命旧址作"教室"，广泛开展理想信念教育，开展大思政课学习、党史学习，抵御各种不良风气对民众思想的侵蚀，是新时期革命文物在理想信念教育方面实现其价值的重要途径。

在陕西党组织的创建过程中，许多革命志士，放弃本来唾手可得的优越生活，投身于时代洪流，探寻中国的出路，甚至献出宝贵的生命，如魏野畴、李子洲分别就读于北京高等师范学校和北京大学，本来可以拥有很好的生活，为了理想信念，他们放弃个人优越的生活条件，回到陕北带领人民群

众开展革命运动，李子洲图书馆遗址、李子洲墓等不可移动革命文物就是开展理想信念教育的重要场所。从大革命时期到土地革命时期，从抗日战争时期到解放战争时期，中国共产党带领中国人民为谋求民族独立和人民解放所进行的艰苦卓绝的斗争经历，都在革命文物中得到印证，延安精神、照金精神、南泥湾精神等革命精神见证了陕西人民为中国革命所做出的巨大贡献。在业务工作中，要活化利用革命文物，讲好红色故事，充分发挥革命文物在理想信念教育学习中的价值。

（二）政治文化认同价值

一个政党的诞生，一个政权的形成，需要民众的接受与认同，需要引导民众接受其政治制度、经济制度和思想文化制度，从而构建民众的政治文化认同。从中国共产党的成立，到新中国的建立，是中国社会发生深刻变化的特殊历史时期，在这个历史进程中，需要构建全民共同的政治文化认同价值体系，引导人民为实现中华民族伟大复兴的中国梦而共同奋斗。革命文物通过具体实在的"物"，将党的革命思想和政治意识具象化，使人民可以直接感知中国共产党领导全国各族人民在谋求国家独立和民族解放的革命历程中所付出的艰辛，从而产生强烈的政治文化认同感。正是基于此，革命文物在构建政治文化认同方面，有着与生俱来的重要价值。

新中国成立后，党和国家开启了意识形态方面的革故鼎新工作，构建政治文化认同体系。1961 年国务院公布 180 处第一批全国重点文物保护单位，其中"革命遗址及革命纪念建筑物" 33 处，而有关中国共产党历史的革命旧址、遗址达 22 处，约占 67%[16]。依托革命旧址、遗址等建立革命纪念馆，革命文物成为政治使命的直接表达，展示在广大民众面前，使民众潜移默化地接受教育，达到精神上的共鸣与思想上的启发。渭华起义旧址、延安革命遗址（包含 14 个点）、西安事变旧址（包含 8 个点）、八路军西安办事处旧址等，都是我党在不同历史阶段开展革命斗争的真实写照，见证了轰轰烈烈的革

命历史。依托其建立革命纪念馆，宣传爱国主义思想，开展党史学习教育，将中国共产党的革命传统具象化为"国家遗产"，使广大民众树立正确的历史观和政治观。通过讲述中国共产党的革命奋斗历程与中华人民共和国成立之间的必然关系，使人民认识到没有共产党就没有新中国，从而获得人民的政治文化认同和拥护，使民众自觉承担起在新的历史条件下传承和弘扬革命文化的光荣使命。

（三）经济社会发展价值

精神和物质是相互作用的，精神总是会反作用于物质，从而促进物质社会的发展。革命文物中蕴含的不怕牺牲、不怕困难、为理想献身的积极进取精神，是发展社会主义市场经济所必需的精神动力。革命旧址、遗址以及依托这些所建立的革命纪念馆，是带动当地红色旅游、乡村振兴的重要载体，有助于推动当地经济社会的全面发展。革命旧址大都分布在山区乡村，依托革命旧址发展乡村旅游，开发红色旅游线路，精心打造红色旅游线路和研学旅游，用点线串联的方式，让革命文物在发挥社会效益的同时，成为新的经济增长点；让游客在参观游览中感受党的百年奋斗历程，带动社会经济全面发展。这样既能传承弘扬优秀革命传统文化，又能把革命文物资源转化为旅游资源和经济资源，发挥乡村振兴、老区振兴中的"文物力量"，在把革命文物"保"下来的同时，让革命文物"亮起来""传下去""用起来"。

陕西不可移动革命文物数量多、分布广、影响大，全国100个红色旅游经典区中，陕西省有5个，包括西安事变旧址、川陕革命旧址（汉中）、延安革命遗址、咸阳旬邑马栏革命旧址和陕甘边照金革命根据地旧址。依托这些革命旧址发展红色旅游，陕西以延安—西安—汉中一线为主体，渭南和咸阳为两翼，培育出主题形象突出、综合服务配套的重点红色旅游景区，使其成为主题鲜明、交通便利、吸引力强的旅游目的地[17]，对促进陕西经济和社会文化的均衡发展有着重要的作用。2023年，随着疫情的结束，全国旅游形势一片大好，各地旅游人数都迎来了井喷式增长，如西安事变纪念馆，依托西安事变旧址举办展览，宣传爱国主义，从2023年春节至今，游客量一直居高不下，创下建馆以来历史最高水平，对西安红色旅游起到重要的推动作用。

四 问题及思考

习近平总书记曾指出，要把红色资源利用好、把红色传统发扬好、把红色基因传承好。不可移动革命文物就是我们重要的红色资源。近年来，陕西在革命文物保护利用方面做了大量工作，成效显著，但是也存在一定的问题，值得我们思考。

（一）保护利用不均衡

习近平总书记在对文物工作的重要指示中明确指出："各级党委政府要树立保护文物也是政绩的理念。"但是，当面对文物保护与城乡建设发展之间的矛盾时，还存在一些为了经济建设而放弃或者降低文物保护标准的现象。总体来说，公布为省级以上保护单位的革命旧址大多能得到较好的保护，但是大量保护级别不高且分布较为偏远的革命旧址保护利用情况不容乐观。

此外，陕西革命文物工作长期以来存在"北热南冷"的现象，一直以来都是以陕北尤其延安为重点，延伸至关中地区，陕南地区因革命文物所在地大部分为秦巴山区，位置偏僻，交通可达性较差，周边基础设施配套较为滞后，革命文物资源存在一定程度的家底不清现象，另外对革命事件旧址、战斗战役遗址类型的革命文物，在保护利用方面也没有较为成熟的保护理论，导致现有不可移动革命文物保护级别普遍不高。

（二）价值挖掘阐释不充分

革命旧址、遗址等不可移动革命文物是传承红色基因、弘扬革命文化、加强爱国主义教育、培育社会主义核心价值观的宝贵资源[18]。对革命旧址等不可移动革命文物价值的挖掘阐释是推动革命旧址保护利用、革命精神传承弘扬和文化认同的重要抓手。对不可移动革命文物保护和利用的前提是要建立对不可移动革命文物基本特征的全面认识，形成对其文化内涵、文化类型的科学识别，只有这样才能为其保护和利用提供切实可行的路径。《关于实施革命文物保护利用工程（2018—2022 年）的意见》指出，要不断提升革命文物的展示水平。要提升展示水平，就要深入挖掘革命文物的历史内涵和历史价值。目前，在革命文物价值挖掘阐释上，还存在一定的不足，有的革命旧址、遗址仅仅是公布为保护单位，没有进一步开发展示利用。

党中央和毛主席在陕北 13 年，为数众多的革命烈士为中国革命献出宝贵的生命，因此陕西有着数量众多的革命旧址、遗址。对这些革命旧址、遗址的研究，有的还做得不够，尤其是对一些地理位置较为偏远、历史影响并不是十分巨大的革命旧址的研究，存在缺项。在保护利用方面，革命旧址、遗址的保护利用，一般包括露天原状展示、复原重建展示、场馆展示和标识展示等，无论哪一种模式，都需要对其内涵的挖掘和与之相配套的开发利用，否则只是增加了文物点数量，没有实际意义。个别基层乡镇，为了完成革命旧址上报任务或者增加革命旧址点，对一些历史模糊、缺乏确凿历史证据的场所进行上报，造成个别地方革命旧址名录不准确，更谈不上深入挖掘旧址历史内涵价值了。

（三）新媒体宣传力度不够

随着新媒体技术在各行各业的广泛推广，传播媒介不断融合，传播方式和传播接受习惯发生了很多改变，"传—受"关系也在不断转变。微博、微信公众号、抖音、小红书、微视频、微电影、微课堂、手机APP客户端、AR、VR等迅速出现在人们的视野当中，甚至在一些展览中Chat GPT 都已有所应用。这些新时代的传播路径为文化传播开拓了新的领域。政策支持与科技发展为革命文物的新传播搭建了广阔的平台。全媒体时代，陕西在革命文物保护利用及宣传方面也进行很多开创性的工作，陕西省文物

局举办了"红旗漫卷陕西革命旧址云上展"；陕西省文物局联合西安地图出版社编制了《陕西红色印记》地图，运用 5G、VR、视频云等技术，对革命文物进行 720 度全景式、立体式、延伸式展示，结合陕西革命文物云上数据，向读者传达陕西革命文物的分布情况，读者还可以通过扫描地图上的二维码了解革命旧址的详情。陕西省委宣传部和铜川市委组织部联合制作了《星火照金》微视频，讲述照金革命根据地的创建历史。此外，很多革命旧址、遗址以及纪念馆等都相应地采取了紧跟时代步伐的措施，但是在广度和深度方面还有待进一步加强，有的单位仅仅是架起新媒体框架，但是内容空泛，缺乏吸引力。

在新媒体、全媒体时代，要加强网络意识形态话语权建设，保障红色文化的精神内核，填补在红色文化全媒体使用过程中的载体技术短板，精确考量不同层次用户的群体需求，创新宣传方式，通过网络技术对革命文物进行全景式、立体式、延伸式的展示和宣传；积极主动应用新的传播渠道，充分运用新媒体技术加强革命文物宣传传播，扩大革命文物和红色文化的宣传影响力，更好地实现革命文物的宣传与利用、传承与发展，提升传播效果。

党的二十大报告指出，要加大文物和文化遗产保护力度。革命文物是我国光辉革命历程和革命文化精神的物化载体，是对近现代以来中国共产党领导下中国人民取得的伟大成就的集中表达，在党和国家高度重视和各级政府及全社会共同努力下，革命文物的保护利用工作取得了显著的成效。习近平总书记强调，各级党委政府应加大工作力度，切实把革命文物保护好、管理好、运用好，发挥好革命文物在党史学习教育、革命传统教育、爱国主义教育等方面的重要作用[19]。未来，我们文博工作者要在做好调查研究的基础上，理顺保护管理机制，健全保护利用法规制度体系，制定科学合理的保护利用规划或计划，深入挖掘阐释陕西革命文物的精神内涵，"围绕革命、建设、改革各个历史时期的重大事件、重大节点，研究确定一批重要标识地，讲

好党的故事、革命的故事、英雄的故事，彰显时代特色，使之成为教育人、激励人、塑造人的大学校"[20]，加强公众的文化和国家认同，教育引导公众树立赓续红色血脉的决心，坚定为实现中华民族伟大复兴的中国梦而努力奋斗的理想信念。

[1]新华社.习近平对革命文物工作作出重要指示 强调切实把革命文物保护好管理好运用好 激发广大干部群众的精神力量[EB/OL].2021-03-31[2022-08-20].

[2]1931年11月《中国工农红军优待条例》第十六条："凡红军战士在战争中牺牲或在服务中因劳病故者须按照下列条例抚恤之。一、凡死亡战士应将其死亡时间地点战役功绩由红军机关或政府汇集公布。二、死亡战士之遗物应由红军机关或政府收集，在革命历史博物馆中陈列以表纪念。"

[3]人民委员会对于赤卫军及政府工作人员勇敢参战残废及死亡的抚恤问题的决议案[N].红色中华报,1932-09-13.

[4]毛泽东文献资料研究会.毛泽东集补卷别卷[M].株式会社,苍苍社,1986年.

[5]解放日报[N].1946-05-19.

[6]谭前学.民国时期的陕西文物保护与管理[J].文博,2014(6)：80-85.

[7]1950年6月16日，中央人民政府政务院发布《征集革命文物令》。第1条规定：革命文物之征集，以五四以来新民主主义革命为中心，远溯鸦片战争、太平天国、辛亥革命及同时期的其他革命运动史料。第2条规定：凡一切有关革命之文献与实物如：秘密和公开时期之报章、杂志、图画、档案、货币、邮票、印花、土地证、路条、粮票、摄影图片、表册、宣言、标语、言语、标语、文告、年画、木刻、雕像、传记、墓表；革命先进和烈士的文稿、墨迹及用品，如：兵器、旗帜、证章、符号、印信、照相、衣服、日常用具等；以及在革命战争中所缴获的反革命文献和实物等，均在征集之列。

[8]2018年国家文物局印发《关于报送革命文物名录的通知》，对革命文物作出了相关规定："见证近代以来中国人民抵御外来侵略、维护国家主权、捍卫民族独立和争取人民自由的英勇斗争，见证中国共产党领导中国人民进行新民主主义革命和社会主义革命的光荣历史，并经认定登记的实物遗存。对社会主义建设和改革时期彰显革命精神、继承革命文化的实物遗存，也纳入革命文物范畴。"

[9]"一条主线"是以实现中华民族伟大复兴中国梦的奋斗历程为主线，"两个见证"是见证近代以来中国人民争取民族独立和人民解放的伟大斗争、见证中国共产党领导中国人民救国兴国强国的伟大贡献。

[10]朱宇华,乜小珂,徐睦.革命文物内涵的认识发展——基于新中国文物法规文本演变的视角研究[J].中国文化遗产,2021(06)：27-35.

[11]陕西省文物局.关于公布陕西省第一批革命文物名录的通知[EB/OL].2021-01-05.

[12]所谓故居特指出生、幼年生活的居所，不同于革命活动时期的旧居，是具有极高纪念价值的革命文物。

[13]四川大学川陕革命根据地研究组.川陕革命根据地历史文献选编：上册[M].成都：四川人民出版社,1979：303.

[14]兰久富.社会转型时期的价值观念[M].北京：北京师范大学出版社,1999：49.

[15]习近平.在党史学习教育动员大会上的讲话[J].求是,2021(7)：4-17.

[16]第一批全国重点文物保护单位名单[J].文物,1961(Z1)：10-26,2,1-6.

[17]王长寿.陕西红色文化旅游资源的保护与开发[N].光明日报,2007-07-27(7).

[18]胡和平.立足文化和旅游特色用好红色资源、传承红色基因[N].人民日报,2021-07-19(13).

[19]新华社.习近平对革命文物工作作出重要指示强调，切实把革命文物保护好管理好运用好，激发广大干部群众的精神力量[N].人民日报,2021-03-31(01).

[20]习近平.用好红色资源 赓续红色血脉 努力创造无愧于历史和人民的新业绩[J].求是,2021(19)：4-9.

旬阳革命文物现状与保护利用刍议

陈世斌

旬阳市博物馆，陕西旬阳 725700

Current Status and Protection and Utilization of the Revolutionary Cultural Relics in Xunyang County

Chen Shibin

Museum of Xunyang City, Xunyang City 725700, China

摘　要：本文基于对旬阳境内革命旧址的调查，梳理了土地革命战争时期红三军、红 25 军、红 74 师等在旬阳建立革命政权、开展武装斗争的光辉革命历程以及与之相关的众多革命旧址，较为全面地论述了旬阳革命旧址保护利用现状和存在的问题，并提出了加强革命文物保护利用的建议对策。

关键词：旬阳　革命文物　保护　利用

Abstract: Based on the investigation of the revolutionary sites in Xunyang County, this paper summaries the revolutionary sites established by the Red 3rd Army, the Red 25th Army and the Red 74th Division, who fought as armed revolutionaries and made a glorious revolutionary journey during the Agrarian Revolutionary War. This paper comprehensively discusses the current situation and problems of the protection and utilization of the revolutionary sites in Xunyang County, and puts forward some suggestions and countermeasures to strengthen protection and utilization of the revolutionary cultural relics.

Key words: Xunyang; Revolutionary cultural relics; Protection; Utilization

革命文物凝结着中国共产党的光荣历史，展现了近代以来中国人民英勇奋斗的壮丽篇章，是革命文化的物质载体，是激发爱国热情、振奋民族精神的深厚助力。旬阳是革命老区县，红色革命文物资源禀赋突出。深化革命文物内涵研究，加强革命文物保护利用，对于传承红色基因，培育爱国精神，增强文化自信，赓续红色血脉，扩张育人效应，传播弘扬其精神价值，助推"兴文强旅"战略，有着重要的现实指导意义。

一　旬阳革命历程概述

旬阳位于陕西东南部，北依秦岭，南踞巴山，汉江横贯中部。由东到西依次同湖北省竹山县、竹溪县及陕西省平利县接壤；西同安康市汉滨区相邻；自北由西向东分别同陕西省镇安县、湖北省郧西县相接。秦时设关并置县，有着悠久的历史和光荣的革命传统。

从 1930 年春到 1937 年春，红三军、红四方面军、红 25 军、红 74 师、陕南人民抗日第一军、红十五军团等多支红军，在安康地区发动人民，建立游击队和革命政权，打土豪分田地，开展游击战争，沉重地打击了国民党反动派，为土地革命战争做出了重要贡献，留下了许多可歌可泣的动人故事，也留下了众多的红色革命文物。旬阳也因此成为安康首批划定为革命根据地的老区县。

（一）红三军在旬阳

1932 年初，由于夏曦为首的中共湘鄂西分局执行王明"左"倾冒险主义方针，红三军未能粉碎敌人对洪湖苏区的第四次围剿，被迫进行战略转移。10 月下旬在湖北随县王店村召开湘鄂西中央分局扩大会议，决定从豫西南经陕东南、川东北回湘鄂西的行动路线，全程 3500 多公里，后被称为"七千里小长征"。随后，贺龙部从湖北洪湖出发，绕豫陕川境向湘鄂边转移。12 月 2 日进入旬阳北洛河，12 月 11 日入鄂川，到达鹤峰县境，完成了战略转移。

红三军过境旬阳虽然时间短暂，但他们沿途宣传党的政策，写标语、打土豪，救济贫苦农民，动员群众参加红军，发动群众抗捐抗税，建立地方政权和抗捐军等，旬阳人民第一次见到了自己的军队，在群众心中播下了革命火种。

（二）鄂豫陕革命根据地的建立

鄂豫陕革命根据地建设分为前后两个阶段，第一阶段由中共鄂豫陕省委领导，以红 25 军为主力；第二个阶段由中共鄂陕、豫陕两特委合并成立的中共陕南特委领导，以红 74 师为主力。1937 年 4 月西安事变和平解决后，陕南的最后一支红军队伍——红 74 师撤离。鄂豫陕革命根据地存续 2 年 5 个月，苏区人口约 50 万人，面积达 3 万多平方公里。旬阳的大部分地区处于根据地的中心区域，是四块重要的稳固的根据地之一，成为重要的游击活动区域。

1. 红 25 军在旬阳

中国工农红军第 25 军长征，于 1934 年 12 月 8 日在豫陕交界处铁锁关（今洛南县境）入陕，率先开辟了山阳、镇安、郧西、旬阳四县边区，创建了鄂豫陕革命根据地。

1935 年 1 月先后在镇安县白塔杨家岭和旬阳郧西交界的天门地区成立鄂陕第五路、第六路游击师，主要活动在四县边区。1935 年 2 月 12 日红 25 军由镇安茅坪经公馆河抵达旬阳小河口街，开展革命活动。2 月 29 日省委在郧县和旬阳边界的庙川虎坪召开第二十次常委会，通过了《为完全打破地方进攻，争取春荒斗争的彻底胜利创造新苏区的决议》。随后，在旬阳地区先后成立了卷棚苏维埃乡政府、小河口苏维埃区政府及三岔河、洛河、水泉坪、桐木、小河口等苏维埃乡政府。4 月，在庾家河成立豫陕特委，组建豫陕游击师，旬阳县李金山等 60 多名青年参加红 25 军及第五、六路游击师。4 月 18 日，红 25 军副军长徐海东在旬阳三岔河主持召开军民大会，向群众进行革命宣传。

5 月下旬，中共鄂陕特委派李兴智等 40 多人到旬阳潘家河、西岔河、双河口一带开辟新苏区，成立潘家河苏维埃区政府。红四方面军从汉中派出地下工作人员到安康、旬阳、白河等地开展工作。赵长江领导的"红军游击队"曾与红 25 军取得联系。赵长江被叛徒杀害后，由申福堂领导，后发展到 100 余人，经常在镇安、旬阳、柞水、宁陕一带开展革命活动。

2. 红 74 师在旬阳

1935 年 9 月 9 日梁家坟会议后，中共陕南特委的主要成员在鄂陕、豫陕边收拢武装力量和伤病员，10 月 6 日，由原鄂陕、豫陕两特委所属游击师成立红 25 军第 74 师，陈先瑞任师长，李隆贵任政委，方升善任副师长兼参谋长，曾焜任政治部主任。师下辖一营、二营、手枪团，全师近 700 人。在中共鄂豫陕省委领导下，红 74 师转战于鄂豫陕边的山阳、旬阳、郧西、柞水、宁陕等 20 多个县境，团结带领广大人民群众粉碎了敌人数次围攻，挽救了危局，保存了力量，使鄂豫陕根据地的革命烈火不熄、红旗不倒；同时有力地牵制了敌人，配合了红 25 军、红二方面军等主力红军的长征，在中国革命战争史上留下了浓墨重彩的一笔。红 74 师经旬阳双河、丰积向北寻找第五路游击师时，与郧西光清乡团练在九龙山佛爷庙发生战斗，游击师特委队（群众称"铁骨队"）指导员高中宽和尚班长在战斗中不幸牺牲。

二　旬阳革命文物现状

（一）革命文物保护管理概述

"革命"一词，最早见于《周易·革卦·象传》"天地革而四时成，汤武革命，顺乎天而应乎人。"从马克思主义的革命观来看，革命是基于生产力与生产关系的冲突和矛盾，是从经济关系到上层建筑的系统的社会组织变革。每一次革命都破坏旧社会，所以它是社会的；每一次革命都推翻旧政权，所以它具有政治性。革命文物指与重大历史事件、革命运动或者重要人物、重要革命精神有关的、具有重要纪念意义和史料价值的重要史迹、建筑物、纪念物（地）、实物、革命文献资料等。革命文物承载党和人民英勇奋斗的光荣历史，记载中国革命的伟大历程和感人事迹，是党和国家的宝贵财富，是弘扬革命传统和革命文化、加强社会主义精神文明建设、激发爱国热情、振奋民族精神的生动教材，是我国文物资源的重要组成部分，是中国革命的重要历史见证，是宝贵的历史文化遗产，也是以史育人、以文化人，继承优良传统的重要载体。

1950 年中央人民政府关于征集革命文物的命令规定，革命文物之征集，以五四以来新民主主义革命为中心，远溯鸦片战争、太平天国、辛亥革命及同时期的其他革命运动史料。凡一切有关革命之文献与实物以及在革命战争中所缴获的反革命文献和实物等，均在征集之列。1961 年《文物保护管理暂行条例》：（一）与重大历史事件、革命运动和重要人物有关的、具有纪念意义和史料价值的建筑物、遗址、纪念物等；（二）革命文献资料以及具有历史、艺术和科学价值的古旧图书资料。1982 年文物保护法延续了 1961 年《文物管理暂行条例》的规定。2002 年文物保护法把革命文物归入近代现代重要史迹、实物、代表性建筑。

1998 年中办、国办转发《中宣部、国家教委、民政部、文化部、国家文物局、共青团中央关于加强革命文物工作的意见》指出：革命文物作为我国各族人民长期革命斗争和中国共产党领导的新民主主义革命与社会主义革命和建设的实物见证，凝聚着中华民族和中国共产党人抵御外侮、威武不屈、热爱祖国、维护统一，追求真理、舍生取义，自尊自信、自强不息，励精图治、无私奉献，艰苦奋斗、勤劳勇敢，百折不挠、奋发向上的伟大精神。

2008 年国家文物局、中宣部、文化部、国家旅游局等部委《关于加强革命文物工作的若干意见》指出：革命文物是自 1840 年以来，中华民族为争取民族独立、实现伟大复兴而奋斗，特别是中国共产党领导下的新民主主义革命和社会主义革命与建设光辉历程的重要实物见证。

2018 年中办、国办《关于实施革命文物保护利用工程（2018—2022 年）的意见》指出：革命文物凝结着中国共产党的光荣历史，展现了近代以来中国人民英勇奋斗的壮丽篇章，是革命文化的物质载体，是激发爱国热情、振奋民族精神的深厚滋养，是中国共产党团结带领中国人民不忘初心、继续前进的力量源泉。

（二）旬阳不可移动革命文物状况

旬阳历来重视革命文物，在日常工作中尤其重视革命文物的调查与保护。2020 年陕西省文物局组织开展了全省革命文物调查，旬阳博物馆与陕西省文化遗产研究院、西北大学一起参加了该项调查工作，共调查革命遗迹 54 处，其中有 10 处被列入陕西省不可移动革命文物名录（省保 2 处，县保 3 处，一般文物点 5 处），按类型划分为重要机构、会议旧址，战斗遗址遗迹，名人故居、活动地，墓葬、陵园等革命纪念设施，与革命运动有关的遗址遗迹共 5 大类。以下对公布列入省级名录的加以简述。

1. 重要机构、会议旧址

（1）蜀河三义庙前殿（上关县人民民主政府旧

址）。旧址位于旬阳市蜀河镇蜀河中学院内。1948年3月，中共上关县委派关子烛带武工队解放了旬阳蜀河地区，并组建蜀河区民主政府。29日，中共豫陕鄂边区委决定，集中12旅第34团35团和上关、郧西独立团，进行旬（阳）白（河）战役，兵分两路向白河县进击。4月1日白河县城获得解放。4月9日十二旅由白河西进，解放了蜀河、双河、棕溪的部分地区，中共上关县委、县政府由上津移至蜀河镇，驻三义庙，即该旧址。

上关县辖七个区，即蜀河、双河、关防、上津、夹河、漫川、宽坪。各区人民政府相继建立了农会、妇女部、武委会、翻身队、区干队、儿童团等组织。上关县是湖北境内建立的第一个县级民主政权。由于独特的地理位置，上关县民主政权在陕南根据地建设巩固发展和整个华南地区解放中发挥了重要作用。2012年6月18日旬阳县人民政府公布为县级文物保护单位。

红74师驻地旧址（陈先瑞临时居所旧址），位于旬阳市红军镇上码村东张家老院，南毗邻蜀小公路，北靠阳坡山，东、西接村民住宅。1936年6月，红74师师长陈先瑞率大部队部分官兵在此居住，等候肖大喜同志率领的部分红军。肖由圣驾乡的殿沟庙来此地与陈会合，稍作休整后，于当日下午进卜家沟，直奔镇安茅坡。

2. 墓葬、陵园等革命纪念设施

（1）旬阳红军墓，位于旬阳市红军镇政府北碾子沟。1934年12月，中国工农红军第25军长征到达陕南，成立了边区苏维埃政府，创建了"鄂豫陕革命根据地"。1935年10月18日，红74师在旬阳潘家河、九龙山歼敌激战中，指导员高中宽、尚班长不幸牺牲安葬于此。两人深受群众崇敬，该墓长年香火不断，后又被敬称为"红军老祖墓"。1999年旬阳县委、县人民政府重修烈士陵园。2008年9月16日陕西省人民政府公布为第五批省级文物保护单位。

（2）赵长江烈士墓，位于旬阳市仁河口镇桥上村肖家沟。1932年冬，贺龙领导的中国工农红军第三军，在退出洪湖实行战略转移中，在旬阳活动达

一周之久。墓主赵长江是红三军的一名战士，湖北省麻城人，因病留在仁河口乡桥上村二里进行救治。为了坚持革命，他在当地秘密地进行革命活动，组建了一支地方革命武装。1935年1月，他建立了仁河乡最早的苏维埃政府——水泉坪苏维埃乡政府，并担任水泉坪苏维埃乡政府主席。后因叛徒出卖于1935年12月不幸遇害，葬于现址。2018年7月3日，陕西省人民政府公布为第七批省级文物保护单位。

（3）李兆众烈士墓，位于旬阳市城关镇老城黄坡岭。墓葬坐西向东，占地面积约40平方米。1938年7月，李兆众经路德厚介绍加入中国共产党。1939年3月中共旬阳工委成立，任工委组织委员，同年7月，经党组织介绍同罗广文、鲁纪冲等人到云阳镇省委干部训练班学习，不久又转入延安抗大第五期学习。1940年8月中旬，从延安返回旬阳。回旬后，主动靠拢党组织，积极开展党的工作，联络部分党员和进步青年组织武装暴动。1941年"旬阳惨案"中，于2月19日被国民党反动政府逮捕，虽受严刑拷打，但革命意志坚定，始终未向敌人暴露党的真实情况。2月21日在旬阳县城东灵岩寺被敌杀害，葬于此地，年仅24岁。陕西省人民政府〔1992〕183号文追认李兆众为革命烈士。2012年6月18日，旬阳县人民政府公布该墓为县级文物保护单位。

（4）杨瑞龙烈士墓，位于旬阳市双河镇莲花台村南小岗梁。坐东向西，南北宽6米，东西长7米，占地面积42平方米；人鼻形封土，前用青砖垒砌，封土前宽3.8米，高1.3米，长4.2米；前嵌圆首碑一通，宽0.5米，高1米，碑额饰以二龙戏珠图案，中部竖书"杨瑞龙烈士之墓"，碑文："杨瑞龙系山西省临汾地区浮山县人……于一九四八年底在我县双河区原上官县二区工作，不幸被敌杀害……"落款"旬阳县人民政府一九八四年十二月卅立"。

3. 名人故居及活动地

项鸿国故居，位于旬阳市蜀河镇蜀河社区（蜀河镇重点历史保护建筑第19号）。1942年春，安康警备司令部派一个排武装士兵乘船到蜀河，对项鸿国住宅进行搜查。1946年8月，李先念所率中原人

民解放军突围进至鄂豫陕地区，项鸿国在镇安县茅坪与人民解放军取得联系，担任向导。1947 年 7 月解放军北上后，项鸿国在郧西、蜀河、棕溪、白河裴家河一带发动群众，组织游击队，进行地下武装活动。该行动很快被国民党旬、白、郧三县兰滩联防办事处主任彭碧岑侦知，打电话报告时任旬阳县县长李宗皋。9 月初，项鸿国率领游击队在旬阳武王与白河裴家河交界地区活动。9 月 9 日，在武王十字垭王坤元家被国民党旬阳县自卫营一连、大同乡自卫大队和白河县自卫营、裴家河自卫大队包围，项鸿国临危不惧，由窗户开枪击毙敌人一名，率队突围，进至武王破庙垭梁土地庙时，被大同乡自卫队士兵方德福枪杀，同时遇害的还有何道万、王希臣、王希章、马开寿等。

4. 与革命运动有关的遗址遗迹

（1）旬阳红军标语，1935 年书，位于旬阳市桐木镇松树湾村李志善宅前墙壁上，自东北向西南呈"一"字形排列，黑墨行书"武装保护秋收"六字。革命标语是目前市域内仅存的一条红军标语，是第二次国内革命战争时期党和红军在旬阳开展革命斗争的实物例证。2012 年 6 月 18 日，旬阳县人民政府公布为县级文物保护单位。

（2）红三军集会遗址，位于旬阳市铜钱关镇铜钱村石家院子，又名石家大院红三军政治部遗址。1932 年 12 月 2 日至 7 日，红三军贺龙部队 1 万余人，从湖北洪湖出发，绕豫陕川境向湘鄂边转移。12 月 2 日，红三军经镇安县的茅坪进入旬阳北小岭，经小河口、赵湾、麻坪入安康艾家河、周家河口、神滩三处渡过汉江，沿江南旬阳吕河口、赤岩口、七里关至铜钱关。红三军在旬阳仅一周时间，沿途张贴标语，宣传中国共产党的主张，旬阳人民第一次见到了自己的军队，始知"中国有了共产党"，"红军是共产党的军队"，"红军为穷人"。红三军劫富济贫，在此镇压了两河关罚款局长袁开宏、赵湾恶霸何朝奎、排头曹长久、绅士李恩义等 17 人。12 月 8 日，红三军在铜钱关作短暂休整后，经黄家湾，在湖北竹山、竹溪交界处翻越十八盘，进入平利、镇

坪，而后入川。遗址是红军在旬阳开展革命活动，与人民群众鱼水情深的重要见证。

（3）红 74 师一心寨活动遗址，位于旬阳市仁河口镇桥上村电湾山顶，俗称"鸡窝寨"。东为山崖，南、西接山坡，北临缓坡。依山势修建，坐西南向东北，南北 40、东西 15 米，占地面积约 600 平方米，呈不规则椭圆形。寨墙保存较为完整，残高 4.1—4.7、厚 0.7—0.9 米，均用页岩质不规则块石垒砌而成。寨墙西南侧有高 2、宽 1.3、厚 1.2 米的方形寨门，中心自东南向西北残存依次排列大小不一的方形墙基三处，分别为长 8、宽 6 米，长 6、宽 4.5 米，长 8、宽 5.5 米，面积 120 平方米。东南面墙壁设方形哨台 3 个，分别间距 0.8、1.5 米。1936 年 5 月中旬，陕南特委决定将红 74 四师"化整为零"进行游击活动。郑位三率红一团活动于镇安、柞水、篮田边；李隆贵率领红五团活动于汉江北岸汉阴、旬阳地区；陈先瑞带领红六团西进宝鸡，而后东返，活动于山阳、郧西、旬阳地区。这三个独立团在各个区域活动达三个月之久。夏秋间，红独五团、六团经常活动于旬阳双河、小河地区，在仁河口水泉坪苏维埃政府配合下攻下一心寨，将镇、旬地主藏在寨上的财物分给当地的贫困农民，并在群众中广泛开展革命宣传工作。

（三）旬阳可移动革命文物状况

旬阳市博物馆收藏红色可移动革命文物共 13 件。从 1930 年春到 1937 年春，红三军、红 25 军、红 74 师等多支红军在旬阳地区发动人民，建立游击队和革命政权，打土豪、分田地，开展游击战争，留下的革命文物经鉴定为一般文物，时代均为民国时期，包括单耳铜茶罐、搪瓷盆、皮背心、铁方盒、竹篓、带匣木箱、石球、八式步枪子弹、残左轮手枪等。

（四）旬阳革命文物利用状况

旬阳市将红军纪念馆、赵长江烈士墓等场馆作为干部群众思想教育阵地、青少年爱国主义教育基

地、国防教育基地。这些纪念馆强化服务理念，完善服务规范，在服务内容、方式、手段方面积极探索创新，在接待咨询、参观引导、讲解宣传方面尽心尽力，提供热情、文明、规范、便利的服务，做到全过程导游，坚持用公众至上的服务理念为游客提供免费服务。文物部门还结合纪念场馆的建设，在城市规划建设中利用重要的革命遗迹、重要的红色文化纪念设施等资源，带动周边居民休闲文化活动场所建设，并将红色文化融入旅游开发，丰富城市文旅内容。

在传承红色文化方面，文物部门以发扬革命传统、传承红色基因为核心，紧紧抓住对纪念设施、文化遗址、教育基地的建设、管理和使用等关键环节，加强对设施的维修保护和展览展示，着力加强内部日常管理和改善外部环境面貌，并进行课题研究以提高服务质量和教育效果；积极主动建立设施、遗址基地，与周边学校、机关、事企业单位、城镇社区、驻地部队达成文明共建和文化共享机制；重点围绕国家公祭仪式、重大纪念日，组织策划主题教育活动。通过种种方式，增进观众的爱国主义情怀，坚定中国特色社会主义道路自信、理论自信、制度自信、文化自信。

三　旬阳革命文物保护存在的问题

旬阳先后对旬阳红军墓、赵长江烈士墓、上关县人民民主政府旧址、革命标语等进行了抢救性维修和保护，树立保护标识，安排专人从事地方党史编纂工作，编辑出版了《中国共产党陕西旬阳历史（1921—1978）》；与此同时，陕西省文物局编辑出版了书籍《红军老祖——旬阳县红军纪念馆》，取得了一些成效。但总体来看，旬阳革命文物保护利用工作仍存在若干薄弱环节和亟待解决的问题，这些问题有思想认识方面的，也有制度建设和具体实施方面的，需要借鉴省内外的经验，在今后的工作中逐步加以解决。

（1）保护现状不容乐观。相关部门和群众对革命文物保护工作的重大意义认识不足，重视不够，保护意识淡薄，一些建设性破坏的行为使不少革命文物史迹及其周边环境风貌遭到破坏。市级层面还未完全把红色文化纳入全市文化发展大盘子来部署。由于缺乏规划引领、资金支持和制度保障，目前仅对一些重要的遗迹采取了基本的保护措施，其他大部分红色文化遗迹仍然沉寂在田野，如红25军74师一心寨活动遗址、红三军集会遗址等，由于长期受风雨等自然因素影响，加之年久失修，已出现不同程度的损毁。还有部分遗迹随着现代化进程已无印迹可寻，如旬阳县民主政府旧址、仁河口农会活动旧址等，仅能从党史、地方志资料中寻找点滴回忆。

（2）管理机制不够健全。旬阳的革命文物遗迹数量多、分布广，部分资源的保护级别偏低，没有被列入保护范围，难以形成有效的保护。革命文物保护开发涉及史志、退役军人事务、住建、文旅等多部门，市级层面虽成立综合协调机构，但行业部门各行其是，没有形成合力。如旬阳烈士陵园属民政、退役军人事务部门管理，而有的则属于个人私产，如李兆众烈士墓、旬阳红军标语所在的房屋、项鸿国烈士故居、红74师驻地旧址等。由谁来保护开发，开发后怎么管理、使用和维修，责任主体不明确，存在多头管理、条块分割或无人管理的现象，致使日常管理工作混乱，保护开发的主动性不强，影响了革命文物遗迹的健康发展和功能的有效发挥。

（3）保护经费投入不足。革命文物遗迹保护存在的关键问题是缺乏对遗迹进行保护、维修的资金。据调查，除省级文物保护单位通过项目争取有少量维护经费外，全市多处革命文物遗迹的保护经费基本没有被纳入当地的财政预算，致使这些革命遗迹虽然被上级主管部门认定公布，但由于级别偏低，经费缺乏，保护只是流于形式。

（4）专业人才极度缺乏。从事革命文物资源保护和开发的人员不足，整体水平不高。整理红色资源史料、深度挖掘红色精神、编创红色题材作品、解说红色景点的专业人才极度匮乏。对红色革命文物挖掘不够深入，难以达到以文化人、以文育人的目的。

（5）融合发展有待加强。红色文化与爱国主义教育基地建设、全域生态旅游融合发展不够，目前仅仅局限于参观纪念场馆，没有将红色文化与优美的地域自然风光相融合，形成红色旅游线路。红色文化与汉水文化、民俗文化、太极文化等地域特色文化融合发展还不够深入，没有形成相互促进、相得益彰的文化发展机制。在传承红色文化资源基因方面，在资源比较丰富的区域，整体设计未将这些资源有机地融合到城建中去。

（6）宣传推介力度不够。虽然有媒体宣传和报道，爱国主义教育基地知名度有所提高，但一般只集中在每年重要节点对基地活动开展情况的报道，针对基地本身的宣传推介力度不够，基地的吸引力和影响力有待进一步提高，基地的教育功能有待进一步提升。除正常的接待外，主动开展的活动较少。多数只局限在清明节等节日、纪念日有游客，平时门庭冷落。

四　旬阳革命文物保护与利用的途径

2018年7月，中共中央办公厅、国务院办公厅印发了《关于实施革命文物保护利用工程（2018—2022年）的意见》，明确指出："以弘扬革命精神、继承革命文化为核心，统筹推进革命文物保护利用传承，着力加强革命文物保护修复和展示传播，着力深化革命文物价值挖掘和利用创新，着力提升革命文物公共服务水平和社会教育效果，为实现'两个一百年'奋斗目标和中华民族伟大复兴中国梦作出重要贡献。"牢固树立正确的政治观、历史观、党史观，着力发挥革命文物的社会教育作用，充分利用创新保护的载体手段，让革命文物"活"起来，是做好今后革命文物保护利用工作的重中之重。

（1）明确功能定位，提高保护意识。旬阳革命文物资源具有认定层级较高、时间较早、各个革命

阶段的红色遗迹较为齐全、全市革命老区基本全覆盖等特点。从历史价值来看，它是革命历史的重要组成部分；从文化价值来看，它是革命文化的传承和传播；从教育价值来看，它是革命传统教育的有效载体和重要基地；从经济价值来看，它是推动旬阳"兴文强旅"战略的重要媒介和增长点。我们要利用当前党中央、国务院对革命文物资源保护开发高度重视的良好机遇，以弘扬先进文化、培育革命精神、助推"兴文强旅"战略为根本出发点，充分认识保护和利用革命文物资源的重要意义，在全市上下形成保护革命遗迹，开发红色资源，发展红色旅游的共识，不断增强做好这项工作的使命感和责任感。

（2）切实摸清家底，科学编制规划。一是开展核查认定。在省级专项调查的基础上，组织史志、退役军人事务、老促会等相关部门对全市革命遗迹做进一步核查认定，整理文字图片等资料，分门别类进行详细登记、合理归档和规范管理。二是科学编制规划。将革命文物资源保护和利用纳入全市文化发展总盘子，与经济社会发展规划、城乡建设规划、旅游发展规划、交通建设规划等进行对接融合，高起点、高标准做好全市革命文物保护和开发利用总体规划，对所有革命文物资源分门别类，明确哪些需要抢救修复、哪些需要整理开发、哪些需要重点修建，按轻重缓急分类分批实施。

（3）理顺管理机制，凝聚发展合力。一是建立坚强有力的领导机构。成立由市委、市政府分管领导任组长，宣传、史志、退役军人事务、老促会、文旅等相关部门为成员的革命文物资源保护利用工作领导小组，同时，确定一个管理主体，明确其具体职责、权限、工作要求，统筹协调革命文物资源保护和利用工作，实现对全市革命文物资源的统一管理、统一规划、统一开发。建立革命文物保护和利用联席会议制度，定期研究解决革命文物保护和利用工作中的重大问题，形成领导重视、部门参与、齐抓共管的工作格局。二是建立科学管用的奖惩机制。相关部门和镇要将革命文物资源保护和利用工

作纳入本镇、本部门的考核内容，主要领导要作为革命文物资源保护第一责任人，明确分管领导具体抓，督促各部门切实履行职责，齐抓共管抓好相关工作。对工作成绩突出的，要优先晋升和评先评优，及时给予表彰奖励。凡因失职、渎职造成重要革命文物损毁或丢失的，严肃追究法律责任。三是建立职责明确的管理机制。建立由市政府统一规划、文物部门统筹协调、所在镇进行保护管理和开发利用的管理机制，各镇在此基础上，通过与村、管理人签订革命文物资源管理责任书，层层明确职责任务，确保革命文物遗迹得到保护。

（4）深挖文化内涵，激活红色基因。一是整合研究团队。吸收史志、退役军人事务、老促会、文旅等相关人员以及有专长的民间人士，组成一支相对固定的革命文物资源保护与开发利用研究团队，对如何开展革命文物资源的保护与开发进行专门的持续研究。二是深入研究阐释。通过寻访亲历者和见证者，进一步核对史实，及时收集红色标语、红色故事、文献资料、革命实物、革命英雄人物图片及其他革命文化资源等，深度挖掘其政治、经济、文化、教育等价值，并以红色文化读物或专题片、小品、故事、歌曲等展示出来，进一步丰富红色文化内涵。三是建好阵地网络。充分利用长征国家文化公园建设契机，积极向上争取项目支持，系统推进红军纪念馆、烈士墓等爱国主义教育基地"保护传承、研究发掘、环境配套、文旅融合、数字再现"等重点基础工程建设，扩大教育覆盖面，改进陈列方式，创新展示手段，丰富展出内容，创作体验项目，增强红色基地的欣赏性、参与性、体验性，丰富基地内涵，提升教育功能。

（5）扩大融资渠道，破解资金难题。一是积极争取项目资金支持。积极向上争取长征国家文化公园建设、全国红色旅游、自然和文化遗产保护、红色旅游公路项目建设、烈士纪念设施建设项目资金等。二是加大本级财政投入。根据我市革命遗迹保护量大面广的实际情况，按照革命老区转移支付资金管理规定，建议每年安排一定的革命老区转移支付资金用于革命遗迹保护、纪念场馆的建设、环境治理等，并由老促会对这部分资金的使用进行监督，提高资金使用效益。同时建立市级革命文物资源保护与开发专项资金，可以采取贷款贴息、项目补助、奖励等方式支持红色文化的传承发展。三是吸引社会资本参与。由于我市革命文物保护和开发利用尚属起步阶段，建议政府先通过立项开展前期水、电、路等基础设施建设，再制定土地、财政等优惠政策，通过招商引资等方式吸引多元化资本特别是民间资本参与革命文物资源保护与开发。

（6）优化资源配置，促进融合发展。一是做大红色文化与生态旅游融合发展。整合市域红色革命文化与汉水文化、民俗文化、太极文化等各类文化资源，以文化为魂、旅游为体、商业为力，通过生态景观加红色文化景点的方式，设计打造红色文化旅游线路，通过以红推绿、以绿带红、红绿相融，将散落的特色民宿体验地、自然风光旅游点等串点成线，让游客在游历青山绿水的同时铭记红色故事，在享受生态氧吧的过程中感悟红色精神，传承红色基因。二是做强红色文化与乡村振兴融合发展。将革命文物资源开发与建设宜居宜业宜游的美丽乡村相结合，与农业观光园、农庄、农家乐的建设和富硒米、拐枣、狮头柑等特色生态产品开发相结合，规划建成美丽乡村游、红色文化教育游、农业生态游为一体的综合旅游线路。三是做好红色文化与爱国主义教育基地融合发展。学习借鉴延安、照金、井冈山、西柏坡等全国典型红色教育培训基地模式，加快市域红色培训基地建设与拓展。借助声光电等科技手段，生动形象地展示以"人、事、物、魂"为载体的红色文化精神，使红色文化资源成为广大党员干部和青少年的"加油站"。四是做实红色文化区域融合发展。依托川陕、鄂豫陕革命根据地、红色文化纪念馆等红色文化产业带，主动与周边省市县红色景区，共同构建红色旅游专线，实现红色文化产业合作共赢。

（7）加大支持力度，强化基础保障。一是夯实人才队伍。增加史志、文化文物等部门红色文化人才编制，加强对在职人员的业务培训，鼓励和发动更多的红色文化爱好者参与党史研究，凝聚一批专门从事红色文化和革命文物资源保护开发的人才队伍，使革命精神薪火相传、血脉永续。二是加强基础设施建设。交通部门要按照旅游公路的标准，科学合理制定革命遗迹参观路径和延伸方案。水电部门要根据当前乡村振兴要求，按照景区标准做好水电配套，为革命遗迹保护开发提供保障。移动、电信、联通等部门要提前介入，落实项目资金，完善通信设备，确保通信畅通。

（8）加大宣传力度，赓续红色基因。一是利用各种媒体和数字化手段宣传。通过互联网高速公路和数字化手段，全景式、立体式、延伸式、全方位深入宣传旬阳革命历程，营造红色文化氛围，使得各种红色资源、革命文物成为参观旅游的重要内容，渗透到爱国主义教育之中。同时通过微访谈、微展览、微党课、微视和微信二维码语音导览系统平台，调动观众互动积极性，努力把纪念场馆建设成为文化殿堂、生态景区和精神家园。二是加大红色文化产品研发。策划具有参与性、体验性的红色文化项目，创作拍摄革命故事系列片，打造独具特色的红色文化品牌。三是开展红色文化主题活动。广泛开展爱国主义教育和革命传统教育，联合周边市县区举办红色文化研讨会、论坛等主题活动，全面提高旬阳红色文化的知名度，扩大红色文化的影响力。让广大党员干部和群众自觉接受革命传统教育，自觉在思想意识中植入红色基因，赓续红色基因。

宝丰香山寺大悲观音大士塔调查研究

孙闯[1]　李党辉[2*]

1. 北京国文琰文化遗产保护中心有限公司，北京 100192
2. 宝丰县香山寺文物管理所，河南宝丰 467400

Investigation and Research on the Guanyin Pagoda in Xiangshan Temple in Baofeng County

Sun Chuang[1], Li Danghui[2]

1. Beijing Guowenyan Cultural Heritage Protection Center Co., Ltd., Beijing 100192, China
2. Cultural Relics Administration of Xiangshan Temple in Baofeng County, Baofeng 467400, China

摘　要： 宝丰香山寺大悲观音大士塔建于北宋，是一座九级砖塔。本文主要内容是对大士塔相关碑文和文物本体的调查研究。调查重点在于塔身的改建细节特征，尤其对塔体内部梯道的封堵情况进行了重点分析。结合碑铭文献信息和实物遗存，本文推想大士塔存在由可登临到不可登临的改建过程。希望这一发现和质疑能推进对大士塔的认知，并对文物保护产生积极作用。

关键词： 宝丰香山寺　大士塔　梯道　登临

Abstract: The Guanyin Pagoda in Xiangshan Temple, Baofeng County, was built in the Northern Song Dynasty. It is a nine-story brick tower. The main content of this article is the investigation and research on the inscriptions and the building of Guanyin Pagoda. The investigation focuses on the detailed characteristics of the reconstruction of the pagoda, especially the blocking situation of the stairways inside the pagoda. Based on the information from inscriptions and historical remains, this article speculates that there was a reconstruction process for the Guanyin, changing from being accessible for climbing to being inaccessible. It is hoped that this discovery and question can expand the understanding of the pagoda and have a positive impact on the protection of cultural relics.

Key words: Xiangshan Temple in Baofeng County; The Guanyin Pagoda; Stairway; Climbing

引　言

宝丰香山寺位于河南省宝丰县闹店镇大张庄村西南的香山南坡上，大悲观音大士塔则位于寺院的后部，立于香山之巅。该塔建于北宋神宗熙宁元年（1068 年），九百多年间经过历代重修，寺、塔形貌多有改变，今存大士塔也叠加了多个历史时期的维修痕迹。塔为砖石砌筑，九层八面，从首层台基地面到刹顶总高约 33 米（连台基近 40 米）。塔以砖砌叠涩为檐，塔身逐层内收，高度逐层递减，形成收杀形的立面轮廓，颇富美感。塔内每层均设塔心室，自二层起设有梯道可达塔顶，但首层与二层之间没有梯道连通，使人不便登临，较为特殊。

香山寺大悲观音大士塔（以下简称大士塔）及碑刻被列为第七批全国重点文物保护单位[1]，其所属碑刻中最著名的一通藏于塔下台基的券洞内，碑文《汝州香山大悲菩萨传》，据记载为北宋权相蔡京所书，故俗称蔡京碑。碑文记述了妙善即千手观音得道于香山寺的故事，该故事在民间广为流传，形成了当地独特的观音文化信仰，为香山寺塔增添了传奇色彩[2]。

2016 年始，大士塔开展保护修缮方案的编制工作，笔者得以近距离观察大士塔的内外结构及一些细节，发现大士塔存在很多历史修改的痕迹，尤其是塔内梯道的改变：因大士塔二层以上有梯道，而首层无梯道，使得该塔介乎可登临与不可登临之间。针对这一现象，笔者做了详细勘察和推断，并结合碑铭文献解读，力求理清大士塔的改建情况和历史原貌（图一、图二）。

一 碑铭文献与历史沿革

香山寺内碑刻遗存较多，且大多为寺院的修缮功德碑，据此可以追溯香山寺元、明时期的大体规模和变迁。其间亦涉及大士塔的兴废情况，虽只言片语，也可作为历史钩沉的线索。现存碑刻年代从金大定二十五年（1185 年）到清康熙三十五年（1696 年），尤以明碑居多，姑且将碑名及年代罗列于后，择其要者加以梳理（图三、图四）[3]。

碑刻中较特别的为"蔡京碑"，不同于其他碑刻露天摆放[4]，蔡京碑现藏于塔下台基的券室内。其碑文主体叙述了庄王三公主妙善一心向佛，并舍手眼以救父病，终成千手千眼观音正果的故事。虽然文内也提及"于香山建塔十三层以覆菩萨真身"，但毕竟掺杂在传说之中，不足凭信。

金大定二十五年（1185 年）碑题为《重建汝州

图一　大士塔东北面（2016 年摄）

图二　大士塔东北面（20 世纪 60 年代摄，宝丰香山寺文物管理所提供）

图三　万历三十九年碑、天启七年碑、万历二十八年碑（2024 年摄）　　　　　　图四　崇祯三年碑（2024 年摄）

表一　香山寺内碑刻名称及年代

碑名	年代
汝州香山大悲菩萨传（蔡京碑）	北宋元符三年（1100 年）岁次庚辰九月朔书，元至大元年（1308 年）岁次戊申秋七月上吉日重刊
重建汝州香山观音禅院记（公主碑）	金世宗大定二十五年（1185 年）立
廉访诗碑	元至正九年（1349 年）岁次己丑
重修宝丰香山大普门禅寺碑记	大明成化十五年（1479 年）岁次乙亥季春下浣吉日
重修香山普门寺记	大明正德六年（1511 年）岁在辛未冬十二月立
香山寺修造记	大明正德六年（1511 年）岁在辛未冬十二月八日
重修香山禅林记	隆庆五年（1571 年）岁次辛未二月初二日
重修香山寺钟楼记	明万历二十八年（1600 年）年仲春刻石，三十九年（1611 年）复书
敕赐香山禅寺创建白衣观音九老阁记	万历三十九年（1611 年）十二月吉日
重修伽蓝殿记	大明天启七年（1627 年）八月
重修香山观音大士塔碑记（状元碑）	崇祯三年（1630 年）立
重修香山大普门禅寺碑记	大清顺治龙飞十有二年（1655 年）岁次乙未季夏
香山大悲观世音大普门禅寺重修碑记	大清顺治十有三年（1656 年）岁次丙申孟秋
重修香山寺碑记	大清康熙十一年（1672 年）岁在壬子
重修大雄宝殿记	大清康熙三十五年（1696 年）孟冬望日

香山观音禅院记》，碑文大略为金朝唐国公主捐资修建寺院的事情。从内容看，可知当时香山寺已经有明确的观音信仰，但碑文中并未载明修建范围。文内也提及"塔"，但并无具体介绍。之后的元至正九年（1349 年）诗碑中有"遥看古塔香山巅……天风吹我到塔顶，衣袂轻举如仙佺"等语，可见元时已有大士塔了，似乎作者已登塔顶。

很多明代碑刻都有反映香山寺兴废过程的内容，如成化十五年（1479 年）碑、正德六年（1511 年）

碑都提到香山寺在元末"毁于兵燹迨矣"。洪武至正统以来，主持僧累加修葺，起造"百十余楹"，天顺二年（1458 年），敕赐"香山大普门禅寺"，后于成化、正德间又累兴添建，寺院规模冠极一时。另有碑说"国初，被红巾纵火焚烧，荡为灰炉，惟太尉殿一区尚存"，均未言及塔之存废情况。

隆庆五年（1571 年）碑中首次提到对大士塔的维修，"塔之环围增以石槛而跻蹬之径，亦以石槛界其左右"，"登是塔者□然□外而□从善如登之念幻梦"。此处虽未明确其他修缮内容，但提到了"登塔"，与现状不能登临有所不同。

而后万历二十八年（1600 年）碑中，提到"浮图相轮，八宝七级"，而现状为九层塔，不知是否为文字错讹。

崇祯三年（1630 年）碑名为《重修香山观音大士塔碑记》，是众多碑刻中唯一以修塔命名的碑刻。碑文中出现"兹香山观音大士塔者，宋熙宁元年（1068 年）敕建"，现今所谓大士塔为宋熙宁时所建，大约来源于此。碑文为崇祯元年（1628 年）状元刘若宰撰写，故此碑又称状元碑，也是香山寺内比较知名的碑刻。碑文骈俪流畅，确有一些关于大士塔的片段描述，如"华栌共珠泽同辉，雕甍于金精并丽。将使凡流拾级，瞥眼尽见山河，慧岸同登，举足能齐日月者也"，再次说明塔可登临的情况。"于今上龙飞改元正月修葺，至次年十月告成。坚其扃钥，惟成三昧雄图，绘以香泥，卓尔四禅幽观"。工程延续将近两年，应该是一次比较大的修建工程。

在入清以后的重修碑刻中，大体又提到明末寺院毁于兵火，嗣后重修事："遭崇祯末'流土之变'，殿宇悉被焚毁，惟大士塔一座，寺僧数百余众，屠戮几尽，间存一二，游奔他方。从此'宝塔无灯凭月照，山门不锁待云封'"，并提到"塔高九级，徒瞻月拥西方"。明末清初，寺毁而塔存，但再涉及寺院重建事，都未单独提到大士塔。

综合以上碑铭梳理，明确指出塔的始建年代的是崇祯朝刘若宰，但熙宁元年（1068 年）这个年代最早是出于题记还是志书还有待求证。从塔的轮廓看，具有宋塔特征。金、元碑中即已提及此塔，至元末寺院毁于战火，但塔的损毁情况语焉不详。明代寺院敕赐"香山大普门禅寺"，应是进入全盛期，所遗留碑文也较多。明末崇祯元年（1628 年），大士塔经历了一次规模较大的维修，对照万历碑中偶然提到的"八宝七级"，是否崇祯大修时增为九级尚不能确定。明末寺院再遭兵燹，唯塔独存。清以来虽然寺院有所恢复，但康熙以后并未留下碑刻佐证，具体情况不详。

关于大士塔原本是否可以登临，碑铭中也隐约有所反映。如元至正九年（1349 年）碑、隆庆五年（1571 年）碑、崇祯三年（1630 年）碑中都多少涉及了登塔的描述，如果撰文者不都是出于夸张的描写的话，说明大士塔本是可以登临的，而现在砖塔首层没有梯道可通二层，恐怕绝非原貌。

根据修缮工程中的勘察，在大士塔顶的铁质相轮上有清光绪三十三年（1907 年）修塔铭文，题为"重修大悲塔记[5]"。该铭文连带工匠、住持名姓，题名、落款，总共不过 190 字。从铭文内容看，提到"九霄风雨，竟致陨坠"，而后四方善士募化重修，使"标表仍旧，遥矗虹霓"。联系文末所列炉主 2 家、金火匠 7 名、泥水匠只 1 名来看，工程主要应是对塔刹的重修或重建。至于文末仅列两位住持名字，也反映出此次维修规模不大，主要发愿人为寺僧，经费来自募化（图五、图六）。

图五　塔刹近景（2020 年摄）

图六　塔刹局部（2020 年摄）

新中国成立后的 1954、1957、1963 年都有修缮塔基的记录，1982 年大士塔整体维修，增修了塔基平台。但就目前掌握的资料看，并未明确大士塔何时变得不能登临的时间节点和改造目的。从常理推测，新中国成立后改变的可能性较大，但尚没有明确证据。

二　塔体外部结构及细节

大士塔基座被 3.3 米高的平台包裹，现平台为 1982 年重砌，台上建有献殿与角亭，原塔基形式已不易考证。老照片显示，原大士塔前即有紧贴塔身的祭拜房屋，可见今之献殿从模式和功能上与历史尚有一定沿袭关系。大士塔首层呈边长 3.8 米的八方形，红色砂岩砌筑，首层塔檐及以上各层为砖砌，从表面残存痕迹看原本似有抹灰，可能原塔为通体白色。现二层以上裸露的砖墙并非细砌做法，多为简易加工的青砖铺灰浆砌，也比较符合混水砖墙的构造特征。但无论塔身是否整砖露明，均与首层红砂岩的石砌墙体形成明显对比。大士塔首层虽在塔檐装饰上做了较多的砖雕，但墙身则呈现出一种粗犷古朴的效果，较为罕见。大士塔每层均设有塔心室，首层需从献殿进入，塔内现供奉千手观音像一尊，周围并无梯道可通二层。

塔身自二层以上便逐层缩小以呈收杀之势。整体看大士塔装饰非常简素，塔檐仅做叠涩，无斗拱及瓦檐等构件，仅在门窗处饰有少量砖雕，翼角为石雕龙首，下有铁环，原应缀有风铎。二层、三层的八个墙面均嵌有小型佛龛，内有佛像。六层墙面也有局部佛像，除此以外，四层以上几无装饰，仅以叠涩的变化来保持立面轮廓的韵律。塔顶自第七层起立有刹杆贯通塔身，冲出塔顶，上置铁质仰俯莲、相轮等构件（图七）。

塔身的门窗分布于东、西、南、北四个正向立面上，基本上以躲开室内梯道所占墙面为布设原则。相对而言，南立面设门意向较为明显，除第八层为墙面外，各层均有真、假门。首层门开在献殿内，二层、三层真门受梯道影响，开于东、西两面，南

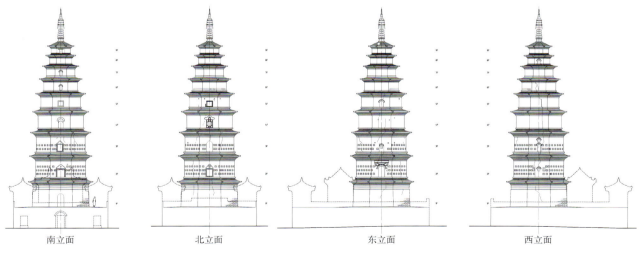

南立面　　　　　北立面　　　　　东立面　　　　　西立面

图七　大士塔立面图

图八　大士塔东南立面（2016 年摄）　　　　图九　大士塔北立面（2016 年摄）

图一〇　大士塔南面二层、三层假门及墙壁佛像装饰（2016 年摄，北京华创同行科技有限公司提供）

面则砌筑龛形假门。同样情况也出现在南立面的第
五层，虽然没有砌筑成具象的门形，但仍是一个方
形浅龛。北立面在六层以上均为墙面，但五层以下
基本与南立面对称处理，只是现状二层的假门被封
砌成与墙面取平，不知出于哪次修缮、出于何种目
的（图八至图一〇）。

　　东、西立面门窗开设显然出于随形就势。现二
层东门上有砖砌的垂莲柱门楣，雕有龙凤，带有重

要入口的提示意味。而事实上，现状大士塔首层不
通二层，如要登塔，也只能在塔外搬梯子从二层东
门进入（2016 年以前临时封堵）。相对的二层西侧
则是个券形小盲窗，砖缝痕迹有后期封砌的可能，
推测原本也是与东侧类似的门券。另有一点需要说
明，二层东面门券两侧有两尊稍大的佛像，但其位
置却与砖券脚有所冲突，佛像已然残缺不全，相对
的西面后改的小盲窗两侧佛像则较为完整。那么二

层东门的门券以及门楣雕刻的年代似乎要晚于门两边的佛像，是什么时期添建的仍不清楚（图一一、图一二）。

图一一　二层东面门券（2016年摄）

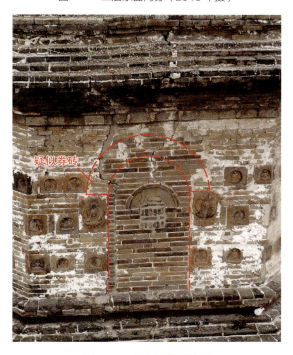

图一二　二层西面门券推测
（2020年摄，河南宏昌古建园林有限公司提供）

三层东面的盲窗则基本可以确认是由门券封堵改建而来的，门券的券脚砖尚可分辨。三层西侧门券上还有一个小型盲窗，形制怪异，如果仔细观察，也不难发现墙面上有类似券砖的痕迹，或许原本门券轮廓也有过改变。

另外，满布二、三层的佛龛在塔外壁的排布并不十分整齐，大体呈上下错缝形式，遇塔门、塔窗则顺势调整间距，个别门券两侧佛龛并不对称，呈现出较为随意的情况。但仔细分辨，每层转角处的佛龛会根据所处位置自带转棱，以与墙体转角形成较好的契合。笔者认为该佛龛的布设总体上显得比较率性，所谓转角的处理，可能是据实砍磨而成，也可能与历史上的多次重修有一定关系。在塔的六层底部，北、东北、西北三面也分布着佛像，但无龛形，佛像上下两行，紧密排列。从塔下仰望并不易于看到，亦不知出于何种考虑，也可能是改建而来（图一三、图一四）。

三　塔内梯道痕迹调查

大士塔内部均建有塔心室，但其平面形式并不一致，首层为正六边形，二层为扁六边形，三层为八边形，四层以上均为四边形。塔心室十分简素，无论六方、八方还是四方平面，顶部均为叠涩覆斗形穹顶，除二层内墙也嵌有佛龛外，其余各层均为青砖墙通体抹灰，并无其他装饰。塔心室的尺度也随着塔壁外轮廓的缩小而层层递减：首层六边形塔心室面积约8.4平方米，穹顶通高4.4米；到第六层，面积仅有2.8平方米，通高已减至1.9米，一个成年人直立其间已十分窄迫；往上更矮，到第八层面积已不足1平方米，高度仅1.3米；第九层已经缩小到仅能转身爬向塔顶检修口，且偏向刹柱一侧，难成一室了。

各层之间的梯道也是多种多样，五层以下在塔壁内设梯道盘旋而上，多为三跑楼梯，梯道顶部砖砌叠涩拱券。五层以上则由于塔壁缩小，已无法设置台阶，而改成直上直下的孔洞，尺寸不过0.5—0.6米见方，靠侧壁伸出的砖棱形成爬梯以供上下，空

图一三　塔身三层东南转角处佛龛 2020 年

图一四　六层塔身佛像 2016 年
（北京华创同行科技有限公司提供）

间极为狭小，攀登不便。综合塔心室面积和高度来看，第五层似乎是一个临界位置：五层以下为楼梯，以上为爬梯；五层及以下面积和高度尚可容身，六层及以上则已不符合人体尺度，塔心室更像一个检修通道的中转站。

现大士塔首层塔心室内供奉千手观音像，四壁为当代装修，并无登塔入口。若想登临塔顶，只能在塔外架梯子，从二层东塔门进入塔内，再从二层内部梯道盘旋登塔。是否此塔设计初衷并未考虑登临，二层以上的梯道都只是用于检修塔顶呢（图一五）？

关于大士塔是否原设有首层梯道，尚难遽下结论，在调查中发现二层至四层均有明显的梯道封堵痕迹，塔之内部通道显然还是经过刻意改造的。

二层到三层可能被封闭掉一个梯道：二层塔心室是个六角形的平面空间，顶部是十七层叠涩的穹顶，六面墙上都嵌有小型佛龛。西壁的南北两侧均有通向上层的梯道，但有意思的是，顺南侧梯道上行，转两个弯便到了三层，而北侧的梯道则是一条死胡同！上行十余步，转过一个弯，便是一道封死

的墙壁了。如果这条死胡同并不通向什么地宫、天宫的话，那它显然应该像南梯道一样，在对称的位置通向三层！然而，在三层的对应墙面上并无出口，且一眼看去也看不出有人工封堵的痕迹。整面墙为整体砌筑，如果确系封堵的话，显然是出于一次有组织的改造，而非临时封砌（图一六至图一九）。

图一五　大士塔东西剖面、南北剖面模型

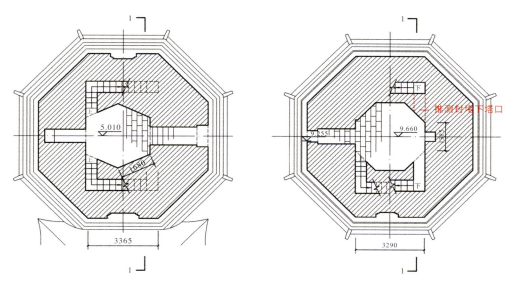

图一六　二层、三层平面图

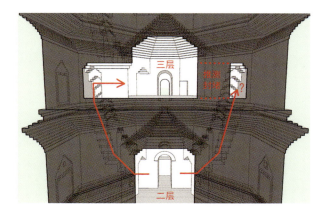

图一七　二层、三层 1-1 剖面模型

图一八　二层西壁 2016 年

图一九　三层东壁 2016 年

三层到四层可能被封闭掉一个梯道：三层塔心室是个八角形平面空间，一样是朴素的叠涩穹顶，但墙壁不再有佛龛，只是青砖砌筑而已。在西壁南侧有一条上行的梯道，然而因为塔的立面开始收分、平面减小，通向四层已盘不开第三段台阶，梯道只转折一次，在四层南侧塔门通道里开一个竖直的地井，台阶改做"爬梯"，由此进入四层。但通往四层的通道似乎也不止这一条！在三层西北面墙壁可见齐缝接茬，且在近西门券处损坏了一个墙角，竟露出了埋藏的佛龛，与二层满嵌墙壁的佛龛同一制式。如果认定残墙下才是老墙体的话，是不是这里也应该有一条与南侧对称的梯道呢？当然，在四层相应的出口位置，我们仍看不到第二个地井，墁地的方

砖透着年代的沧桑，也看不出什么破绽。但联系到二层的封堵形式和三层内覆盖了佛龛的晚期墙体，笔者仍认为历史上对梯道的主动改造还是存在的（图

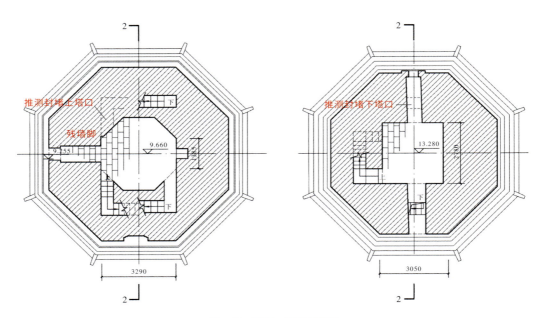

图二〇　三层、四层平面图

二〇至图二五）。

　　如上两处封堵改造确实存在，那么关于首层是否设有梯道的问题，就显得多了一种可能性。笔者曾通过二层东门券墙体的改造痕迹推想首层梯道的可能路由：二层东门券内侧的墙体明显为后来重砌，无论是出于加固还是改造，这两面墙上原来的痕迹都是被遮蔽了的。如果在门道内南墙上开有一个通道，向南向西转折而下，则其下塔出口则可落在首层南门道东墙上，即可完成二层到首层的连通。同理，二层西面盲窗券从外侧即可看出是由门改建而来，如果在西通道内南墙上也存在一条梯道，则也可对称地到达首层。这样不仅完成了首层到二层的连通，而且从登塔位置上看，上、下口均为对称设置，在低层尤其是首层显然较为合理（图二六至图二八）。

　　当然这只是一种推想，还缺乏实物证据[6]。如联系前文对碑铭文献的梳理，在明代以前是有登塔的描述的。虽然五层以上尺度已经不适于人的登临，但从对二至四层的调查中也确实发现有被填堵的梯道痕迹，如只是作为检修通道，似又没有在低层做双梯道的必要。大士塔梯道的封堵情况，给笔者提供了质疑首层梯道的理由，虽然目前还没有十足的证据能

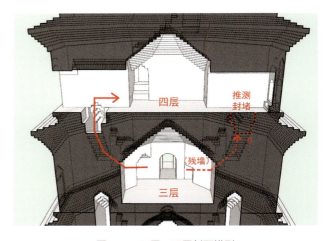

图二一　三层、四层剖面模型

图二二　三层西壁 2016 年

图二三　三层西壁残墙露出内侧佛龛　　　　图二四　四层南壁下塔口 2016 年　　　　图二五　四层北壁 2020 年

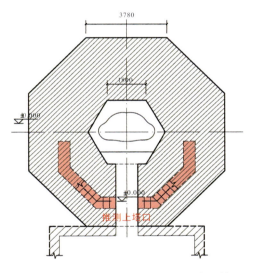
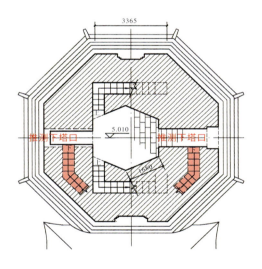

图二六　首层至二层梯道位置推想图

图二七　首层南入口北向，后期装修揭除，2020 年施工中　　　　图二八　二层东门道内（2016 年摄）
　　　　（河南宏昌古建园林有限公司提供）

指定首层梯道的位置，但随着更多资料的发现与对实物的深入调查，这并不是一个难以解答的问题。

四　结　语

结合碑铭文献和现场调查，笔者推断大士塔原本可以从首层登塔，是某次有目的的改建封堵了部分梯道，尤其是对首层梯道的彻底封堵改变了大士塔的内部结构。目前还无法指明改建的目的和时间，但大体可以推测与修缮和管理需求有关。但从改建效果来看，时代应比较晚近，包括外立面上对门、龛的添补，都显示了较为粗糙随意的外观效果。

抛开大士塔在千手观音信仰上的特殊加持，就砖塔本身，在中国古塔大观中并不算出众，而有关内部梯道的矛盾似乎更是历次改建后的某种偶然结果。但任何研究都需要案例的积累，从这个层面看，对大士塔梯道和其修缮沿革的梳理就并非毫无意义了。就梯道而言，从来都存在不可登临的砖塔，有空心的，有实心的，也有首层建高台座不便登临的，但不登临总有不登临的道理，其设计初衷总会有清晰的逻辑。大士塔现状这种二层才设梯道的情况存在疑点，结合内外立面的各种改建痕迹，更让人有理由怀疑其存在封堵的过程。那些碑刻中的文字信息，辅以实物的痕迹，理应更为鲜活地复原修建历史。当然，就目前的发现而言，尚不能对此进行严谨的注释，但文、实相互验证，总还是解读建筑史的不二法门。

另外一个现实意义在于文物保护的需要。理清甚至只是质疑，都可以让我们对文物本体的认知更进一步，让修复策略更为严谨，这对于文物建筑历史信息的延续都是大有裨益的。即便不能澄清历史的每个细节，但至少让文物的前世今生不止于传说和现状，让它活起来，讲出自己的故事。

[1] 国保名录为塔、十三通碑刻和塔林遗址，后又发现三通碑刻。

[2] 香山及香山寺有很多，宝丰香山寺被传为千手观音祖庭，但其故事并非出自佛经，也未说明具体年代，但在民间确有一定流布. 比如国内一些塑有千手观音的场所，即有以观音父母作为陪侍的，大体来自妙善传说的影响。

[3] 碑文内容根据宝丰香山寺文管所提供资料整理。

[4] 2020 年启动的保护修缮工程为大部分室外碑刻加盖了保护性碑楼。

[5] 重修大悲塔记铭文内容由宝丰香山寺文管所提供："闻之招提将毁，白马悲鸣，浮图被灾，碧海照耀，是凡高显於金刹，不可暂倾於玉宇，乃九层俨口，九霄风雨，竟致陨坠，以千眼妙运千手口爽，几无凭依，於是四方诸善士，远募近化，鸠工庀材，使支提焕新，照如日月，标表仍旧，遥矗虹霓，伏愿合尖妥口之后，大施慈悲，护我诸方士女，永垂祀典，佑夫万年国家，宝邑马僧桥，炉主：丰太炉，元太炉；金火匠：崔建德，李梦花，蔡荇，王友德，李光太，贾克明，牛文福；叶邑汝坟桥，泥水匠：姬锡麟；住持：智水，智山大清光绪三十三年十一月榖旦敬献。"

[6] 实际修缮中，在首层墙体装修拆除后在门道东墙确系有洞口形痕迹，但尺寸较小，位置较高，似龛而非门洞. 因不涉及结构维修，未再进行深入探查，也未对二层东门道内墙体进行揭露。

陕北安塞白渠和宋庄石窟现状调查与保护建议

杨军[1]　叶晓波[2]　范博[3]

1. 延安市洛川县博物馆，陕西洛川 727400
2. 延安市文物研究院，陕西延安 716000
3. 延安市清凉山，陕西延安 716000

Investigation and Protective Suggestions of Baiqu and Songzhuang Grottoes in Ansai District, Northern Shaanxi

Yang Jun[1], Ye Xiaobo[2], Fan Bo[3]

1.Yan'an Luochuan County Museum, Luochuan 727400, China
2.Yan'an Cultural Relics Research Institute, Yan'an 716000, China
3.Yan'an Qingliang Mountain, Yan'an 716000, China

摘　要： 本文对陕西省延安市安塞区白渠石窟和宋庄石窟进行调查,并就石窟造像时代、地域分布特点等方面展开初步讨论。两洞窟内雕刻造像包括一佛二弟子像、三佛二弟子像、文殊菩萨像、普贤菩萨像、十六罗汉像和天王像等，为陕北地区常见的宋金时期石窟造像组合模式，其调查研究有助于了解石窟造像风格和技艺。通过对白渠石窟和宋庄石窟的现状调查，了解石窟的病害，分析其病害的来源，并提出相关的建议，使人们更加重视石窟艺术，更好地保护和传播石窟文化。

关键词： 石窟　造像　调查　保护建议

Abstract: In this paper, an investigation was carried out on the Baiqu Grottoes and Songzhuang Grottoes located in Ansai District, Yan'an, Shaanxi Province, and the chronology and regional distribution characteristics were discussed. The carved statues in these two Grottoes include one Buddha and two disciples, three Buddhas and two disciples, Manjusri, Samantabhadra, Sixteen Arhats and Heavenly King, which are common statue combinations in the Song and Jin dynasties in Northern Shaanxi. This investigation helped to understand the style and carving techniques of the grotto statues. By the survey of the current situation of Baiqu Grottoes and Songzhuang Grottoes, the diseases of these grottoes were identified, and the cause of the disease were analyzed. Moreover, some suggestions were put forward to make people paying more attention to the grotto art, and to promote better protection and dissemination of grotto culture.

Key words: Grottoes; Statue; Investigation; Protective suggestions

安塞区地处西北内陆黄土高原腹地，鄂尔多斯盆地边缘，位于陕西省北部，延安市正北，西邻志丹县，北靠榆林市靖边县，东接子长市，南邻甘泉县和宝塔区，属典型的黄土高原丘陵沟壑区，境内有延河及杏子河、西川河支流贯穿全境，南北向的延靖（延安至靖边）高速公路通过，这里分布有北朝、唐宋、明清的摩崖造像和石窟及寺庙遗址。

白渠石窟和宋庄石窟（图一），虽窟型不大，但造像和题记目前保存较完好，佛像、菩萨像、天王像等造像题材和艺术风格对研究陕北宋金时期佛教艺术具有重要价值。2022 年 7 月，笔者对安塞区白渠石窟和宋庄石窟进行实地调查，并对两处石窟的年代、造像题材及保护建议提出新的认识。现将本次调查研究结果介绍如下。

一　基本情况及现存状况

（一）白渠石窟

白渠石窟位于陕西省延安市安塞区王窑乡白渠村南约 200 米杏子河河畔台地上。东北距白渠村约 200 米，南距杏子河村约 100 米。地理坐标为北纬 36°50′04.4″，东经 109°08′55.0″，海拔 1094 米。

在独立巨型黄砂岩石块上的正背两面开凿 1 窟 1 龛，由北向南编为 1 号窟和 2 号龛。

图一　石窟位置示意图

1.1 号窟

（1）洞窟形制

坐北面南，竖长方形窟口，口宽 0.87、高 1.40、厚 0.25 米。窟室平面呈方形，宽 2.22、高 1.68、进深 2.14 米。窟室比窟口低 0.17 米。北侧（正壁）台基长 2.22、高 0.36、进深 0.32 米；左侧台基长 1.62、高 0.41、进深 0.25 米；右侧台基长 1.57、高 0.39、进深 0.23 米；平素顶。东、西、北三壁面均有浮雕造像，整体造像风化严重（图二至图四）。

（2）内容及现状

北（正）壁：壁面长方形台基上浮雕一佛二弟子像三尊，头均残损。主尊佛像严重残损，可辨结跏趺坐于束腰须弥仰莲座上，为释迦牟尼像。像身

图二　白渠石窟 1 号窟内景

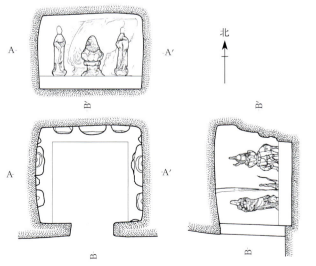

图三　白渠石窟 1 号窟平、剖面图

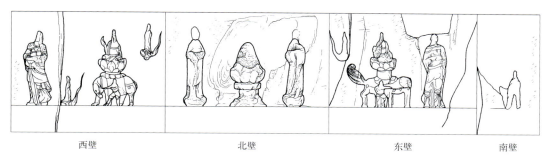

西壁　　　　　　　　　北壁　　　　　　　　　东壁　　　　　南壁

图四　白渠石窟 1 号窟壁面分布造像图

残高 0.39、座高 0.47、座宽 0.41 米。左侧弟子像，呈立像，两臂屈肘平置于胸前，作拱手状，广袖，露足，站于圆形莲座上，向右侧身面向主尊佛像。像身残高 0.67、座高 0.21、座宽 0.31 米；右侧弟子像，呈立像，两臂残，着长袍，露足，可辨两臂屈肘置于胸前，站于圆形莲座上，向左侧身面向主尊佛像。像身残高 0.77、座高 0.21、座宽 0.29 米。

图五　白渠石窟 1 号窟西壁造像

图六　白渠石窟 1 号窟东壁造像

西壁：壁面长方形台基上浮雕普贤菩萨像和天王像等四尊，头均残失。造像整体风化严重（图五）。

普贤菩萨像，位于壁面中心，上身残，着飘带，帔帛绕肩，下身着裙，左臂下垂置于左膝上，左臂手残，右臂弯曲上举，手持物不详，结跏趺坐于白象背驮束腰仰覆莲座上，座下象身搭有帷幔，像身高 0.37、座高 0.27、座宽 0.34 米。象身旁刻象奴立像一尊，头残，下身着裙，左臂屈肘平置胸前，右臂平置，右手握缰绳，两腿分开，左腿直立，右腿微屈，着靴，象奴身高 0.36 米。象头南尾北，垂头大耳，睁目，四肢直立，鼻部和尾部残，象头微低，象身长 0.56、高 0.42 米。象头前有立像一尊，仅存残痕，可辨造像立于如意云朵上，像身残高 0.34 米，云朵高 0.35、宽 0.43 米。普贤菩萨像身左上侧上方雕立像一尊，可辨造像立于祥云如意云朵上，似为化仙老人像，为普贤化现人物像，像身残高 0.37 米，云朵高 0.33、宽 0.22 米。

天王像，位于壁面南侧，呈立像，头和身左侧残，身着铠甲战袍，腰系带扎包肚，身体向右侧微挺，足蹬战靴，双臂屈肘平置于胸前，双手挂剑。此像凶猛威武，体格强健，像身高 0.98 米，剑身长 0.58 米。

东壁：壁面长方形台基上浮雕文殊菩萨像和天王像等三尊，头部均残失，造像整体风化严重（图六）。

文殊菩萨像，位于壁面中心，右半身残，袒胸，着飘带，帔帛绕肩，下身着裙，左臂下垂，左手置于左膝上，手残，结跏趺坐于狮背驮的束腰三层仰覆莲座上，像身残高 0.37、座高 0.33、座宽 0.32 米。狮身前刻狮奴立像一尊，头手残损严重，可辨下身着裙，左臂残，平置于身左侧，右臂屈肘叉于腰部，左手握缰绳，两腿分开，左腿微屈，右腿直立，着靴，狮奴身高0.36米。狮头残失，头北尾南，颈部饰铜铃，四肢直立，狮尾上扬，尾巴上翘，狮毛卷曲，狮身长0.78、高0.61米。文殊菩萨像身后右上侧雕立像一尊，仅存残痕，可辨站于如意云朵头上，像身残高0.39米，云朵高0.41、宽0.23米。

天王像，位于壁面南侧，呈立像，头残失，身着铠甲战袍，腰带垂于两腿间至足部，扎腰包肚，身部向左侧微挺，左臂下垂置于身左侧，右臂屈肘置于胸前，左手挂兵器，两腿分开，足蹬战靴。像身残高0.95米，兵器残长0.37米。

南壁：壁面东侧残留造像痕迹一处，仅存轮廓，造型不可辨，像残高0.48米。

2.2号龛

（1）洞窟形制

坐南面北，敞口，龛宽1.22、高0.97、进深0.83米，平顶（图七、图八）。

（2）内容及现状

南（正）壁：雕佛像三尊，由东向西，编为1—3号像，造像均风化剥落严重。1号像，两臂下垂，似为禅定印，可辨结跏趺坐于素腰须弥仰莲座上，像身残高0.27米，座高0.55、座宽0.23米。2号像，似为结说法印，可辨结跏趺坐于素腰须弥仰莲座上，像身残高0.29米，座高0.54、座宽0.25米。3号像，可辨造像倚坐于方形须弥座上，像身残高0.33米，座高0.55、座宽0.24米。

东壁：呈圆拱形龛，龛宽0.33、龛高0.53、龛深0.09米。龛内雕立像一尊，站于半圆形莲座上，风化剥落严重，仅存痕迹，似为阿难弟子像，像身残高0.43米。

西壁：呈圆拱形龛，龛宽0.35、龛高0.55、龛深0.11米。龛内雕立像一尊，站于半圆形莲座上，风化剥落严重，似为迦叶弟子像，像身残高0.45、座高0.09、座宽0.12米。

龛口两侧凿有凹槽，宽0.05、深0.06米，凹槽似为龛口插木板之用。

图七　白渠石窟2号龛外景

图八　白渠石窟2号龛

（二）宋庄石窟

宋庄石窟位于陕西省延安市安塞区高桥乡宋庄村南约800米石崖下。石窟属红黄砂岩质地，窟口前5米处为乡村公路。地理坐标为北纬36°38'10.5"，东经109°15'16.5"，海拔1083米。

两窟组成，由东向西编为1—2号窟（图九）。

图九　宋庄石窟远景

216

1.1 号窟

（1）洞窟形制

坐西面东，窟口距地表高 2.6 米。窟口外壁上方刻凿"人"字形散水陂，长 4.5 米。窟口外壁周围凿有大小圆形、方形、长方形等椽洞 17 个。壁面为人工錾平，窟口下方有踏步，台阶共五层。

竖长方形窟口，口宽 0.81、高 1.45、厚 0.25 米。窟室平面呈方形，窟室宽 2.71、高 2.13、进深 2.9 米。正壁前有长方形佛坛基，长 2.7、高 0.32、深 0.65 米。圆形藻井。西、南、北三壁均有造像（图一〇）。

（2）内容及现状

西（正）壁：坛基上雕三佛二弟子像五尊，整体造像风化严重。其中两尊佛造像，可辨造像造型为结跏趺坐于金刚须弥莲座上；另一佛像为倚坐式，坐于须弥座上，双脚踩莲朵，似为弥勒佛。佛身均高 0.52 米，座均高 0.48、宽 0.43、深 0.17 米。两侧弟子呈立像，着裙，露足，立于长方形座上。弟子像身均高 0.64 米，座高 0.16、宽 0.39、深 0.19 米（图一一）。

南壁：壁面雕佛龛、十王像和天王像，造像风化严重（图一二）。壁面西侧上层开圆拱形四龛，内有造像五尊，风化严重，可辨三佛和二胁侍像，佛像坐于须弥莲座上；佛像残高 0.38 米，二胁侍仅存轮廓，呈立像，胁侍像残高 0.15 米。下层开弧形长方形龛，龛长 2.2、高 0.65、深 0.07 米，龛内雕立像十尊，似为十尊菩萨像或者十大冥王像，风化严重，仅存轮廓，像身均残高 0.35 米。壁面东侧开一圆拱形龛，龛宽 0.73、高 1.21、深 0.18 米。龛内雕天立像一尊，风化严重，可辨着战袍、飘带、战靴，两腿直立，双手拄兵器。像身残高 0.98 米。

北壁：壁面雕罗汉像和天王像，造像整体严重风化（图一三）。壁面西侧开上下两层圆拱形龛，龛内雕罗汉像，共 16 尊，罗汉像均呈结跏趺坐、倚坐等姿态，罗汉像身均高 0.25—0.35 米。壁面东侧开一圆拱形龛，龛宽 0.61、高 1.17、深 0.17 米。内雕天王像立像一尊，风化严重，可辨着战袍、战靴，左臂下垂，右臂屈肘置于腹部，似为手拄兵器，两腿直立。像身残高 0.95 米。

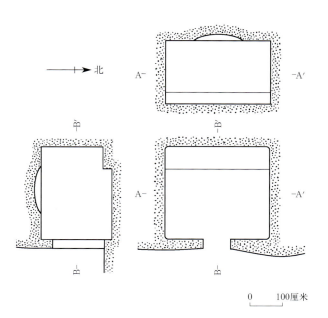

0   100厘米

图一〇　宋庄石窟 1 号窟平、剖面图

图一一　宋庄石窟 1 号窟西壁

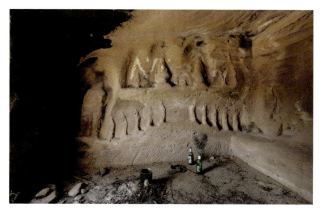

图一二　宋庄石窟 1 号窟南壁

图一三　宋庄石窟1号窟北壁

图一四　宋庄石窟1号窟藻井

图一五　宋庄石窟1号窟窟口外题记

藻井：呈圆形，中心浮雕莲花形状，外围饰两周圆圈，内刻交叉线条弧形状，整体风化剥落严重。藻井直径1.36、深0.17米（图一四）。

题记：窟口外壁左侧上方刻有题记两方，均为竖排，阴刻楷书。第一方题记长0.52、宽0.11米，题记内容为"大定九年□（十）六（月）日"；第二方题记位于"大定九年"题记左侧，长0.71、宽0.15米，风化严重，可辨内容"至元八□□……"，整体字迹刻写随意（图一五）。

2.2号窟

北距1号窟50米，坐东面西，距地表约5米（图一六）。

内容及现状：空窟，无造像。竖长方形窟口，口宽1.31、高1.83、厚0.25米。窟室宽1.83、高2.10、进深1.32米。平顶，无藻井。

图一六　宋庄石窟2号窟外景

二　相关问题初步分析

（一）关于石窟开凿年代和题记

1.白渠石窟开凿于什么时代？现无有纪年的开

窟题记和相关史料记载，只能通过与其他周边石窟造像对比分析来判断此窟年代。与《陕西石窟内容总录·延安卷》一书中记载的安塞区北宋中期毛庄科石窟[1]和北宋中晚期新茂台石窟[2]的形制、造像风格和时代特征进行对比，发现白渠石窟的形制及造像风格与毛庄科石窟和新茂台石窟相同，因此笔者认为，白渠石窟时代应为宋代晚期至金代时期。

2.宋庄石窟窟口外壁发现有两方题记，内容有"大定九年六月"和"至元八□□"字样。大定是金世宗完颜雍的年号，"大定九年"为1169年。至元是元朝忽必烈的年号，"至元八□（年）"为1271年。以上题记说明，石窟开凿于金代或宋代晚期。根据题记，题记"大定九年六月"应为石窟开凿时期题或其后金人题；"至元八□（年）□"应为元代游人所题。结合题记时代考证，笔者认为宋庄石窟时代应为宋代晚期至金代时期。

（二）造像题材

从白渠石窟和宋庄石窟的形制来看，造像身材匀称，人物比例协调，造像题材内容、造像组合及开凿时代基本相同。

三世佛。宋庄石窟正壁主尊为释迦牟尼佛，左侧为弥勒佛，右侧为阿弥陀佛。这类造像题材在陕北宋金石窟较为流行，在清凉山石窟寺的12号石窟[3]、富县石咀子沟石窟[4]、安塞区毛庄科石窟[5]等均已出现，说明三世佛的造像题材较为固定。

菩萨像。白渠石窟左右两壁雕对称的文殊、普贤菩萨像，二者相对，造像特征明显。这种布局见于《延安石窟菁华》[6]书中，与延安子长市钟山石窟的10号主窟[7]佛坛前左右两侧圆雕文殊和普贤菩萨像、清凉山石窟的12号石窟[8]左右两壁雕对称文殊和普贤菩萨像、宝塔区的石窑石窟[9]1和2号窟内左右两壁雕文殊和普贤菩萨像，在造像组合题材和造像样式方面极为相似。

天王像、十六罗汉像、十王尊像。在宋庄石窟左右两壁刻对称的十六罗汉像和天王像，这种

十六罗汉和天王像组合题材属于陕北地区宋金石窟中比较普遍的题材。在甘肃与陕北交接地域，如甘肃安定寺石窟[10]、瓦窑背石窟[11]等有相似天王像与十六罗汉像题材组合。延安地区天王像和十六罗汉像以延安清凉山石窟11号窟造像[12]、子长市钟山石窟10号窟[13]、志丹县何家坬石窟[14]等雕像最为出色。

白渠石窟和宋庄石窟的造像有着相似的特点，布局规整、质感厚重、人物较多、内容丰富、刀法简洁、线条较为流畅，人物与壁面的层次明显，前后呼应有层次感。两洞窟内雕刻造像一佛二弟子像、三佛二弟子像、文殊和普贤菩萨像、十六罗汉像和天王像等为陕北地区常见的宋金时期石窟造像组合模式，造像表现随意自然，生动逼真。在宋金时期，陕北和甘肃一带这种造像题材模式表现了民众信仰的内涵。

（三）白渠石窟和宋庄石窟重要的地域性

白渠石窟处在杏子河支流，宋庄石窟处在西川河支流，两条支流都为东西走向，共同汇入延河。延河属于南北走向，延河直接进入延州（延安）。杏子河和西川河，不仅是重要的历史交通线，也是通往延州的佛教文化传播的路线，两者有密切的联系。

延安古称肤施、延州，有"塞上咽喉""军事重镇"之称。宋属永兴军路，设延州、鄜州、坊州、丹州。庆历元年（1041年），设鄜延路。元祐四年（1089年）延州升为延安府。金仍设鄜延路，初辖延安府、鄜州、坊州、丹州、绥德州[15]。安塞区属延安市辖区，有"上郡咽喉"之称。宋以"安定边塞"设安塞堡，属绥德军辖。蒙古于1252年置安塞县，明朝为延安府。清沿明建制，为安塞县。2016年设立延安市安塞区[16]。

延河向东可至延州（今延安）、山西；向南可达鄜州（今富县）、铜川、长安（今西安）、咸阳；向西可达甘肃庆州（今庆阳）一带。延河流域线路是陕北宋金时期的主要军事线路，也是陕北丝绸商贸

线路和佛教文化传播的线路。白渠石窟和宋庄石窟位于延河支流一带，两处石窟的建造与民众的生活相关，通过开窟造像来获得心灵安慰，以祈求国泰民安、和平安居的生活。

三 石窟保存现状和保护建议

经对白渠石窟和宋庄石窟进行实地详细调查，发现两处石窟都存在黄砂石质的岩体结构失稳、岩体表层风化、水害、生物病害以及其他风险危害问题。

（一）石窟保存现状

1. 岩体结构失稳

结构失稳是因为岩体自身带有构造性裂隙，主要表现为岩体结构面切割。裂隙的切割加速了岩体的风化剥落进程，降低了岩体的稳固性。由于存在岩体结构面切割、差异风化、溶蚀及结构裂隙问题，白渠石窟左右两壁面出现两条东西向的贯通裂隙，从窟顶直通壁面底部，属于结构裂隙。

2. 岩体表层风化

风化是指岩石在太阳辐射、大气、水和生物作用下出现破碎、疏松及矿物成分次生变化的现象。白渠石窟和宋庄石窟本体多为砂岩材质，抗风化能力较弱，因此风化病害为本区域的主要病害风险，包括粉末性风化、差异风化、风化裂隙切割、开裂起翘。

白渠石窟和宋庄石窟的造像和题记出现粉末状风化和差异风化现象。宋庄1号窟窟口外壁题记最为典型，题记出现起翘剥落、粉末颗粒、字体差异风化的现象，导致题记部分出现字体不完整、不规整、不可辨及字迹漫漶不清的现象。窟室内壁面的造像出现粉末性和颗粒性风化状态，导致造像失去原本造型面貌特征。

3. 水害，生物病害

水害主要包括面流水、裂隙渗水、毛细水、凝结水等。白渠石窟和宋庄石窟外壁周边植物生长茂密，植物根系病害较为严重。白渠石窟窟内的造像底部泛盐严重，可溶盐危害砂石，影响石造像的保

存。白渠石窟外及周边出现苔藓和杂草。宋庄石窟窟口处受雨水影响，岩体潮湿严重，窟口外题记出现苔藓，严重影响石造像和石刻题记的保存。

4. 人和动物危害

人为破坏主要包括烧香、乱涂乱画、乱投放供品食品、乱丢垃圾。动物把窟作为巢穴，粪便覆盖在岩体表面。白渠石窟的窟内和龛内出现人为的烧香、香灰、蜡烛、破碎残碗，宋庄石窟1号窟内有垃圾和啤酒瓶、烧柴火痕迹，对造像造成严重危害。白渠石窟和宋庄石窟受到人和动物的危害，影响了造像的美观和保存。

（二）石窟保护建议

白渠石窟和宋庄石窟未建设安防、消防、防雷系统和设施，存在一定安全隐患。为进一步加强对以上两处石窟的保护管理，笔者简单提出以下几点保护建议。

1. 建立白渠石窟和宋庄石窟的安全长效机制。多年来，民间信众喜欢集资举办庙会，致使部分石窟寺窟内造像、壁画被现代材料遮盖而失去原本样貌，其历史价值、艺术价值受到不同程度影响。为确保石窟的安全，需要落实文物安全和监管责任，实施责任人公示公告制度。建立健全县、镇、乡、社区、村委会等联合文物执法巡查检查制度，加强巡逻防范，严厉打击损坏、损毁石窟本体及其历史环境风貌的违法犯罪行为，并且开展石窟寺违规妆彩、涂画、乱画、燃香等专项整治工作。加强安防措施，建议对白渠石窟和宋庄石窟设立安全保卫机构或固定文保员，加强对文物登记点巡查管理，完善安全防范措施，避免意外发生。

2. 对白渠石窟和宋庄石窟采取实质性保护措施。由于两窟长期暴露于野外，受到风吹日晒，尤其石窟内造像及宋庄石窟的石刻题记受到风化影响。建议在白渠石窟外围顶部整体安装遮棚建筑，这样使该窟避免水害、生物病害、风吹雨淋和日晒。建议在宋庄石窟洞口外上方安装窟檐或遮挡檐，形状呈"人"字形或"一"字形。另建议两窟窟口外安装阻

挡栅栏设施，防止人与动物对石窟内造像的损害，避免人为直接触摸造像，防止对窟室壁面的乱涂乱画，禁止乱丢垃圾和废弃物，防止动物的粪便对造像造成污染。

3.加大白渠石窟和宋庄石窟抢救性保护力度，开展病害治理工作。首先，积极开展相关的保护和研究工作，制定抢救性保护与预防性保护方案，阻止和减缓病害对窟龛的危害。其次，开展病害治理工作，对两窟存在的结构性裂隙、岩体表层风化、水害、生物病害和其他病害加强环境监测，有效阻止和减缓病害的发展。最后，开展数字化文物工作，全面记录文物及相关遗迹现状，为保护、研究及合理利用提供真实有效的基础档案信息，便于以后开展文物保护工作。

4.做好白渠石窟和宋庄石窟的价值发掘，加大保护力度和宣传力度，促进当地文化旅游开发。要规范利用石窟寺的旅游开发活动，让文物活起来，宣传出去，走出去。必须加强石窟的保护力度，完成避雷和消防等设施的配备。坚持以保护文物为前提，避免过度商业化和娱乐化对两窟的二次伤害。白渠石窟和宋庄石窟作为宗教活动场所，信众焚香燃灯频繁，需要配备灭火器和消防器材，保证文物石窟点和人员安全。落实专管机构或文保人员值守，加强对文保管理人员的定期轮训，并积极吸纳志愿者和社会群众参与保护。

5.两处石窟位置紧邻乡村公路，交通便利，加之石窟周边无安防、技防保护措施，容易遭受犯罪分子的破坏与盗凿。建议对白渠石窟和宋庄石窟划定保护范围与建设控制地带，积极申报市级和省级文物保护单位，提高保护级别，加强政府对石窟的保护力度。

以上对白渠石窟和宋庄石窟的调查，摸清了石窟造像的保存现状，为今后石窟的保护和研究提供了翔实的参考资料，为研究陕北延安地区和延河流域佛教文化的发展和传播增添了极其珍贵的实物资料。

附记：本文照片均为贾延财摄。

[1]冉万里.陕西安塞毛庄科石窟调查简报[J].文博，2001（1）：10-16.

[2]冉万里.陕西安塞新茂台石窟调查简报[J].文博，2003（06）：25-29.

[3]延安市文物研究所.延安石窟菁华[M].西安：陕西人民出版社，2016：219.

[4]杨军，白晓龙.延安市富县葫芦河石咀子沟石窟调查研究[J].文化遗产保护与研究，2023（00）：211-219.

[5]冉万里.陕西安塞毛庄科石窟调查简报[J].文博.2001（1）：10-16.

[6]延安市文物研究所.延安石窟菁华[M].西安：陕西人民出版社，2016.

[7]延安市文物研究所.延安石窟菁华[M].西安：陕西人民出版社，2016：194.

[8]延安市文物研究所.延安石窟菁华[M].西安：陕西人民出版社，2016：219-221.

[9]杨军，白晓龙.延安市宝塔区石窑石窟调查简报[J].文物春秋，2019(6)：84-96.

[10]董广强，魏文斌.甘肃合水安定寺石窟调查简报[J].敦煌研究，2010(04)：48-55，129-130.

[11]臧全红，董广强.甘肃省合水县几处晚期石窟调查简报[J].敦煌研究，2009(05)：53-60，130.

[12]延安市文物研究所.延安石窟菁华[M].西安：陕西人民出版社，2016：210.

[13]延安市文物研究所.延安石窟菁华[M].西安：陕西人民出版社，2016：204-207.

[14]延安市文物研究所.延安石窟菁华[M].西安：陕西人民出版社，2016：303.

[15]陕西省文物局.宝塔文物[M].西安：陕西旅游出版社，2012：003-004.

[16]陕西省文物局.安塞文物[M].西安：陕西旅游出版社，2012：004-006.

陕西韩城明清碑刻保存现状与保护措施

方琦

韩城市梁带村芮国遗址博物馆, 陕西韩城 715400

Current Status and Protection Measures of the Ming and Qing Dynasty Steles in Hancheng City, Shaanxi Province

Fang Qi

Ruiguo Site Museum, Liang Dai village, Hancheng 715400, China

摘　要： 在韩城境内进行田野调查，发现大量明清碑刻，初步统计有 4500 通。笔者对所掌握的韩城明清碑刻保存现状进行分析，并就其价值、特点略作解读，并结合实际，提出集中迁移保管与修复展示、打造韩城碑林、尽快开展整理研究等切实可行的保护措施。

关键词： 明清碑刻　韩城　保护措施

Abstract: A field survey was conducted across the territory of Hancheng City, where a great number of steles dating back to the Ming and Qing Dynasties were discovered. According to preliminary statistics, a total of 4,500 steles were found. By analyzing the current preservation status, interpreting the value and characteristics of these steles, the author proposed practical protection measures, including centralized migration, preservation, restoration and exhibition of these steles, with the aspiration to build the Hancheng Stele Forest. It was also suggested that the sorting and research should be carried out as soon as possible.

Key words: Ming and Qing Steles; Hancheng City; Protection measures

　　韩城位于陕西省东部，关中平原与陕北黄土高原过渡地带，滨黄河中游之西，与山西河津隔河相望。作为世界历史文化名人司马迁的故乡、国家历史文化名城、中国优秀旅游城市，韩城历史名人众多，文物古迹荟萃，素有"文史之乡"和"关中文物最韩城"之美誉。该地现有各级文物保护单位 216 处，其中全国重点文物保护单位 17 处，元、明、清各类建筑及古代碑刻更是遍布城乡。

　　韩城市第三次全国文物普查成果显示，该市境内有 176 个传统村落，包括党家村、清水村在内的国家级传统村落 20 个。在这些古村落进行田野调查

时，发现大量古民居以及寺庙、祠堂、古巷、戏台、牌坊、涝池、井房、墓园等公共设施，都或多或少存留与之相关的明清碑刻，总量蔚为可观，其碑文内容为研究韩城地区明清社会历史的方方面面提供了第一手文献资料，价值巨大。

　　然而，这些明清碑刻因为得不到有效保护，长期遭受不同程度的损坏，有的甚至被用来铺路、盖房，或者扔在垃圾堆里，保存现状堪忧。本文对韩城明清碑刻保存现状进行梳理分析，并就其价值、特点略作解读，从而提出切实可行的保护措施，以此呼吁广大社会力量一起关注并保护韩城明清碑刻。

不妥之处，敬请方家指正。

一　韩城明清碑刻概况

众所周知，碑刻被称为"刻在石头上的历史"。以宝鸡出土的先秦石鼓文为标志，中国最早的碑刻大约出现于春秋时期。延及秦汉，全国刻碑题记已成风气[1]。此后，历朝各代立碑刻石之风绵绵不绝，从数量和分布来看，明清达到顶峰。保存至今的古代碑刻文物，集书法、绘画、文学、雕刻等多种艺术形式于一体，记录了中华文明发展历程中政治、经济、社会、文化等多维度丰富的历史信息，同古籍善本一样，属于一种独特的历史文献载体。

在文化遗产受到空前重视的当今，碑刻文物的重要性逐渐得到学术界的关注。2023年7月14日，国家文物局公布了《第一批古代名碑名刻文物名录》，共收录了1658通（方）碑刻，这是我国首次对古代名碑石刻进行普查筛选并登记造册，为以后的碑刻文物保护和展示利用提供数据支撑，其重要的现实意义不言而喻。这些碑刻以陕西最多，共359通。但是韩城没有一通，一方面在于没有真正搞清家底：总量到底有多少？各朝代又有多少？另一方面是未能深入挖掘其价值。此前2018年出版的《陕西碑刻总目提要初编》[2]一书，提及并著录韩城碑刻200余通，与实际数量出入太大，实为憾事。

查阅明清《韩城县志》《陕西通志》《同州府志》《关中金石记》《金石萃编》《韩城文物志》及韩城诸多村志、行业志等文献史籍，并结合实地走访韩城境内各博物馆、文管所、各级文物保护单位和踏查100多个古村落所掌握的信息，初步估算韩城境内现存碑刻至少在4500通以上。其中韩城市博物馆收藏历代碑刻1500通，约占总量的三分之一。可以毫不夸张地说，韩城明清碑刻在陕西乃至全国，数量上绝对是名列前茅的，是"关中文物最韩城"这一经典名句最恰当的诠释与代表。

二　韩城明清碑刻保存状况

韩城明清碑刻虽然数量颇多，但保存状况着实不容乐观。时至今日，碑刻文物残断、毁损现象时有发生，有自然原因，但更多的是人为破坏。

就自然保存条件来看，韩城地处暖温带半干旱区域，属大陆性季风气候。光照充足，雨量较多，四季分明，气候温和。多年间平均气温和降水量分别为13.5℃、562.7毫米。雨量不均，多集中于7、8、9月份，阵发性暴雨多和降水强度大是韩城气候的一大特点，易引发洪涝，造成水土流失[3]。这种自然条件对野外碑刻文物的保护是十分不利的，日晒寒袭、风雨侵蚀，导致碑刻表层产生不同程度的酥粉剥落现象，严重者已风化殆尽，文字与纹饰荡然无存。还有的碑刻文物周边环境因素复杂，碑体表面受到霉菌、苔藓、地衣、杂草、水浸等病害侵蚀。同时，裂隙是多发的隐患，包括石材结构裂隙、自然老化裂隙及外力冲击破损裂隙。在自然环境下碑刻裂隙极易受到多种病害侵蚀，如裂隙浸水，当气温降到零度以下就会结冰，造成裂隙胀裂，加剧碑身损坏。

以韩城禹山后土庙、圣母庙（图一）为例，该庙位于山顶，原有建筑毁于抗战时期，现存明清石狮、石柱、石牌坊以及数通碑刻等。这些碑刻均为砂石质，常年暴露野外，遭受风吹雨淋等自然破坏，

图一　禹山后土庙、圣母庙现状

碑面凸起、开裂，碑文早已模糊不清，十分可惜。

就人为因素而言，由于韩城明清碑刻距今年代较短且数量又多，随处可见，在以往的观念里往往不被重视，因此保护研究工作相对滞后，碑刻的价值亦未得到充分的挖掘。笔者在民间走访时，或听或亲眼所见，有的碑被推倒砸断、剜刻刳平，还有的被毁作建材。在农户家中时常可以见到明清墓志被用于过门石、锤衣石，长期使用，导致碑文磨泐不清。

不仅如此，城市化进程也增加了碑刻文物的安全隐患。有的碑刻随着古建筑被迁离了原址，碑刻文物自身重量大，搬运组装十分不便，拆除、迁移、竖立，都有可能给碑刻文物造成损害。例如，韩城体量最大的宋代《河渎碑》原在韩城市治东黄河岸边河渎村之东灵源王庙内，因毗邻黄河，崖畔崩塌，1982 年迁移至司马迁祠东南二级台地，1984 年竖碑时不慎摔断，经修复，碑文中"京、提、清、历、德、遗、夫"七字仍有伤损[4]。此等惨痛教训，应引以为戒。可见一次非专业的操作，就会造成无法挽回的损失，甚至是直接损毁。迄今仍有个别文博单位对碑刻文物缺乏足够的保护意识，或者由于场地、经费等客观原因，明清碑刻被随意叠压堆放（图二），造成断裂破损。

综上，对韩城明清碑刻的总量评估和对碑刻保存现状的梳理与分析，为下一步解读碑刻价值与特点以及采取有针对性的保护措施指明了方向。

图二　韩城某文管所碑刻堆放

三　韩城明清碑刻价值与特点

韩城明清碑刻种类齐全，数量众多，文化内涵丰富，记载了韩城政治、经济、教育、宗教、百姓生活等方面的历史信息，是该地社会发展与悠久历史的直接见证，具有多方面的重要价值。

（一）历史文献价值

笔者所见韩城明清碑刻数量最多的当数墓志。墓志是中国古代墓葬中一种常见的祔葬品，以石刻文字的形式记录墓主生平履历、社交网络、家庭成员等，其文献信息较传世史籍更为可信。一般来说，墓志在明清时期具有明显的等级标志，普通百姓不能使用墓志，所以说韩城地区能大量保存明清墓志在一定程度上说明此地明清两朝崇文重教，读书人较多。如韩城民间现存明万历十四年（1586 年）东城兵马指挥使刘自新之母《明孺人刘母马氏墓志铭》，系赐进士第、中奉大夫、前奉敕两督三晋学校、河南布政使司右布政使薛亨撰文，赐进士第、中宪大夫、前工部营缮清吏司郎中、山西大同知府吴从周篆盖，赐进士第、文林郎、山东峄县知县解经邦书丹，三位韩城籍作者俱为进士出身。此志文辞典雅，书法秀美，为名家联手之杰作。然该志石流落民间，不排除随时流失他乡的可能。

类似《明孺人刘母马氏墓志铭》这样状况的还有很多，其丰富的志文内容可反映地方社会人群的复杂世相与多元样态，是研究韩城地方家族史、人物史、科举文化史以及了解当时社会变迁的珍贵史料。

同时，明清两朝的重修寺庙碑及捐银碑也有一定数量，有的寺庙早已不存，仅见部分残碑。例如，韩城渔村的明清关帝庙及古戏台早年坍塌，在废墟中保留有明成化、清康熙至同治年间的五通碑刻，其中一通清道光十二年（1832 年）《重修关帝庙并戏台碑记》（图三），拨开上面掩埋的现代垃圾及杂草，可见保存完整的碑文，详细记载了清代重修关帝庙及戏台的历史信息以及建筑状况等，为研究关帝文化在韩城的发展演变提供了文献依据。

图三　《重修关帝庙并戏台碑记》

又如，陶渠村的清乾隆二十六年（1761 年）《三大社公议十禁规例碑》以及镶嵌在卓立村水井房外墙面上的民国二十四年（1935 年）《重修前井碑记》等，是研究韩城地方历史及日常社会秩序不可多得的资料，具有补史证史的历史文献价值。

（二）书法艺术价值

碑刻文物本身就是艺术品，其书法既展现了文字的内涵和艺术价值，又能够反映当时的社会生活与创作者的思想情感，给观者以艺术的启迪和审美享受。韩城碑刻所展现的书法艺术、石雕艺术在书法研究、雕刻表现形式、手法技巧等方面具有重要的艺术价值。

如原在韩城古城西街强公祠的《强克捷碑文》（现存韩城市博物馆），系清嘉庆皇帝撰文、林则徐书丹。此碑书法极好，笔力犀利，结体端庄平正，

给人以刚毅正直之感，充分展示了林则徐小楷书法的风采，堪称佳品。

又如，因基建施工被挖出土的清同治二年（1863 年）《师长治夫妇》买地券（图四），除文字外，此石上还镌刻一幅道教画符，线条流畅，图文并茂，具有较高的书法艺术价值，为研究清代宗教与民俗等精神文化提供难得的实物资料。

值得一提的是，韩城地处关中东部一隅，境内明清碑刻知名度不是很高，历代捶拓相对较少，因而碑刻书法大多保持原貌，愈显其古质苍醇的金石之气。

（三）文学研究价值

碑刻文物除具有文献史料价值和艺术价值外，还具有一定的文学研究价值。历史上有名的碑刻往往是因重要人物、重大事件而产生的，撰文十分慎重，大多由鸿学宿儒或有声望之人来完成。碑文多是文言文，引经据典，超卓不凡。特别是墓志的骈文文体，感情真挚，音韵和谐，往往成为后代写作范本，在古代文学史上占有一定的地位。

如明成化十一年（1475 年）巡按监察御史山阴薛纲题《龙门诗图》碑（图五），下半部阴线刻画黄

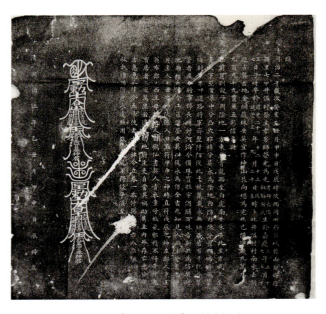

图四　《师长治夫妇》买地券拓片

225

图五　《龙门诗图》碑拓片

河龙门胜景，上部为其所作七言律诗："生慕龙门恨未逢，倩人摹入画图中。山横宇宙东西断，河贯华夷远近通。三级争流鱼喜浪，两崖欲堕鸟愁风。于今饱食安居者，可忘平成禹世功？"诗中描绘了黄河龙门的雄伟壮观，赞颂大禹治水、造福万代的不朽功勋。有图有诗，文学研究价值颇高。据考证，该碑也是目前所见最早的黄河龙门图案碑。

（四）教育价值

　　碑刻是人类表达思想意识、标记文明演进的重要载体之一，其深厚历史文化内涵体现了一个民族的信仰追求、文明准则和价值尺度等，能够滋养我们的精神世界，影响我们的社会行为，具有积极的教育作用。韩城明清碑刻中亦不乏此类有教育价值者。

　　德政碑作为一种极具教育意义的特殊碑刻，主要是歌颂地方官吏为官一任造福一方，在其离任之后，百姓自发将其功绩镌之于石，以示永久纪念。

如明万历年间韩城知县马攀龙任职期间大力倡导修渠筑堰，特别是位于狮、象两山的澽水出山之处，口外高地难以受益，马攀龙勘察地形后，让从山后凿渠引水。工程艰巨，他捐助俸银，亲临一线，终使成功。所以老百姓在象山脚下渠畔大石上凿刻由邑人张士佩题写的"马公千丈渠"（图六）五个大字，以永志不忘。明万历《韩城县志》卷八梁元所撰《马公渠记》[5]载："政必欲惠民，惠必欲持久，任费任劳，破心力而创建者，为渠上马公。""马公"即马攀龙。据此石刻及文献记述，可知马攀龙兴修水利，为民造福。然此石刻长期暴露在外，遭受自然摧残，落款"邑人张士佩题"已逐渐不清晰，至今未见有任何相关的保护措施。

　　此外，还有一些彰显节孝懿德的碑刻，提倡勤劳善良、尊老尽孝，如党家村著名的清晚期《牛孺人节孝碑》等。韩城土岭村石城寨的清光绪十九年（1893 年）《重修石城寨各神庙并前殿城楼碑记》（现存韩城市博物馆），其背面镌刻《荒年记》，记述清

图六　"马公千丈渠"

光绪初年韩城连旱三年，发生特大饥荒，饿殍载途，人口大减。该碑文以这次灾荒为例，论述天灾和人祸的关系："事事有备，有备无患，贵预防也。唯预防，故耕三余一，耕九余三，虽遇岁荒兵荒而可以免患……吾愿后之人，思患预防可也。"[6]碑文劝诫人们凡事贵在预防，要未雨绸缪，而不是怨天尤人，富有历史价值、思想价值和教育价值。

又如徐村涝池旁的清同治元年（1862年）《重修水池碑记》、周原村涝池旁的清道光八年（1828年）《东中两社重修涝池碑》，在颂扬民风淳朴及村民仗义疏财的同时，亦教育民众要节约用水。碑文内容在当下仍具有现实教育意义。

（五）文化旅游价值

珍贵碑刻文物亦可作为文化旅游景点，吸引观众访古"打卡"。一通通充满历史记忆的古碑往往就是一部部值得细细品味和回望的文化史。例如，韩城司马迁祠现存60多通宋金元明清碑刻[7]（图七），内容丰富多彩，记录了司马迁祠的修缮史和民间祭祀以及历代文人墨客的诗词评价等，是研究司马迁与司马迁祠墓的宝贵资料。观众来此定会在这些珍贵的碑刻前驻足阅读，领略司马迁的人格精神及其巨大贡献，在一定程度上对传播《史记》文化和中华优秀传统文化起到积极作用。

简而言之，历经岁月沧桑，这些碑刻成为社会

图七　司马迁祠献殿

发展的历史见证，给予后人无尽的启示和力量。随着人们精神文化生活需求的提高，碑刻文物必将越来越受到广大民众的关注和喜爱，其文化旅游价值也将愈加凸显。

综合以上解读，韩城明清碑刻作为多元价值的结晶，其主要特点有：延续时间长，从明至清到1949年之前，各个时期的均有，包括李自成大顺永昌元年（1644年）所刻"梁奕西襟"城门额碑，全国少有；分布范围广，韩城境内几乎每个传统古村落、山间平原均散存有明清碑刻，尤其是在个别村里的祠堂就有10多通，如周原村张祖祠；数量多，据初步统计，陕西现存碑刻总数约有3万通，韩城保守估计有4500通，约占全省的七分之一，足见数量之多；历史文化信息丰富，各种类型的碑文可填补诸多史籍阙载的空白，为了解与研究韩城明清历史提供可靠和足够佐证的史料。

四　韩城明清碑刻保护措施

鉴于韩城明清碑刻文物的保存现状与多元价值，在遵循"保护第一、加强管理、挖掘价值、有效利用、让文物活起来"新时代文物工作方针的前提下，对韩城境内现存明清碑刻进行抢救性保护与整理，刻不容缓。有感于此，笔者不揣冒昧，联系实际，结合理论，提出以下之保护措施。

（一）重视碑刻文物，加强宣传教育

碑刻文物是不可再生的历史文化遗产，保护好碑刻文物是各级文物行政部门、文博馆所等业务单位义不容辞的责任。文物行政部门应与时俱进，首先思想上要重视碑刻文物，正确处理社会发展与保护碑刻文物的关系，从制度层面为碑刻文物保护建章立制，打通韩城明清碑刻文物保护的体制性障碍，形成健全、高效的碑刻文物管理体系，进而探索出一条节约、科学、质量过硬且保护针对性强的碑刻保护之路。

其次，要加强宣传教育，增强社会大众共同保

护碑刻文物的自觉性。通过编印宣传资料以及利用报纸、网络、电视等媒介进行广泛宣传，多措并举让广大民众知晓保护身边的碑刻文物对于传承韩城历史文化的重要意义，从而让更多的人关注、支持和参与韩城碑刻文物资源保护，营造有利于碑刻文物保护的良好氛围。

此外，文物行政部门要制定保护与奖励方案，采取必要措施，防范自然和人为破坏。同时，执法部门要依法严厉打击将韩城碑刻文物倒卖至外地的不法行为。

（二）尽可能室内安置，建设韩城碑林

要清醒地认识到室外存放是造成碑刻文字模糊不清甚至剥落、风化严重的主要原因。为此，文物行政部门应该下大力气，投入专门的经费，将露天保存在各文管所、博物馆的碑刻文物尽可能地迁移到室内或修建厂棚进行妥善安置，切勿随意堆放，避免保护性破坏。

对无法予以室内集中保护的野外碑刻，优先进行原址保护，因地制宜，可采取修建半包裹式碑亭或碑楼、围栏保护或喷洒表面加固剂等传统保护方法，也可采用冷裱膜装裱技术[8]等新方法新技术予以保护。对已脱离原址，或者不具备文物安全保护条件的野外碑刻，如民间散存的明清墓志，应考虑集中保管。可通过捐赠、移交、征集等多渠道汇集韩城明清碑刻，打造新的人文景观——韩城碑林。

建设韩城碑林一方面可有效保护民间散存的明清碑刻，使之不被风吹雨淋，不被人为破坏，不被卖出韩城；另一方面可以形成较大规模，进行系统展览与活化利用，对内传承家乡文脉，对外展示韩城本土历史文化，一举多得！当然，碑林的选址必须谨慎，充分论证，一经选定不可轻易改变。需要注意的是，在迁移过程中要避免就近迁移至所属文管所或村委会、农户家中存放，这不利于今后的保护管理。

（三）积极开展韩城明清碑刻文物的整理与研究

从史料价值看，所有的碑刻都重要，碑上的所有内容都重要，根本不存在"重要石碑"和"石碑上的重要内容"。因为每一通碑刻都有可能告诉我们一个故事，一段人生，甚至是一个社会。碑文资料也有其双重性，既反映区域社会和民间生活，也反映国家或地方性制度。所以面对每一通古代碑刻都应一视同仁，都应想方设法进行保护，并就其碑文内容开展相关研究。

近年来，陕西省社会科学院古籍整理研究所与地方协作，开展三秦大地碑刻文献整理与出版工作，取得了较好的学术成果，积累了丰富的工作经验，出版了《长安碑刻》《富平碑刻》《大荔碑刻》《白水碑刻》《铜川碑刻》《三原碑刻》等。我馆可以与其联合申请课题研究项目，利用一切可用资源，借鉴先进方法，合作出版《韩城碑刻》丛书（多卷本）。出版经费可以"化缘"，吸纳民间资本，集思广益，共同完成这一功在当代、利在千秋的文化事业。

需要说明的是，由于受历史因素或所处条件的局限，此前的一些著作和资料对韩城碑刻的记载、描述多有谬误之处，录文与原碑文多有出入，甚至误录误引、面目全非，在一定程度上造成学术研究的混乱。因此，整理研究工作一定要仔细认真，注重考证，不能以讹传讹，要甘坐冷板凳，实事求是，不能急于求成。

（四）摸清"家底"，进行有效修复

借助正在进行的第四次全国文物普查之良机"趁热打铁"，将韩城明清碑刻作为此次文物普查的一个工作重心，力争全面摸清韩城碑刻"家底"。在普查过程中，对各单位存藏及野外碑刻进行全面细致的信息登记，包括尺寸测量、拍照、碑文释读并辑录以及记录年代、形制、尺寸、行字数、纹饰、篆额者、撰文者、书丹者、刻石者、存废情况等，总之越详细越好，并分类建立无实体韩城碑刻资源数据库，在条件允许的情况下将其数字化，做到信息资源共享，为今后的研究者提供准确、便捷的文献资料。

与此同时，对于碑刻文物保存环境信息和病害状况应予以重点关注，诊断、分析病害成因，进而申报碑刻文物修复项目，采取有效的修复措施，以延长韩城碑刻文物的寿命。

总而言之，每一项文物保护与研究都是一个不断探索的过程，这个过程既有各种困难，也充满了继承和创新。碑刻保护也不例外，不可避免会存在各种问题，如碑刻分布分散，保护难度大，数量多，统计难，缺乏专业人才，研究薄弱，经费不足等，但是只要行动起来，迎难而上，相信总是能达到目的。正所谓"路虽远行则将至，事虽难做则必成！"

五 结 语

片石无言，文字有声！碑刻作为不可替代的历史遗存，其价值是多方面的，既有器物层面的价值，更具文化层面的多重属性。通过碑刻本身物质性存在的历史分析可以了解该碑刻当时的形态，而通过对碑文内容的研究，更能了解那个时代人们的思想政治观念和当时的经济、文化、科技等诸多方面的状况。从这个意义讲，保护碑刻文化资源，将有助于彰显地域历史文化底蕴。

镌之于石，以图永久，这是所有石刻的主要功用。历经数百年保存至今，既是碑刻之幸，也是我们这一代人之幸，我们有幸见到这些反映韩城明清

五六百年来社会生活的碑刻实物载体，也据此可窥探韩城历代先贤所留下的文化业绩和乡土情怀。事实上，韩城先贤对碑刻文物的保护措施古已有之。据现存司马迁祠的《河渎碑》碑楼内侧墙壁所嵌《碑楼记》（图八）文字可知，清康熙初年，韩城百姓为保护北宋政和二年（1112年）所立《河渎碑》不受风吹雨淋，集资修建了此碑楼并将这一事迹用碑文记述，昭示来者。毫无疑问，这体现了韩城文物保护事业的优良传统。时至今日，继承传统，开拓创新，在建设文化强国的时代背景下，韩城明清碑刻文物的保护、研究与利用必将持续深入，并大有可为。

附记：本文为"韩城碑刻整理与研究"项目阶段性成果，在写作过程中承蒙韩城市发展和改革委员会薛江锋先生和梁带村芮国遗址博物馆薛艳丽女士、段洪黎先生的倾力支持，谨致谢忱！

[1]高大伦.碑刻文献抢救性保护与整理刻不容缓[N].中国社会科学报，2022-07-08（5）.

[2]吴敏霞.陕西碑刻总目提要初编[M].北京：科学出版社，2018.

[3]韩城市地方志编纂委员会办公室.韩城市志（1990-2005年）[M].西安：陕西人民出版社，2012：60-62.

[4]韩城市志编纂委员会.韩城市志[M].西安：三秦出版社，1991：831.

[5]梁元.马公渠记[M]//苏进，张士佩.明万历韩城县志：卷8.西安：世界图书出版公司，2018：287-288.

[6]韩城市文物旅游局.韩城市文物志[M].西安：三秦出版社，2002：278.

[7]李国维，张胜发.司马迁祠碑石录[M].西安：陕西师范大学出版社，1993：11-13.

[8]赵希利，薛妮，贾晓燕，等.露天碑刻类文物保护与展示新方法[J].文博，2016（5）：87-90.

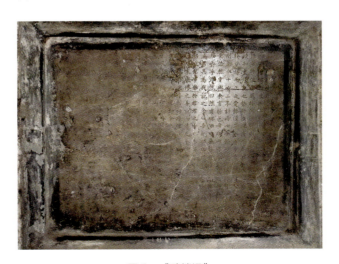

图八 《碑楼记》

陕西省文物保护研究院和新加坡文物保管中心文化遗产保护合作（Ⅰ-Ⅱ期）研究成果总结

中新合作项目组

Summary on the Research Achievements of Cultural Heritage Conservation(Phases Ⅰ-Ⅱ) between Shaanxi Institute for the Preservation of Cultural Heritage and the Heritage Conservation Centre of Singapore

China-Singapore Cooperation Group

摘　要： 本文简述了陕西省文物保护研究院和新加坡文物保管中心在文化遗产保护领域合作研究的成果。中新合作的研究内容包括石质文物生物风化和侵蚀研究、立式彩绘泥塑佛像与彩绘木雕关公像保护研究、文物修复使用颜料研究、长沙窑彩绘瓷器制釉技术研究、何家村窖藏和"黑石号"唐代金银器对比研究。通过合作研究，双方在石质、彩绘、瓷器、金银器文物研究中交流了文物保护研究方法和技术，共同为海外中国文物和亚洲文化遗产保护作出贡献。

关键词： 对外合作　文化遗产　石质文物　彩绘泥塑　长沙窑瓷器　唐代金银器

Abstract: This paper briefly described the research achievements in the field of cultural heritage conservation between China and Singapore. The cooperation research included research on biological weathering and erosion of stone relics, conservation of upright painted clay Buddha statue and painted wood Guangong statue, research on pigments used in cultural relic restoration, research on glazing technique in Changsha Kiln coloured porcelains, and comparative study on gold and silver wares from Hejiacun Hoard and Beltu Hitam Shipwreck of Tang Dynasty. Through the cooperation, the two sides have exchanged research methods and technologies on the protection of stones, painted sculptures, porcelains, gold and silver artifacts, and both made a contribution to the protection of Chinese overseas relics and Asian cultural heritage.

Key words: Foreign cooperation; Cultural heritage; Stone relics; Painted clay sculptures; Changsha Kiln porcelains; Gold and silver wares of Tang Dynasty

一 引 言

2017—2022 年，陕西省文物保护研究院和新加坡文物保管中心在文化遗产保护领域开展了广泛深入的合作研究。第一期合作研究（2017—2019 年），双方在石质文物生物侵蚀、古代彩绘泥塑和木雕文物等方面开展共同研究。第二期合作研究（2019—2022 年），双方为加强交流、深化合作，继续开展石质文物生物侵蚀研究、文物修复使用颜料研究，并将新方馆藏唐代海上丝绸之路"黑石号"沉船文物纳入了二期合作重点内容。2018年11月，中新合作项目被纳入中宣部"让中华文化走出去"重点项目。2019年10月，中新第一期合作研究成果在新方主办的国际学术研讨会"东盟及以外区域文物典藏修复与保护"（Collections Care: Staying Relevant in ASEAN & Beyond）上进行总结与分享。

中新文化遗产合作研究历时6年，围绕东南亚石刻、辽代彩绘泥塑、唐代金银器和陶瓷器等文物保护研究，双方在材质工艺、保护修复的互访交流与科学研究过程中不断凝聚专业共识，形成了一系列研究成果，为亚洲文化遗产保护理念和技术创新做出了贡献。在对外合作研究中，中国文物保护技术从引进借鉴、吸收融合发展到共享推广，在"一带一路"共建国家文化遗产保护领域的影响力已逐渐凸显，双方在学术交流、技术推广、人才培养等方面均取得了丰硕成果。

二 研究成果

（一）石质文物生物侵蚀研究

我国露天石质文物资源丰富，包括石质造像、历史碑刻、摩崖题刻、石质建筑等多种类型。由于功能原因，石质文物通常保存于露天环境中。石质文物以天然岩石为材料，与其他类型文物相比，具有质地坚固、耐久性好的特点，在保存初期可以抵制各类侵蚀，但随着保存时间的增长，侵蚀作用日渐显著，不仅破坏文物的外观，更重要的是破坏文物所承载的历史文化信息。

露天保存的石质文物不仅受酸雨、冻融、盐结晶、风沙、温度变化、干湿循环等物理、化学因素的影响，同时受到生物的作用[1]。据研究统计，露天石质文物所受侵蚀中，生物作用造成的侵蚀可占20%—30%的比例[2]。生物侵蚀过程可分为生物物理侵蚀和生物化学侵蚀两类。生物物理侵蚀主要包括根系、菌丝等机械性破坏作用，这种作用的影响程度与石材类型有很大关系。生物化学侵蚀包括细菌、藻类、地衣释放出的有机酸、无机酸等化学物质对石材的分解作用。自然界中，生物物理侵蚀与生物化学侵蚀一般同时存在[3]。形态学与基因组学研究都证实了细菌、霉菌、藻类和地衣参与石材生物侵蚀的过程[4]，各类生物在石材表面形成了一个相互联系、时空交错的生物群落，当生物侵蚀发生时，石材外层被剥离，次外层暴露，新鲜石材将继续受到生物作用，整个过程周而复始地进行，最终对石质文物造成不可逆的破坏。由于岩石生物群落的复杂性以及世界各地生物区域性分布的特点，直到今天国内外对于如何预防与控制岩石生物侵蚀仍然没有找到有效的方法。

中新双方开展了露天石质文物生物侵蚀相关研究，对温带季风性气候和热带海洋性气候条件下露天石材生物侵蚀发生发展规律进行了对比研究。通过生物侵蚀模拟实验，定期记录、分析生物侵蚀对常见石材的影响。石材种类包括石灰岩、砂岩、花岗岩、汉白玉（图一），双方采用相同样块（中方提供）在当地环境条件下进行自然模拟实验，连续监测36个月，记录两种环境下生物侵蚀发生发展过程，并结合石材特征和环境条件等，对比两种自然环境中露天石材生物侵蚀的异同，探索石质文物生物侵蚀发展规律，为石质文物保护提供研究基础。

中方模拟实验场位于中国西安，属暖温带半湿润大陆性季风气候，冷暖干湿四季分明，年平均温度为13.0—13.7℃，年均降雨量为522.4—719.5毫米。中方监测时间为2016年6月至2021年6月。

图一 石质文物生物侵蚀研究石材样块

新方模拟实验场位于新加坡，属热带海洋性气候，为赤道多雨气候，气温年温差和日温差小，年平均温度为 23—35℃，年均降雨量在 2400 毫米左右。新方监测时间为 2018 年 6 月至 2021 年 6 月。

采用的实验方法包括表面形态观察及生物鉴定与群落结构分析。表面形态观察是通过相机记录实验样块外观变化，采用电子显微镜（配能谱）、激光扫描共聚焦显微镜、生物显微镜等方法进行微观观察与记录。提取样品表面侵蚀生物基因组 DNA，通过凝胶电泳对提取的基因组进一步纯化，DNA 测序，构建测序文库，比对测序结果，进行生物鉴定与群落结构分析。

双方得出初步研究结果：在不同的环境条件下，石灰岩、砂岩、花岗岩、汉白玉四类常见石材中，最早发生侵蚀的石材类型为砂岩，接着是石灰岩，实验期间，其他种类石材未见明显生物侵蚀。石材抗生物侵蚀能力由弱到强为砂岩<石灰岩<花岗岩、汉白玉。在中方实验场，2021 年 1 月，经历 55 个月自然侵蚀实验，砂岩样块表面出现明显的生物侵蚀，样块表面首次检测到 2 种藻类生长，长度 4—7 微米，分别呈现黑色与红色（图二，1）。在新方实验场，2019 年 6 月，经历 12 个月自然侵蚀实验，砂岩样块表面最早出现明显的生物侵蚀，在砂岩表面首次检测到 1 种黑色藻类生长。2020 年 6 月，经历 24 个月自然侵蚀实验，石灰岩样块表面出现明显的生物侵蚀，检测到 1 种黑色藻类生长（图二，2）。两地生物侵蚀的种类，最早侵蚀的生物都为藻类，未见到地衣、苔藓与维管束植物生长，未见菌丝体与藻类结合，未出现前地衣体。关于生物侵蚀的方式得出相同结论，侵蚀初期检测到局部侵蚀，以缝隙侵蚀为主，未见明显点侵蚀。

（二）立式彩绘泥塑佛像与彩绘木雕关公像保护研究

我国有大量的辽代彩绘佛教造像，如山西大同华严寺薄伽教藏殿中的二十九尊彩绘塑像、辽宁义县奉国寺大雄宝殿彩绘群塑，以及天津蓟州区独乐

图二 激光扫描共聚焦显微镜观察结果
1. 砂岩样块（2021 年 1 月）　2. 石灰岩样块（2020 年 6 月）

寺观音阁和山门内的十一面观音像、胁侍菩萨、金刚力士像等。这些佛教造像多为木骨泥胎的彩绘泥塑，是研究辽代宗教信仰、工艺美术、政治经济的重要实物资料。

陕西省文物保护研究院在彩绘泥塑保护与研究中，以彩绘泥塑保护项目为依托，凭借多年经验积累和总结，形成了一套关于彩绘泥塑的保护理论与修复技术路线，在大型彩绘泥塑的保护与修复方面更为突出。彩绘泥塑的保护研究主要包括前期信息采集、价值评估、现状调查、稳定性研究、制作材料及工艺分析、保护修复技术研究等方面。研究前期采集彩绘泥塑二维、三维高清数字影像，记录泥塑保护修复前状态，为后续保护修复和多样化展示提供资料支撑；收集塑像相关背景信息、历史沿革及历次保护修复等

图三　新加坡馆藏彩绘文物
1. 辽代彩绘泥塑　2. 明代关公彩绘木质坐像

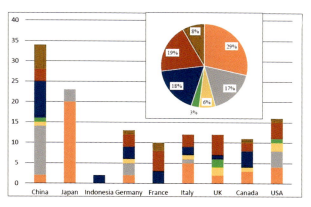

图四　蓝色颜料来源分布

内容，结合图像资料及前期研究成果，综合评估文物的历史、艺术、文化价值；监测与调查彩绘泥塑现状，包括赋存大环境和微小环境的光照、温湿度等变化情况，找出诱发泥塑病害的关联性环境因素；结合X光探伤等探测设备及力学分析结果，开展塑像结构稳定性研究；全面调查文物病害类型及程度，对病害机理及关联性环境因素展开科学分析研究；结合以上研究，采用科技手段研究彩绘泥塑制作工艺，如彩绘层、泥质胎体、木骨架的材料和配比，为保护修复提供资料；最后按照表面清洗、裂隙修补、脱盐、回贴加固、表面封护等步骤，进行室内模拟实验及本体应用试验，筛选合适的保护材料及修复工艺技术，并提出预防性保护建议。

　　基于以上彩绘泥塑保护与修复技术路线，在与新加坡合作过程中，陕西省文物保护研究院针对新方馆藏辽代彩绘泥塑、明代关公彩绘木质坐像的保护修复提供了技术支持（图三，1、2）。

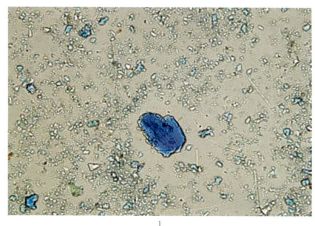

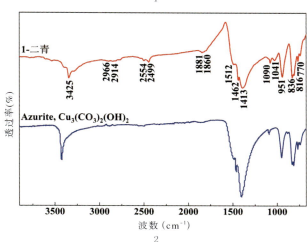

图五　蓝色颜料检测结果
1. 偏光显微照片　2. 显微红外光谱图

（三）文物修复使用颜料研究

　　在辽代菩萨立身彩绘泥塑和明代关公木雕彩绘像这两件文物的修复过程中，中新双方都认识到，将颜料术语转化为颜料化学成分的歧义问题一直是文物保护修复工作中的一个重要问题。虽然颜料数据库在世界各地都有建立，但目前还没有将西方和亚洲颜料的化学成分和相关命名联系起来的研究工作。因此，双方通过合作开展了文物保护修复蓝颜料的研究工作，以解决文物修复颜料的国际化和标准化问题。

该研究采集了中国、新加坡、德国、美国、法国、日本、意大利、加拿大、印度尼西亚 9 个国家的 130 种蓝颜料（图四），开展了红外光谱分析、扫描电镜－能谱分析、显微拉曼光谱分析、X 射线衍射分析、色度分析及显微镜分析研究（图五，1、2），建立了文物修复蓝颜料标准谱库。

研究成果表明：（1）高达 50% 的蓝颜料的化学成分与品牌名称有偏差，因此将颜料品牌名称直接翻译成颜色术语是不可行的。（2）颜料供应商在生产中给颜料命名是比较主观且随意的，而不是根据颜料的化学成分进行系列性、系统性的命名。（3）一种颜料往往是多种蓝色颜料及填料的混合物，但命名时往往只以其中一种蓝色颜料的化学名称或颜料术语命名。

（四）长沙窑彩绘瓷器制釉技术研究

"黑石号"沉船是在印尼海域发现的一艘阿拉伯商船，推测时代相当于中国唐代，装载着经东南亚运往西亚、北非的中国货物，仅中国瓷器就达到 67000 多件（图六），另外还有金银器、铜镜等，反映出中国瓷器和金银器经海上丝绸之路传播至西亚、阿拉伯地区的历史过程，是中国与海上丝绸之路沿线国家交流的实物见证。

长沙窑彩绘瓷器的制釉技术（如釉下彩、釉上彩）在目前的研究中是一个有争议的话题。为了研究这一问题，长沙窑彩绘瓷器样本被制作成剖面，采用偏光显微镜、扫描电镜－能谱仪、质子激发 X 射线荧光光谱仪进行了分析（图七，1、2）。新方分析

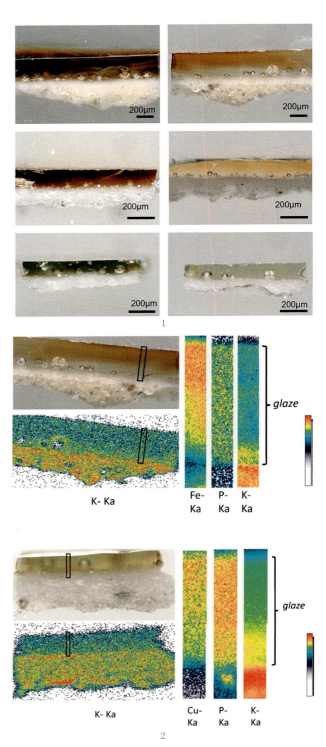

图七　"黑石号"长沙窑瓷器检测分析 [5]
1. 偏光显微照片　2. 质子激发 X 射线荧光谱

图六　"黑石号"沉船长沙窑瓷器

了从唐代沉船采集的长沙窑瓷器碎片，中方分析了从长沙铜官窑遗址采集的瓷器碎片。"黑石号"长沙窑瓷碗和长沙窑残片显微结构都显示出均一石灰质

釉层覆盖在化妆土和胎体之上。用扫描电镜–能谱仪线扫描，褐色显色元素铁的强度沿釉层降低，说明是釉上彩。但是，绿色显色元素铜的强度沿釉层变化不明显。成分分析表明"黑石号"沉船瓷碗中褐色Fe和绿色Cu的含量低于长沙窑残片，意味着"黑石号"沉船瓷碗使用了更少的着色剂，证明了长沙窑陶工在当时大规模、产业化生产瓷器时考虑了成本效益。通过中新双方共同研究，基本阐明古代长沙窑瓷器的制釉技术，对中国瓷器制作史具有重要意义。

（五）何家村窖藏和"黑石号"沉船唐代金银器对比研究

唐代是中国古代金银器制作最为辉煌的时期。考古学家基于金银器的装饰类型、纹饰，对考古出土的唐代金银器进行了类型和分期研究，但是从技术角度进行的分类和研究到目前为止是非常有限的。该项目目的是对何家村窖藏和从"黑石号"沉船取出的金银器的制作技术进行对比。两个发现都很重要。何家村窖藏金银器时代大约为8世纪中叶，"黑石号"沉船大约为9世纪初。在9世纪中期，金银的金工技术中心从北方（长安）转移到南方，表明了金属材料源于南方及工匠金属加工技术和装饰技术的转变。用视频显微镜、扫描电镜–能谱仪、便携式X射线荧光能谱仪对器物的加工痕迹、特征和元素组成进行了检测分析。从何家村窖藏中挑选出金银容器与"黑石号"沉船的类似器物进行对比。选取的器物有八棱金杯、金盘、银盘和银盒。通过对两者金银器制作技术的调查和对比，我们期望揭示唐代金银器独特的金属加工方式，这对进一步揭示两者的属性和关系非常重要。

何家村和"黑石号"金银器的制作原料和工艺有一定差异。从金银器的器形来说，"黑石号"金杯比何家村两件金杯器形更大，器壁较薄，前者杯身锤鍱而成，后者杯身浇铸制成。何家村银盒造型以圆形或多曲圆形为主，盒面多为稍微隆起的平面；"黑石号"银盒除圆形盒外，还出现了多曲造型

的盒，比如树叶形、三角形，盒面模压制作成浅浮雕式，器壁也更薄。从制作金银器的显微痕迹来说，何家村金银器錾刻的走刀细密、严谨、纹饰纹样以龙凤、花卉为主，凸显的整体观感是古朴厚重；"黑石号"金银器錾刻的走刀稀疏、洒脱，出现了蜜蜂、"卍"字等民俗化的纹饰，制作工具也更多样化（图八）。从金银器的原材料来说，何家村金银器中Au或Ag含量范围较分散，不同金银器所用原料的纯度不同，而"黑石号"金银器中Au或Ag含量范围较集中，加工金银器所用原料的纯度较高，且比何家村金银器的纯度高（图九）。对两者金银器制作材料及工艺

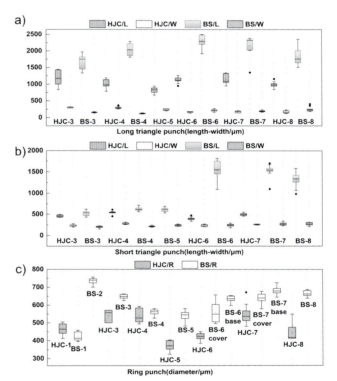

图八 何家村和"黑石号"金银器工具痕迹尺寸箱式图

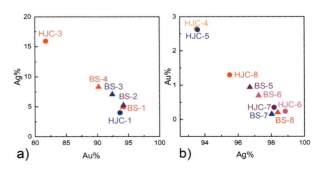

图九 何家村和"黑石号"金银器合金成分

对比研究发现，何家村金银器代表了盛唐时期北方地区的制作技术，"黑石号"金银器则代表了中唐晚期南方地区的制作技术，研究成果对唐代手工业史研究具有重要价值和意义。

三　总结及经验

习近平主席在亚洲文明对话大会上提出"中国愿同各国开展亚洲文化遗产保护行动，为更好传承文明提供必要支撑"，陕西省文物保护研究院与新加坡文物保管中心以提升双方文化遗产保护能力为出发点，坚持开放共享、平等互惠原则，先后开展中国明代彩绘泥塑（新方馆藏）、巴厘岛石刻（新方馆藏）与"黑石号"中国瓷器、金银器（新方馆藏）等文化遗产领域的深度合作研究。双方的合作在文物保护理念、技术、传播、分享等方面获得了一系列宝贵经验。

（1）中新联合开展海外中国文物保护与修复，输出"中国技术"，分享"中国标准"，扩大中华文化国际影响力。合作研究中，中方充分展示了中国文保工作者的科研实力和修复技术，实现由技术引进到技术输出的模式提升。国际合作成果在"东盟及以外区域文物典藏修复与保护"（Collections Care: Staying Relevant in ASEAN & Beyond）学术研讨会分享，中国文物保护理念广泛传播，中国文物保护技术与标准规范得到推广应用，中国文物保护技术在亚洲文化遗产保护领域的话语权和影响力逐渐凸显。

（2）中新联合开展"黑石号"瓷器与金银器文物研究，积极推动与海上丝绸之路沿线国家之间的文化交流。"黑石号"沉船及其所载唐代金银器、陶瓷器，是中国与海上丝绸之路沿线国家交流的实物见证。中新合作开展"黑石号"瓷器与金银器研究，积极挖掘重要文化遗产价值，发挥学术研究专长，共享研究成果，促进了中新两国在文化遗产保护领域的交流，为推动构建海上丝绸之路沿线国家之间的文化交流平台奠定基础，为海上丝绸之路世界文化遗产保护与申报提供基础支撑。

（3）主动挖掘阐释海外中国文物价值，让散落在世界各地的中国文物活起来。在新的发展阶段，中国文物保护工作者主动走出去，挖掘、阐释海外中国文物价值，为海外中国文物追根溯源，又将海外中国文物价值引进来，充实中华文明的发展脉络。每一件中国文物都是中国文化的载体，都是中国文化的传播者，海外中国文物不论漂泊到哪里，在世界每一处地方都继续讲述着中国故事。中新合作项目将研究对象从国内文物延伸到海外中国文物，让海外中国文物活起来，扩大了中华文化影响力，提升了中华文化传播效能。

（4）中外共同研究保护海外中国文物，推动形成海外中国文物保护发展新格局。中新合作项目立足当前实际，践行开放的新发展理念，秉承平等与真诚的态度，深化务实合作，通过技术交流与分享，挖掘海外中国文物内涵，为海外中国文物追根溯源，形成海外中国文物"追根溯源+合作研究+成果共享"的合作模式，为文化遗产保护提供中国智慧与中国方案，为推动形成海外中国文物保护利用的新发展格局发挥引领示范作用。

执笔：韩建武、周萍、王翀、纪娟、高燕、
　　　谭可馨
中新合作项目组成员
陕西省文物保护研究院：韩建武、王翀、纪娟、
　　　　　　　　　　　高燕、党小娟、杜文、
　　　　　　　　　　　权敏、柏柯
秦始皇帝陵博物院：周萍
新加坡文物保管中心：Sean Lee, Chiew Yen Ong, Alexandra Durrani, Berta Mañas Alcaide, Birte Koehler, Bodil Unckel, Ching Yee Tan, Cindy Lau, Clare Lim, Hanna Maria Szczepanowska, Jane Tan, Jingyi Zhang, Lynn Chua, Rozemarijn van der Molen, Shi Jie Lio, Swee Mun Lee, Xu Mei Phua

[1]a. 张秉坚,周环,贺筱蓉.石质文物微生物腐蚀机理研究[J].文物保护与考古科学,2001,13(2):15-20. b. 王丽琴,党高潮,赵西晨,等.露天石质文物的风化和加固保护探讨[J].文物保护与考古科学,2004,16(4):58-63. c. 秦中,张捷,彭学艺,等.四川乐山大佛风化的初步探讨[J].地理研究,2005,24(6):928-934. d. 王蕙贞,冯楠,宋迪生.高句丽石质文物风化的保护方法研究[J].文博,2010(6):76-81.

[2]Wakefield, R. D., Jones, M. S.. An introduction to stone colonizing micro-organisms and biodeterioration of building stone[J]. Q J Eng Geol, 1998(31):301-313.

[3]a. Warscheid, T., Braams, J.. Biodeterioration of stone: a review[J]. International Biodeterioration and Biodegradation, 2000(46):343-368. b. Crispim, C. A., Gaylarde, C. C.. Cyanobacteria and biodeterioration of cultural heritage: A Review[J]. Microbial Ecology, 2005(49):1-9. c. 吴涛,陈骏,连宾.微生物对硅酸盐矿物风化作用研究进展[J].矿物岩石地球化学通报,2007,26(3):263-268. d. Maria Filomena Macedo, Ana Zélia Miller, Amélia Dionísio & Cesareo Saiz-Jimenez, . Biodiversity of cyanobacteria and green algae on monuments in the Mediterranean Basin: an overview[J]. Microbiology, 2009(155):3476-3490.

[4]a. 张孝绒,张兴群.乾陵地衣调查报告[J].文物保护与考古科学,2002,14(2):15-22. b. Parisa Mohammadi, Wolfgang E. Krumbein. Biodeterioration of ancient stone materials from the Persepolis monuments(Iran) geothermal environment[J]. Aerobiologia, 2008(24):27-33. c. Portillo, M. Carmen, Gonzalez, Juan M., 2008. Comparing bacterial community fingerprints from white colonizations in Altamira Cave(Spain)[J]. World Journal of Microbiology and Biotechnology, 2008(25):1347-1352. d. Kazue Tazaki, Ryuji Asada, Zara Gerhardt Lindenmayer, Tatsuya Shirotori, Juliana Missiaggia Vargas, Carlos Henrique Nowatzki&Osmar Wöhl Coelho. Life inhabits rocks: clues to rock erosion from electron microscopy of pisolite at a UNESCO heritage site in Brazil[J]. International Journal of Earth Sciences, 2009(98), 227-238. e. 汪娟丽,李玉虎,肖亚萍.南唐二陵墓室彩画上滋生藻类、苔藓与霉菌的种类鉴定[J].文物保护与考古科学,2012,24(3):72-76. f. Bartoli, F., Municchia, A. Casanova, Futagami, Y., Kashiwadani, H., Moon, K. H., Caneva, G.. Biological colonization patterns on the ruins of Angkor temples(Cambodia)in the biodeterioration vs bioprotection debate[J]. International biodeterioration and biodegradation, 2014(96):157-165.

[5]Lynn Chua, Li Qiang, Yang Fan, Ji Juan, Ren Minqin, Saumitra Kamalakar Vajandar, Thomas Osipowicz. New evidence for the glazing technique in Changsha kiln coloured porcelains[J]. Journal of Archaeological Science: Reports, 2023(47):103797.

237

缅甸蒲甘佛寺初步调查报告

蒲甘他冰瑜寺修复项目价值评估现场工作组

Preliminary Investigation Report on the Buddhist Temples in Bagan, Myanmar

On-site Working Group for the Value Assessment of the Restoration Project of Thatbyinnyu Temple in Bagan

摘　要： 蒲甘他冰瑜寺修复项目价值评估现场工作组对蒲甘地区的六十七处佛教遗存进行了调查记录。调查过程中对蒲甘地区的佛塔建筑、寺院构成、灰塑装饰、壁画艺术等进行了全面记录，同时为了全面认识蒲甘佛教历史、蒲甘古城形制与佛塔布局关系等问题，对蒲甘古城墙、石料来源地、城市用水、社会民俗等进行了辅助调查。通过以上调查工作，现场工作组对蒲甘有了宏观的认识，进而对他冰瑜寺的发展历程、历史地位、价值评估有了更深刻、更全面的理解。

关键词： 蒲甘　佛塔　塔庙　壁画　灰塑

Abstract: The on-site working group has carried out investigation and recording data on 67 Buddhist relics in the Bagan area. During the investigation, a comprehensive record was made of the stupa architecture, temple composition, stucco decoration, mural art, etc. in this area. Meanwhile, in order to fully understand the Buddhist history of Bagan, the relationship between the shape of the ancient city of Bagan and the layout of stupa, auxiliary investigations were also carried out on the ancient city walls of Bagan, the sources of stone materials, urban water supply, social customs. Through the above investigation work, the on-site working group has gained a macroscopic understanding of Bagan, and thus has achieved a deeper and more comprehensive understanding of the development process, historical status, and value assessment of Thatbyinnyu Temple.

Key words: Bagan, Stupa, Temple, Mural, Stucco

引　言

蒲甘位于缅甸中部、伊洛瓦底江中游，占地约 42 平方公里，现属于曼德勒省敏乃县良乌镇，在缅甸的历史上占有非常重要的地位。这里最初是由 19 个村落汇集成的小镇，古称"阿利摩陀那补罗"。公元前 200 年，骠人（Pyu）进入伊洛瓦底江的上游地区，建立政权并掌控中国和印度之间的通商之路，

《汉书》称之为"谌离"。849 年，频耶王（Pyinbya）在蒲甘筑城，建城门 12 座，并挖护城河相围。1044 年，阿奴律陀王（Anawrahta）在蒲甘建造王城，创建了缅甸历史上第一个包括缅、掸、孟等民族的统一封建王朝——蒲甘王朝（1044—1369 年）。

阿奴律陀王笃信佛教，他在征服缅甸南部直通王国时曾获 32 部《三藏》经、300 多名高僧和技艺高超的工匠，他将小乘佛教引入蒲甘王国，并立为

国教，开始广造佛塔。阿奴律陀之后的历任国王都继续推崇佛教，在蒲甘广建佛塔寺院，塑造佛像，因此在11—13世纪，佛教在蒲甘得到了充分的发展，蒲甘成为当时缅甸的政治、经济、文化与宗教中心，甚至一度成为东南亚佛教发展的中心。

蒲甘现存佛塔、佛殿及寺院遗迹3837处，因佛教圣地和佛塔林立而闻名遐迩，因历史上曾拥有万余座佛塔寺庙而被称为"万塔之城"，是亚洲三大佛教遗迹之一。蒲甘佛塔见证了佛教在缅甸的传播和蒲甘王朝的兴衰，是缅甸古老建筑艺术的缩影，具有极高的历史、宗教、文化、建筑、艺术价值。2019年7月，缅甸蒲甘被联合国教科文组织列入世界文化遗产名录。

一　调查背景及经过

2016年8月24日，缅甸发生里氏6.8级地震，地震造成蒲甘地区425座佛塔遭受不同程度的破坏。震后，中国国家领导人第一时间发去慰问电，表示愿为蒲甘等地古迹修复提供帮助和支持。此后两国相关部门进行多次沟通，经多方讨论、协商，最终确定将他冰瑜寺作为援助修复对象。2020年3月，最终确定由陕西省文物保护研究院和陕西省文物保护工程有限公司组成联合体，具体实施他冰瑜寺修复工作。

2023年3月，受陕西省文物局委派，应中华人民共和国驻缅甸大使馆经济商务参赞处的邀请，陕西省文物保护研究院韩建武、张园、王荔君，与西北大学冉万里教授共同组成蒲甘他冰瑜寺修复项目价值评估现场工作组（以下简称工作组），对蒲甘地区的佛教建筑进行初步调查及研究，为全面开展他冰瑜寺的保护修复工作做准备。确定出访任务和工作时间后，工作组经讨论研究大致确定了以下调查内容：①对蒲甘进行大面积的踏查，厘清蒲甘城市、寺院、聚落的布局关系。②调查当地寺院的布局结构，梳理蒲甘地区佛教寺院布局特征。③对佛塔及塔庙本体进行调查，梳理蒲甘地区佛塔及塔庙的形

制、建造工艺等。④调查佛塔及塔庙附属文物，包括壁画、灰塑、造像等，梳理蒲甘地区的佛教文化面貌。

2023年3月29日至2023年5月27日，工作组在缅甸蒲甘进行了为期60天的访问，对蒲甘地区的67处佛教遗存进行了调查和记录。为提高工作效率、扩大调查范围，本次调查不进行数据测量和绘图，以记录建筑结构及类型、描述建筑艺术及工艺特征、分析壁画题材及内容等为主要工作内容，以期对蒲甘地区的佛教建筑及佛教文化面貌有一个总体的认识和了解（图一）。

图一　调查过程

二　调查成果

（一）建筑形制

通过调查了解到，蒲甘地区的佛教遗存均以红砖砌筑而成，外施灰塑，建筑类型包括塔、塔庙、堂、僧房、图书馆、水池等，其中塔和塔庙是蒲甘最主要的建筑类型，各种类型的塔及塔庙数量最多、规模宏大、造型精美、装饰华丽，代表了蒲甘佛教建筑艺术的最高成就。本次调查的 67 处佛教遗存中 49 处为塔及塔庙，其中佛塔 14 座、塔庙 35 座，具体情况见表一。

1.塔

蒲甘佛塔在 11—12 世纪快速发展，并在 13 世纪达到稳定。其均以红砖砌筑而成，多由地宫、塔基、塔身和塔刹构成，部分佛塔的覆钵与塔刹之间有方形平头。目前蒲甘地区的佛塔均为犍陀罗式覆钵塔。犍陀罗是古印度十六列国之一，位于今巴基斯坦北部印度河与喀布尔河交汇处的白沙瓦谷地。犍陀罗艺术的主要贡献在于佛像的创造，但对佛塔建筑也有较大贡献。其对印度原有的窣堵婆式圆塔进行了较大改动，塔基层级加多加高，半圆形的塔身变高变为覆钵状，上部伞盖亦加高增大，从而成为高耸的佛塔。

蒲甘地区的犍陀罗式佛塔由塔基、覆钵式塔身和塔刹组成，部分覆钵之上还有平头（图二）。一般于塔基下设砖石砌成的密闭地宫，供奉佛陀舍利圣物等。受本次调查时间和条件所限，蒲甘佛塔的地宫情况暂不明确，本文暂不讨论。

塔基：塔基是从地面夯筑加固后的砖质或石质平台，平面形状有方形、圆形、八边形、五边形等。方形塔基在蒲甘最为常见，一般由三层或五层台基构成，呈阶梯状逐层向上收缩，分为可达和不可达两种，可达台基在每边中央砌筑蹬道台阶，不可达台基则不设蹬道台阶，转角处多建有小塔或神兽。部分佛塔的塔基之下还会另建一个方形的高台，建筑轮廓远大于佛塔本身，以进一步增加佛塔整体的高度和体量。

塔身：塔身由覆钵构成，覆钵装饰较为简单，多数仅中部装饰一圈凸棱或波浪状纹饰带。覆钵下有一层或两层基座与塔基相连。

表一　佛塔及塔庙类型表

	佛塔				塔庙						
花苞形	覆钟形			犍陀罗式塔形顶			悉卡罗式塔形顶			菩提伽耶式塔形顶	
	方形塔基	多边形塔基	圆形塔基	单室	前后室	中心柱	单室	前后室	中心柱	
No.1657	No.1827	No.1469	Sapada Paya	No.1599	No.1202	No.1976	No.1460	No.477、478、479	No.748	No.1670
No.1603	No.1830	Tuyin Taung	No.1441	No.1592	No.1605		No.2157	No.1239	No.1597	No.298
	No.1439	No.772	No.2120	No.2156			No.2155	No.1192	No.1457	
	No.1		No.1596	No.2925			No.1580	No.1323	No.1812	
	No.1602			No.577			No.1826		No.1471	
				No.1977			No.2433		No.1467	
				No.1978					No.1622	
				No.1979					No.771	
				No.1825						
				No.1601						
				No.475						
				No.2159						

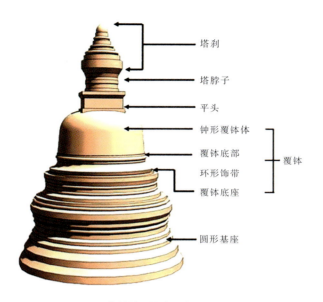

图二　蒲甘地区犍陀罗式佛塔结构图
（采自庞一村：《缅甸伊洛瓦底江下游佛教建筑研究》第 88 页
图 4-10《蒲甘含有平头的僧伽罗式佛塔各部分图解》）

图三　No.1657 Bupaya[3]

图四　No.1603 Nga-kywe-na-daung

塔刹：塔刹位于覆钵之上，由相轮、仰覆莲及摩尼宝珠组成，相轮有七层、九层、十一层、十三层、十七层等。部分塔顶保存有金属宝伞。

蒲甘的佛塔根据覆钵的形态及风格，可分为两种主要类型，即花苞形（或称球根形、洋葱形）和覆钟形[1]。

（1）花苞形

这类佛塔的主要特点是整体造型结构简单，覆钵较高，呈圆柱状，例如No.1657 Bupaya 和No.1603 Nga-kywe-na-daung[2]。

No.1657 Bupaya　位于伊洛瓦底江边，始建年代可追溯至 300 年，为蒲甘地区现存最早的佛塔，1975 年震损后重修，为典型的早期印度式覆钵塔。其建于一近方形的塔基上，低矮的圆形基座，覆钵较高，顶部相轮被简化，整体结构及装饰极简洁，仅覆钵顶部装饰一圈圆拱形波浪状纹饰带。现佛塔通体贴金（图三）。

No.1603 Ngakywenadaung　该塔建于 10 世纪，结构简单，无塔基，平地建圆形基座，东半部存后期包塔的坍塌痕迹；塔身为高覆钵，下部稍向内收，表现出犍陀罗早期覆钵塔形制，外覆绿釉陶砖，但

釉面大面积脱落；顶部为相轮及仰覆莲座摩尼宝珠（图四）。

（2）覆钟形

覆钟形佛塔是蒲甘地区最常见的一种类型，这类佛塔普遍具有较高大的塔基，塔基与塔身高度比有所增加，塔基可分为方形、多边形和圆形三种。

①方形塔基

方形塔基均为逐级内收的阶梯状台基，四面正中设有蹬道台阶，台基的四角装饰小塔或神兽。这类佛塔均体量庞大，给信众以强烈的视觉冲击。如No. 1 Shwezigon Pagoda（瑞喜宫塔）、No.1439 Mingala-zedi、No.1602 Mahazedi为这类佛塔的典型代表。

No. 1 Shwezigon Pagoda 瑞喜宫塔在1031年由阿奴律陀王始建，1090年由其子江喜陀王建成，是一座全部用巨石块垒成的佛塔，现通体贴金。底部为三层逐级内收的叠涩须弥座方形塔基，三层塔基的四角均有一葫芦形小塔，第三层小塔内侧有一个形同主塔的方座覆钵塔，塔基四面中部各有一阶梯，可到达三层平台；塔基之上为两层基座，下层为八角形，上层为圆形；基座之上为覆钵塔身；塔刹为七层相轮及仰覆莲加联珠座摩尼宝珠（图五）。

No.1602 Mahazedi 该塔底部为三层方形塔基，逐级内收，每层四角各有一七层相轮的方座犍陀罗小塔。塔基上为十二边形须弥座及覆钵塔身，塔刹为十一层相轮，顶部宝珠不存。塔基四面正中及基座正中均设阶梯，可到达覆钵底部（图六）。

②多边形塔基

这类佛塔体量比方形塔基者略小，台基上不设小塔及蹬道台阶，有八边、十二边等情况，应属于方形塔基与圆形塔基之间的过渡类型。

No. 772 该塔底部为四层逐级内收的八边形塔基，第二层塔基腰部开一圈小龛，内置善业泥；覆钵塔身，覆钵底部为圆形基座；塔刹部分仅残存三层相轮（图七）。

Tuyin Taung 建于山顶，通体贴金。底部为两层逐级内收的八边形塔基，上为两层饰仰莲的圆形基座；覆钵塔身，覆钵中部有三层凸棱，凸棱下方

图五　No. 1 Shwezigon Pagoda

图六　No.1602 Mahazedi

图七　No. 772

图八　Tuyin Taung

饰垂帐纹，上方饰连续三角形摩尼宝图案；塔刹为五层相轮及仰覆莲座摩尼宝珠（图八）。

③圆形塔基

蒲甘地区的圆形塔基佛塔一般体量较小，且不单独出现，其附近一般分布有佛殿、主塔等其他建筑。部分塔基之下还建有一方形平台。如No.1441、No.2120为这类佛塔的典型代表。

No.1441　该佛塔位于Mingala-zedi主塔的东北侧。圆形须弥座塔基，束腰部分保存有镶嵌方形釉砖的凹槽；覆钵之上为方形平头；塔刹为七层相轮以及仰覆莲座摩尼宝珠（图九）。

No.2120　该佛塔位于No.2121佛殿东侧，建于一方形平台之上，平台入口位于东侧；圆形须弥座塔基，塔基之上为三层圆形基座，底层装饰一圈莲瓣；其上为中部带一圈凸棱的覆钵、九层相轮及仰覆莲座摩尼宝珠。佛塔的东侧后砌一尖顶形龛，龛内塑坐佛，代表了当时礼拜对象及佛塔功能的改变（图一〇）。

2.塔庙

蒲甘地区的寺庙（佛殿）总是以塔庙的形式出现，即下部为佛殿，佛殿顶部带有一塔形顶，英文文献称这种建筑为"Temple"，即庙宇、寺院、寺庙

图九　No.1441

图一〇　No.2120

之意，其与佛塔的主要区别在于是否存在内部空间。从功能上说，佛塔本身即为礼拜对象，礼拜时以顺时针方向右绕佛塔；而塔庙的主要功能是供奉佛像，礼拜对象亦变为佛像。

蒲甘地区的塔庙一般为两层或多层，但出于文物保护及佛塔稳定性的考虑，现当地所有塔庙均无法登上二层（本次仅对他冰瑜及苏拉玛尼的二层进行了调查），故本文根据顶部佛塔的形式将塔庙分为犍陀罗式塔形顶、悉卡罗式塔形顶和菩提迦耶式塔形顶三个大类，每类以一层所见结构分为单室、前后室和中心柱式三种类型。

（1）犍陀罗式塔形顶

①单室

这类塔庙一般体量不大，主室平面呈方形，四

面均设凸出于主体建筑的"入口建筑"，整体平面呈十字形，结构十分规整对称。但并非每个"入口建筑"都开门，调查可见四面、三面和一面开门的情况，不开门的"入口建筑"或开窗，或内部设龛供奉佛像，是蒲甘非常常见的一类塔庙。如No.1599、No.1592、No.2156、No.2925、No.577、No.1977、No.1978、No.1979、No.1825、No.1601、No.475、No.2159等，均属于此类。

No.1599 Kayochoe　位于他冰瑜寺东北方向，建于13世纪。其坐西向东，下部为平面呈方形的佛殿建筑，顶部两层平台，每层四角各有一小型方座覆钵塔。上部为犍陀罗塔形顶，两层基座，下层为十二边形，上层为圆形，基座上依次为覆钵塔身和五层相轮。佛殿为单室，四角攒尖顶，四面各有一凸出的入口建筑，入口与主室以尖拱形甬道相连，内部平面呈十字形（图一一）。

No.1977　该塔庙坐南向北，方形主室，东、西、北三面设入口，内部为四角攒尖顶。顶部为两层方形须弥座塔基，塔基上为覆钵塔身、十三层相轮和仰覆莲座摩尼宝珠组成的塔刹（图一二）。

No.1978　坐南向北，方形主室，北面设入口，四角攒尖顶，中部有一长方形小平顶，两侧壁设尖拱形壁龛，龛内无造像，龛中部位置开窗。顶部平台四角设角塔，与主塔形制相同；其上为两层方形须弥座塔基，塔基上是覆钵塔身、七层相轮和仰覆莲座摩尼宝珠组成的塔刹（图一三）。

No.2925　坐东向西，长方形主室，前后内收的尖拱顶，南、西、北三面开门。塔庙外壁设龛，南北两壁均设三龛，龛内塑仰鼻神象；东壁设三龛，中间的龛内塑宝冠护法神立像，两侧龛内塑仰鼻神象；西壁入口两侧各开一龛，龛内塑仰鼻神象。塔庙外部除西北角外，其余三角均塑一神猴蹲像（图一四）。

②前后室

这类塔庙的体量在蒲甘地区的佛教建筑中属于中等规模，由前室和主室组成，前室与主室平面均呈方形，前室还建有凸出的入口，入口、前室及主室的面阔和高度均逐级增加，整体呈现出由小到大、

图一一　No.1599 Kayochoe 正面

图一二　No.1977 南立面

层层递进的效果。本次调查所见的No.1202 Abe-Ya-Dana Hpaya和No.1605 Patho-hta-mya Hpaya属于此类，两者的平面结构几乎相同，都于主室中再设一内室形成回廊。

No.1202 Abe-Ya-Dana Hpaya　建于11世纪，坐南向北，前后室结构。前室平面呈方形，拱顶，东、西、北三面各有一凸出的入口，现东、西入口被封堵，入口由门道与甬道组成，均为尖拱顶。前室顶部坍塌，现可见二层平台，一层东北和西北角塑两身共一头的狮子，脚踩大象；二层四角为犍陀罗式小塔，现仅存三个。主室平面呈方形，四角攒尖顶，再设一方形内室，形成回廊结构。内室正壁塑坐佛，两侧壁各开三龛。回廊的两侧壁均开龛，内壁（即内室的外壁面）一圈共开十九个像龛；外

图一三　No.1978 东立面

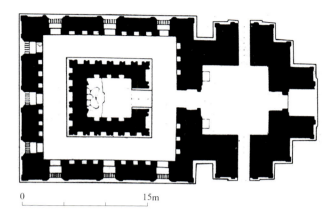

图一四　No.2925 东立面

图一五　No.1202 Abe-Ya-Dana Hpaya 平面图及东侧面

壁（即主室内壁）每面各开三个拱形窗，剩余壁面开上下双层拱形龛。主室顶部为犍陀罗塔形顶，四层方形塔基逐级内收，第一层四角为犍陀罗小塔，塔基之上为覆钵，覆钵上存平座及十七层相轮，顶部摩尼宝珠已无存（图一五）。

No.1605 Patho-hta-mya Hpaya　建于 10 世纪末至 11 世纪初，两层，坐西向东，前后室结构，一层平面结构与No.1202 Abe-Ya-Dana Hpaya的结构几乎完全相同。前室与主室平面均呈方形，主室中设内室，形成回廊。前室的南、北两面建有凸出的入口，并以甬道与前室相连，现均封堵并改建为窗；南、北甬道的两侧壁开龛，其中北甬道东壁设台阶可通往二层。主室南、西、北三面各开五窗。塔庙顶部为覆钵塔，覆钵上装饰竖向凸棱，类似于瓜棱，覆钵上为

十二边形平头，再上为十三层相轮，顶部摩尼宝珠已不存（图一六）。

③中心柱

这类塔庙的外部结构与上文单室塔庙基本没有区别，主室平面呈方形，四面建有凸出的入口，整体呈十字形，但主室内部为一实心中心柱。这类塔庙在此次蒲甘调查中仅见一座，即No.1976。其位于所在寺院的中心位置，坐西面东，平面呈十字形，四面均为凸出的入口，由尖拱形门道与甬道组成。中心柱结构，中心柱四面开龛，室内可绕柱一周（图一七）。

（2）悉卡罗式塔形顶

悉卡罗即Shikhara，也被译为"西卡拉""希诃罗"等，其源自印度，以砖堆叠出层层叠叠的效果，整体呈弧形曲状向上向内收拢，外形类似玉米棒，

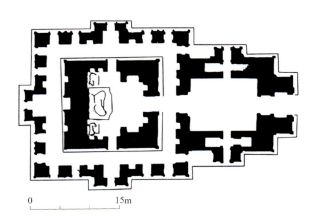

图一六　No.1605 Patho-hta-mya Hpaya 平面图及正立面

图一七　No.1976 正立面及内部结构

每面中部为三角形平面或装饰灰塑，或于三角形的中部设小龛。蒲甘地区的悉卡罗式塔之上还建有覆钵，覆钵之上为相轮及仰覆莲座摩尼宝珠，与上文犍陀罗式塔形顶相比，覆钵退居次要位置变成了点缀，而悉卡罗结构变成了塔顶的主体。蒲甘地区的悉卡罗式塔形顶塔庙依然可分为单室、前后室和中心柱三种类型（图一八）。

①单室

这类塔庙与犍陀罗式塔形顶单室塔庙的平面结构、规模大小、装饰灰塑等均没有区别，仅顶部为悉卡罗式塔形顶。本次调查中的No.1580 Loka-hteitk-pan Hpaya、No.1460、No.1826、No.2433 均属于此类。

No.1580 Loka-hteitk-pan Hpaya　建于 1131 年，2015 年联合国教科文组织进行了维修，2017 年缅甸考古与博物馆司蒲甘分局再次对其进行了维修。其

图一八　蒲甘地区的典型的悉卡罗式塔形顶

坐南向北，由门道、甬道和主室组成。门道与甬道为拱券顶；主室平面呈纵向长方形，两侧壁开窗，四角攒尖顶，中为小平顶，中部靠后设置佛座。甬道顶部两层平台，第一层的前方两角各建一方座覆钵小塔。主室顶部为三层逐级内收的平台，一、二层平台的四角建方座覆钵小塔，平台上为悉卡罗式结构，顶部其他部分无存（图一九）。

No.1826　坐西向东，由门道、甬道及方形单室组成。甬道顶部两层平台，第一层前方两角有两个束腰状宝瓶；主室顶部为三层逐级内收的平台，第一层四角各有一方座覆钵塔；平台上为悉卡罗式塔形顶。门道与甬道为拱券顶。主室内部呈纵长方形，三面中部略向外凸出，内部在凸出的相应位置开龛（图二〇）。

②前后室

悉卡罗式塔形顶前后室塔庙的平面结构较复杂，主室平面有呈十字形、方形和回廊结构三种情况。

No.477、478、479 Payathonzu Temple　建于13世纪，整体坐南向北，自东向西依次为No.477、478、479，均为悉卡罗式塔形顶佛殿。三座塔庙形制相同，前室平面呈方形；主室平面呈方形，每面中部向外凸出，整体呈十字形，三座主室以甬道相连。这种将三座塔庙相连的做法在蒲甘仅见一例（图二一）。

No.1192 Naga-yon Hpaya和 No.1323 Gubyauk Gyi Temple　形制相同，均由门道、甬道、前室、带回廊的主室构成。No.1192Naga-yon Hpaya建于1184年，坐南向北，前室平面呈方形，两侧壁各开一窗

图一九　No.1580 Loka-hteitk-pan Hpaya

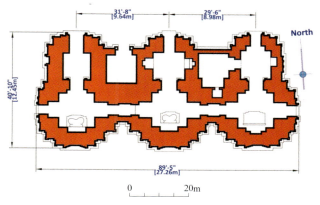

图二〇　No.1826

图二一　No.477、478、479 Payathonzu Temple 平面图及正立面
[平面图采自 Kyaw Lat. Art and Architecture of Bagan and Historical Background with Data of Important monuments. Yangon: Daw Nandi Lin（Mudon Sarpay），2010]

四龛。主室平面呈方形，在主室中央再设一内室形成回廊，回廊两侧壁设置密集的佛龛并满绘壁画。该塔庙主室为逐级内收的梯田式斜坡屋面，顶部为悉卡罗式塔形顶（图二二）。No.1323 Gubyauk Gyi Temple 建于 1113 年，是 1984—1995 年联合国教科文组织在蒲甘地区修复的第一批文物之一。其坐西向东，前室平面呈方形，正壁设门通往主室，门框为三退，两侧壁开窗。主室平面呈方形，中央设内室，内室正壁设坛，内室与回廊均为券顶。

No.1239 Nan Hpaya 建于 12 世纪，建于一方形高台上，通体为砂岩所制，坐西向东，前后室结构。前室平面呈方形，两侧壁开窗。主室平面呈方形，中央为十字形金刚宝座，宝座四周各有一方形立柱。以金刚宝座为中心，立柱内圈的八个立面浮雕梵天或梵天与帝释天组合；外圈的八个立面浮雕呈倒置的三角形叶片状组合纹饰。主室中间设置四根立柱承重在蒲甘地区是一个孤例，其可能是主室内设内室的一种简化与尝试（图二三）。

③中心柱

蒲甘地区规模宏大、闻名遐迩的几座塔庙，如 Ananda、Thatbyinnyu、Dhamayangyi、Sula Mani、GawDawPalin Phaya、Htilominol Pahto 等均为悉卡罗式塔形顶中心柱结构。这类塔庙在方形的主体结构四面建造凸出的入口，使平面整体呈十字形，中心柱的正面或者四面开龛塑像，又以中心柱为中心围绕一圈或两圈回廊。这类塔庙能够建造得更加高大，应是得益

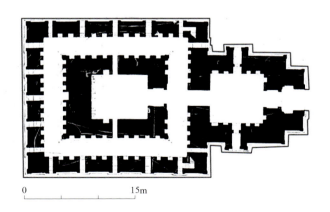

图二二　No.1192 Naga-yon Hpaya 平面图

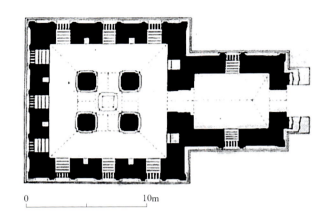

图二三　No.1239 Nan Hpaya 平面图及内部石柱

于巨大的中心柱解决了塔庙顶部的承重问题。

No. 771 Dhamayangyi 建于 1163—1165 年。整体平面呈十字形，中间为巨大中心柱，外侧围绕两圈回廊；四面有凸出的入口，为带回廊的单室结构。因结构问题，内回廊及部分甬道被封堵。塔庙上部悉卡罗式塔形顶，五层方形塔基，逐级内收，中部设台基直通塔身，塔身中部以上均不存。每层塔基四角各有一小塔，小塔顶部均不存（图二四）。

No.1597 Thatbyinnyu Phaya 建于 1144 年，坐西向东。使用空间为两层，一层平面略呈十字形，中间为巨大中心柱、外侧围绕一圈回廊，在中心柱东侧设台阶可登上二层平台，中心柱的南、西、北三面不开龛，而是另建佛坛；四面有凸出的入口，东侧入口面积较大且带一圈回廊。二层为前后室结构，前室平面呈方形，东、南、北三面开门；主室中部设内室，内

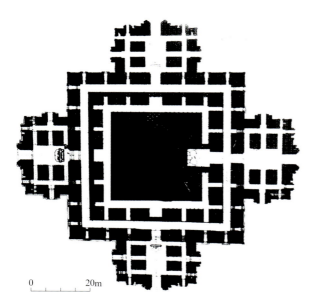

图二四　No. 771 Dhamayangyi 平面图及正立面

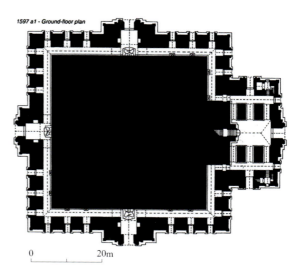

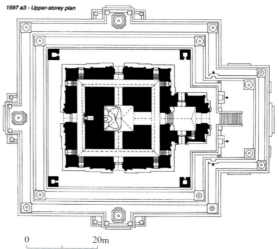

图二五　Thatbyinnyu Phaya 一层平面图及二层平面图
（采自云南省文物考古研究所：《中国政府援助缅甸蒲甘他
冰瑜寺修复项目可行性研究报告》）

室外围绕一圈回廊，内室东、南、北三面开门，正壁
设佛坛（图二五）。使用层间还存在夹层，为中心柱
带双回廊结构。顶部为三层台基的悉卡罗式塔形顶，
各层台基四角设置犍陀罗小塔（图二六）。

（3）菩提迦耶式塔形顶

菩提迦耶式塔形顶塔庙在蒲甘十分少见，调查
中仅见 2 例，其中No.1670 Mahabodi 为此类塔庙的典
型，No.298 Kubyauk-gyi Hpaya（Wetkyi-in）可能也
属于此类，两座塔庙因顶部仿照印度菩提伽耶寺建
造而命名。其特征是塔身呈方锥形，并在表面设置
密集的佛龛。

No.1670 Mahabodi　建于 1215 年，坐西向东，
下部为平面呈长方形的佛殿，上部为菩提迦耶式塔

图二六　Thatbyinnyu Phaya 俯视（由南向北）

形顶。佛殿顶部四角各有一小塔，塔身形似主塔。整个建筑外壁开龛，共雕有465尊造像。入口两侧有四出墀头墙，围合成"凸"字形空间（图二七）。

No.298 Kubyauk-gyi Hpaya（Wetkyi-in） 建于13世纪早期，坐西向东，该塔庙的菩提迦耶式塔形顶与悉卡罗式塔形顶比较相似，但锥体和中部留出

的三角形平面均为直边，其建造年代又与Mahabodi相当，推测其很可能是在悉卡罗式塔的基础上学习和仿造了菩提迦耶式塔（图二八）。其平面整体呈长方形，结构为中心柱与前后室相结合，中心柱东壁延伸并与佛殿南北壁相连形成隔墙，将室内分为前后两个空间（图二九）。前室平面呈方形，顶部为前部内收的尖拱形顶，东侧为带甬道的入口，正壁中部设佛坛，两侧各开一尖拱形门洞与后室相通；后室平面为方形，围绕中心柱三面设坛，拱形顶，三壁开门，南壁甬道东侧设置阶梯。

3. 佛堂

佛堂是供僧众说法行道之处，佛堂内佛像已不是主体，故一般规模不大。调查可见两种类型的佛

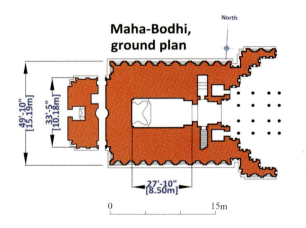

图二七　No.1670 Mahabodi 平面图及北立面
［平面图采自 Kyaw Lat. Art and Architecture of Bagan and Historical Background with Data of Important monuments. Yangon: Daw Nandi Lin（Mudon Sarpay），2010］

图二八　No.298 Kubyauk-gyi Hpaya(Wetkyi-in) 外部及顶部特写

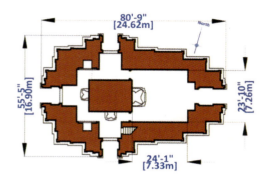

图二九　No.298 Kubyauk-gyi Hpaya(Wetkyi-in) 平面图及前室正壁

[平面图采自 Kyaw Lat. Art and Architecture of Bagan and Historical Background with Data of Important monuments. Yangon: Daw Nandi Lin（Mudon Sarpay），2010]

堂，一种外形类似于一座犍陀罗覆钵塔，一种外形类似于一座方形大殿。

（1）犍陀罗覆钵塔式

　　这类佛堂从外形看即为一座犍陀罗佛塔，在塔基的一侧建凸出的入口，内部小空间正壁塑一坐佛，前部可供单人打坐禅修。这类佛堂与犍陀罗式塔形顶单室塔庙的主要区别在于：下部不建造方形单室，直接从塔基开始构造内部空间，覆钵部分内部中空形成佛堂的顶部，No.474与No.1440即为此类。

　　No.474　坐东面西，底部为圆形须弥座塔基，其上为六层逐级内收的圆形基座，之上为覆钵，覆钵之上为方形平头、七层相轮及仰覆莲座摩尼宝珠。西侧建一拱券形入口。内部正壁设佛坛，中间形成可供单人打坐禅修的空间，平面呈方形，三壁开龛，

四角攒尖顶，方砖铺地（图三〇）。

　　No.1440　　位于Mingala-zedi主塔的东北侧，坐东向西，建于方形台基上。圆形须弥座塔基，覆钵之上为方形平头，七层相轮，仰覆莲座摩尼宝珠。西侧开一拱券形门，门上有高大的拱券，上有火焰状灰塑装饰，内部正壁前设佛坛，中间形成可供单人打坐禅修的空间（图三一）。

图三〇　No.474（由南向北）

图三一　No.1440 正面

（2）方形大殿式

蒲甘的方形大殿式佛堂发现两处，No.2121 Upali Thein 与 No.1442，两者稍有区别。

No.2121 Upali Thein　建于 13 世纪，内部满绘的壁画约绘于 18 世纪。1980 年以钢结构从内部进行支护。坐西向东，纵长方形，单室，四面开门，门内为甬道。顶部为两面坡，类似于中国的硬山顶。内部为前后内收的纵向拱券结构，尖拱形顶，靠后位置背对背设置两尊降魔成道坐佛，工艺类似于中国的木骨泥塑，两尊坐佛共用一个直通券顶的背屏。该佛堂很可能是作为讲堂使用，塑像偏居室内一侧，内部形成一个开阔的长方形空间以供僧众活动（图三二）。

No.1442　该建筑位于 Mingala-zedi 主塔的东北侧，坐西向东，平面呈长方形，平顶，东墙两端各开一门，南、北墙的东端各开一门。室内居中设一坐西向东的长方形内室，内室外绕一圈回廊，回廊外侧壁共开 8 个佛龛。但内室内部现无法进入，内部结构不详（图三三）。

4. 图书馆

本次调查所见一处明确的藏经阁即 No.1587 Pitagattaik（Library），其位于他冰瑜塔庙的北侧，距离他冰瑜塔庙约 100 米。建于 1058 年，重修于 1783 年，坐西面东，平面呈方形，为单室带回廊结构，多窗，建筑整体仿木构建筑。顶部为五层逐级内收的方形斜坡屋顶，顶部构造及装饰造型类似于曼德勒皇宫。正面设三道台阶入口，象征三道宝阶降下（图三四）。

5. 僧房

作为僧人起居用的僧房是寺院的重要组成部分，本次共调查 3 处僧房遗址，分别属于 Mingala-zedi 和 Thatbyinnyu Phaya。

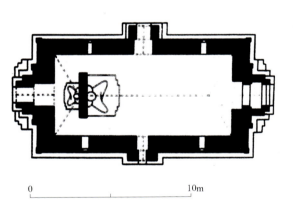

图三二　No.2121 Upali Thein 平面图及正立面

图三三　No.1442 南立面及东立面

图三四　No.1587 Pitagattaik（Library）正面

Mingala-zedi内发现僧房遗址两座，分别位于Mingala-zedi主塔的南北两侧，两座僧房形制相同，规模相当，北侧僧房保存稍好（图三五）。两座僧房均坐西向东，平面为长方形，根据南侧僧房测量数据，内部宽6、进深4.2米，墙厚1米。僧房的东墙外侧中间设佛龛，下部须弥座底，两端各开一门；南、北墙的东端各开一门。东、南、北墙内壁各开一龛，西墙内壁开三龛。北侧僧房墙体保存较好，由北侧僧房看，东壁外佛龛及两门均为宝冠形拱券装饰，内部根据现存墙体走势，推测原为前后内收的拱顶。从规模推测大约可供两位僧人起居，应属于寺院中的高等级僧房。

Thatbyinnyu Phaya的西北和东北分布有两组僧房，均为单室，长宽约为6米×3.5米，每座建筑设一凸出的入口，入口宽约0.8米。Thatbyinnyu Phaya为当时蒲甘王国最高等级的佛学院，学院中高僧云集，各地的佛教信徒纷至沓来在此研习佛法。故推测这些面积较小的僧房很可能为供佛教弟子起居的低等级僧舍（图三六）。

6.水池

缅甸的大部分地区在北回归线以南，属于热带季风气候，一年三季分明：热季（3月至5月）、雨季（6月至10月）、凉季（11月至次年2月）。蒲甘属于半沙漠型气候，气候炎热干燥，3—5月热季时平均气温达40度上下，凉季雨水稀少，雨季雨水集

图三五　Mingala-zedi 寺院内的僧房

中，降水全年分布不均匀。而要支撑大量僧众的生活，用水设施是一项重要的建筑类型。本次调查水池3座，分别属于两座寺院。

Hsin-byn-shin Monastic Complex 寺院有两个水池，一个小型水池位于外院僧房区，一个大型水池位于内院的东北角。两个水池均以红砖砌成，平面呈长方形。据记载，该寺院可供200—400名僧侣学习生活（图三七）。

Sulamani Temple西侧围墙外亦保存有一个长方形大水池，整体呈口大底小的漏斗形，在该水池的西侧还保存有引水渠。据寺院僧侣介绍，蒲甘古城内修建有四通八达的水渠，将城内的所有水池连接起来，源源不断地将伊洛瓦底江的河水引入城内，供寺院使用。但目前大部分水利设施已被破坏（图三八）。

图三六　Thatbyinnyu Phaya 西北僧房俯视及东北僧房现状
（俯视图采自云南省文物考古研究所《中国政府援助缅甸蒲甘他冰瑜寺修复项目可行性研究报告》）

图三七　Hsin-byn-shin Monastic Complex 寺院的两个水池

图三八　Sulamani Temple 的水池及水池北侧的水渠

（二）建筑工艺及佛教艺术特征

本次调查除了对以上佛教建筑进行形制结构等内容的记录外，还对其建造工艺以及蒲甘地区以上述佛教建筑为载体展现的佛教艺术进行了调查。现根据初步调查成果将蒲甘地区佛教建筑的建筑技法、灰塑装饰工艺及建筑内壁画、造像的内容与特征总结如下。

1.建筑技法

本次调查采用传统踏勘调查方式，对建筑技法的调查多来自对对象外部表现的观察，因此调查成果较初步且多集中于可直观观测的内容，如壁画地仗层情况、墙体砌筑方式、拱券建造结构等，具体建筑材料配比等工艺技法方面的研究还有待仪器监测提供更加准确的结果。

通过本次调查可知蒲甘地区绘制壁画时多采用双层地仗层的工艺技法（图三九），两层地仗除黏合材料外主要构成均为石灰加砂，下层地仗较厚平均约 0.6 厘米，采用质地较粗的河砂，而上层地仗较薄平均约 0.3 厘米，使用质地较细的溪砂，保证壁画地仗结构稳固的同时维持表面细腻平整。由于当地土壤中含砂量较大，因此部分壁画的上层地仗层也会使用石灰加土的材料，他冰瑜寺主塔西门券顶的壁画地仗层便是如此。

在墙体砌筑方面，从灰塑装饰脱落的区域可见蒲甘地区佛教建筑基本都是由红砖砌筑而成，且当时建筑施工水平比较高，采用磨砖对缝的工艺技法，弥合砖块之间的缝隙，使墙体表面十分光滑平整，例如No.803 的砖缝经测量仅 0.2—0.5 毫米（图四〇）。同时在一处倒塌的佛教建筑遗迹中可见砖墙内部填充情况（图四一），即在外层磨砖对缝整齐砌筑的红砖内多以碎砖与砂石进行填充，这种做法能够在节省材料的同时增强建筑的稳固性，充分体现了蒲甘时期该地区建筑工艺发展程度与工匠的智慧。

拱券技术被普遍应用于蒲甘地区佛教建筑的门、窗、龛、回廊等内部空间结构中，且下层佛殿之上通常需承载大型的塔形顶建筑，因此拱券结构需要在自重较轻的同时提供足够的支撑力，从该地区现

图三九　No.1605 壁画残损部分地仗层结构

图四〇　磨砖对缝工艺

图四一　砖墙内部填充物

存建筑遗迹中多种拱券配合使用的情况可知当地的拱券技术发展已相对成熟。例如从壁画脱落的部分可以看到工匠在建造时会在拱券部分加入砂岩材料，在局部采用砖石交替共同砌筑（图四二），并且当砖

图四二　No.1192 前室右壁砖石共建

图四三　No.1323 灰塑装饰

图四四　No.1457 门楣灰塑装饰

图四五　No.1957 摩羯造型

石一起交替砌筑时，石条比砖块略长，使之能够嵌入墙体内，增强坚固性与稳定性，部分体量较大的塔庙建筑中墙砖内也会加入石料。

2.灰塑装饰

蒲甘地区佛教建筑外立面均通体施灰塑装饰，即将泥料涂抹于砖砌建筑表面进行雕刻、塑型，待其自然风干形成各种装饰造型。在灰塑装饰中工匠运用浮雕、镂雕技法，且多将二者结合创造出繁复精美的灰塑装饰艺术，在赋予建筑更深宗教意义的同时，使得建筑外观细节精致，整体观之又恢宏壮丽。蒲甘地区灰塑装饰中常见纹饰及素材包括摩尼宝、摩羯兽面、仰覆莲瓣、莲蕾、垂帐纹、波浪状卷草纹、联珠纹等，动物图案包括狮子、孔雀、鹿、鹤等，工匠们将这些形象雕塑在建筑的墙面、门柱壁柱、建筑腰线、檐口等位置（图四三）。虽然大多数建筑外立面的灰塑装饰现已脱落，但仍可通过局部的拼凑窥其原貌。

蒲甘地区的佛教建筑中门洞、窗扇及壁龛均为拱券结构，常在拱券上以红砖砌成手指形楣部装饰，再以灰塑雕刻出莲蕾、佛像、天人、神兽等形象，最外侧两条外撇，底部雕塑摩羯（图四四）。摩羯形象较具特色，以象、鳄鱼和狮子组合而成，包括象鼻、象眼、鳄鱼嘴、鳄鱼爪、狮毛（图四五）。整体似向上升腾的火焰，也似向上生长的叶片，为多条组合而成，呈人字形竖向装饰在门窗及龛的拱券之

上，其下缘亦为火焰形，有研究认为这种造型是沿袭自孟族拱券上条状火焰装饰，亦有研究称其为"罗摩指"。这一元素普遍装饰于蒲甘地区的门楣、窗楣

图四六　双层龛楣灰塑装饰

图四七　蒲甘考古博物馆立柱灰塑装饰示例

及龛楣上。有些楣部装饰则更加复杂，设双层结构，即在手指形后增加一层更高的塔形装饰（图四六）。

　　建筑门窗两侧及立面角部均设柱结构，其灰塑装饰也较统一。柱头为倒覆斗状，形似中国古建筑中的栌头，表面饰仰莲瓣；柱身上下均饰三角形图案，象征摩尼宝，三角形边饰呈火焰状，三角形内多饰莲蕾及兽面，柱身边沿常饰联珠或卷草；若有柱础结构则饰覆莲瓣，若为多层柱底则雕刻神眼、卷草等图案（图四七）。

　　墙体立面上下边缘均雕刻灰塑装饰。上沿凸出结构饰多层连续的卷草、神眼、仰莲、联珠等图案，檐下则装饰垂帐图案，以倒置的莲蕾为分隔，底部雕兽面，双目圆睁，牙齿外露，呈口衔莲枝与垂帐状（图四八）。垂帐内部为蹲狮、鹿、孔雀、鹤、莲蕾、天人、坐佛等图案；墙面下沿装饰连续的三角形摩尼宝；墙底凸出结构上装饰卷草、变形莲花、仰覆莲等图案（图四九）。根据No.1323北墙残存的灰塑装饰的接痕可知，在建造过程中一个工匠一天

图四八　蒲甘考古博物馆檐下垂帐图案灰塑装饰示例

可装饰1—1.2米高的灰塑（图五〇）。

　　建筑的基座部分多砌筑成须弥座形式。除了在凸棱部分装饰连续的基础纹饰外，部分建筑还会在转角的凸出部位塑精美的摩羯兽面（图五一）。同时在基座的束腰部分通常留有方形凹槽，以便镶嵌琉璃饰板，这种饰板是蒲甘地区灰塑装饰中较具特色

图四九　蒲甘考古博物馆墙底灰塑装饰示例

图五〇　No.1323 北墙残存的灰塑装饰的接痕

图五一　No.748 角部摩羯兽面装饰

的组成结构。饰板上多雕有佛教故事画，可辨题材有月光王施头、须达拏太子本生、象王本生、九色鹿本生、兔王本生、树神等，如瑞喜宫塔基束腰部分镶嵌了 547 块本生故事饰板（图五二），也有一些饰板仅简单装饰神兽、花草、吉祥图案等内容。

蒲甘地区的佛教建筑不论是佛塔还是塔庙都存在较多层平台，在每层平台的边沿砌筑类似墙垛的结构，其上装饰仰莲瓣、三角形火焰状摩尼宝等图案的灰塑造型，并在角部装饰山花蕉叶（图五三）。

图五二　No.1 瑞喜宫本生故事饰板

图五三　No.1202 塔基边沿立体灰塑装饰

上述内容均为蒲甘地区佛教建筑灰塑装饰的典型内容及特征表现，该地区灰塑装饰极为繁复，其基础造型与布局基本相同，但在具体细节构成与图案雕刻上又各具特色，表现出当时该地区灰塑装饰工艺发展的高水平程度。

3. 壁画

蒲甘地区佛教建筑中多在室内壁面绘制壁画，以达到弘扬佛教并营造宗教氛围的效果。在本次调查中，已调查的67处佛教建筑遗存中有35处残存壁画遗迹，其中38座塔庙中有26座均满绘壁画，占总数的70%。壁画内容题材丰富且各类题材分布较有规律，壁画表现时代特征亦较为明显，突出体现在壁画内容布局、装饰纹样的固定以及绘画风格的统一等方面。

通过归纳壁画内容及题材布局特征，可将蒲甘地区佛教建筑中的壁画题材归为佛教故事、佛像、神像与神兽及装饰题材四大类，每种题材类型有其特定的分布规律与时代特征，题材具体包含内容如表二所示。下文将对各类题材逐一进行分析列举。

（1）佛教故事类

佛教故事类多为蒲甘地区佛教建筑中的主体壁画，分布于四壁居中或回廊中部等重要位置。故事画类的壁画能够用通俗、简单而生动形象的描绘方式表现抽象、深奥的佛教经典，便于吸引观众并弘扬佛法、传播佛教。该地区的佛教故事类壁画内容多为佛传及本生故事。

①佛传故事画

佛传故事画即表现释迦牟尼一生的壁画，多见于蒲甘地区早期塔庙的正壁、主室回廊中部，其主要表现情节有佛陀诞生、七步生莲、阿私陀仙人占相、皇

图五四　No.1605主室回廊佛传故事壁画
1. 断发出家　2. 涅槃

宫生活、逾城出家、太子断发、降魔成道、鹿野苑初转法轮、说法及涅槃等内容。如No.1605主室回廊壁画（图五四），每个故事情节以单幅壁画的形式顺时针绘制于各壁面之上形成一圈连续的佛传内容。

该地区的佛传故事画第二种典型表现形式为以分格形式绘制于正壁两侧，与主尊造像共同组成八相佛传。如No.1580正壁所绘（图五五），主尊造像一侧自下而上绘制无忧树下诞生、舍卫城千佛化现、三道宝阶降下，另一侧自下而上绘制猕猴奉蜜、鹿

表二　蒲甘地区佛教建筑壁画题材及主要内容

壁画题材	包含内容
佛教故事类	佛传故事、本生故事、因缘故事等
佛像类	说法像、单体佛像、千佛等
神像与神兽类	梵天、帝释天、护法神、紧那罗、大象、格里芬等
装饰题材类	菩提树、菩提叶、莲花、宝相花、毯路纹、联珠纹、花叶卷草等

图五五　No.1580 正壁绘制八相佛传

图五六　No.2157 正壁绘制八相佛传

野苑初转法轮、调服醉象，顶部表现魔王到来至魔王逃走的场景，顶部多为涅槃情景，且多已脱落，这些内容与主尊造像表现的降魔成道共同组成八相佛传。No.2157 也采用这种形式绘制佛传内容（图五六）。

②本生故事画

本生故事画是佛教艺术中常见的题材之一。佛教认为，释迦牟尼正是由于前世无数轮回中不论是人还是动物，都坚持舍身济世、施物济人、持戒禁欲、诚心向佛等修行及对个人品德的历练，并修满"六度"才能够得道成佛。本生故事即讲述佛以上事迹的故事。本生故事这种带有寓言性质的独立小故事与佛传故事不同，极易受到当地文化的影响，或是因佛经蓝本的区别而产生故事内容的丰富与创新。蒲甘地区所见的本生故事画便表现出内容极其丰富且本土化风格显著的特征，因此在内容解读上存在较高的难度，需在对蒲甘地区传统文化、神话故事以及流行的佛经内容全面研究的基础上才能提高释读的准确度。

蒲甘地区的本生故事画多以单幅的形式绘制于方格内，或是以多层长卷形式出现，多组本生故事形成布局整齐的矩阵绘满整个侧壁。如No.298 前室两侧壁中部位置以六行二十四列小方格绘制本生故事（图五七），No.1460 甬道侧壁正中位置绘方格布局的本生故事（图五八），No.1580 甬道两侧壁以多层横卷式绘制本生故事，包括须达拏太子本生等（图五九）。本生故事有着类似寓言的特征，且故事性极强，在吸引受众的同时还能够对他们起到教育的作用，用以宣扬佛法、传播佛理。蒲甘地区的本生故事画在分布上具有规律性，多绘于侧壁与观看者视线平齐或微微仰视即可观看的位置。No.1323 回廊外壁的每格本生故事下均有巴利文和孟文题记，同时画幅自下而上逐步增大，而底部画幅较小的本生故事则是为了方便孩童观看。

（2）佛像类

佛像类壁画包含了蒲甘地区出现的说法像、过去佛等单体佛像以及千佛题材等，该类壁画题材在佛教故事类壁画逐渐减少时代替故事画出现在壁面中部等主体位置，尤其常见于中晚期的塔庙建筑壁面上。其中说法图多以长方形单幅形式出现，例如No.298 前室侧壁本生故事区域的中部开一四行六列大小的画幅区域，根据残存壁画推测原绘制说法图；过去佛亦是绘于单幅长方格中，但常以组合的形式出现，如No.1471 中各侧壁顶部绘制一圈坐佛，共

图五七　No.298 本生故事画

图六〇　No.1471 二十八世佛

图五八　No.1460 本生故事画

图六一　No.2157 千佛

图五九　No.1580 本生故事画

二十八尊，表现前二十八世的佛（图六〇）；千佛题材则更多地出现于建筑顶部或四壁的上部位置，营造出佛国圣境的宗教氛围，如No.2157 的壁面除正壁

外均绘说法千佛（图六一）。

在晚期壁画中还出现了巨幅单体佛像以及成对出现的两尊坐佛类壁画，这种壁画构图简单，壁面存在大量留白，人物描绘笔触僵硬且比例略显失调。其中巨幅单体佛像旁多绘有供养人或弟子形象，简单的画面便占满了整个壁面，如No.748 回廊壁画（图六二）。而"合影"式佛像壁画则见于甬道或门道侧壁，如No.1812 甬道侧壁壁画（图六三）。

（3）神像与神兽类

神像与神兽类多作为次主题壁画绘于门道与甬道的侧壁，以及壁龛的四周或主尊的两侧等位置，以此表现其为佛的护法。由于护法神、神兽等形象较佛像装饰更为复杂，因而此类壁画题材在绘制上细节更丰富，更能体现出蒲甘壁画艺术特征。该类

图六二　No.748 回廊壁画

图六三　No.1812 甬道壁画

题材内容包含形象丰富，下文仅以梵天与帝释天、执金刚神与紧那罗三种常见且典型的题材内容为例加以说明。

①梵天与帝释天

南传巴利语系的上座部佛教早在公元前 3 世纪已经由水路传入古缅甸孟族地域，但缅甸境内的诸多小国流传着包括自然崇拜、本土神灵、印度教、婆罗门等多种民间信仰[4]。阿奴律陀王于 1044 年统一缅甸后立上座部佛教为国教，但早期其他教派信仰的影响并不会瞬间消失，而多以融合的状态产生影响并表现在佛教艺术中，梵天形象的出现便是这一特征的典型范例。梵天是印度教的创造之神，与毗湿奴、湿婆并称三主神，其典型特征为四头四面四臂。并且梵天被吸纳为佛教护法神后成为天王之

一，与帝释天一同伴于佛陀左右。蒲甘地区的壁画与造像等佛教艺术中常见梵天与帝释天的组合，并将代表其身份的法螺、伞盖等法器细节都描绘得十分细致，表现出较高的艺术水平。如 No.1323 西侧回廊内壁壁画便表现了佛陀自忉利天为母说法后降下时，头戴宝冠的帝释天与三面梵天共同为佛陀护卫的场景（图六四）。No.1580 正壁主尊造像右侧为头戴宝冠手捧海螺的帝释天，左侧为手执宝盖的三面梵天（图六五）。

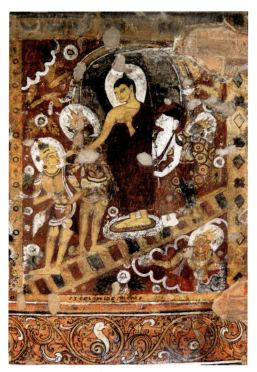

图六四　No.1323 回廊壁画三十三天降下
（采自 PICTORIAL GUIDE TO BAGAN）

图六五　No.1580 正壁壁画中的帝释天与梵天

②护法神

护法神也是蒲甘地区佛教艺术中常见的形象之一，在一些塔庙门柱位置底部的像龛内多塑执金刚护法神，在壁画中则多绘于门道侧壁或门洞两侧的壁面上，以及造像龛的侧边，表现其护法身份。例如No.1323主室门外两侧壁面各绘制一幅十四臂护法神，每只手中持不同法器（图六六，1），门道两侧绘制十臂护法神（图六六，2）。No.1202主室回廊壁画以佛龛为中心，两侧绘制两尊执金刚护法神像。金刚种类丰富，包括金刚杵、三钻钩、金刚棒、缅刀、金刚剑、金刚矛等，为典型波罗艺术风格（图六七）。

③紧那罗

紧那罗为佛教天龙八部之一的乐天，亦为佛的护法，有雌雄之分，在佛教艺术中常以人头鸟身的形象出现。蒲甘地区的壁画在主尊造像的头光两侧基本都绘制出了紧那罗这一形象。如No.1580主尊佛像肩部位置两侧各绘一只紧那罗，左雄右雌（图六八）；No.2157主尊造像头光两侧各绘一紧那罗，左雄右雌（图六九）；No.2159造像背屏的布壁画在头光两侧绘制紧那罗（图七〇）。

（4）装饰题材类

蒲甘地区的佛教艺术，通过灰塑装饰的情况就可见其装饰繁复程度，这种丰富的装饰题材的运用亦表现在壁画艺术上。通过调查可知，该地区的佛教建筑室内空间基本都是满绘壁画，前文所提到的主题内容需要配合丰富的装饰图案与纹饰才能够达到满绘壁面的程度，营造一派佛国盛景。蒲甘地区壁画中的装饰题材包含内容虽多，在实际表现上却并不凌乱，各种图案排列规整，分布区域较有规律，以以下三种常见装饰题材为例。

①菩提树

蒲甘地区的主尊造像多表现佛陀降魔成道场景，

图六六　No.1323 十四臂护法神及十臂护法神
1. 十四臂护法神　2. 十臂护法神

图六七　No.1202 壁画线描图
（采自蒲甘博物馆印刷品 PICTORIAL GUIDE TO BAGAN）

图六八　No.1580 紧那罗线描图
（采自 Dr Than Tun and Mg Aye Myint.ANCIENT MYANMAR DESIGNS）

图六九　No.2157 紧那罗

图七〇　No.2159 紧那罗

图七一　No.1622 菩提树

图七二　No.2157 菩提树

图七三　No.298 分隔纹饰带及倒水滴形菩提叶

这一情节发生于菩提树下，因此主尊造像身后的壁画多绘制菩提树，画工对这一题材的表达极为细致且艺术性较强。如No.1622的菩提树壁画（图七一），抽象的菩提树采用左右对称式布局，树枝上画出臂钏及手镯，以之象征树神，表现两重场景，一为菩提树下成道，一为树神向释迦牟尼汇报魔王前来的故事情节；又如No.2157所绘菩提树（图七二），更具写实感。

②菩提叶、莲蕾、卷草与联珠纹

蒲甘地区佛教建筑内部多为拱形顶，顶部与壁面分隔交界不甚明显，但绘制壁画的工匠极富创造力地利用壁画题材将建筑结构表现出来，形成了壁面上常见的装饰图案组合，即以连续的倒水滴形菩提叶作为拱券与侧壁壁面的分隔纹饰带，菩提叶中装饰倒置的莲蕾、天人、坐佛等图案，菩提叶纹饰带上下辅以多层联珠纹、卷草纹等吉祥纹饰。若

主体壁画内容之下有富余的空间，还会将以上组合对称绘制一遍。如No.298 Kubyauk-gyi Hpaya（图七三）与No.2121 Upali Thein的壁画便完整展现了这一组合的运用效果。

③宝相花与毯路纹

蒲甘地区佛教建筑内部的顶部壁画内容较为统一，拱顶满绘圆形宝相花或毯路纹（图七四）；四角攒尖顶则以纹饰带区分出四方区域，内部绘制千佛、莲花、天人等，中心绘圆形莲花（图七五）。部分装饰更为精致繁复的甬道、门道及门厅的顶部会在中心位置绘制佛足，佛足内分为108个格子，每

图七四　No.748 顶部壁画

图七六　No.1597 西门顶部壁画

图七五　No.475 顶部壁画

图七七　No.1471 甬道顶部壁画

格绘制一个佛教中的吉祥符号，佛足之外为多层方框装饰，每层方框内装饰麦穗状莲瓣、联珠纹等图案，外侧为宝相花或毯路纹。他冰瑜西门拱券顶部（图七六）、No.1471 主室南侧甬道顶部（图七七）、No.1580 甬道顶部等均为这种题材组合。

　　4.造像

　　蒲甘地区的佛教建筑内原供奉的造像数量较多，塔庙内除主尊造像外，多设置佛龛，放置单体造像。但目前塔庙内所塑的主尊造像基本为近现代重塑或重新装彩（图七八），原貌及其包含的艺术风格信息被覆盖。造像龛内的造像也均脱离原位，调查中仅No.1605 主室前壁右侧的佛龛内还保存着一尊原始佛像（图七九），具有典型波罗艺术风格特征。佛像结跏趺坐，桃形身光，着袒右式袈裟，衣着贴体，衣

图七八　塔庙内现存主尊造像重塑及重新装彩情况

角搭覆于左肩，胸前残存贴金痕迹。根据此尊造像推测，蒲甘考古博物馆内所藏同类背屏式佛像（图八〇），原应位于塔庙的佛龛内。

　　当地的佛教造像主尊身份均为释迦牟尼，且多

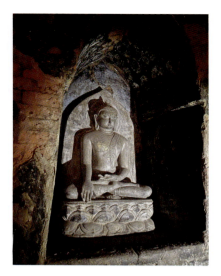

图七九　No.1605 原始佛像

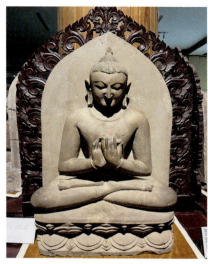

图八〇　蒲甘考古博物馆所藏背屏式佛像

表现降魔成道题材（图八一），这是当地南传上座部佛教思想盛行造成的。因此造像的姿势亦较为统一，绝大多数为触地降魔坐佛，即佛像结跏趺坐，左手施禅定印，右手施触地降魔印，背屏或造像身后壁画绘制菩提树，共同组合表达降魔成道场景。还有

部分造像受建筑空间所限，雕造成立像或坐像，配合壁画内容或弟子像、守护神像等表达不同的佛教故事场景及内容，如涅槃像（图八二）、猕猴奉蜜倚坐像、三十三天降下及龙王守护立像等。

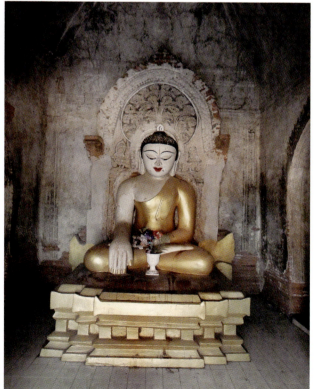

图八一　No.2156 主尊佛像

图八二　No.1457 涅槃像

三　相关问题探讨

（一）蒲甘地区佛教建筑装饰艺术发展

蒲甘地区佛教建筑的装饰艺术集中表现在雕刻及绘画两部分，即前文所述的灰塑装饰、造像与壁画，三者的主要题材与内容特征不再赘述，但其在不同时期所表现出来的发展特征是存在显著区别的。

本次调查所涉及的佛教建筑大多为 11 世纪及以后所建。1044 年阿奴律陀王创建了缅甸历史上第一个统一的封建王朝蒲甘王朝，并推动上座部佛教成为蒲甘国教，但之前的宗教信仰及其艺术产物不会瞬间消失，而是延续交融出现在该时期的佛教建筑装饰艺术中。因此 11 世纪至 12 世纪初与 12 世纪初至王朝灭亡的 13 世纪末虽同属蒲甘王朝时期，但装饰艺术表现出的艺术特征并不相同，且又与晚期即 18 世纪之后的特征区别显著，因此可暂以 12 世纪初、13 世纪末与 18 世纪为三个节点，将基于本次调查结果的蒲甘地区佛教建筑艺术发展阶段分为早中晚三个时期，其中壁画艺术将这三个时期发展特征的区别表现得最为显著。

蒲甘王朝建立之初，该地区的壁画绘制表现出题材丰富但信仰杂糅，内容的展现上除了上座部小乘佛教艺术外还融合了早期的印度教信仰、本土原始宗教信仰等影响，部分壁面产生布局混乱的情况。这一阶段的壁画题材选择多强调佛教故事类，在壁面重点位置突出表现佛传与本生；中期阶段随着佛教发展不断深入以及主流地位的不断巩固，其他信仰对壁画艺术产生的影响减少。12、13 世纪后壁画内容出现了较多表现宫廷生活等内容的题材，受大乘思想影响所致，壁画内容表现出弱化传记，强调思想的特征。说法图与千佛题材增多，佛传故事比重下降，甚至出现对八相佛传壁画内容的表现仅凑足八幅画面即可的情况。长卷式连续表达故事情节的形式多被单幅方格取代，视觉上布局规整，但内容上不再强调对称布局，出现同图复现情况；随着蒲甘王朝的灭亡，该地区的佛教艺术发展也陷入停滞与空白，直至 18 世纪后进入第三个阶段，受国家长时间分裂战乱导致国力衰弱的影响，佛教艺术并未恢复至蒲甘王朝时期的兴盛。在调查中发现 18 世纪末 19 世纪初蒲甘地区的壁画曾经历了大规模的改绘改造，具体表现包括甬道及回廊侧壁出现方形画框形式壁画，内绘两尊坐佛，与前期繁复装饰不同，复杂的树与塔等图案皆省去，装饰亦简化，题材与布局的匹配度与规律性降低，部分塔庙壁画出现通

图八三　No.748 苏拉玛尼壁画改绘情况

过留白极多的大体量、程式化僵化的壁画掩盖艺术性匮乏的情况（图八三），甚至有些建筑内壁面已经刷白，但还未经重绘，保留至今。这些现象从侧面反映晚期经济发展衰退、社会财力下降的时代背景。

蒲甘地区佛教建筑上灰塑装饰的布局和基础题材在发展中表现出较为统一的特征，灰塑装饰特征的发展变化相较壁画相对简单一些，主要表现在固定题材的细节变化上。该地区佛教建筑表面尤其是外立面的灰塑脱落情况严重，且改塑重塑较多，根据调查结果可知以下三种题材的细节变化是较为明显的：门柱装饰中的灰塑造型由上下对称布局的三角形摩尼宝变为连续的卷草；手指形拱券装饰的手指变短，内部装饰的天人、神兽等变为简洁的莲蕾或其他植物纹，两端装饰以卷草代替摩羯；摩羯亦有所变化，后期变为麒麟状，后爪出现，甚至表现出扫帚形尾部（图八四）。

蒲甘地区佛教建筑内现存的造像多为新塑或后改，因此对该地区造像艺术的发展研究可借鉴性较低，但蒲甘考古博物馆内保存了大量原存放于建筑壁龛内的背屏式佛像，可对其进行整理并对该地区的造像艺术进行初步探讨。从内容表现上来看，早期造像的种类丰富，有较多表现佛教故事场景的造像，如摩耶夫人树下诞生造像、太子断发造像，还有浮雕了完整八相佛传的善业泥等，造像形式与表达题材多样，而晚期则少见故事性的造像，多为单

图八四　No.1460 灰塑

来看，早期造像受印度造像艺术风格影响痕迹明显，后期则逐渐本土化，表现出缅甸当地人群形象特征，即面部趋向短而宽，眼窝不再深邃，眼睛细长，五官逐渐扁平化。同时造像表现力也逐渐降低，细节缺失影响表现力的同时，造像姿态逐渐死板僵硬，且比例出现失衡情况（图八五）。蒲甘地区造像艺术后期明显走向衰败，种类丰富程度、造像精致程度、风格表现力与艺术审美都大不如前，这种情况的出现一定程度源于该地区佛教艺术本土化与世俗化的发展，而更多的则是受到后期社会发展与经济实力衰落所限。

蒲甘地区佛教建筑装饰艺术是缅甸古老宗教文化和建筑艺术的缩影，反映了当时蒲甘的社会经济、历史、宗教、文化、建筑、艺术等发展程度，同时也展现了缅甸人民的创造力与艺术审美，成为了解、学习和研究缅甸古代政治、经济、历史文化艺术的珍贵资料。

尊的降魔成道坐像，形式与题材趋向单一；从造像细节塑造上来看，佛像的螺发逐渐被磨光，肉髻趋向低平，顶部髻珠逐渐消失，至晚期出现宝葫芦状，除了初期受印度造像影响产生的素面背屏外，背屏动植物图案及装饰纹样逐渐简单化等细节塑造变化明显。早期造像整体精美程度较高，细微之处的辅助纹饰或细小图案也会被细致雕刻，后期雕刻细节缺失且逐渐敷衍化；从造像风格与表现力

（二）蒲甘地区寺院布局与建筑组合

如前文所述，蒲甘的佛教建筑类型塔、塔庙、堂、僧房、图书馆、水池等，它们又以不同的形式组合在一起，形成寺院。但因蒲甘佛教建筑稠密，大量建筑相邻而建，建筑与建筑之间也没有较明显的隔墙或分界，故本文对蒲甘范围比较清晰明确的 5 座寺院进行阐述。

Hsin-byn-shin Monastic Complex　该寺院建于 14 世纪。寺院有内外两重围墙，整体平面呈长方形

图八五　蒲甘考古博物馆佛像面部特征变化

图八六　Hsin-byn-shin Monastic Complex 寺院的两重围墙
（由北向南）

图八七　No.1192 Naga-yon Hpaya 寺院南门及女墙

图八八　No.1192 Naga-yon Hpaya
寺院其中一角的为犍陀罗小塔，近处为低矮的女墙

（图八六）。寺院整体面积 5.28 万平方米，内院面积 1.14 万平方米。内外墙之间的外院部分为僧房区，据记载原有 45 座建筑，可供 200—400 名僧侣居住，现存部分僧房及一个小型水池。内院以南北贯通的道路为中轴，两侧分布其他建筑。西侧自南而北分别为悉卡罗式塔形顶塔庙、讲堂、高级僧房、图书馆，东侧自南而北为戒堂、犍陀罗覆钵塔式佛堂和大型水池，建筑分布并不对称。

No.1192 Naga-yon Hpaya　它是一座悉卡罗式塔形顶塔庙，位于所在方形寺院的中心，寺院四角各有一犍陀罗小塔。该寺院有两重院墙，外墙为一圈正常高度的围墙，外墙之内有一圈方形女墙，寺院外墙和女墙均四面开门。外墙建有高大的门洞，南门门洞顶部为四角攒尖顶，木构梁架，两侧壁各设一尖拱形龛，内置砖胎造像，制作工艺类似于中国的木骨泥塑，龛顶部残存壁画。女墙仅留出入口（图八七、图八八）。

No.1670 Mahabodi　布局与No.1192 类似，也是主塔庙居中，在院落四角建塔形建筑，其中三个为塔龛，东南角为小佛堂，塔庙北侧还保存有僧房遗迹。

Mingala-zedi寺院　该寺院坐西向东，中心为方形塔基覆钵塔，外围有一圈围墙，进入寺院后有一东西向主通道直通佛塔。寺内其他建筑分布在主塔的南北两侧及东北、东南方向，近似于环绕主塔分布。其中佛塔的南北两侧分布僧房，北侧僧房以东

为No.1442、No.1440 佛堂及犍陀罗小塔（图八九）。

Thatbyinnyu Phaya　是蒲甘王朝时期最大的大型综合佛学院，其以他冰瑜主塔为中心，东北为

附塔（No.1599 伽呦咗塔），西南、西北、东北为僧房，保存的北门说明他冰瑜寺当时环绕一圈围墙（图九〇），而调查所见藏经阁即No.1587 Pitagattaik（Library），位于他冰瑜的北侧约 100 米，其可能属于他冰瑜寺院的构成要素之一。

图八九　Mingala-zedi 主塔及主通道

图九〇　Thatbyinnyu Phaya
区域遗迹分布图（陕西省考古研究院供图）

根据以上所述，我们对蒲甘地区的寺院布局有以下几点认识：

第一，蒲甘地区的寺院有围墙环绕，但围墙并非寺院的外沿，多数围墙仅起到划分功能区的作用。如Hsin-byn-shin Monastic Complex寺院以围墙划分僧房（生活区）与塔庙及佛堂（礼拜区）；Thatbyinnyu Phaya的僧房也位于北墙之外，甚至位于距离塔庙更远的东北方向。

第二，蒲甘地区的寺院布局可分为两种情况，即中轴线两侧散点式布局和中心建筑环绕式布局两类。中轴线两侧散点式布局佛寺最显著的特征是寺院内存在一条明确的中轴线，与我国重要建筑位于中轴线上不同，蒲甘的中轴线是一条主要通道，寺院在建造时，将重要建筑建于通道的两侧，以方便僧人行动。Hsin-byn-shin Monastic Complex寺院是这种布局的典型代表。而他冰瑜北侧No.1587 Pitagattaik（Library）图书馆、僧房等建筑的存在，暗示在他冰瑜东侧很可能存在一条南北向的通道，现在的他冰瑜只是蒲甘历史上宏大佛学院的一个组成部分。

中心建筑环绕式布局的主要特征是以主要建筑为中心，四角分布小型建筑，形成环绕拱卫之势，No.1192 Naga-yon Hpaya与No.1670 Mahabodi均为这种布局形式。Mingala-zedi寺院虽存在中轴通道，但其主要布局形式为中心建筑环绕式。

第三，寺院的布局形式与其功能密切相关，中轴线两侧散点式布局应是蒲甘完整佛寺的主要布局方式，目前所见采用这种布局的寺院建筑构成包括塔、塔庙、佛堂、僧房、水池等，可满足僧侣生活起居、说法行道、礼拜供养的全部需求。中心建筑环绕式主要凸显了礼拜供养的功能，其可能仅作为礼拜场所。

结　语

本次对蒲甘地区佛教建筑的调查依托于援缅甸他冰瑜寺修复项目，该项目是通过深化文化遗产保护合作服务于国家战略及国家需求的一次重要实践，是展现中国文保实力、讲好"中国援助"故事、树立"大国特色外交"新形象的一次重要契机。

后续将继续积极搜集云南地区小乘佛教相关考古资料及历史文献，为研究中缅交流史、佛教传播史等问题奠定基础。在国内大遗址保护理念和宏观思维指导下，对蒲甘地区佛教建筑进行全面调查，掌握该地区佛教寺院的构成、布局、功能区划分，归纳总结蒲甘地区的佛教造像题材、壁画内容及灰塑艺术、建筑工艺流程等，将他冰瑜寺置于更广阔的时间和空间范围内，厘清他冰瑜寺与周围建筑的关系，梳理他冰瑜寺的功能构成和发展历程，深入挖掘他冰瑜寺的历史价值、科学价值和艺术价值，为后续保护规划、展示利用等奠定坚实的基础。

致谢：陕西省文物保护研究院张炜、云南省文物考古研究所和云南城成建设监理有限公司联合体蒋睿、陕西文物保护工程有限公司张喻星、翻译马嘉瑞提供了帮助并参与了一部分调查工作，在此一并感谢。

蒲甘他冰瑜寺修复项目价值评估现场工作组
负责人：韩建武
学术顾问：冉万里
成员：张园、王荔君
执笔：韩建武、冉万里、张园、王荔君

[1]庞一村.缅甸伊洛瓦底江下游佛教建筑研究[D].东南大学，2021：85-103.

[2]本文所用编号为缅甸蒲甘文物局对蒲甘全部佛教建筑的统一编号。

[3]本文图片除注明出处的以外，其余均为调查组拍摄。

[4]孔超.缅甸蒲甘王朝壁画语言的本土化嬗变[J].美术，2021（11）：129.

征 稿 启 事

　　《文化遗产保护与研究》为陕西省文物保护研究院编辑出版的系列论文集，暂定每年出一辑。主要收录文物保护研究、文物保护修复技术、文化遗产保护、文物鉴定研究等方面的研究论文、翻译文章和调查报告等。《文化遗产保护与研究》以科学严谨、求真务实为宗旨，及时发表国内外文物保护新理论、新技术、新成果，促进文物保护研究成果的推广和应用，准确把握国家的文化遗产保护政策，引领行业规范，总结学术成就，推动文化遗产保护事业高质量发展。

　　欢迎文博单位从业人员、高校师生和社会各界人士不吝赐稿，一经采用，稿酬从优。

一、稿件要求

　　1. 稿件必须是未曾正式发表过的原创性论文，主题突出，数据可靠，图片清晰，论证严密，文句精练。

　　2. 电子版稿件请用Word或WPS软件排版，发送至编辑部邮箱，计算机打印稿请按照编辑部通信地址投递，来稿请注明作者姓名、工作单位、研究方向、职称、通讯地址、邮编、电话、E-mail等。

　　3. 作者投稿时须同意转让作品版权（含各种介质媒体的版权）给编辑部。来稿发表后，文章著作权归作者所有，文责自负。来稿一经刊登，酌付稿酬，并赠送2册样书。

二、稿件内容及格式

　　1. 中文题目、作者、作者单位、地址及邮政编码。

　　2. 中文摘要：限300字以内，必须准确概括文章的主要内容，例如研究目的、方法、结果等。

　　3. 中文关键词：3—6个反映文章主要内容的术语。

　　4. 中国图书分类号：依据中国图书馆图书分类法第四版，可用1—3个。

　　5. 正文：一般包括前言、原理、方法、结果、讨论、结论等部分，字数原则上不超过1万字。

　　6. 注释：采用尾注方式，分别用上标号[]标引。注释执行《文后参考文献著录规则》国标GB\T 7714-2015标准。

　　7. 来稿请寄：陕西省西安市高新区科技一路35号《文化遗产保护与研究》编辑部，邮编：710075，邮箱：sxwbyk2020@163.com。

　　本征稿启事长期有效，热忱欢迎您的来稿！